とことん
わかりやすく
解説した
高校3年分
の英語

長沢寿夫
Toshio Nagasawa

## はじめに

　こんにちは、長沢寿夫です。
　この本には次のような特色があります。

(1) 学校で覚えるしかないと言われた文法を理解することができます。
(2) 英語の苦手な人でも読めるように、むずかしい単語には読み方をのせてあります。できるかぎり英米人が発音する音に近づけてあります。
(3) この本に出てくる例文は、中学生でも覚えられるような短文にしてあります。
(4) 高校で習う英文がどのように使われているのかを調査してあります。
　　（例）私は英語を勉強するためにアメリカへ行った。
　　　　I went to America to study English. [話・書]
　　　　I went to America so as to study English. [書]
　　　　I went to America in order to study English. [書]
　　　　I went to America in order that I might study English. [まれ]
　　　話＝話しことば　　書＝書きことば
　　　まれ＝まれにしか使われません
(5) 5文型、前置詞、接続詞などをとくにくわしく説明してあります。
(6) コミュニケーションのための英語情報や英語表現をたくさんのせてあります。
(7) 学校英語にかたよることなく、実際に使われている、話すための英文法を紹介しています。
(8) 英文法を勉強するうえでの、いろいろな疑問を想定して、その答えを［ここが知りたい］のコーナーで紹介しています。これによって疑問を解消させることができます。

(9) だれにでも楽しんで、何回も読んでいただけるように、とことんていねいな説明をこころがけました。
(10) 同じ意味の表現をたくさんのせてあります。これを覚えることで幅広い英語力を一気に身につけることができます。とくに、受験生の方は一気に覚えてください。

　英語はくり返し勉強をすることが上達するポイントなので、この本を何回も読んでください。いつの間にか、英語の考え方が身につくと思います。各々の文法項目が理解できたら、この本の例文を覚えてください。例文を覚えるときも、文法を理解するときも、いつも喜びをもって勉強してください。
　最後に私の好きなことばを贈ります。
　「独学には土曜も日曜もない」

とことんわかりやすく解説した高校3年分の英語●目次

# 1 自動詞と他動詞の関係について ———— 14

# 2 群動詞（動詞句）について ———— 18

# 3 5文型について ———— 23
- ●第1文型 ———— 24
- ●コミュニケーションのための第1文型 ———— 30
- ●第2文型 ———— 32
- ●コミュニケーションのための第2文型 ———— 47
- ●第3文型 ———— 48
- ●コミュニケーションのための第3文型 ———— 64
- ●第4文型 ———— 66
- ●コミュニケーションのための第4文型 ———— 71
- ●第5文型 ———— 74
- ●コミュニケーションのための第5文型 ———— 97

# 4 平叙文、疑問文、否定文について ———— 99
- ●文の種類 ———— 99
- ●答え方に注意すべきパターン ———— 102
- ●疑問詞のついた疑問文 ———— 105
- ●付加疑問文の注意点 ———— 110
- ●間接疑問文の注意点 ———— 112
- ●選択疑問文とは限らないorの使い方 ———— 113
- ●コミュニケーションのための選択疑問文 ———— 114
- ●コミュニケーションのための疑問詞のついた疑問文 ———— 115

- ●コミュニケーションのための間接疑問文 ―― 117
- ●コミュニケーションのための修辞疑問文 ―― 117
- ●否定文と否定の意味を表す表現 ―― 119
- ●数えられる名詞とfew, many・数えられない名詞と little, muchの関係 ―― 131
- ●二重否定 ―― 135
- ●全体否定と部分否定 ―― 136
- ●コミュニケーションのための部分否定文 ―― 143
- ●否定文と動詞の関係 ―― 144
- ●否定文の一部分を省略する場合 ―― 145
- ●覚えなければならない否定構文 ―― 146
- ●so〜that構文とtoo〜to構文とenough to構文の使い方 ―― 152
- ●〈ほとんど〜ない〉〈ほとんど〜〉の総整理 ―― 153
- ●覚えなければならない否定構文 ―― 158

## 5 命令文について ―― 168
- ●pleaseの使い方 ―― 170
- ●命令文と同じ意味を表す表現 ―― 171
- ●命令文に対する答え方 ―― 173
- ●どんな時に命令文が使えるのか ―― 173
- ●呼びかけのYouの使い方 ―― 175
- ●[命令文, and〜]と[命令文, or〜]のパターン ―― 176
- ●コミュニケーションのための命令文 ―― 177

## 6 不定詞と動名詞について ―― 179
- ●不定詞と動名詞の関係 ―― 179
- ●原形不定詞とto不定詞 ―― 181

- ●動名詞とto不定詞とto+動詞───────────185
- ●toをとる動詞とingをとる動詞────────188
- ●to不定詞の形容詞的用法について──────198
- ●to不定詞の副詞的用法─────────────203
- ●独立不定詞────────────────────212

# 7 前置詞について ─────────213
- ●時を表す前置詞──────────────────214
- ●場所を表す前置詞────────────────219
- ●同じような意味を持つ前置詞─────────229
- ●[の] を表す前置詞の総整理─────────259
- ●[から] を表す前置詞の総整理────────273
- ●[に] を表す前置詞の総整理─────────286
- ●[で] を表す前置詞の総整理─────────303

# 8 助動詞について ─────────316
- ●canとbe able toとcouldの使い方─────316
- ●couldで「〜されたらいかがですか」を表す場合──321
- ●mayとmightの使い方─────────────323
- ●mustとhave toとhave got toの使い方──326
- ●willとwouldの使い方────────────331
- ●shallとshouldとought toの使い方───335
- ●used toとwould oftenの使い方─────340
- ●「〜したらよい」の表現─────────────341
- ●相手に許可を得る時に使える助動詞とその関連表現──342
- ●相手に手伝ってもらえるかを尋ねる時の表現───347
- ●「〜してはいけない」を表す方法─────────349

- ●shouldとought toとmustの違い ———————————— 350
- ●haveとhave gotの使い分け ———————————— 351
- ●助動詞と動詞の働きを持った単語need, dare, doについて —— 352

## 9 名詞と代名詞について ———————————— 357
- ●名詞の種類 ———————————————————— 357
- ●one anotherとeach other、one after the otherと one after another ———————————————— 361
- ●主語と動詞の関係 ———————————————— 362

## 10 不定冠詞と定冠詞について ———————————— 364
- ●不定冠詞と定冠詞 ———————————————— 364
- ●間違いやすい冠詞の使い方 ———————————— 364
- ●theの特別な用法 ———————————————— 370
- ●the+固有名詞で使われる固有名詞 ———————— 373
- ●不定代名詞 ——————————————————— 375

## 11 形容詞について ———————————————— 376
- ●形容詞、形容詞句、形容詞節 ——————————— 376

## 12 受動態について ———————————————— 382
- ●疑問詞のついた疑問文の能動態を受動態にする方法 —— 384
- ●「を」と「に」に当たる言葉がある時の受動態 ———— 385
- ●自動詞+前置詞＝他動詞の働きをする受動態の作り方 — 386
- ●that節を含む英文の受動態 ———————————— 387
- ●形容詞または副詞が入っている時の受動態の作り方 —— 389
- ●「〜させる」という意味を持つ動詞の受動態 ————— 391

- ●受動態にすることができないもの ———————— 400

## 13 副詞について ———————— 402
- ●副詞、副詞節、副詞句、疑問副詞 ———————— 402

## 14 接続詞について ———————— 408
- ●文の構造と接続詞の種類、働き ———————— 408
- ●,+等位接続詞のパターン ———————— 409
- ●従位接続詞thatの使い方 ———————— 424
- ●長沢式 Tony seems to ~. のパターンの覚え方のコツ ———— 426
- ●that節をto不定詞で書き換えられる動詞 ———————— 432
- ●thatを省略しないのが普通の動詞とthat節を取らない動詞 ——— 433
- ●that節をともなう形容詞 ———————— 439
- ●接続詞の総整理 ———————— 447
- ●等位接続詞andの使い方 ———————— 450
- ●相関接続詞、接続副詞 ———————— 454
- ●接続詞としてのneitherとnorの使い方 ———————— 456
- ●選択を表す等位接続詞orの使い方 ———————— 457
- ●反対の意味を表す等位接続詞but ———————— 460
- ●判断の理由を表す等位接続詞for ———————— 461
- ●時の副詞節を導く接続詞の総整理 ———————— 462
- ●原因・理由の副詞節を導く従位接続詞 ———————— 465
- ●目的・結果を導く副詞節 ———————— 472
- ●条件を表す副詞節を導く接続詞 ———————— 479
- ●時の副詞節を導く接続詞 ———————— 480

## 15 感嘆文について ———————— 486

- 主語がある感嘆文とveryの意味の入った肯定文の
  関係について —————————————————— 487
- 感嘆文を上手に使う方法 ————————————— 489
- 疑問文と同じパターンの感嘆文 ————————— 494
- 感嘆文のhowとwhatの両方を使って同じ意味を表す方法 ——— 496

## 16 比較について ————————————————— 499
- late, later, latter, latest, last ———————————— 505
- older, elder, oldest, eldest ————————————— 506
- more, less, fewer ——————————————————— 507
- father, further ———————————————————— 507
- 〜er than 〜 をとらない比較級 ————————— 508
- 比較級や最上級を作るときに間違いやすい単語 ——— 510
- 比較級、最上級の強め方、弱め方 ————————— 516
- 最上級の便利な使い方 ———————————————— 519
- 否定語＋比較級で最上級を表す ——————————— 521
- no more 〜 than, no less 〜 than ————————— 522
- no more than, no less than ————————————— 525
- not more than, not less than ————————————— 526
- not more 〜 than, not less 〜 than ———————— 527
- as 〜 asの使い方 —————————————————— 528
- the＋比較級 ————————————————————— 529
- moreとmostの特別用法 —————————————— 530

## 17 関係詞について ————————————————— 533
- 関係代名詞 who, whose, whomの使い方 ————— 533
- 関係代名詞の省略 —————————————————— 538

- whoとwhomの使い分け ―――――――――――――――― 541
- 関係代名詞と関係副詞の関係 ―――――――――――― 542
- 関係代名詞を使って2つの文を1つにする方法 ――― 545
- 関係代名詞whatの用法 ――――――――――――――― 547
- 関係代名詞thatの使い方 ――――――――――――――― 549
- 「〜する人」を表すwhoやwhom ―――――――――― 552
- 制限用法と非制限用法 ―――――――――――――――― 553
- 関係代名詞と疑問詞whatの区別の仕方 ――――――― 556
- whatを使った慣用表現 ―――――――――――――――― 557
- 関係代名詞asの使い方 ―――――――――――――――― 559
- 関係代名詞butの使い方 ――――――――――――――― 560
- 「カバーの赤い私の本」を英語で表す方法 ――――― 561
- 1番複雑な関係代名詞の使い方 ――――――――――― 562
- 関係形容詞 ―――――――――――――――――――――― 563
- 複合関係副詞 ――――――――――――――――――――― 566
- 複合関係代名詞と複合関係形容詞 ――――――――――― 568

## 18 仮定法について ―――――――――――――――――― 572
- 仮定法現在と直接法現在 ――――――――――――――― 572
- 仮定法過去 ―――――――――――――――――――――― 573
- 助動詞を使った可能性の表し方 ――――――――――― 575
- 仮定法過去と仮定法過去完了 ―――――――――――― 576
- 条件と仮定を表す4つのパターン ――――――――――― 577
- 仮定法の特別な英語表現 ――――――――――――――― 579
- as ifの使い方 ―――――――――――――――――――― 580
- Ifを使わない仮定法とその書き換え表現 ―――――― 581
- ここを間違える仮定法 ―――――――――――――――― 582

- ●「もしあなたなら」を英語でどう言うのか ─────── 582
- ●Ifを使わずに仮定法を表す方法 ─────────── 584
- ●I wishと時制の関係 ───────────────── 586

## 19 分詞構文について ─────────────────── 587
- ●分詞と分詞構文の違いについて ───────────── 587
- ●分詞構文と接続詞の関係 ─────────────── 588
- ●2つの分詞構文のパターン ────────────── 589
- ●Notを使った分詞構文とBeingなどの省略について ─── 590
- ●「恵さんはそのニュースを聞いて驚いた。」を
  分詞構文でどう言うか ─────────────── 591
- ●慣用的な独立分詞構文 ─────────────── 594

## 20 話法について ──────────────────── 595
- ●直接話法と間接話法について ──────────── 595
- ●接続詞を使って文をかたまりに変える方法 ─────── 596
- ●長沢式　話法の書き換え法 ───────────── 597
- ●直接話法と間接話法の語句の変化 ──────────── 599
- ●直接話法を間接話法に書き換える練習 ─────────── 601
- ●時制の一致の例外 ──────────────── 604

(**注意**) 本書では、[　]の中の語句をお互いに置き換えても意味が変わらないということを［／］で表しています。

(例) 私はかぎ穴から私の部屋の中をのぞいた。

　　I [looked／peeped／peeked] into my room through the keyhole.

## 発音について

- [æ] [エァ] エの口の形でアと言えばこの音を出せます。
- [v] [ヴ] 下くちびるをかむようにしてブと言えばこの音を出せます。
- [əːr] [ア〜] 口を小さく開けてアーと言います。
- [ɑːr] [アー] 口を大きく開けてアーと言います。
- [l] はこの本では [オ] と表記しています。舌を上の歯ぐきの裏につけて発音します。
- [r] [ゥル] ウと軽く言ってルと言えば [ゥル] の音を出せます。
- [dz] ツの音をにごらせた [ヅ] の音で発音してください。
- [z] スの音をにごらせた [ズ] の音で発音してください。
- th の音を表す [θ] [す] と [ð] [ず] はひらがなで表しています。舌先を上の歯の裏に軽くあてて [す] と言うつもりで息を出すと [θ] の音が出ます。声を出すと [ð] の音が出ます。
- [・] は音の省略の記号として使っています。

* 〜ing [iŋ] [イン・] グの音は言わないほうが英語らしく発音できます。
* big book [big buk] [ビッ・ブック] g と b がローマ字にならないときは、g を発音しないほうが英語らしく聞こえるので [・] をつけてあります。

　母音 (ア、イ、ウ、エ、オ) が 2 つ続いているときは、前の母音を長く言ってから 2 つめの母音を軽くつけ加えるように言います。

- [ei] [**エー**ィ]
- [ai] [**アー**ィ]
- [ou] [**オー**ゥ]
- [au] [**アー**ゥ]

# 1 自動詞と他動詞の関係について

　動詞の使い方について考えてみましょう。
　動詞とは一般動詞とbe動詞のことをさしますが、実際にはbe動詞と言わない場合の動詞は、一般動詞の一般を省略して**動詞**と言っていると考えてください。
　おのおのの動詞は、使い方が初めから決まっています。
　英文の作り方の法則が英文法であり、動詞の使い方を法則のようにしたものが動詞の語法なのです。
　動詞は働きの違いにより**自動詞**と**他動詞**があります。

### これだけは理解しましょう

　(1) 私は歩く。
　(2) 私は私の犬を歩かせる。
　この2つの日本文の中に歩くと歩かせるという動詞があります。この歩くと歩かせるはどちらもwalkという単語の動詞です。
　自動詞とは**自分が動く**動詞と考えてください。
　他動詞とは**他人を動かす**動詞と考えてください。
この理論に当てはめると、自動詞と他動詞の区別ができるのです。
　私は歩く。は、私が動いているので、自動詞。
　私は私の犬を歩かせる。は、私が他の者を動かしているので、他動詞。

## 1 自動詞と他動詞の関係について

**ここが大切**

(1) 私は歩く。
(2) 私は私の犬を歩かせる。

英語に訳してみましょう。

<u>私は歩く。</u>
I walk.

<u>私は歩かせる</u> 〈何を〉 <u>私の犬を</u>
I walk　　　　　　my dog.

英語の動詞を覚える時には、次のようなことに注意をしてください。英和辞典で動詞を引いた時には、まず**他動詞**か**自動詞**なのかを確認してください。次に意味の確認をします。

もし<u>他動詞</u>であれば次のような意味の内のどれかになっています。

(1) 〜を〜する
(2) 〜と〜する
(3) 〜に〜する
(4) 〜について〜する

それに対して、**自動詞**の場合は、<u>〜する</u>となっています。

つまり、walkを英和辞典で引くと、

　walk（自動詞）歩く
　　　（他動詞）〜を歩かせる

となっているはずです。

### これだけは覚えましょう

自動詞と他動詞の関係は次のように考えることもできます。
自動詞＋前置詞＋名詞＝他動詞＋名詞
□discuss［ディスカス］（他動詞）〜について話をする
□talk［トーク］（自動詞）話す
□about［アバーゥトゥ］（前置詞）〜について

これらの単語は次のようにすることで同じ意味を表すことができます。

「テニスについて話しましょう。」
Let's talk about tennis. ＝ Let's discuss tennis.
 　　自動詞＋前置詞＋名詞　　　　　他動詞 ＋ 名詞

次の日本語を英語に訳してみましょう。
(1) 麻美さんと遊びましょう。
　〈ヒント〉遊ぶ play［プレーィ］（自動詞）
　　〜といっしょに with［ウィず］（前置詞）
(2) 私は佐知子さんと結婚した。
　〈ヒント〉〜と結婚した married［メァゥリィドゥ］（他動詞）marry の過去形

(1) Let's play with Asami.
　　　　自動詞 ＋ 前置詞 ＋ 名詞

(2) I married Sachiko.
　　　他動詞 ＋ 名詞

(3) 私は大阪に到着した。
　I got to Osaka Station.
　I arrived at Osaka Station.
　I reached Osaka Station.

get to と arrive at はどちらも **自動詞 ＋ 前置詞で〜に到着する**という意味です。**他動詞**の reach と同じ意味を表します。

### これだけは覚えましょう

自動詞には2つの種類があります。
  (1) 完全自動詞
  (2) 不完全自動詞
次のように考えると2つの意味の違いがよくわかります。
  (1) トニー君は彼の部屋にいます。
     Tony is in his room.
  (2) トニー君は学生です。
     Tony is a student.

どちらの英文も Tony is になっていますが、(1) と (2) で使われている is の意味が違うことに気がついてください。

  (1) Tony isは、トニー君はいますよ。
  (2) Tony isは、トニー君は〜ですよ。

この2つを比べると、どちらの方が意味がよくわかりますか。

トニー君はいますよ。は完全に意味がわかりますが、トニー君は〜ですよ。は不完全なので、意味がわかりません。isは**他人を〜させるという動詞ではないので自動詞**です。しかも意味によって完全である場合と、不完全な場合があるので、isには**〜がある、〜がいる**という意味の**完全自動詞**と、**〜です**という意味の**不完全自動詞**としての働きがあることがわかります。

# 2 群動詞(動詞句)について

　さきほど、自動詞と他動詞の関係について勉強しましたが、その時に、**他動詞＝自動詞＋前置詞**と覚えてくださいと私は言いました。

ここで知っておいていただきたいことがあります。
　前置詞とは名詞の前に置く言葉と考えてください。
　前置詞は名詞と名詞、動詞と名詞をくっつける時に使う接着剤の働きをする言葉なのです。
　このことからわかることは、**自動詞＋前置詞**と書いてあると、前置詞の次に必ず名詞がくるということです。つまり、**自動詞＋前置詞＋名詞**のようになるのです。
　**自動詞＋前置詞＝他動詞**というルールをもう少しくわしく言い換えると、次のようになることがわかります。

　　**他動詞＋名詞＝自動詞＋前置詞＋名詞**

## ここを間違える

in, out, off, on, up, downなどの前置詞は、副詞として使われることもあります。

<u>動詞＋前置詞</u>として使われる時は、<u>他動詞</u>と考えて使うことができますが、副詞として使われている場合は、<u>動詞＋副詞</u>で<u>自動詞</u>として使います。

つまり、<u>動詞＋副詞</u>の後には名詞がこないということなのです。
<u>名詞</u>の代わりに<u>前置詞＋名詞</u>がくることがあります。

(1) I stood up. （私は立ち上がった。）
   動詞　副詞

(2) Please come in. （お入りください。）
   動詞　副詞

(1) と (2) は自動詞として使われています。

(3) I turned away my head. （顔をそむけた。）
   動詞　前置詞　名詞

(4) I turned away from the TV set. （テレビから目をそらした。）
   動詞　副詞　前置詞　名詞

発音　stood up [ストゥ**ダ**ップ]　turned away [タ〜ンダ**ウェー**ィ]

(3)はturned awayで他動詞、(4)はturned awayで自動詞として使われています。

## ここが大切

(1) 動詞＋副詞の場合は、動詞と副詞の両方を強く言う人が多いのですが、どちらかと言うと、副詞の方を強く言う方が英語らしく聞こえます。

(2) 動詞＋前置詞＋名詞の場合は、動詞と名詞を強く発音してください。

### ここが知りたい

**(質問)** 群動詞とはどのようなものをさすのですか。

**(答え)** **動詞＋前置詞**、**動詞＋副詞**、**動詞＋名詞**などの形で、1つの動詞と同じ働きをすると考えてください。

　日常会話では、特にむずかしい動詞の代わりに、群動詞を使うことが多いようです。

**(質問)** 群動詞の使い方で、気をつけなければいけないことはありますか。

**(答え)** いくつかあります。英和辞典で、get over という群動詞を調べると次のようになっていることがあります。

　　get over ～（他動詞）(1)～を乗り越える (2)困難を乗り越える
　　(3) 病気などから立ち直る
　　get ～ over with（他動詞）(嫌な仕事などを) さっさと終わらせる
　　get over (to)（自動詞）(1) 乗り越える (2)（～に）渡る

　英和辞典によっては、get ～ over with に(他動詞)のような表記の代わりに、**分離他動詞**と書いてあるものもあります。

　get ～ over with のように get と over の間に単語を入れることができる動詞を**分離他動詞**と呼び、get overの場合、意味によって使い方が違います。

　　Let's get it over with.（それを終わらせましょう。）
　　=Let's finish it.
　　I think I'll get over it.（立ち直れると思います。）

　つまり、it が入る位置が意味によって違うのです。このようなことがよくあるので、例文で覚えるようにしましょう。

## 2 群動詞（動詞句）について

### ここが大切

　　turn on（分離他動詞）〜をつける

のように表記してある場合は、次のように使うことができます。

　　turn the television on　（テレビをつける）
　　turn on the television　（テレビをつける）
　　turn it on　（それをつける）

onは場所に関係なく、副詞です。

　　<u>turn</u>　<u>the television</u>　<u>on</u>
　　動詞　　　　名詞　　　　　副詞

　　<u>turn</u>　<u>on</u>　<u>the television</u>
　　動詞　　副詞　　名詞

　　<u>turn</u>　<u>it</u>　<u>on</u>
　　動詞　代名詞　副詞

　**分離他動詞**であるということがわかったら、itのような<u>代名詞</u>の時には必ず<u>動詞＋it＋副詞</u>のようなパターンで使うようにしてください。<u>名詞</u>の場合には、<u>動詞＋名詞＋副詞</u>または<u>動詞＋副詞＋名詞</u>のどちらかを使ってください。

### ここが知りたい

**(質問)** どのような群動詞が**分離他動詞**になる可能性が高いのですか。

**(答え)** 次のように考えるとだいたいわかります。<u>動詞＋名詞</u>で意味がわかるものは、**分離他動詞**になる可能性があります。

　たとえば、<u>turn the television</u> の場合は、<u>テレビのチャンネルを回す</u>というのがもともとの意味で、これだけで意味がわかるので、分離他動詞にすることができます。昔は、つまみがついていて、それを回すことによって、チャンネルを変えていたのです。そして、最後に on（スイッチが入った状態）にすることから、turn the television on ができたのです。

群動詞には次のようなパターンがあります。

(1) 動詞＋副詞で自動詞の働きをするもの

 Tony ran away.（トニーは逃げた）
    動詞 副詞

(2) 動詞＋名詞＋副詞 または 動詞＋副詞＋名詞で他動詞の働きをするもの

 I turned the television on.（私はテレビをつけた。）
  動詞   名詞  副詞

 I turned on the television.
  動詞 副詞  名詞

(3) 動詞＋副詞＋前置詞で他動詞の働きをするもの

 Tony spoke well of you.（トニー君は君をほめていたよ。）
   動詞 副詞 前置詞

 **(解説)** speak well で〈よく言う〉、of you は〈あなたについて〉

(4) 他動詞＋名詞で自動詞と同じ働きをするもの

 Take care.（注意してね。）
 動詞 名詞

(5) 他動詞＋名詞＋前置詞で他動詞の働きをするもの

 Take care of yourself.（お身体を大切にしてね）
 動詞 名詞 前置詞

 **(解説)** take care は〈注意する〉、of yourself は〈あなた自身について〉

(6) 自動詞＋前置詞で他動詞の働きをするもの

 I heard of Tony.（私はトニー君についてのうわさを聞いた。）
  動詞  前置詞

 **(解説)** hear は〈聞く〉、of Tony は〈トニー君について〉

|発音| speak［スピーク］ spoke［スポーゥク］ care［**ケ**ァァ］
yourself［ヨア**セ**オフ］ hear［**ヒ**アァ］ heard［ハ〜ドゥ］

# 3 5文型について

　ここでは文型について考えてみたいと思います。
　文のパターンは、動詞によって使い方が違ってきます。大きく分けると5つのパターンに分かれます。この5つのパターンを文法用語では**5文型**と呼んでいます。

### ここが知りたい

**(質問)** 5文型というのは、私が知らないだけで中学校で習ったことがあるのでしょうか。

**(答え)** 中学校では5文型という文法用語は教えていません。昔から5文型は高校の最初に習うものだったのです。ただし、5文型という言葉は使っていませんが、文の型としてはすべて中学校で習っていると言っても言い過ぎではありません。

**(質問)** 5文型というのは、アメリカ人たちも習っているのですか。

**(答え)** ほとんどの人は習っていないようです。外国人に英語を教えるような仕事につきたい人は大学で習っているようです。

**(質問)** 5文型を覚えることは大切なことなのでしょうか。

**(答え)** 英語を自然に覚えることのできない私たちにとっては、5文型を勉強することは、正確な英語を身につけるための手っ取り早い方法です。ぜひとも、しっかり理解していただきたいと思います。

ここでは、5文型についてくわしく説明していきたいと思います。まず、第1文型から始めたいと思います。

## ●第1文型

　第1文型は、主語＋動詞、 または 主語＋動詞＋副詞のパターンに当てはまっているものを第1文型と考えます。
　高校英語では、主語のことを**S**、動詞のことを**V**という記号を使って表しています。

### ここが知りたい

**(質問)** 主語、動詞、副詞という言葉がでてきましたが、どのように考えればよいのですか。

**(答え)** 日本語で考えた場合、**〜は、〜が** の部分を**主語**と考えてください。 動詞は、**〜する、〜をさせる** のように最後の音が **ウ段** で終わっていて、**動作**や**状態**を表しているものをさします。be 動詞と呼ばれている is, am, are なども動詞の一種です。

　　（例）hashiru（走る）
　　　　これはウ段で終わっていて動作を表しているので、〈走る〉の意味を表す run が動詞であるということがわかります。

　**副詞**とは、**付け加えの言葉、**または**おまけの言葉**と考えておくとわかりやすいと思います。

### ここが大切

　**S（主語）＋ V（動詞）．** に当てはまっていれば、第1文型で使われる**動詞**であることがわかります。
　S（主語）＋ V（動詞）＋副詞（付け加えの言葉）も第1文型になります。副詞（付け加えの言葉）の部分がなくても主語＋動詞の部分だけでも意味がわかるので、S（主語）＋ V（動詞）．と考えればよいのです。

私は速く走る。→ <u>私は走る</u> + <u>速く。</u>
　　　　　　　　　　S＋V　　　副詞（おまけ）

### ここが知りたい

**(質問)** 主語と主部、動詞と述部という言葉を聞いたことがあるのですが、同じ意味なのですか。

**(答え)** これはとてもよい質問です。ほとんどの人たちは、はっきり区別できていないと思います。次のように考えてください。

| ［主部］ | ［述部］ |
|---|---|
| My cat on the table | is sleeping soundly. |
| そのテーブルの上の私のネコは | ぐっすり眠っています。 |
| ［主語］ | ［述語動詞（述語または動詞とも言う）］ |
| cat | is sleeping |

英文は、〜は、〜がの部分と、それについて述べている部分（〜です、〜する）とで成り立っているので、〜は、〜がの部分を**主部**と言い、〜です、〜するの部分を**述部**と言います。

主部や述部がいくつかの単語から成り立っている時は、主部の中心となる**名詞または名詞句**を**主語**と言い、述部の中心となる語を**述語動詞**と言います。

最近では、**述語**またはただ単に**動詞**ということが一般的です。ただし、**主部**のことを**主語**と言っている人も多いようです。

**(質問)** 助動詞＋動詞になっている時は、動詞だけが述語動詞なのですか。

**(答え)** よい質問ですね。

<u>助動詞＋動詞</u>の部分を一まとめにして<u>述語動詞</u>と考えてください。

第1文型を5つに分けることができます。

(1) <u>I</u> <u>run</u>. （私は走る。）
　　S　V

**(解説)** 主語と動詞だけで意味がわかる英文。

(2) <u>I</u> <u>run</u> fast. （私は速く走る。）
　　S　V　　副詞

　<u>I</u> <u>run</u> in the park. （私はその公園で走る。）
　 S　V　　場所を表す副詞句

　<u>I</u> <u>run</u> every day. （私は毎日走る。）
　 S　V　　時を表す副詞句

　<u>I</u> <u>am</u> in the park. （私はその公園にいます。）
　 S　V　　場所を表す副詞句

**(解説)** 副詞（付け加えの単語）または副詞句（付け加えの働きをする語句）がなくても、残った英文だけで意味がわかるので、S + V の構文と考えます。

(3) <u>We</u> <u>agreed</u> to play tennis. (<u>私たちは</u>テニスをするということで、<u>意見がまとまった。</u>)
　　 S　　 V　　　不定詞の副詞的用法

　<u>I</u> <u>hurried</u> to catch the bus. (<u>私は</u> そのバスに乗るために <u>急いだ。</u>)
　 S　　V　　　　不定詞の副詞的用法

　<u>My father</u> <u>lived</u> to be ninety. (<u>私の父は</u> 90才まで <u>生きた。</u>)
　　　S　　　　　V　　　不定詞の副詞的用法

**(解説)** 不定詞の副詞的用法で、目的、結果、感情の原因などを表したい場合に<u>to</u>+動詞を使って表すことができます。

　不定詞の副詞的用法も、付け加えの言葉なので、<u>S + V.</u> の構文であると考えればよいのです。

発音　agree [アグゥリー]　　agreed [アグゥリードゥ]
hurry [ハァ～ゥリィ]　hurried [ハァ～ゥリィドゥ]

(4) ① There is a boy. (少年がいますよ。)
　　　　　V　S

② There is a boy over there. (あそこに少年がいますよ。)
　　　　V　S　　　副詞句

③ Here it is. (はい、これですよ。ほら、ここにありますよ。)
　副詞　S　V

④ Here we are. (さあ、着きましたよ。)
　副詞　S　V

⑤ There goes the bus. (ほら、バスが行きますよ。)
　副詞　　V　　　S

⑥ There he goes. (ほら、彼が行きますよ。)
　副詞　S　V

⑦ Here comes the bus. (ほら、バスが来ましたよ。)
　副詞　　V　　　S

⑧ Here he comes. (ほら、彼が来ましたよ。)
　副詞　S　V

**(解説)** ここに出てきているthereは3種類のパターンに分けることができます。

**(パターン1)**

　　There is＋a 名詞. または There are＋名詞 s. のパターンで使われるthereは、特に意味はないのでthereを強く発音しないでください。

　　**There is〜 または There are〜で、〜があります、または〜がいますを表しているだけなのです。**

　　There is　　　　a boy.
　　います　〈だれが〉ある少年

a boyが主語(S)で、isが動詞(V)であることがわかります。もとの英文は A boy is. だと考えることができます。
　　　　　　　S　　V

（パターン2）

**there**にはもうひとつ**副詞**として使われて**そこに**という意味があります。この場合には、thereを強く読みます。

（パターン3）

thereには、**そこに**の他に**ほら**という意味があります。この場合もthereを強く読んでください。

hereにも**ここに**という意味の他に**ほら**という意味もあります。

## ここが大切

⑤ The bus goes there.
⑥ He goes there.
⑦ The bus comes here.
⑧ He comes here.

がもとの英語で、Here や There を強調したために Here や There から始まっています。

英語では、**強・弱・強**のようなリズムがあるので、次のように文も並べ方が変わってくるのです。Here と There はどちらも同じように考えてください。

⑤ There goes the bus.　⑥ There he goes.
　　強　　弱　　強　　　　　　強　弱　強

⑦ Here comes the bus.　⑧ Here he comes.
　　強　　弱　　強　　　　　　強　弱　強

(5) ① It seems that Tony is a teacher.
　　　　　　　　　名詞節
（トニー君は先生のように見えます。）

② It appears that Tony is a teacher.
　　　　　　　　　名詞節
（トニー君は先生のように見えます。）

③ It doesn't matter where you go.
　　　　　　　　　　名詞節
（あなたがどこへ行こうとかまわない。）

④ It doesn't matter what you say.
　　　　　　　　　　名詞節
（あなたが何を言おうとかまわない。）

⑤ It doesn't matter if you are late.
　　　　　　　　　　名詞節
（あなたが遅くれても大したことではない。）

|発音| appears［アピァァズ］　matter［メァタァ］

**(解説)**

①② Tony is a teacher.（トニー君は先生です。）
③ Where do you go?（あなたはどこへ行きますか。）
④ What do you say?（あなたは何を言いますか。）
⑤ Are you late?（あなたは遅れていますか。）

　①〜⑤はすべて文ですが、この文を次のように書き換えると名詞の働きをするひとつのかたまりにすることができます。

①② that Tony is a teacher（トニー君が先生であるということ）
③ where you go（あなたがどこへ行くかということ）
④ what you say（あなたが何を言うかということ）
⑤ if you are late（あなたが遅れるかどうかということ）

　疑問文であるところを、主語+動詞の並べ方にすると、文をかたまりに変えることができます。**that** には**〜ということ**、**if** には**〜かどうかということ**という意味があります。

## ●コミュニケーションのための第1文型

### [1] 主語＋動詞のパターン

We click. (私たちは相性がいい。)
This medicine works. (この薬はききますよ。)
Time will tell. (時が経てばわかります。)
Titles talk. (肩書きが物を言う。)
Money talks. (お金が物を言う。)
Ability counts. (実力が物を言う。)
I don't care. (私は気にしていませんよ。)
That depends. (それは時と場合によりますよ。)
I know. ((1)わかりますよ。(2)わかっていますよ。(3)(考えなどが浮かんだ時に)そうだ。
**(発音注意)** (1)と(2)の意味ではIを強く(3)の意味ではknowを強く言ってください。
I see. (わかりました。なるほど。)
You see! (ほらね！)
You'll see. (見ていてごらん。(私の正しいことが)きっとわかるよ。)
**(発音注意)** I see. You see! You'll see. のseeを強く言ってください。
Don't you understand? (何でわからないの？)
Do you understand? (わかりますか。)
Did you understand? (わかりましたか。)
You wait! (待てば私の言っていることが正しいということがわかるよ！)

|発音| click [クリック]　medicine [メディスンヌ]　tell [テオ]
titles [ターィトーズ]　money [マニィ]　talks [トークス]
ability [アビリティ]　counts [カーゥンツ]　care [ケアァ]
depends [ディペンヅ]　know [ノーゥ]
understand [アンダステァンドゥ]　wait [ウェーィトゥ]

## [2] 主語＋動詞＋副詞／副詞＋主語＋動詞 のパターン

This book is selling well.（この本はよく売れています。）
This book reads well.（この本は読みやすい。）
You photograph well.（あなたは写真うつりがいい。）
I can't speak well.（私は口下手です。）
I rise early.（私は早起きです。）
I rise late.（私は朝寝坊です。）
I ache all over.（私は体中が筋肉痛です。）
I'll try hard.（私は一生懸命努力します。）
Now I understand.（やっとわかりました。そういうことですか。）
I understand more or less.（なんとなくわかりました。）
I still don't understand.（私はまだわかりません。）
How do you know?（どうしてそんなことがわかるの？）
**(発音注意)** knowを1番強く、次に How を強く。
How should I know?（私が知っているわけはないでしょう。）
**(発音注意)** I を1番強く、次に How と know を強く。

発音　selling［セリン・］　well［**ウェ**オ］　reads［ゥ**リー**ヅ］
photograph［**フォ**ーゥタグゥレァフ］　rise［ゥ**ラー**ィズ］
early［**ア**〜ゥリィ］　late［**レー**ィトゥ］　ache［**エー**ィク］　try［チュ**ラー**ィ］
understand［アンダァス**テァ**ンドゥ］　more or less［**モ**ア　**オ**ア　**レ**ス］
still［ス**ティ**オ］　should［**シュ**ッドゥ］

## ●第2文型

　第2文型で使われる動詞はすべて不完全自動詞なので、動詞またはbe動詞の次に必ず意味をはっきりさせるための言葉がきます。この補いの言葉を**補語**と言い、**C**という記号を使って表します。
　　S（主語）＋V（動詞）＋C（補語）．
　S＝C（SとCがイコール）になっている場合はすべて第2文型です。つまり、主語と補語がイコールになるか、主語の説明に補語が使われていれば、第2文型であると考えることができます。
　補語の部分には色々な品詞（役割の言葉）がきます。

### [1] 主語＋be動詞＋[名詞／代名詞／動名詞／名詞節]のパターン

(1) I　am　Tony.（私はトニーです。）
　　S　V　C（名詞）

(2) You　are　you.（あなたはあなたですよ。）
　　S　　V　　C（代名詞）

(3) Seeing　is　believing.
　　　S　　　V　　C（動名詞）

　　（見ることは信じることですよ。百聞は一見にしかず。）

(4) I　am　happy.（私はうれしい。）
　　S　V　　C（形容詞）

(5) The trouble　is　that I have no money.
　　　　S　　　　V　　　　C（名詞節）

　　（困ったことに、私はお金を持っていません。）

|発音|　believing［ビリーヴィン・］　trouble［チュラボー］

**(解説)**

The trouble is〜　（その困ったことは〜ですよ）

that I have no money　（私がお金をまったく持っていないということ）

第2文型では、be動詞の代わりに、一般動詞がくることがあります。たとえば、You look happy. という英文があるとします。この英文が第2文型であるかどうかを確かめたければ、lookをareで言い換えて意味が完全にわかるかを見てください。

この場合は、You are happy. は英文法的には、正しい英文になることから、You look happy.（あなたはうれしそうですね。）も第2文型であることがわかります。

### ここを間違える

英語では、You are happy. は英文法的には、正しい英文ですが、実際には使われることはほとんどありません。

実際に使われるのは次のような英文です。

(1) You look happy.（あなたはうれしそうですね。）
(2) You must be happy.（あなたはきっとうれしいでしょう。）

なぜ You are happy. を使わないかと言いますと、相手の気持ちがわからないのに、あなたはうれしい。のように言い切ることは不自然だからです。

この2つの英文はどちらも第2文型です。

(1) $\underset{S}{\text{You}}\ \underset{V}{\text{look}}\ \underset{C}{\text{happy}}.$

(2) $\underset{S}{\text{You}}\ \underset{V}{\text{must be}}\ \underset{C}{\text{happy}}.$

(2)の英文のように <u>must（助動詞）+ be 動詞も文型ではV（動詞）</u>の扱いをします。

## [2] 主語＋〜のように見える＋[形容詞／過去分詞]のパターン

(1) <u>You</u> <u>look</u> <u>happy</u>. (あなたはうれしそうですね。)
　　　S　　V　　C（形容詞）

(2) <u>You</u> <u>look</u> <u>tired</u>. (あなたは疲れているように見えますよ。)
　　　S　　V　　C（過去分詞が形容詞になった単語）

(3) <u>Tony</u> <u>seems</u> <u>angry</u>. (トニー君は怒っているように見える。)
　　　S　　　V　　　C（形容詞）

(4) <u>Tony</u> <u>appears</u> <u>honest</u>. (トニー君は見たところ正直なように見える。)
　　　S　　　V　　　　C（形容詞）

発音　tired [タ—ィアドゥ]　angry [エァングゥリィ]　honest [アニストゥ]

**(解説)**

☐ seem [スィーム] 〜と思われるが、たぶんそうだろう

☐ look [ルック] 外見から考えてそのように見えるが、実際もそうだろう

☐ appear [アピァァ] 見かけは〜に見えるけれども、実際にはそうでないかもしれない

### ここが大切

☐ surprised [サプゥラーィズドゥ] 驚いて

☐ interested [イントゥレスティドゥ] 興味がある

☐ tired [タ—ィアドゥ] 疲れて

　これらの3つの単語は、動詞の過去分詞形であったものが**形容詞**で使われるようになったものです。

## [3] 主語＋〜になる＋[形容詞／名詞／過去分詞]のパターン

(1) <u>It</u> <u>is getting</u> <u>warmer</u>.（だんだん暖かくなってきています。）
　　S　　　V　　　　C（形容詞）

(2) <u>It</u> <u>is becoming</u> <u>warmer</u>.（だんだん暖かくなってきています。）
　　S　　　V　　　　C（形容詞）

(3) <u>It</u> <u>is growing</u> <u>warmer</u>.（だんだん暖かくなってきています。）
　　S　　　V　　　C（形容詞）

発音　growing［グゥローゥィン・］　warmer［ウォーマァ］

**(解説)** get の方が become や grow よりも話し言葉でよく使われています。

(1) <u>Judy</u> <u>will be</u> <u>a good wife</u>.
　　S　　　　V　　　C（形容詞＋名詞）

　（ジュディーさんはよい奥さんになりますよ。）

　＝（ジュディーさんはよい人だから、将来もよい奥さんになりますよ。）

(2) <u>Judy</u> <u>will become</u> <u>a good wife</u>.
　　S　　　　V　　　　C（形容詞＋名詞）

　（ジュディーさんはよい奥さんになりますよ。）

　＝（ジュディーさんは、もし今はそうでなくても、将来はよい奥さんになりますよ。）

(3) <u>Judy</u> <u>will make</u> <u>a good wife</u>.
　　S　　　　V　　　　C（形容詞＋名詞）

　（ジュディーさんはよい奥さんになりますよ。）

　＝（ジュディーさんは、一生懸命努力してよい奥さんになりますよ、そんな素質がある人なんだから。）

発音　wife［ワーィフ］

**(解説)**　話し言葉ではbeがよく使われます。

(1) <u>Your shoelaces</u> <u>have come</u> <u>untied</u>.
　　　　S　　　　　　V　　　　　C（過去分詞）

　（くつひもがほどけてしまっているよ。）

(2) <u>Your shoelaces</u> <u>have gotten</u> <u>untied</u>.
　　　　S　　　　　　V　　　　　C（過去分詞）

　（くつひもがほどけてしまっているよ。）

(3) <u>Your shoelaces</u> <u>have become</u> <u>untied</u>.
　　　　S　　　　　　V　　　　　C（過去分詞）

　（くつひもがほどけてしまっているよ。）

|発音| shoelaces [**シュ**レーィスィズ]　untied [アン**ター**ィドゥ]

**(解説)** untie [アン**ター**ィ] は〈～をほどく〉という意味の動詞なので、be動詞 + untied〈ほどけている〉になります

　　［come／get／become］+ untied = ほどける


(1) <u>Tony</u> <u>fell</u> <u>asleep</u>.（トニーは眠ってしまった。）
　　 S　　V　　C（形容詞）

(2) <u>Tony</u> <u>dropped</u> <u>asleep</u>.（トニーは眠ってしまった。）
　　 S　　　V　　　　C（形容詞）

|発音| fell [**フェ**オ]　dropped [ジュ**ラッ**プトゥ]　asleep [ア**スリー**プ]

**(解説)**

　　Tony is asleep. = Tony is sleeping.（トニーは眠っていますよ。）
　［fall／drop］+ asleep で〈眠っている状態に<u>落ちる</u>（<u>なる</u>）〉となり、〈眠る〉となるのです。


<u>My dream</u> <u>came</u> <u>true</u>.（私の夢は実現した。）
　　S　　　　V　　 C（形容詞）

|発音| dream [ジュ**リー**ム]　came [**ケー**ィム]　true [チュ**ルー**]

**(解説)**　come（なる）+ true（本当の）= 本当の状態になる = 実現する

These leaves are turning red. (これらの葉は赤くなりかけています。)
S           V         C (形容詞)

発音 leaves [リーヴズ]  turning [タ〜ニン・]
**(解説)** turnは〈変化して〜になる〉と覚えておきましょう。

(1) This fish is going bad. (この魚はくさりかけています。)
    S          V      C (形容詞)

(2) Sugar is running short. (砂糖がなくなってきました。)
    S      V        C (形容詞)

発音 sugar [シュガァ]  short [ショートゥ]
**(解説)** goとrunは〈好ましくない状態になる〉という意味で使われます。

## [4] 主語＋五感を表す動詞＋[形容詞／現在分詞／過去分詞]のパターン

(1) This fish smells bad. (この魚はくさいにおいがする。)
    S         V      C (形容詞)

(2) This fish smells spoiled. (この魚はくさったにおいがする。)
    S         V      C (過去分詞)

(3) This tea tastes bitter. (このお茶は苦い味がする。)
    S        V      C (形容詞)

(4) I feel cold. (私は寒気がします。)
    S V   C (形容詞)

(5) That sounds interesting. (それはおもしろそうですね。)
    S    V      C (形容詞)

発音 spoiled [スポーィオドゥ]  tastes [テーィスツ]  bitter [ビタァ]
sounds [サーゥンヅ]  interesting [インタゥレスティン・]
**(解説)** □smell [スメオ] 〜のにおいがする
□taste [テーィストゥ] 〜の味がする
□feel [フィーオ] 〜の感じがする
□sound [サーゥンドゥ] 聞いた感じが〜のように思われる

#### ここが大切

spoil [スポーィオ] は〈~をくさらせる〉という意味の単語なので、This fish is spoiled. で〈くさっている〉を表せます。

is の代わりに smellsを入れると、〈くさったにおいがする〉という意味になります。

## [5] 主語+~にしたままです+[形容詞/現在分詞/過去分詞]のパターン

(1) <u>This house</u> <u>stands</u> <u>empty</u>. (この家は空き家になったままです。)
      S           V     C (形容詞)

(2) <u>This house</u> <u>stays</u> <u>closed</u>. (この家は閉まったままです。)
      S           V     C (過去分詞)

(3) <u>I</u> <u>remained</u> <u>silent</u>. (私はずっと黙っていた。)
   S    V       C (形容詞)

(4) <u>You</u> <u>keep</u> <u>yawning</u>. (あなたはさっきからあくびばっかりしていますね。)
    S    V      C (現在分詞)

(5) <u>I</u> <u>kept</u> <u>quiet</u>. (私は静かにしていた。)
   S   V    C (形容詞)

(6) <u>I</u> <u>held</u> <u>still</u>. (私はじっとしていた。)
   S   V   C (形容詞)

発音 empty [エンプティ] stays [ステーィズ] closed [クローゥズドゥ] remained [ゥリメーィンドゥ] silent [サーィレントゥ] yawning [ヨーニン・] quiet [クワーィアットゥ] held [ヘオドゥ] still [スティオ]

(解説) stand, stay, remain, keep, hold [ホーゥオドゥ] が〈~したままです〉を表す動詞なので、まとめて覚えておいてください。

## [6] 主語＋〜の状態で〜している＋形容詞 のパターン

(1) <u>Lie</u>  <u>still</u>. (じっとして横になっていなさいよ。)
　　V　　C（形容詞）

(2) <u>Stand</u>  <u>still</u>. (じっとして立っていなさいよ。)
　　　V　　　C（形容詞）

(3) <u>Sit</u>  <u>still</u>. (じっとして座っていなさいよ。)
　　V　　C（形容詞）

発音　lie［ラーィ］　still［スティオ］　stand［ステァンドゥ］
**(解説)** 命令文なので、S（主語）がありません。

## [7] 主語 ＋ 〜の状態で 〜する ＋ 現在分詞 のパターン

(1) <u>Tony</u>  <u>came</u>  <u>running</u>. (トニー君は走ってやって来た。)
　　S　　　V　　　C（現在分詞）

(2) <u>Tony</u>  <u>went</u>  <u>running</u>. (トニー君は走って行った。)
　　S　　　V　　　C（現在分詞）

(3) <u>Tony</u>  <u>went</u>  <u>shopping</u>. (トニー君は買い物に出かけた。)
　　S　　　V　　　C（現在分詞）

発音　running［ゥラニン・］　shopping［シャッピン・］
**(解説)** 外で何かをする場合と、自分が中心になってするスポーツの場合に go 〜ing を使います。

go camping（キャンプに行く）　　go skiing（スキーに行く）
go bowling（ボウリングに行く）　　go jogging（ジョギングに行く）
go skating（スケートに行く）　　go golfing（ゴルフに行く）
go mountain-climbing（山登りに行く）　　go fishing（魚つりに行く）

発音　bowling［ボーゥリン・］　jogging［ジャギン・］
skating［スケーィティン・］　skiing［スキーイン・］
golfing［ゴーオフィン・］　mountain-climbing［マーゥントゥン クラーィミン・］

## [8] 主語＋be 動詞＋[副詞／前置詞句] のパターン

(1) I am in a hurry. (私は急いでいます。)
　　S　V　　C（副詞の働きをする前置詞句）

(2) This book is of use. (この本は役に立ちます。)
　　　　S　　　V　　C（形容詞の働きをする前置詞句）

(3) School is over. (学校は終わった。)
　　　S　　V　　C（副詞）

発音　in a hurry [イナ　ハァ～ゥリィ]　of use [アヴ　ユース]
over [オーゥヴァ]

**(解説)** of use は、[～の性質を持つという意味の of]＋[役立つことという意味の use] が熟語として使われています。
　意味は役に立つという形容詞で、useful と書き換えることができます。

## [9] 主語＋be 動詞＋形容詞＋to 不定詞 のパターン

(1) I am glad to see you. (私はあなたに会えてうれしい。)
　　S　V　　C（形容詞）　　to不定詞の副詞的用法

(2) I am afraid to swim. (私は泳ぐのがこわい。)
　　S　V　　C（形容詞）　　to不定詞の副詞的用法

発音　afraid [アフゥレーィドゥ]

**(解説)**

I'm glad (私はうれしい)〈なぜ〉to see you. (あなたに会えたので)

I'm afraid (私はこわい)〈何が〉to swim. (泳ぐのが)

## [10] 主語 ＋ be 動詞 ＋ 形容詞 ＋ to 不定詞 のパターン

(1) <u>This book</u> <u>is</u> <u>easy</u> to read.（この本は読みやすい。）
　　　　S　　　 V　 C（形容詞）to不定詞の副詞的用法

(2) <u>Tony</u> <u>is</u> <u>hard</u> to please.（トニー君は気むずかしい。）
　　　S　　V　 C（形容詞）to不定詞の副詞的用法

(3) <u>This river</u> <u>is</u> <u>dangerous</u> to swim in.（この川で泳ぐのは危険です。）
　　　　S　　　V　　C（形容詞）　to不定詞の副詞的用法

|発音|　dangerous ［**デー**ィンヂャゥラス］

**（解説）**（1）の文のパターンに当てはまるかどうかを知りたければ、次のように考えてください。

　　　<u>To read</u>　　　<u>this book</u>　<u>is easy.</u>
　　　読むこと　〈何を〉　この本　　　簡単＝（この本を読むのは簡単。）

　このように考えて意味が成り立つ時は、この文のパターンで使うことができます。

　(3)の文のパターンのように、主語＋be動詞＋形容詞＋to不定詞＋<u>前置詞</u>になることがあります。前置詞が必要かどうかよく確認してください。

　　　<u>To swim</u>　　　<u>in this river</u>　<u>is dangerous.</u>
　　　泳ぐこと　〈どこで〉　この川で　　　危険です。

〈どこで〉という疑問が生まれるので、<u>前置詞＋名詞</u>のようにして、<u>この川で（in this river）</u>を表さなければならないのです。

　つまり、英文の最後にあるinがなければ、正しい英文にはならないことがわかります。

　このことから、次のように書き換えても意味は変わりません。

　　It's dangerous to swim in this river.

## [11] 主語＋be 動詞＋形容詞＋to 不定詞 のパターン

(1) <u>You are nice to help me</u>.
　　 S　V　C（形容詞）to不定詞の副詞的用法

　　（私を助けてくださるとはご親切に。）

(2) <u>You are foolish to believe Tony</u>.
　　 S　V　C（形容詞）　 to不定詞の副詞的用法

　　（トニー君の言うことを信じるとは君は馬鹿だ。）

(3) <u>I was careless to overlook it</u>.
　　 S　V　C（形容詞）　to不定詞の副詞的用法

　　（それを見落とすとは私は不注意だった。）

発音　foolish［フーリッシ］　believe［ビリーヴ］
careless［ケァァリス］　overlook［オーゥヴァルック］
(解説) このパターンで使われる形容詞は性質を表す形容詞です。
You are nice to help me.
　この文を It で書き換えることができます。
＝It's nice of you to help me.

## [12] It is＋形容詞＋[ to不定詞／動名詞／名詞節 ] のパターン

(1) <u>It is difficult for me to swim</u>.（私にとって泳ぐことはむずかしい。）
　　 S　V　C（形容詞）to不定詞の名詞的用法

(2) <u>It is difficult to speak English</u>.（英語を話すことはむずかしい。）
　　 S　V　C（形容詞）　to不定詞の名詞的用法

(3) <u>It is hard speaking English</u>.（英語を話すことはむずかしい。）
　　 S　V　C（形容詞）　　動名詞

(4) <u>It is natural that you should study</u>.（君が勉強するのは当然だ。）
　　 S　V　C（形容詞）　　　名詞節

発音　natural［ネァチュラオ］　should［シュッドゥ］
(解説) 形容詞の次にくる**名詞の働きをする言葉**が本当の主語です。**It**は**名詞の働きをする言葉**の代わりに使われています。

## [13] 主語＋be動詞＋形容詞＋that＋主語＋動詞 のパターン

(1) <u>I</u> <u>am</u> <u>sure</u> <u>(that) Tony will come.</u> (トニー君はきっと来ると思います。)
  S　V　C(形容詞)　　目的語を表すthat節

(2) <u>I</u> <u>am</u> <u>sorry</u> <u>(that) I can't attend.</u> (私は出席できないのが残念です。)
  S　V　C(形容詞)　　副詞の働きを表すthat節

(3) <u>I</u> <u>am</u> <u>proud</u> <u>(that) I am a teacher.</u>
  S　V　C(形容詞)　　目的語を表すthat節

　(私は先生であるということをほこりに思います。)

|発音| sure［シュァァ］　attend［アテンドゥ］　proud［プゥラーゥドゥ］
**(解説)**

　［文］I am a teacher. (私は先生です。)

　［かたまり］that I am a teacher (私が先生であるということ)

　完全な英文の前に that を置くと、**文章から名詞の働きを表すひとつのかたまり**ができます。この時にできる**that＋主語＋動詞**のことを**that節**と呼びます。sorryの次にくるthat節は名詞節と考えることもできます。

## [14] 主語＋be動詞＋形容詞＋前置詞＋[名詞／動名詞など]のパターン

(1) <u>I</u> <u>am</u> <u>sure</u> <u>of</u> <u>Tony's</u> <u>coming.</u> (トニー君はきっと来ると思います。)
  S　V　C(形容詞) 前置詞　　動名詞

(2) <u>I</u> <u>am</u> <u>proud</u> <u>of</u> <u>being a teacher.</u>
  S　V　C(形容詞) 前置詞　　動名詞

　(先生であるということをほこりに思います。)

(3) <u>I</u> <u>am</u> <u>busy</u> <u>with</u> <u>my</u> <u>work.</u> (私は仕事でいそがしい。)
  S　V　C(形容詞) 前置詞　　名詞

|発音| busy［ビズィ］　work［ワ～ク］
**(解説)** このパターンで使われる名詞はいつも決まった前置詞といっしょに使われます。熟語として覚えておきましょう。

## [15] 主語 + be 動詞 + to 不定詞 + 動詞 のパターン

(1) <u>To see</u> <u>is</u> <u>to believe</u>.（見ることは信じることです。）
　　　S　　　V　　C（不定詞の名詞的用法）

(2) <u>All you have to do</u> <u>is</u> <u>(to) study</u>.（あなたは勉強しさえすればよい。）
　　　　　　S　　　　　　　V　　C（不定詞の名詞的用法）

(3) <u>You</u> <u>are</u> <u>to study</u>.（あなたは勉強すべきです。）
　　　S　　V　　　C

(4) <u>Stars</u> <u>are</u> <u>to be seen</u>.（星が見られます。）
　　　S　　　V　　　C

**(解説)**

(1) All you have to do is to study. は〈あなたがしなければならないすべてのことは勉強することです。〉という意味です。is の次の to は省略されることが多いようです。

(2) <u>be 動詞+to+動詞</u>を be to 不定詞と呼びます。このパターンは、<u>助動詞+動詞</u>で書き換えることができる特別な用法です。
　　You [are to／should] study.
　　Stars [are to be seen／can be seen].

## [16] 主語 + be 動詞 + 過去分詞 + to 不定詞 のパターン

(1) <u>Tony</u> <u>is</u> <u>said</u> <u>to be a teacher</u>.（トニー君は先生だそうです。）
　　　S　　V　C（過去分詞）　　　S

(2) <u>Tony</u> <u>is</u> <u>thought</u> <u>to be wise</u>.（トニー君はかしこいと思われている。）
　　　S　　V　C（過去分詞）　　　S

|発音| said [セッドゥ]　wise [ワーィズ]

**(解説)** Tonyとto be a teacher（トニー君が先生であるということ）が主語の働きをすると考えると、<u>It</u> is said <u>that Tony is a teacher.</u>と書き換えることができることがわかります。

## [17] 主語＋[seem／happen]＋to不定詞 のパターン

(1) <u>Tony</u> <u>seems</u> <u>to be a dancer</u>.（トニー君はダンサーのように見える。）
　　 S　　 V　　　　C

(2) <u>I</u> <u>happened</u> <u>to buy this book</u>.（私はたまたまこの本を買った。）
　 S　　 V　　　　　C

(3) <u>Tony's story</u> <u>proved</u> <u>to be true</u>.
　　　 S　　　　 V　　　 C

　　（トニー君の話が本当であることがわかった。）

発音　happened［ヘァプンドゥ］　proved［プゥルーヴドゥ］

(解説)
□seem to be　〜のように見える
□happen to＋動詞　たまたま〜する
□prove to be〜　であることがわかる

### ここを間違える

　seem to be の to be が省略できる時とできない時があります。
　to be の次にくる<u>形容詞</u>にレベル差がある場合には、to be を省略することができます。
　たとえば angry（怒っている）の場合は人によって怒っているレベルが違うので、to beを省略することができます。これに対して、Japanese（日本人の）のような形容詞の場合は、省略することができません。名詞の場合も同じように考えてください。

　　Asami seems to be Japanese.（麻美さんは日本人のように見える。）
　　Asami seems (to be) angry.（麻美さんは怒っているように見える。）
　　Asami seems to be a nurse.（麻美さんはナースのように見える。）

## [18] 主語＋〜するようになる＋to 不定詞 のパターン

(1) <u>I</u> <u>have grown</u> <u>to like you</u>.
　　S　　V　　　　　C

　　（だんだんあなたのことが好きになってきました。）

(2) <u>I</u> <u>got</u> <u>to know Professor Suzuki</u>.
　　S　V　　　　C

　　（私は鈴木教授と知り合いになった。）

(3) <u>I</u> <u>came</u> <u>to know Tony</u>. （私はトニー君と知り合いになった。）
　　S　V　　　C

発音　grown［グゥローゥンヌ］　Professor［プゥラフェッサァ］
came［ケーィム］

**（解説）**
□ grow to＋動詞　だんだん〜になる
□ get to＋動詞　〜するようになる
□ come to＋動詞　〜するようになる

### ここが大切

　出会いの過程を大切なものとして考えている場合は、<u>get to know＋人</u> となります。

　　How did you get to know Professor Suzuki?
　　　（どのようにして鈴木教授とお知り合いになられたのですか。）

　日常的な出会いの場合には <u>come to know＋人</u> となります。

　　How did you come to know your friend Tsujihana?
　　　（どのようにしてあなたの友だちの辻花君と知り合ったのですか。）

## ●コミュニケーションのための第2文型

(1) I've gotten old. （私は年をとったなあ。）
(2) This river is running high. （この川の水位が上がってきている。）
(3) I want to stay young. （私はずっと若くいたい。）
(4) Tony married young. （トニー君は若くで結婚した。）
(5) Tony married late. （トニー君は結婚するのが遅かった。）
(6) Your top button is hanging loose.
 （1番上のボタンが取れかかっているよ。）
(7) Your top button has come undone.
 （1番上のボタンがはずれているよ。）
(8) Don't feel bad. （がっかりするなよ。）
(9) I feel small. （私は肩身の狭い思いをしています。）
(10) This bag will last long. （このカバンは長持ちしますよ。）
(11) Dinner is ready. （夕食ができているよ。）
(12) Don't get angry. （怒るなよ。）
(13) Don't be afraid. （こわがらないで。）
(14) This tastes delicious. （これはとてもおいしい。）
(15) This smells good. （これはおいしそうなにおいがする。）
(16) How do I look? （似合っていますか。）

発音 married [メァゥリドゥ]　late [レーィトゥ]　button [バトゥンヌ]
undone [アンダンヌ]　feel [フィーオ]　last [レァストゥ]
ready [ゥレディ]　angry [エァングゥリィ]　afraid [アフゥレーィドゥ]
tastes [テーィスツ]　smells [スメオズ]　delicious [ディリシァス]

●第3文型

ここからは、第3文型について考えてみたいと思います。
S（主語）＋V（動詞）＋O（目的語）の並べ方になっていると、第3文型と考えることができます。

 ここが知りたい 
(質問) 目的語とはどんなものですか。
(答え) **何を**という疑問が生まれたら、**何を**に当たる**名詞**が動詞の**目的語**です。

(質問) 何をという疑問が生まれる動詞が第3文型で使われる動詞なのですか。
(答え) その通りです。動詞には他動詞と呼ばれる働きの動詞があるのです。つまり、英和辞典で動詞を調べて他動詞と書いてあったら、第3文型で使われると考えることができます。

　他動詞は、〜を、〜と、〜について、〜にのような意味を初めから日本語訳の中に含んでいる動詞です。
□know［**ノ**ーゥ］〜を知っている
□marry［**メァ**ゥリィ］〜と結婚する
□discuss［ディス**カス**］〜について話をする
□resemble［ゥリ**ゼン**ボー］〜に似ている

## ここが大切

(1) 目的語は、他動詞の後ろにきている名詞または名詞句 (名詞の働きをする語句) のことです。

Let's <u>discuss</u> <u>tennis</u>. (テニスについて話しましょう。)
　　　　他動詞　　目的語

(2) 目的語は、他動詞の働きをする語句 (群動詞) の後ろにきます。

Let's <u>talk</u> <u>about</u> <u>tennis</u>. (テニスについて話しましょう。)
　　　自動詞　前置詞　目的語

(3) 目的語は、動詞が影響を与える対象になる物または人のことです。

English interests <u>me</u>. (英語は私に興味を持たせる。)
　　　　　　　　　目的語

(4) 目的語になっているかどうかを確認する方法は、質問に対する答えが動詞の後ろにあるかどうかを見ればわかります。もしあれば、**その名詞**は**目的語**です。

(質問) あなたは<u>だれ</u>が好きですか。
　　　　<u>Who</u> do you like?
(答え) 私は<u>中村里香さん</u>が好きです。
　　　　I like <u>Rika Nakamura</u>.
　　　　　　　　目的語
(質問) あなたはだれに出会ったのですか。
　　　　<u>Who</u> did you meet?
(答え) 私は<u>藤本麻美さん</u>に出会った。
　　　　I met <u>Asami Fujimoto</u>.
　　　　　　　目的語

## [1] 主語＋動詞＋[名詞／代名詞] のパターン

(1) I know Tony. (私はトニー君を知っています。)
　　S　V　　O (名詞)

(2) I enjoyed myself. (私は楽しかった。)
　　S　　V　　　O (再帰代名詞)

(3) I live a happy life. (私は幸せな生活を送っています。)
　　S　V　　O (名詞相当語句)

発音　enjoyed [インヂョーィドゥ]　　life [ラーィフ]

(解説) I enjoyed myself.のように**動詞 ＋ 〜self** のパターンで**熟語**として覚えてください。**動詞 ＋ 〜self** の動詞のことを**再帰動詞**と呼んでいます。**主語と目的語が同じ**時に **〜self** を使います。

　主語の動作が主語自身に影響を与えている時の動詞の働きが**再帰動詞**の特徴です。

　　　I live a happy life. (私は幸せな生活を送っています。)
　　　S　V　　O

**動詞＋名詞**の関係がもともと同じ語源であった動詞と名詞が続いて出てくる場合の動詞を、**同族動詞**と呼んでいます。

live (暮らす) という動詞を名詞にするとlife (生活) になっていることからliveが同族動詞であることがわかります。

　　dream a dream (夢を見る)　　　sing a song (歌を歌う)

(注意) このタイプを実際に使う時は、名詞の前に形容詞がくることが多いようです。

　　　I live a happy life. ＝ I live happily.
　　　動詞　形容詞＋名詞　　　　動詞　副詞


## [2] 主語 ＋ 動詞 ＋ that 節 のパターン

(1) I know that Tony is a teacher.
　　S　V　　　　　　O

　(私はトニーさんが先生であるということを知っています。)

(2) <u>I</u> <u>think</u> <u>that Tony is a teacher.</u>
　　S　V　　　　　O

（私はトニーさんが先生であると思います。）

## [3] 主語 + 動詞 + to + 動詞 のパターン

(1) <u>I</u> <u>want</u> <u>to study.</u>（私は勉強したい。）
　　S　V　　O（to不定詞の名詞的用法）

(2) <u>I</u> <u>decided</u> <u>to buy this bike.</u>（私はこの自転車を買うことに決めた。）
　　S　　V　　　O（to不定詞の名詞的用法）

発音　decide［ディサーィドゥ］　decided［ディサーィディドゥ］

## [4] 主語 + 動詞 + 動名詞 のパターン

(1) <u>I</u> <u>can't help</u> <u>laughing.</u>（私は笑わないではいられない。）
　　S　　V　　　　O（動名詞）

(2) <u>I</u> <u>enjoyed</u> <u>swimming.</u>（私は泳ぐのを楽しんだ。）
　　S　　V　　　　O（動名詞）

(3) <u>You</u> <u>should give up</u> <u>smoking.</u>（たばこを吸うのをやめるべきだよ。）
　　S　　　V（群動詞）　　　O（動名詞）

(4) <u>You</u> <u>should stop</u> <u>smoking.</u>（たばこを吸うのをやめるべきだよ。）
　　S　　　V（群動詞）　　O（動名詞）

発音　help［ヘォプ］　laughing［レァフィン・］　should［シュッドゥ］
give up［ギヴァップ］　smoking［スモーゥキン・］

**(解説)** I can't help laughing. の help は〈～を避ける〉という意味なので〈私は笑うのを避けることができない。〉という意味から、<u>私は笑わないではいられない。</u>という意味になります。I can't help ～ing. というパターンで覚えておきましょう。

　give up = stop（～するのをやめる）の give up のように、2つ以上の単語が集まって1つの動詞の役目を果たす動詞を群動詞または動詞句と呼んでいます。

**ここが知りたい**

(質問) 動詞の後ろに to+動詞 がきているパターンと 動詞+動名詞 がきている場合があるようですが、使い分け方のコツはあるのでしょうか。

(答え) あります。絶対というわけではありませんが、ほとんどの場合、次のように考えれば使い分けることができます。

(1) I want to swim. (私は泳ぎたい。)
 <u>I want</u>　　　<u>to swim.</u>
 したいという気持ちがある　泳ぐ

(2) I enjoyed swimming. (私は泳ぐのを楽しんだ。)
 <u>I enjoyed</u>　<u>swimming.</u>
 　楽しんだ　　　泳ぐ

まず(1)と(2)の英文を2つに分けます。

次に、ひとつめのかたまりと2つめのかたまりに分けたものの内で、どちらの動作が先に起こった動作であるかを考えます。

もし泳ぐという動作が最初に起こっていれば〜ing、後で起こっていれば、to+動詞になるのです。

では、確かめてみましょう。

　①私はしたいという気持ちがある。そして、私は泳ぐ。
　②私は泳ぐ。そして、私はしたいという気持ちがある。

どちらの方が自然ですか。この場合、①の方が自然なので、泳ぐが後からきていることから、to swim になります。

　①私は楽しんだ。そして、泳ぐ。
　②私は泳いだ。そして、楽しんだ。

どちらの方が自然かというと、②の方が自然であることがすぐにわかります。泳ぐが最初にきているので、swimming になります。

## [5] 主語 ＋ 動詞 ＋ [所有格／目的格] ＋ 動名詞 のパターン

(1) <u>Do</u> <u>you</u> <u>mind</u> <u>my smoking</u>?
　　S　　　V　　O(所有格＋動名詞)

（私がたばこを吸っても気にしませんか。）

(2) <u>I</u> <u>insist on</u> <u>your attending</u>.
　S　　V　　　O(所有格＋動名詞)

（どうしてもあなたに出席してもらいたい。）

発音　mind [マーィンドゥ]　insist [インスィストゥ]

**(解説)** my smoking は if I smoke（もし私がたばこを吸ったら）、your attending は、that you (should) attend（私が出席すべきだということ）のように書き換えることができます。

　群動詞（insist on）のように前置詞で終わっている時は、必ず<u>動名詞</u>がきます。

### ここが大切

　話し言葉では、<u>my smoking</u>の代わりに<u>me smoking</u>、
　　　　　　　　　所有格＋動名詞　　　　　　　　　
<u>your attending</u>の代わりに<u>you attending</u>とすることが、多いようです。
　所有格＋動名詞　　　　　　　目的格＋動名詞

## [6] 主語＋群動詞＋名詞 のパターン

<u>I</u> <u>put off</u> <u>my departure</u>. （私は出発を延期した。）
S　V(群動詞)　　O(名詞)

発音　put off [プトーフ]　departure [ディパーチァ]

**(解説)** ～を延期するを put off の代わりに postpone [ポーゥストゥポーゥンヌ] で同じ意味を表すことができます。

## [7] 主語 + 動詞 + 疑問詞 + to 不定詞 のパターン

(1) <u>I</u> <u>don't know</u> <u>what to do</u>.
　　S　　　V　　　　O（疑問詞＋to不定詞）

（私は何をすべきかわかりません。）

(2) <u>I</u> <u>am wondering</u> <u>where to go</u>.
　　S　　　　V　　　　　O（疑問詞＋to不定詞）

（私はどこへ行くべきか考えているところです。）

発音　wondering［ワンダゥリン・］

(解説) I don't know <u>what to do</u>. を <u>what I should do</u>. のように書き換えることもできます。

## [8] 主語 + 動詞 +［疑問詞節／if節］のパターン

(1) <u>No one</u> <u>knows</u> <u>what will happen tomorrow</u>.
　　　S　　　　V　　　　　O（疑問詞節）

（だれにも何が明日起こるかわかりません。）

(2) <u>I</u> <u>wonder</u> <u>if it is raining</u>. （雨が降っているのかなあ。）
　　S　　V　　　　O（if節）

(3) <u>I</u> <u>doubt</u> <u>if Tony will come</u>. （トニー君が来るかどうか疑問ですよ。）
　　S　　V　　　　O（if節）

発音　wonder［ワンダァ］　doubt［ダゥトゥ］

(解説) wonder if＋主語＋動詞で、〜かしらと思う。
　　　doubt if＋主語＋動詞で、〜かどうか疑問に思う。

## [9] 主語＋動詞＋to＋［名詞／代名詞］＋［that節／疑問詞節］のパターン

(1) <u>I</u> <u>suggested</u> <u>to Tony</u> <u>that he (should) study</u>.
　　S　　　V　　　　副詞句　　　　O（that節）

（私はトニー君に勉強してはどうかと言った。）

(2) I'll explain to you how this car works.
　　S　　V　　　副詞句　　　　O（疑問詞節）

（私は君にこの車の動かし方を説明しましょう。）

(3) I admitted to Tony that I had done it.
　S　　V　　　副詞句　　　O（that節）

（私はトニー君に私がそれをやったことを認めた。）

|発音|　suggested［サヂェスティドゥ／サグヂェスティドゥ］

explain［イクスプレーィンヌ］　　admitted［アドゥミッティドゥ］

**（解説）** to＋名詞または代名詞を省略しても意味がわかる時は省略することができます。

## [10] 主語＋動詞＋[名詞／代名詞]＋to＋[名詞／代名詞]のパターン

(1) Tony gave this book to me. （トニー君は私にこの本をくれた。）
　　S　　V　　O（名詞）　副詞句

(2) Tony showed his album to me.
　　S　　V　　O（名詞）　副詞句

（トニー君は自分のアルバムを私に見せてくれた。）

|発音|　gave［ゲーィヴ］　　showed［ショーゥドゥ］

## [11] 主語＋動詞＋[名詞／代名詞]＋for＋[名詞／代名詞]のパターン

(1) Tony made this desk for me.
　　S　　V　　O（名詞）　副詞句

（トニー君は私にこの机を作ってくれた。）

(2) Tony bought this desk for me.
　　S　　V　　O（名詞）　副詞句

（トニー君は私にこの机を買ってくれた。）

|発音|　bought［ボートゥ］

## [12] 主語＋動詞＋[名詞／代名詞]＋of＋[名詞／代名詞]のパターン

(1) I asked a question of Tony.（私はトニー君に質問をした。）
　　S　V　　　O　　　　副詞句

(2) I asked a favor of Tony.（私はトニー君にお願いをした。）
　　S　V　　O　　　副詞句

(3) May I inquire something personal of you?
　　V　S　V　　　　　O　　　　　　副詞句

（個人的な質問をしてもよろしいですか。）

発音　favor［フェーィヴァ］　inquire［インクワーィアァ］
something personal［サムすィン・パ〜スノー］

**（解説）**

I asked a question of Tony.
ほとんど使われることがなく、次のような言い方が普通です。

I asked Tony a question.
　　　　　人　　　物

(1)のaskedは〜を尋ねた
(2)のaskedは〜を求めた

### ここを間違える

askよりも格式ばった語がinquireなのですが、askのように書き換えることができません。

［○］May I inquire something personal of you?
　　　　　　　　　　　　物　　　　　　　　人

［×］May I inquire you something personal?
　　　　　　　　　　人　　　　物

## 3 5文型について

**ここが知りたい**

**(質問)** 動詞＋物＋[to／for／of]＋人、このパターンの to, for, of はどのようにして使い分ければよいのですか。

**(答え)** of については、ask と inquire だけ覚えておいていただければよいと思います。

　to と for の使い分けは、to と for のどちらでも使える動詞もありますが、次のように考えるとほとんどの動詞について区別できると思います。まず、for の使い方について説明したいと思います。

　　「トニー君は私にこの机を作ってくれた。」
を英語に訳してみてください。

　　Tony made this desk for me.

　仮に、for を〈～の代わりに〉または〈～のために〉という意味だと考えて、日本語に訳してみます。

　　トニー君は私の[代わりに／ために]この机を作ってくれた。

　あなたが訳したかったもとの日本文とほとんど同じ意味であれば、for が正しい前置詞であることがわかります。

　つまり、この場合の make という動詞は for といっしょに使う動詞であるということがわかります。

　　「トニー君は私にこの本をくれた。」
同じように英語に訳してみます。

　　[×] Tony gave this book for me.
日本語に訳してみます。

　　「トニー君は私の[代わりに、ために]この本をくれた。」

日本語に訳すと、訳したかった日本文と意味が違ってしまっていることがわかります。

　つまり、このような時には for ではなく to を使って訳さなければならないと覚えてください。

　　[○] Tony gave this book to me.

### ここを間違える

read [ゥリードゥ] (1) 本などを読んで聞かせる
　　　　　　　　(2) ～を読む

(1) I read a story to my children.
（私は私の子供たちに物語を読んで聞かせた。）

(2) Please read this letter for me.
（この手紙を私の代わりに読んでください。）

write [ゥラーィトゥ] (1) 人に手紙を書く
　　　　　　　　(2) ～を書く

(1) Please write a letter to me.
（私に手紙を書いてくださいね。）

(2) Could you write a letter for me?
（私の代わりに手紙を書いていただけませんか。）

leave [リーヴ] (1) 人に物を残しておく
　　　　　　　(2) 人に財産を残して死ぬ

(1) Please leave some water for me.
（私に水を少し残しておいてくださいよ。）

(2) Tony left a large fortune to his wife.
（トニーさんは彼の奥さんにばく大な遺産を残して亡くなった。）

bring [ブゥリン・] (1) 人などのところへ物を［持って来る、持って行く］
　　　　　　　　(2) 人などのために物を［持って来る、持って行く］

(1) I'll bring your umbrella to you.
（私はあなたのところへかさを持って行きますよ。）

(2) Tony brought a present for me.
（トニー君は、私のためにプレゼントを持ってきてくれた。）

## [13] 主語 + 動詞 + [名詞／代名詞] + 前置詞 + [名詞／代名詞／動名詞] のパターン

(1) Thank you for your letter.（お手紙ありがとう。）
　　　V　　O(代名詞)　　副詞句

(2) I took Tony for a Japanese.（私はトニー君を日本人と間違えた。）
　　S　V　　O(名詞)　　副詞句

(3) You remind me of your mother.
　　S　　V　　O(代名詞)　　副詞句

　　（あなたを見るとあなたのお母さんを思い出す。）

(4) Someone robbed Judy of her bag.
　　　S　　　V　　O(名詞)　　副詞句

　　（だれかがジュディーさんのカバンを奪った。）

(5) I spend a lot of money on books.（私はお金をたくさん本に費やす。）
　　S　V　　　O(名詞)　　副詞句

(6) I congratulated Tony on his success.
　　S　　V　　　O(名詞)　　副詞句

　　（私はトニー君の成功を祝った。）

(7) Rain prevented me from going out.
　　S　　V　　O(代名詞)　　副詞句

　　（雨のために外出できなかった。）

(8) Please explain your plan to me.
　　　　V　　　O(名詞)　　副詞句

　　（私にあなたの計画を説明してください。）

(9) Add some milk to the stew.
　　V　　O(名詞)　　副詞句

　　（そのシチューに少しミルクを入れ［て／ます］。）

発音　remind ［ゥリ**マー**ィンドゥ］　　robbed ［**ゥラ**ブドゥ］
spend ［ス**ペ**ンドゥ］　　congratulated ［カングゥレァチュレーィティドゥ］
prevented ［プゥリ**ヴェ**ンティドゥ］　　stew ［ス**テュ**ー］

**(解説)**

(1) <u>I took</u> Tony <u>for</u> a Japanese.
　　私は思い違いをした　　トニー君を日本人だと
　　＝(私はトニー君を日本人と間違えた。)

(2) <u>You remind me</u>　<u>of</u> your mother.
　　あなたは私に思い出させる　あなたのお母さんについて
　　＝(あなたを見ると私はあなたのお母さんを思い出します。)

(3) <u>Someone robbed Judy</u>　<u>of</u> her bag.
　　だれかがジュディーさんから奪った　彼女のバッグを
　　＝(だれかがジュディーさんのバックを奪った。)

(4) <u>I congratulated Tony</u> <u>on</u> his success.
　　私はトニー君におめでとうと言った　彼の成功について
　　＝(私はトニー君にご成功おめでとうございますと言った。)

(5) <u>Rain prevented me</u> <u>from</u> going out.
　　　雨が私をさまたげた　　　外出することから
　　＝(雨のために私は外出することができなかった。)

---

### ここが大切

英語では、前置詞に色々な意味があります。

(1) 中学校では、ofを〈～の〉、on〈～の上に〉と習いますが、ofとonには about（～について）と同じ意味を表す前置詞として使われることがあります。

(2) A for Bとなっていると、A＝Bと考えることがあります。

　I tookで〈私は思い違いをした〉という意味があるので、

　I took Tony for a Japanese.（私はトニー君を日本人だと思った。）
次の例文も大切です。

　Don't take it for granted.（それを当然のことと思ってはだめだよ。）

## [14] 主語＋動詞＋[名詞／代名詞]＋[副詞句／副詞節] のパターン

(1) <u>I study English to be a pilot.</u>
　　S　V　　O（名詞）　　　副詞句

　（私はパイロットになるために英語を勉強しています。）

(2) <u>I took a taxi so as to catch the last train.</u>
　　S　V　　O（名詞）　　　　　副詞句

　（私は最終列車に間に合うようにタクシーに乗った。）

(3) <u>I took a taxi so that I could catch the last train.</u>
　　S　V　　O（名詞）　　　　　　　副詞節

　（私は最終列車に間に合うようにタクシーに乗った。）

(4) <u>I study English so as not to fall behind the times.</u>
　　S　V　　O（名詞）　　　　　　副詞句

　（私は時代に遅れないように英語を勉強しています。）

(5) <u>Tony treated me as if I were a child.</u>
　　　S　　V　　O（代名詞）　　副詞節

　（トニー君は私を子供扱いにした。）

(6) <u>Don't treat me like a child.</u>
　　　　V　　O（代名詞）　副詞句

　（私を子供扱いしないでよ。）

発音　pilot [パーィラットゥ]　　behind [ビハーィンドゥ]
child [チャーィオドゥ]　treated [チュリーティドゥ]
treat [チュリートゥ]

**(解説)** S＋V＋Oの後ろに、付け加えの言葉がきています。その付け加えの言葉の中に**主語＋動詞**があれば**副詞節**で、主語＋動詞がなければ**副詞句**です。

## [15]（主語）＋ 動詞 ＋［名詞／代名詞］＋ 副詞 のパターン

(1) <u>Please call</u>　<u>me</u>　<u>up.</u>（私に電話をかけてください。）
　　　　V　　　　O（代名詞）　副詞

(2) <u>Please see</u>　<u>me</u>　<u>off.</u>（私を見送ってください。）
　　　　V　　　　O（代名詞）　副詞

(3) <u>Please put</u>　<u>your shoes</u>　<u>on.</u>（くつをはいてください。）
　　　　V　　　　　O（名詞）　　副詞

(4) <u>Please take</u>　<u>your shoes</u>　<u>off.</u>（くつをぬいでください。）
　　　　V　　　　　O（名詞）　　副詞

(5) <u>Tony</u>　<u>has</u>　<u>his shoes</u>　<u>off.</u>
　　　S　　V　　O（名詞）　　副詞

（トニー君はくつをぬいでしまっています。）

(6) <u>Don't put</u>　<u>it</u>　<u>off.</u>（それを延期してはいけない。）
　　　　V　　　　O　副詞

発音 shoes［シューズ］　put it off［プッティットーフ］

**(解説)** このパターンで使われる群動詞（動詞句）は次のように言い換えることもできます。

（例）(1) <u>Please put</u>　<u>your shoes</u>　<u>on.</u>
　　　　　動詞　　　　名詞　　　　副詞

　＝(2) <u>Please put</u>　<u>on</u>　<u>your shoes.</u>
　　　　　動詞　　　副詞　　名詞

　この例ではyour shoesという名詞が使ってあるので、(1) と (2) の2つのパターンが使えるのですが、もしthemなどの代名詞を使うと、次のパターンしか使えません。

　　［○］Please put them on.
　　［×］Please put on them.

　　発音 put them on［プッぜモンヌ］

## [16] It + 動詞 + [名詞／代名詞] + [不定詞句／名詞節] のパターン

(1) <u>It</u> <u>strikes</u> <u>me</u> <u>that Judy is nice.</u>
　　S　　　V　　　O　　　S（名詞節）

（ジュディーさんは思いやりがあるという気が私にはします。）

(2) <u>It</u> <u>puzzles</u> <u>me</u> <u>what to do.</u>（何をしたらよいか私は困っています。）
　　S　　　V　　　　O　　S（名詞的用法の不定詞句）

発音　strikes［スチュラーィクス］　puzzles［パゾーズ］

## [17] 主語 + 動詞 + it + 前置詞 + [名詞／代名詞] + [名詞的用法の不定詞句／名詞節] のパターン

(1) <u>I</u> <u>will leave</u> <u>it</u> <u>to your judgment</u> <u>to make a decision.</u>
　S　　　V　　　　O　　　副詞句　　　　　　O（名詞的用法の不定詞句）

（私は決定をあなたの判断にまかせますよ。）

(2) <u>I</u> <u>owe</u> <u>it</u> <u>to my wife</u> <u>that I am healthy.</u>
　S　　V　　O　　副詞句　　　　O（名詞節）

（私は私が健康でいられるのは私の妻のおかげです。）

発音　leave［リーヴ］　judgment［ヂャヂムントゥ］
decision［ディスィジュンヌ］　owe［オーゥ］　healthy［ヘオスィ］

### ここが知りたい

**(質問)** SやOが1つの英文に2つあるものがありますが、どういう意味なのですか。

**(答え)** 例文を使って説明したいと思います。

<u>It</u> <u>strikes</u> <u>me</u> <u>that Judy is nice.</u>
　S　　V　　　O　　　S（名詞節）

Itがthat Judy is niceと同じものであることを表しています。

<u>That Judy is nice</u> <u>strikes</u> <u>me.</u>
　　　　S　　　　　　　V　　　O

63

日本語に訳すと次のようになります。
 <u>ジュディーさんが思いやりがあるということ</u> <u>心に浮かぶ</u> <u>私の</u>
＝（ジュディーさんは思いやりがあるという気が私にはします。）

<u>It</u> <u>puzzles</u> <u>me</u> <u>what to do.</u>
 S  V  O  S（名詞的用法の不定詞句）

<u>What to do</u> <u>puzzles</u> <u>me</u>.
  S   V  O

<u>何をすべきかということが</u> <u>困らせる</u> <u>私を</u>
   S     V   O
＝（何をしたらよいか私は困っています。）

<u>I</u> <u>will leave</u> <u>it</u> <u>to your judgment</u> <u>to make a decision.</u>
S  V   O  副詞句   O（名詞的用法の不定詞句）

<u>I</u> <u>will leave</u> <u>to make a decision</u> <u>to your judgment.</u>
S  V    O     副詞句

<u>私は</u> <u>まかせるつもり</u> <u>決定することを</u> <u>あなたの判断に</u>
 S   V     O    副詞句
＝（私は決定をあなたの判断にまかせますよ。）

## ●コミュニケーションのための第3文型

(1) I believe you.（私はあなたの言うことを信じていますよ。）
(2) Do you understand what I'm saying?
 （私の言っていることがわかりますか。）
(3) I understand what you're saying.
 （私はあなたのおっしゃることがわかります。）
(4) I don't understand your point.
 （私はおしゃることの要点がわかりません。）

(5) I can't understand it. (一体どういうことなんだ。)
**(解説)** まわりの状況がどうなっているのかわからない時に使う表現です。
(6) I see things differently. (私は違う考えをしています。)
(7) I'll believe it when I see it. (見たら信じますよ。)
(8) Could I see you again? (また会ってもらえますか。)
(9) Haven't I seen you somewhere before?
(前にどこかでお会いしなかったですか。)
(10) See you later. (さようなら、じゃまた。)
(11) Do you mean it? (本気なの？)
(12) You have a lot of nerve. (君は度胸があるね。)
(13) You have a lot of guts. (君は根性があるね。)
(14) I had a ball. (楽しかった。)
(15) I have a problem. (困っているんだ。)
(16) Don't overdo it. (無理するなよ。)
(17) I miss you. (君がいなくてさみしいよ。)
(18) Forget it. (気にするなよ、忘れろよ。)
(19) I forgive and forget it. (過去のことは水に流すよ。)
(20) When can you make it? (いつが都合がいいの。)
(21) I can't make it today. (今日は都合が悪いんだよ。)
(22) I made it！(やったあ！)

発音 believe [ビリーヴ]　 differently [ディファゥレン・リィ]
nerve [ナ～ヴ]　 guts [ガッツ]　 overdo [オーゥヴァドゥー]
break [ブゥレーィク]　 forgive [ファギヴ]
forget it [ファゲッティッ・]

## ●第4文型

　第3文型で出てきた、S + V + O. のOが目的語であるということは、もう理解できていると思います。ここでは、S + V + O + O. という文型の第4文型についてくわしく勉強していきます。

　日本語で言うと、**〜を**と**〜に**に当たるものが**目的語**です。

　　**〜を**に当たる目的語を直接目的語と言います。

　　**〜に**に当たる目的語を間接目的語と言います。

　中学校で習った、人称代名詞の変化表を思い出してください。

| 主格 | 所有格 | 目的格 | 所有代名詞 |
|---|---|---|---|
| I | my | me | mine |
| 私は | 私の | 私を、私に | 私のもの |

　**目的格**のme（私を、私に）が2つの目的語として使うことができるということを意味しています。

　**第4文型**では、次のような順番で単語を並べます。

　　S（主語） + V（動詞） + O（間接目的語） + O（直接目的語）
　　　　　　　　　　　　　　　　〜に　　　　　　　〜を

　第3文型では、次のような順番で並べるのでしたね。

　　S（主語） + V（動詞） + O（目的語）
　　　　　　　　　　　　　　　　〜を

　英語では、同じ意味の日本語を2つのパターンで表すことができるものがあります。

（例）私はトニー君に新しい机を買ってあげた。

　　　I　　bought　　Tony　　a new desk.
　　　S（主語）V（動詞）　O（目的語）　O（目的語）

　　［第3文型］

　　　I　　bought　　a new desk　　for Tony.
　　　S（主語）V（動詞）　O（目的語）　　　副詞句

## 3 5文型について

**ここが知りたい**

**(質問)** 直接目的語と間接目的語についてもっと具体的に教えてください。
**(答え)** わかりました。

　主語＋動詞＋人＋物.のように並んでいると、S＋V＋O＋O.の第4文型です。

　　I bought Tony a new desk.
　　S　V　　O(人)　O(物)

　（私はトニー君に　新しい机を　買ってあげた。）

上の英文を2つに分けると次のようになります。

　(1) I bought Tony.
　　　　　　　 O

　(2) I bought a new desk.
　　　　　　　　　 O

この2つの英文の内のどちらが自然ですか。

　(1) I　 bought　　　Tony.
　　 私は　買った〈何を〉トニー

　(2) I　 bought　　 a new desk.
　　 私は　買った〈何を〉新しい机

どう考えても、(2)が自然で(1)は不自然であることがわかります。このことから、(2)の I bought a new desk. の a new desk が**直接目的語**（**〜を**を表す目的語）であることがわかります。つまり、(2)は第3文型の英文であるので、意味が完全にわかるのです。

　〜にを表す目的語は、単独では使えません。第4文型でしか使えない目的語なので、**間接目的語**と呼んでいると覚えておいてください。

**[1] 主語 ＋ 動詞 ＋ [名詞／代名詞] ＋ [名詞／代名詞] のパターン**

(1) Please spare me a few minutes. (私に時間を数分さいてください。)
　　　　　V　　　O　　O

(2) I gave my dog a bone. (私は骨を私の犬にやった。)
　S　V　　O　　　O

(3) Tony told me a lie. (トニー君は私にうそをついた。)
　　S　　V　　O　O

発音　spare [スペアァ]　　a few minutes [ァ　フュー　ミニッツ]
gave [ゲーィヴ]　　bone [ボーゥンヌ]　　told a lie [トーゥオダラーィ]

(解説) **主語＋動詞＋人＋物**と置く場合が多いのですが、たまに**主語＋動詞＋物＋物**になる時があります。この時は、**大きい物＋小さい物**の順番においてください。

(例) I gave my dog a bone.
　　　　　　大きい物　小さい物


**[2] 主語＋動詞＋[名詞／代名詞]＋疑問詞のついた不定詞句のパターン**

(1) I asked my father what to do.
　S　V　　　O　　　　O (疑問詞のついた不定詞の名詞的用法)

(私は父に何をすればよいか尋ねた。)

(2) I will teach you how to swim.
　S　　V　　　O　　O (疑問詞のついた不定詞の名詞的用法)

(私は君に泳ぎ方を教えてあげるよ。)

(3) Please advise me which to wear.
　　　　V　　O　　O (疑問詞のついた不定詞の名詞的用法)

(どちらを着ればよいか私にアドバイスしてよ。)

発音　advise [アドゥヴァーィズ]　　wear [ウェアァ]

## [3] 主語＋動詞＋[名詞／代名詞]＋[疑問詞節／if 節] のパターン

(1) <u>Please</u> <u>tell</u> <u>me</u> <u>what time it is.</u>（何時か私に教えてください。）
　　　　 V　　 O 　　O（名詞の働きをする疑問詞節）

(2) <u>Tony</u> <u>asked</u> <u>me</u> <u>where I lived</u>.
　　 S 　　V 　　 O 　O（名詞の働きをする疑問詞節）

　（トニー君は私がどこに住んでいるのかを私に尋ねた。）

(3) <u>Please</u> <u>tell</u> <u>me</u> <u>if you are a teacher.</u>
　　　　 V　　 O 　　O（名詞の働きをする if 節）

　（あなたが先生であるかどうか私に教えてください。）

発音　asked［エァスクトゥ］　　tell［テオ］

**(解説)**

　　Please tell me　＋　What time is it？
　（私に教えてください）　　（何時ですか。）

　このような2つの文をひとつにくっつけたい時は、What time is it? のような疑問文をwhat time it is のような肯定文の並べ方にすることで、**文をかたまり**に変えることができます。私が言っている**かたまり**とは名詞の働きをする節（接続詞、または疑問詞＋主語＋動詞の並べ方になっている文のこと）です。

　<u>What time is it?</u>……<u>what time it is</u>
　（何時ですか。）　　　　（何時であるかということ）

　<u>Where did I live?</u>……<u>where I lived</u>
　（私はどこに住んでいましたか。）（私がどこに住んでいたかということ）

　<u>Are you a teacher?</u>……<u>if you are a teacher</u>
　（あなたは先生ですか。）　　　（あなたが先生であるかどうかということ）

## [4] 主語 ＋ 動詞 ＋ [名詞／代名詞] ＋ that 節 のパターン

(1) <u>Tony</u> <u>told</u> <u>me</u> <u>that I should study</u>.
　　　S　　　V　　O　　O（名詞の働きをするthat節）

（トニー君は私に勉強しなさいと言った。）

(2) <u>The doctor</u> <u>warned</u> <u>me</u> <u>that I shouldn't drink</u>.
　　　S　　　　　　V　　　　O　　O（名詞の働きをするthat節）

（その医者は私に酒を飲まないようにと［警告／注意］をした。）

(3) <u>Tony</u> <u>informed</u> <u>me</u> <u>that he had passed the exam</u>.
　　S　　　　V　　　　O　　　O（名詞の働きをするthat節）

（トニー君は私にその試験に受かったことを知らせてきた。）

発音　shouldn't［シュッドゥントゥ］　　warned［ウォーンドゥ］
informed［インフォームドゥ］
passed the exam［ペァストゥ　ずィ　イグゼァム］

（解説）

　　　<u>Tony</u> <u>told</u> <u>me</u> <u>that I should study</u>.
　　　　S　　　V　　O　　O（名詞の働きをするthat節）

をto不定詞を使って言い換えることができます。

　　　<u>Tony</u> <u>told</u> <u>me</u> <u>to study</u>.
　　　　S　　　V　　O　　O（名詞的用法の不定詞）

## [5] It ＋ 動詞 ＋ [名詞／代名詞] ＋ [名詞／代名詞] ＋ to不定詞 のパターン

(1) <u>It</u> <u>takes</u> <u>me</u> <u>five minutes</u> <u>to get to Tokyo Station</u>.
　　S　　V　　O　　　O　　　　　不定詞の副詞的用法

（東京駅に到着するのに5分かかります。）

(2) <u>It</u> <u>took</u> <u>your letter</u> <u>two days</u> <u>to reach here</u>.
　　S　　V　　　O　　　　　O　　　　不定詞の副詞的用法

（あなたの手紙がここにつくのに2日かかった。）

(3) <u>It</u>　<u>costs</u>　<u>me</u>　<u>ten　dollars</u>　to　go　to　Tokyo　by　bus.
　　 S　　 V　　 O　　　　O　　　　　　不定詞の副詞的用法

（バスで東京へ行くのに10ドルかかります。）

発音　minutes［ミニッツ］　reach［ゥリーチ］　took［トゥック］
costs［コースツ］　dollars［ダラァズ］

**(解説)** 第4文型では、S＋V＋O（間接目的語）＋O（直接目的語）のパターンで置くということが大切です。

どちらを先に置くかがわからなくなったら、

```
　　主語 ＋ 動詞 ＋ 意味のわからない方 ＋ 意味のわかる方.
　　　　　　　　　　　間接目的語　　　　　　　直接目的語
```

と覚えておくとよいでしょう。

　　It　takes　me.（私にはかかる。）
　　It　takes　five　minutes.（5分かかる。）

どちらの方が意味がよくわかるかを考えると、It takes me の方は、意味がはっきりしないので、先に置かなければならないことがわかります。

## ●コミュニケーションのための第4文型
### コミュニケーションのための第4文型…Part 1

(1) May I ask you a question?（質問してもよろしいですか。）
(2) Would you do me a favor?（お願いがあるのですが。）
(3) Will you bring me a cup of coffee?
　　（コーヒーを1杯持って来てくれる？）
(4) Would you take Tony a cup of coffee?
　　（トニー君にコーヒーを1杯持って行っていただけますか。）

(5) Can you make me some coffee?
(私にコーヒーを入れてもえらますか。)
(6) Can you fix me some sandwiches?
(私にサンドイッチを作ってもらえますか。)
(7) Could I buy you lunch?(君に昼食をおごらせてくださいますか。)
(8) Can you get me my umbrella?
(私のかさを取ってきてもらえますか?)
(9) Please tell me the correct time.(正確な時間を教えてください。)
(10) Leave me some of the snacks.(お菓子を少し残しておいてね。)
(11) Save me some of the snacks.(お菓子を少し残しておいてね。)
(12) You saved me a lot of trouble.
(あなたのおかげでずいぶん手間がはぶけましたよ。)
(13) Wish me good luck.(うまく行くように祈っておいてね。)
(14) I wish you both every happiness.(末永くお幸せに。)
(15) Should I call you a taxi?(私がタクシーを呼びましょうか。)
(16) Should I order you a new suit?
(私があなたに新しいスーツを注文しましょうか。)
(17) Should I find you a nice tie?
(私があなたに素敵なネクタイを見つけてあげましょうか。)
(18) Shall I pour you a glass of wine?
(ワインをおつぎしましょうか。)

発音 sandwiches [セァン・ウィチズ] umbrella [アンブゥレラ]
tell [テオ] correct [カゥレクトゥ] find [ファーィンドゥ]
wish [ウィッシ] both [ボーゥす] order [オーダァ] pour [ポァァ]

## コミュニケーションのための第4文型…Part 2

(1) Give me five.
　（相手の手と自分の手のひらをパンとたたいてあいさつをしよう。）
(2) Give me a break.
　（かんべんしてよ。／もう1回チャンスを与えてよ。）
(3) Please give me time.（長い目で見てください。）
(4) Please give me a free hand.（好きなようにさせてください。）
(5) Please give me a say.（発言権を与えてください。）
(6) Please give me a rain check.（また今度誘ってね。）
(7) Please give me a raise.（給料を上げてください。）
(8) Please give it another two hours.
　（もう2時間、時間をください。）
(9) Don't give me that!（いい加減なことを言うな！）
(10) I'll give you that!（本音を言うよ。）
(11) Let's give Tony a big hand.
　（トニー君に盛大な拍手を送りましょう。）
(12) Please give me a hand.（私に手を貸してください。）
(13) Please give me a little room.
　（私にちょっと場所を開けてください。）
(14) I gave Judy my seat.（私はジュディーさんに私の席を譲った。）
(15) Tony gave me trouble.（トニー君は私をてこずらせた。）
(16) Please give me a job.
　（（仕事があるのなら）私に仕事をください。）
(17) Please get me a job.（私に仕事を探してくださいよ。）
(18) I'll get you the right job.
　（私はあなたにぴったりの仕事を紹介しますよ。）

発音　break［ブゥレーィク］　raise［ゥレーィズ］
another［アナざァ］　hours［アーゥァズ］　seat［スィートゥ］
trouble［チュラボー］　right job［ゥラーィ・ヂャブ］

## ●第5文型

第5文型について考えてみたいと思います。

第2文型と第5文型はよく似ています。

第2文型は、S（主語）＋ V（動詞）＋ C（補語）．

第5文型は、S（主語）＋ V（動詞）＋ O（目的語）＋ C（補語）．

どちらの文型にも、**補語**というものがきています。補語とは、**補う言葉**という意味なので、次のように考えることができます。

第2文型の方から考えてみることにします。

I am
私なんですよ〈何ですか〉

I am
私なんですよ〈どんな状態ですか〉

のような疑問が生まれます。つまり、I amだけで意味が完結しないということなんですね。

だから、意味がよくわかるような言葉を**補う**必要があるわけです。

　　(1) I am a student.（私は学生です。）

　　(2) I am hungry.（私はおなかがすいています。）

この2つの英文のIとa student，Iとhungryがどちらも、**主語と名詞が同じものであったり、主語の状態を形容詞が説明していたり**していて、**名詞**と**形容詞**が**補語**であることから、**主格補語**と呼んでいるのです。


第5文型を考える前にまず第3文型について考えることにします。

I will paint this wall.（私はこの壁をぬるつもりです。）
S　V　　　　O

これで意味が完全にわかることから、この英文はS（主語）＋V（動詞）＋O（目的語）．の第3文型であることがわかります。この第3文型をもう少し複雑にしたパターンが第5文型なのです。

I will paint this wall white.
S(主語)　V(動詞)　　O(動詞)　　C(補語)

(私はこの壁を白くぬるつもりです。)

I will paint　　　　this wall　　　　　　white.
私はぬるつもり〈何を〉　この壁を　〈どのような状態に〉白い状態に

　whiteが**補語**であることは、何の説明をするために**補いの言葉**を置いたのかを考えると、this wallの状態を説明するためにwhiteという**形容詞**を置いたことがわかります。

　このことから、this wallが**目的語**であることから、この場合のwhiteは、**目的格補語**であると考えることができるのです。

　ここでは、**形容詞**の例をあげましたが、**名詞**が**補語**の位置にくることもあります。

We named our son Tony.（私たちは息子をトニーと名づけた。）
S　　V　　　O　　　C

　この場合、our son ＝ Tonyとなることから、O＝Cと考えることができるので、この英文も**目的語補語**の関係になっていることから、第5文型の英文であることがわかります。

## [1] 主語 ＋ 動詞 ＋ [名詞／代名詞] ＋ [名詞／名詞節] のパターン

(1) <u>We</u> <u>named</u> <u>our son</u> <u>Tony.</u> （私たちは息子をトニーと名づけた。）
　　 S　　 V　　　 O　　 C（名詞）

(2) Please <u>call</u> <u>me</u> <u>Tony.</u> （私をトニーと呼んでください。）
　　　　　 V　　 O　 C（名詞）

(3) <u>We</u> <u>chose</u> <u>Tony</u> <u>chairperson.</u>
　　 S　　 V　　　 O　　　 C（名詞）

（私たちはトニーさんを議長に選んだ。）

(4) <u>We</u> <u>made</u> <u>Tony</u> <u>captain.</u> （私たちはトニー君をキャプテンにした。）
　　 S　　 V　　　 O　　 C（名詞）

(5) <u>Mr. Watanabe</u> <u>has made</u> <u>me</u> <u>what I am.</u>
　　　　　 S　　　　　　 V　　　 O　　 C（名詞節）

（今の私があるのは、渡辺先生のおかげです。）

発音　chose［**チョーゥズ**］chairperson［**チェァァパ～スンヌ**］
captain［**キャプトゥンヌ／キャプティンヌ**］

**（解説）**

　□choose［**チューズ**］〜を〜に選ぶ
　□make［**メーィク**］〜を〜にする

このような動詞を使う場合は、補語（C）のところに1人しかいない役職を表す名詞がくる時はaをつけません。

次のmakeの使い方にも注意してください。

　<u>Mr. Watanabe</u>　<u>has made</u>　<u>me</u>　<u>what I am.</u>
　　渡辺先生　　　　　した　　　私を　　 今の私

渡辺先生が私を今の私にしてくださった。
＝今の私があるのは渡辺先生のおかげです。

## [2] 主語＋動詞＋[名詞／代名詞]＋形容詞 のパターン

(1) I like my coffee strong.（私は濃いコーヒーが好きです。）
  S  V    O      C（形容詞）

(2) I think Tony smart.（私はトニー君は頭がよいと思います。）
  S  V    O    C（形容詞）

(3) I believe him honest.（私は彼を正直だと信じています。）
  S  V     O   C（形容詞）

(4) I found this book easy.（私はこの本が簡単だとわかった。）
  S  V    O       C（形容詞）

発音 strong［スチュローン・］ smart［スマートゥ］ honest［アニストゥ］ believe［ビリーヴ］ found［ファーゥンドゥ］

**(解説)** 第5文型で使う、think，believe，find のパターンは that節を使って書き換えることができます。

会話などでは、that節を使うのが普通です。

　I think (that) Tony is smart.
　I believe (that) he is honest.
　I found (that) this book was easy.

## [3] 主語＋動詞＋[名詞／代名詞]＋形容詞 のパターン

(1) I drink my milk hot.（私はミルクを熱くして飲む。）
  S  V    O    C（形容詞）

(2) I boil my eggs soft.（私は卵をゆでて半熟にする。）
  S  V   O    C（形容詞）

(3) I eat vegetables raw.（私は野菜を生で食べる。）
  S  V    O      C（形容詞）

発音 boil［ボーィオ］ soft［ソーフトゥ］ vegetables［ヴェヂタボーズ］ raw［ゥロー］

**ここが知りたい**

**(質問)** なぜ 主語＋動詞＋[名詞／代名詞]＋形容詞 のパターンが2つに分けてあるのですか。

**(答え)** I think Tony smart. は I think that Tony is smart. と書き換えることができます。この時の Tony is smart.（トニーは頭がよい。）は、今だけかしこいのではなく、いつもかしこいので**状態**が変わりませんが、I drink my milk hot. の場合は、My milk is hot.（今は私のミルクは熱い。）、でもしばらくすると〈冷たくなる〉、つまり**状態**が変化するのです。

like, think, believe, find のような動詞は、目的語の状態がいつも同じ場合に使うのです。それに対して、目的語の状態が変化する時に使える動詞が drink, boil, eat なのです。もうひとつ例をあげると、

　I boil my eggs soft.（半熟）

もっと時間をかけてゆでると hard（かたゆで）になります。つまり、文のパターンはまったく同じですが、考え方が違うので、2つに分けてあるのです。

英語を勉強する時には、よく似たパターンをいっしょに覚えると頭に残りやすいのです。

## [4] 主語＋[動詞／群動詞]＋[名詞／代名詞]＋現在分詞 のパターン

(1) I saw Aoi dancing.（私はあおいさんが踊っているのを見た。）
　　S　V　　O　　C（形容詞の働きをする現在分詞）

(2) I heard Kaoru singing.（私はかおるさんが歌っているのを聞いた。）
　　S　V　　　O　　　C（形容詞の働きをする現在分詞）

(3) Look at it raining.（雨が降っているのを見なさい。）
　　V（群動詞）　O　　C（形容詞の働きをする現在分詞）

(4) Listen to her singing.（彼女が歌っているのを聞きなさい。）
　　V（群動詞）　O　　　C（形容詞の働きをする現在分詞）

(5) <u>I</u> <u>smell</u> <u>something</u> <u>burning</u>.
　　S　　V　　　O　　　　C（形容詞の働きをする現在分詞）

（私は何かこげているような臭いがします。）

発音　saw［ソー］　heard［ハ〜ドゥ］　dancing［デァンスィン・］
singing［スィンギン・］　listen［リスン］　raining［ゥレーィニン・］
smell［スメオ］　burning［バ〜ニン・］

(解説) このパターンで使われるのは、知覚動詞と呼ばれているものです。上の動詞以外にも、watch［ワッチ］〜を見る、observe［ァヴザ〜ヴ］〜を観察する、feel［フィーオ］〜の感じがする、notice［ノーゥティス］〜に気づく、などがあります。

## [5] 主語 + 動詞 + [名詞／代名詞] + 現在分詞 のパターン

(1) <u>Don't keep</u> <u>me</u> <u>waiting</u>. （私を待たせないで。）
　　　　V　　　　O　　　C（形容詞の働きをする現在分詞）

(2) <u>Don't leave</u> <u>Tony</u> <u>waiting outside</u>.
　　　　V　　　　O　　　C（現在分詞を使った形容詞句）

（トニー君を外に待たせておいてはいけないよ。）

(3) <u>Please [set／get]</u> <u>the machine</u> <u>going</u>.
　　　　V　　　　　　　O　　　　　C（形容詞の働きをする現在分詞）

（その機械を動かしてください。）

(4) <u>Please start</u> <u>the machine</u> <u>going</u>.
　　　　V　　　　　O　　　　　C（形容詞の働きをする現在分詞）

（その機械を動かし始めてください。）

(5) <u>I</u> <u>[found／caught]</u> <u>Tony</u> <u>sleeping</u>.
　　S　　　V　　　　　　O　　　C（形容詞の働きをする現在分詞）

（私はトニー君が寝ているのを見つけた。）

(6) <u>I</u> <u>[found／caught]</u> <u>myself</u> <u>sleeping</u>.
　　S　　　V　　　　　　O　　　　C（形容詞の働きをする現在分詞）

（自分が寝ているのに気づいた。）

発音  waiting［ウェーィティン・］  outside［アーゥトゥサーィドゥ］
machine［マシーンヌ］  found［ファーゥンドゥ］  floor［フローア］
caught［コートゥ］

(解説)

keep［キープ］［人や物］を〜させ続ける
leave［リーヴ］［人や物］を〜しているままにする
set［セットゥ］〜を〜している状態にする
get［ゲットゥ］〜を〜している状態にする
start［スタートゥ］〜を〜し始める
find［ファーィンドゥ］〜が〜しているのを見つける
catch［キャッチ］〜が〜しているのを見つける、
　　　　　　　　〜が〜しているのを捕まえる

## [6] 主語＋have＋[名詞／代名詞]＋現在分詞のパターン

(1) I  have  a taxi  waiting.（私はタクシーを待たせています。）
　 S   V     O     C（形容詞の働きをする現在分詞）

(2) I  can't have  you  idling away.
　 S    V      O    C（現在分詞を使った形容詞句）
　（私はお前を遊ばしておくわけにはいかない。）

発音  idling［アーィドリン］

(解説) have ＋［名詞／代名詞］〜ing［人や物］を〜させておく

## [7] 主語 ＋ [have／get] ＋ [名詞／代名詞] ＋ 過去分詞 のパターン

(1) I  had  my house  built by Tony.
　 S   V      O       C（過去分詞を使った形容詞句）
　（私はトニー君に家を建ててもらった。）

(2) I  got  my house  built by Tony.
　 S   V      O       C（過去分詞を使った形容詞句）
　（私は家をトニー君に建ててもらった。）

(3) I had my hair cut. (私は髪を切ってもらった。)
　　S　V　　　O　　　　C（過去分詞を使った形容詞句）

発音　built［ビオトゥ］

(解説)　[have／get]＋[名詞／代名詞]＋過去分詞
　①物を〜してもらう　②物を〜される

## [8] 主語 + [have／get] + [名詞／代名詞] + 過去分詞 のパターン

(1) I must get my homework finished.
　　S　　V　　　　O　　　　　C（過去分詞を使った形容詞句）
（私は宿題を終わらせなければならない。）

(2) I must have my homework finished.
　　S　　V　　　　O　　　　　C（過去分詞を使った形容詞句）
（私は宿題を終わらせなければならない。）

発音　homework［ホーゥムワ〜ク］　finished［フィニッシトゥ］

(解説)　[have／get]＋[名詞／代名詞]＋過去分詞　〜を自分で〜してしまう

## [9] 主語 + [have／get] + [名詞／代名詞] + 過去分詞 のパターン

(1) I had my bag stolen. (私はカバンを盗まれた。)
　　S　V　　O　　　C（形容詞の働きをする過去分詞）

(2) I had my hat blown off. (私は帽子を飛ばされた。)
　　S　V　　O　　　C（過去分詞を使った形容詞句）

(3) I had my left leg broken. (私は左足を折られた。)
　　S　V　　　O　　　C（形容詞の働きをする過去分詞）

(4) I got my left leg broken. (私は左足を折られた。)
　　S　V　　　O　　　C（過去分詞を使った形容詞句）

発音　stolen［ストーゥルンヌ］　broken［ブゥローーゥクンヌ］

(解説)　I had my bag stolen. の時は、hadの代わりにgotを使うという人は少ないようですが、I had my left leg broken. のように目

的語が体の一部になっている時はgotもよく使われています。

### ここが大切

　実際には、I had my bag stolen.やI had my left leg broken.よりもMy bag was stolen.（私のカバンを盗まれた。）やI broke my left leg.（私は左足を折った。）の方をよく使うという人が多いようです。上の例と同じように、次の例も簡単に言うことが多いようです。

　I had my house built.（家を建ててもらった。）I got my house built.（家を建ててもらった。）という表現も、話し言葉では、I built my house.（私は家を建てた。）のように言うのが一般的です。ただし、文法にうるさい人は、日本で教えている英文法通りに使います。

## [10] 主語 ＋ make ＋ [名詞／再帰代名詞] ＋ 過去分詞 のパターン

(1) <u>I</u>　<u>can't make</u>　<u>myself</u>　<u>understood</u>　<u>in English.</u>
　　 S　　　V　　　　　O　　　C（過去分詞）　　副詞句

　　（私は英語で自分の言うことを伝えることができません。）

(2) <u>I</u>　<u>couldn't make</u>　<u>myself</u>　<u>heard.</u>
　　 S　　　V　　　　　　O　　　C（過去分詞）

　　（私の声は（だれにも）聞こえなかった。）

(3) <u>I</u>　<u>couldn't make</u>　<u>my voice</u>　<u>heard.</u>
　　 S　　　V　　　　　　O　　　　C（過去分詞）

　　（私の声は（だれにも）聞こえなかった。）

発音　understood［アンダァストゥッドゥ］　　heard［ハ～ドゥ］
voice［ヴォーィス］　　myself［マーィセオフ］

**(解説)** make ＋[名詞／再帰代名詞]＋過去分詞　～を～された状態にする、myselfは〈私の言うこと〉、〈私の声〉の意味で使ってあります。

　　<u>I</u>　<u>can't</u>　<u>make</u>　<u>myself understood</u>　<u>in English.</u>
　　私はできない　する　　私の言うことが理解された状態に　　英語で

「私は英語で（相手に）自分の言うことを伝えることができません。」
となります。

I couldn't make [my voice／myself] heard.
私はできなかった　する　　　私の声が聞かれた状態に

「私の声は（だれにも）聞こえなかった。」となります。

### ここが知りたい

**(質問)** 使役動詞とはどういう意味なのですか。

**(答え)** 英文法では、**他人にある動作をさせる**という意味で使います。**have, get**で**〜させる、〜してもらう**を表し、**make**には、**無理に〜させる**という意味があります。

**(質問)** have, getには、〜させる、〜してもらうの2つの意味があるということですが、どのように訳し分ければよいのですか。

**(答え)** 時と場合によって、訳し分けてください。別にどちらの訳で訳しても間違いではありません。

### ここを間違える

(1) I had my house built. （私は家を建ててもらった。）
　 S　V　　O　　　C（過去分詞）

(2) I had my bag stolen. （私はカバンを盗まれた。）
　 S　V　　O　　C（過去分詞）

このようにまったく同じパターンで使われていても、意味が違うので、実際に発音する時には、どこを特に強く読むかが違ってきます。

(1)のhadは、〈〜させた、〜してもらった〉という使役の意味で使っているので、hadを強く読みます。

(2)のhadには特に意味がなくて、stolen（盗まれた）が重要なので、stolenを強く読みます。

### ここが知りたい

**(質問)** 再帰代名詞とは、どのようなものですか。

**(答え)** 主語と同じ人や物を表す時に使う代名詞のことです。

(例) <u>I</u> can't make <u>myself</u> understood.
　　主語

　簡単に言うと、<u>I</u> can't make <u>me</u> understood. のようにするところをmeの代わりにmyselfにするということです。

### これだけは覚えましょう

|  | 〜は、が | 〜の | 〜を、に | 〜のもの | 再帰代名詞 |
|---|---|---|---|---|---|
| 私 | I | my | me | mine | myself |
| あなた | you | your | you | yours | yourself |
| あなたたち | you | your | you | yours | yourselves |
| 彼 | he | his | him | his | himself |
| 彼女 | she | her | her | hers | herself |
| 私たち | we | our | us | ours | ourselves |
| 彼ら | they | their | them | theirs | themselves |
| それ | it | its | it |  | itself |

発音 self [セオフ]　selves [セオヴズ]

　英和辞典などでは、再帰代名詞を、すべてのものに当てはまるようにoneselfという単語を使って表しています。

　たとえば、次のような熟語があるとします。

　　I enjoyed myself.(私は楽しかった。)

　このような熟語の場合は、<u>enjoy oneself</u>(楽しむ)と書いてあります。上の表をしっかり覚えておいて、そのつど使い分けてください。

　youには、〈あなた〉と〈あなたたち〉の2つの意味があるので、その時と場合によってyourselfとyourselvesを使い分けなければなりません。theyには、〈彼ら、彼女たち、それら〉という意味があるので、注意が必要です。

#### ここが知りたい

**(質問)** いつでも、主語と目的語が同じ時は、**主語＋動詞＋再帰代名詞**にしなければならないのですか。

**(答え)** よい質問です。次の例外を除いて、ほとんどの場合は、再帰代名詞を使います。場所を表す前置詞の次に主語と同じ代名詞がくる場合は、**目的格の代名詞**を使います。

　　Tony looked around him. (トニー君は彼のまわりを見回した。)

### [11] 主語 ＋ 知覚動詞 ＋ [名詞／代名詞] ＋ 過去分詞 のパターン

(1) I heard my name called. (私は自分の名前が呼ばれるのを聞いた。)
　　S　V　　O　　　C（形容詞の働きをする過去分詞）

(2) I saw my bag stolen. (私は自分のカバンが盗まれるのを見た。)
　　S　V　　O　　C（形容詞の働きをする過去分詞）

### [12] 主語 ＋ 動詞 ＋ [名詞／代名詞] ＋ 過去分詞 のパターン

(1) You'd better leave it unsaid. (それは言わない方がいいですよ。)
　　S　　　V　　　O　C（形容詞の働きをする過去分詞）

(2) I want this done. (私はこれをしてもらいたい。)
　　S　V　　O　C（形容詞の働きをする過去分詞）

(3) I found my bag stolen. (カバンが盗まれているのがわかった。)
　　S　V　　O　　C（形容詞の働きをする過去分詞）

|発音|　unsaid [アンセッドゥ]　　done [ダンヌ]

**(解説)**

(1) You'd better leave it unsaid. (それは言わない方がいいですよ。)
　　あなたは〜した方がよい　しておく　それが　言われない状態に

(2) I want　　　this done. (私はこれをしてもらいたい。)
　　私は〜であってほしい　これがなされた状態に

(3) I found my bag stolen. (カバンが盗まれているのがわかった。)
　　私はわかった　私のカバンが盗まれた

## [13] 主語 + 知覚動詞 + [名詞／代名詞] + 動詞の原形 のパターン

(1) <u>I</u> <u>heard</u> <u>him</u> <u>sing</u>. (私は彼が歌うのを聞いた。)
　S　V　　O　　C (動詞の原形)

(2) <u>I</u> <u>felt</u> <u>the earth</u> <u>shake</u>. (私は地面が揺れるのを感じた。)
　S　V　　　O　　　　C (動詞の原形)

(3) <u>I</u> <u>noticed</u> <u>Tony</u> <u>go out</u>. (私はトニーが外出するのに気づいた。)
　S　　V　　　O　　　C (動詞の原形を使った群動詞)

(4) <u>I</u> <u>saw</u> <u>Tony</u> <u>go out</u>. (私はトニーが外出するのを見た。)
　S　V　　O　　　C (動詞の原形を使った群動詞)

(5) <u>I</u> <u>was watching</u> <u>Tony</u> <u>jump</u>.
　S　　　V　　　　　O　　C (動詞の原形)

　(私はトニーがジャンプするのをじっと見ていました。)

発音　hear [ヒァァ]　heard [ハ〜ドゥ]　feel [フィーオ]
felt [フェオトゥ]　noticed [ノーゥティストゥ]　see [スィー]
saw [ソー]　watched [ワッチトゥ]　shake [シェーィク]

### ここを間違える

(1) 私はトニー君が歌うのを見た。
　　I saw Tony sing.
(2) 私はトニー君が歌っているのを見た。
　　I saw Tony singing.

**(解説)** (1) と (2) は次のような違いがあります。
(1) 歌うのを初めから終わりまで見た。
(2) 歌っている途中を見た。

## [14] 主語 + 使役動詞 + [名詞／代名詞] + 動詞 の原形のパターン

(1) <u>I</u> had Tony sing.（私はトニー君に歌ってもらった。）
　S　V　　O　　C（動詞の原形）

(2) <u>I</u> made Tony sing.（私はトニー君に無理に歌わせた。）
　S　V　　O　　C（動詞の原形）

(3) <u>I</u> will let Tony sing.（私はトニー君に歌わせてあげるつもりです。）
　S　　V　　　O　　C（動詞の原形）

**(解説)** have〈～にしてもらう、～させる〉　make〈無理に～させる〉
let〈～したいというのをさまたげずに～させてあげる〉

## [15] 主語 + help + [名詞／代名詞] + 動詞 の原形のパターン

<u>I</u> helped Tony study.（私はトニー君が勉強するのを手伝った。）
S　V　　　O　　C（動詞の原形）

## [16] 主語 + 動詞 + [名詞／代名詞] + to be + [名詞／形容詞] のパターン

(1) <u>I</u> believe Tony to be honest.
　S　V　　　O　　C（不定詞句）

　（私はトニー君が正直だと信じています。）

(2) <u>I</u> think Tony to be a teacher.
　S　V　　O　　C（不定詞句）

　（私はトニー君が先生だと思っています。）

(3) <u>I</u> know him to be a teacher.
　S　V　　O　　C（不定詞句）

　（私は彼が先生であるということを知っています。）

(4) <u>I</u> found this book to be easy.
　S　V　　　O　　C（不定詞句）

　（私はこの本が簡単であるということがわかった。）

|発音| honest ［ア二ストゥ］　found ［ファーゥンドゥ］
**(解説)** I believe that Tony is honest. の方がよく使われます。

### [17] 主語＋動詞＋[名詞／代名詞]＋to不定詞 のパターン

(1) I expect you to succeed.
　　S　V　　O　　C（to不定詞）

　（私はあなたに成功することを期待しています。）

(2) I intend my son to study English.
　　S　V　　O　　　C（to不定詞）

　（私は息子に英語を勉強させるつもりです。）

(3) I ordered Tony to study. （私はトニーに勉強するように命令した。）
　　S　V　　　O　　C（to不定詞）

発音　expect［イクスペクトゥ］　succeed［サクス**ィ**ードゥ］
intend［インテンドゥ］　ordered［**オ**ーダァドゥ］

**(解説)** このパターンは、that節に書き換えることができます。

　I expect you to succeed.
　＝I expect (that) you will succeed.

### [18] 主語＋動詞＋[名詞／代名詞]＋to不定詞 のパターン

(1) I want you to succeed. （私はあなたに成功してもらいたい。）
　　S　V　　O　　C（to不定詞）

(2) I'd like you to succeed. （私はあなたに成功していただきたい。）
　　S　V　　O　　C（to不定詞）

(3) I got Tony to build my house.
　　S　V　　O　　　C（to不定詞）

　（私はトニー君に私の家を建ててもらった。）

(4) I hate you to go to Tokyo. （私はあなたが東京へ行くのが嫌だ。）
　　S　V　　O　　C（to不定詞）

発音　hate［**ヘ**ーィトゥ］　build［ビオドゥ］

**(解説)** このパターンは、that節で書き換えることができない上に、受動態にすることもできません。

## [19] 主語＋動詞＋[名詞／代名詞]＋to不定詞 のパターン

(1) <u>I</u> <u>forced</u> <u>my son</u> <u>to study</u>. （私は息子を無理やり勉強させた。）
　　S　　V　　　　O　　　C（to不定詞）

(2) <u>I</u> <u>obliged</u> <u>my son</u> <u>to study</u>. （私は息子を無理やり勉強させた。）
　　S　　V　　　　O　　　C（to不定詞）

(3) <u>Please permit</u> <u>me</u> <u>to go out</u>.
　　　　　V　　　　　O　　C（to不定詞）

　　（私が外出するのを許してください。）

(4) <u>Please allow</u> <u>me</u> <u>to go out</u>.
　　　　　V　　　　O　　C（to不定詞）

　　（私が外出するのを許可してください。）

(5) <u>I</u> <u>persuaded</u> <u>my son</u> <u>to study</u>.
　　S　　V　　　　　O　　　C（to不定詞）

　　（私は息子を説得して勉強させた。）

(6) <u>I</u> <u>advised</u> <u>my son</u> <u>to study</u>.
　　S　　V　　　　O　　　C（to不定詞）

　　（私は息子に勉強するように忠告した。）

(7) <u>I</u> <u>encouraged</u> <u>my son</u> <u>to study</u>.
　　S　　V　　　　　O　　　C（to不定詞）

　　（私は息子をはげまして勉強させた。）

(8) <u>Hard study</u> <u>will enable</u> <u>you</u> <u>to pass the test</u>.
　　　　S　　　　　V　　　　O　　　　C（to不定詞）

　　（一生懸命勉強したらそのテストに受かることができますよ。）

**（解説）**

force<u>d</u>［**フォ**ーストゥ］無理やり〜させた

oblige<u>d</u>［アブ**ラ**ーィヂドゥ］義務、信用上、やむを得ず〜させた

permit［パァ**ミ**ットゥ］（権限により正式に）許可をする

allow［ア**ラ**ーゥ］（人）が〜するのを許す

persuade<u>d</u>［パァス**ウェ**ーィディドゥ］説得して〜させた

advise<u>d</u>［アドゥ**ヴァー**ィズドゥ］〜するように忠告した
encourage<u>d</u>［イン**カ**〜ゥリッヂドゥ］はげまして〜させた
enable［イ**ネ**ーィボー］物事が〜することを人に可能にする
**(注意)** このパターンはthat節で書き換えることはできません。

## [20] 主語＋動詞＋it＋［形容詞／名詞］＋［to不定詞の名詞句／that節］のパターン

(1) <u>I</u> <u>think</u> <u>it</u> <u>difficult</u> <u>to read this book</u>.
　　S　　V　　O　C（形容詞）　　O（itとto不定詞の名詞句が同格）

（私はこの本を読むのがむずかしいと思います。）

(2) <u>I</u> <u>found</u> <u>it</u> <u>easy</u> <u>to read this book</u>.
　　S　　V　　O　C（形容詞）　　O（itとto不定詞の名詞句が同格）

（私はこの本を読むのが簡単だということがわかった。）

(3) <u>I</u> often <u>hear</u> <u>it</u> <u>said</u> <u>that Tony is smart</u>.
　　S　副詞　　V　　O　C（過去分詞）　　O（itとthat節が同格）

（私はトニー君がかしこいというように言われているのをよく聞きますよ。）

(4) <u>I</u> <u>make</u> <u>it</u> <u>a rule</u> <u>to eat breakfast</u>.
　　S　　V　　O　C（名詞）　　O（itとto不定詞の名詞句が同格）

（私は朝食をとることにしています。）

発音　said［**セ**ッドゥ］　often［**オー**フン、**オ**フトゥン］
breakfast［ブゥ**レ**クファストゥ］　rule［ゥ**ルー**オ］

**(解説)** 次の2つの英文は、that節の方がよく使われます。

　I think it difficult to read this book.
　＝I think（that）it is difficult to read this book.
　I found it easy to read this book.
　＝I found（that）it was easy to read this book.

## 3 5文型について

### ここが知りたい

**(質問)** itとto不定詞の名詞句が同格、itとthat節が同格というのはどういう意味ですか。

**(答え)** itとto不定詞の名詞句、itとthat節が同じものを表しているという意味です。

### ここが大切

(1) I think it difficult to read this book.

itとto不定詞の名詞句が同格と考えることができます。簡単に言うと、同じものを表しているということです。

that節を使うと次のように書き換えることができます。

I think that it is difficult to read this book.

次のように考えると意味がよくわかります。

<u>I think</u>　<u>that</u>　<u>to read this book is difficult</u>
私は思う　ということを　　この本を読むことはむずかしい

(2) I often hear it said that Tony is smart.

that節を使うと次のように書き換えることができます。

I often hear that it is said that Tony is smart.

次のように考えると、意味がよくわかります。

<u>I often hear</u>　<u>that</u>　<u>that Tony is smart is said</u>
私はよく聞きます　とうことを　トニー君はかしこいということが言われている

(3) I make it a rule to eat breakfast.

次のように考えると意味がよくわかります。

<u>I make</u>　<u>to eat breakfast</u>　<u>a rule</u>
私はする　　朝食をとることを　　ルールと

### これだけはまとめて覚えておきましょう…1

(1) 私はトニー君に1冊本をあげた。

<u>I</u> gave Tony a book. [第4文型]
S　V　　O　　　O

<u>I</u> gave a book to Tony. [第3文型]
S　V　　O　　　副詞句

(2) 私はトニー君に1冊の本を買ってあげた。

<u>I</u> bought Tony a book. [第4文型]
S　V　　　O　　　O

<u>I</u> bought a book for Tony. [第3文型]
S　V　　　O　　　副詞句

(3) 私はトニー君に質問をした。

<u>I</u> asked Tony a question. [第4文型]
S　V　　O　　　O

<u>I</u> asked a question of Tony. [第3文型]
S　V　　O　　　　副詞句

(4) 私はトニー君に私の家を建ててもらった。

<u>I</u> had my house built by Tony. [第5文型]
S　V　　O　　　　C

<u>I</u> got my house built by Tony. [第5文型]
S　V　　O　　　　C

<u>I</u> had Tony build my house. [第5文型]
S　V　　O　　　C

<u>I</u> got Tony to build my house. [第5文型]
S　V　　O　　　　C

### これだけはまとめて覚えておきましょう…2

(1)トニーさんは親切な人のように見える。

It seems that Tony is a kind person. [第1文型]
S　V　　　　　　S

Tony seems to be a kind person. [第2文型]
S　　V　　　　　C

Tony seems a kind person. [第2文型]
S　　V　　　C

(2)トニーさんは先生だそうです。

It is said that Tony is a teacher. [第2文型]
S　V　C　　　　　S

Tony is said to be a teacher. [第2文型]
S　　V　C　　　　S

(3)私は彼は先生だと思います。

I think that he is a teacher. [第3文型]
S　V　　　　O

I think him to be a teacher. [第5文型]
S　V　　O　　　　C

I think him a teacher. [第5文型]
S　V　　O　　C

(4)私は彼は先生だと思われています。

It is thought that he is a teacher. [第2文型]
S　V　C　　　　　S

He is thought to be a teacher. [第2文型]
S　V　C　　　　S

### これだけはまとめて覚えておきましょう…3

(1) 私はこの本を読むのが簡単だと思います。

<u>I</u> <u>think</u> <u>it</u> <u>easy</u> <u>to read this book.</u> [第5文型]
S　V　　O　　C　　　　O

<u>I</u> <u>think</u> <u>that it is easy to read this book.</u> [第3文型]
S　V　　　　　　　　O

(2) 私はあなたの帰りが遅いのがいやです。

<u>I</u> <u>hate</u> <u>you</u> <u>to come home late.</u> [第5文型]
S　V　　O　　　　　C

<u>I</u> <u>hate</u> <u>you</u> <u>coming home late.</u> [第5文型]
S　V　　O　　　　　C

(3) 私はあなたがそんな言い方をするのは好きではありません。

<u>I</u> <u>don't like</u> <u>you</u> <u>to talk like that.</u> [第5文型]
S　　V　　　O　　　　　C

<u>I</u> <u>don't like</u> <u>you</u> <u>talking like that.</u> [第5文型]
S　　V　　　O　　　　　C

(4) 私はあなたに電話をかけてこないでほしい。

<u>I</u> <u>don't want</u> <u>you</u> <u>to call me.</u> [第5文型]
S　　V　　　O　　　C

<u>I</u> <u>don't want</u> <u>you</u> <u>calling me.</u> [第5文型]
S　　V　　　O　　　C

### これだけはまとめて覚えておきましょう…4

「トニー君は私の宿題をするのを手伝ってくれた。」

<u>Tony</u> <u>helped</u> <u>me</u> <u>to do my homework</u>. [第5文型]
 S      V       O        C

<u>Tony</u> <u>helped</u> <u>me</u> <u>do my homework</u>. [第5文型]
 S      V       O        C

<u>Tony</u> <u>helped</u> <u>to do my homework</u>. [第3文型]
 S      V        O

<u>Tony</u> <u>helped</u> <u>do my homework</u>. [第3文型]
 S      V        O

<u>Tony</u> <u>helped</u> <u>me</u> <u>with doing my homework</u>. [第3文型]
 S      V       O         副詞句

<u>Tony</u> <u>helped</u> <u>me</u> <u>with my homework</u>. [第3文型]
 S      V       O         副詞句

**(解説)** help＋人＋to＋動詞の原形 と help＋人＋動詞の原形 の2つの使い方があります。かたい言い方の to＋動詞の原形 は、話し言葉で使われる 動詞の原形 ほどは使われていません。

　特にアメリカでは、to＋動詞の原形 は50％ほどしか使われていませんが、動詞の原形 の方はほとんどの人が普通に使っているようです。イギリスでは、どちらもよく使われていますが、動詞の原形 の方がもっとよく使われているようです。

### ここを間違える

　helpという単語は人を助けたり、手伝うことはできますが、直接物を助けることはできません。

　　［×］Tony helped my homework.
　　［○］Tony helped me with my homework.

**これだけはまとめて覚えておきましょう…5**

(1) 私はあるネコが私の家に入るのを見た。

　　<u>I</u>　<u>saw</u>　<u>a cat</u>　<u>enter my house.</u>　[第5文型]
　　S　　V　　　O　　　　　　C

(2) 私はあるネコが私の家に入っているのを見た。

　　<u>I</u>　<u>saw</u>　<u>a cat</u>　<u>entering my house.</u>　[第5文型]
　　S　　V　　　O　　　　　　C

(3) 私は彼が歌うのを聞いた。

　　<u>I</u>　<u>heard</u>　<u>him</u>　<u>sing.</u>　[第5文型]
　　S　　V　　　　O　　　C

(4) 私は彼が歌っているのを聞いた。

　　<u>I</u>　<u>heard</u>　<u>him</u>　<u>singing.</u>　[第5文型]
　　S　　V　　　　O　　　C

**ここを間違える**

　seeは、see＋人＋[動詞の原形／動詞のing形]で使うことができるのですが、一方しか使えない場合があります。動作の初めから最後まで見届けることができる場合は、see＋人＋[動詞の原形／動詞のing形]の両方が使えますが、動作の初めから最後まで見届けることができない場合は、see＋人＋動詞のing形しか使えないと考えていた方がよいと思います。

　　[×] I saw Tony walk yesterday.

　　[○] I saw Tony walking yesterday.

**(解説)** トニー君が昨日歩いているのを初めから最後まで見届けることは不可能なので、〈歩いている〉のを見たと考えるのが自然です。

3 5文型について

## ●コミュニケーションのための第5文型

### コミュニケーションのための第5文型…Part 1
(1) I'd like my coffee black. (コーヒーをブラックにしてください。)
(2) I'd like my coffee white. (ミルクコーヒーにしてください。)
(3) I'd like my whiskey straight. (ウイスキーをストレートでください。)
(4) I want my coffee strong, please. (濃いコーヒーをお願いします。)
(5) I like my coffee weak. (うすいコーヒーが好きです。)
(6) I've never seen Tony angry.
   (私はトニー君が怒っているのを見たことがない。)
(7) Tony can't see things straight. (トニー君はひねくれている。)
(8) Don't get me wrong. (私のことを誤解しないでね。)
(9) Don't get it wrong. (それを誤解しないでね。)
(10) This makes us even. (私たちはこれで五分五分だね。)
(11) Take it easy. (のんびりやりなさいよ。さようなら。)
(12) Let's call it a day. (今日はこの辺で切り上げよう。)
(13) Don't call me names. (私の悪口を言わないで。)
   **(注意)** 特に子供が子供に対して言う。
(14) Please call a spade a spade. (ありのままに言ってください。)
(15) Please make it a little cheaper.
   (もう少し安くしてください。)
(16) You can buy the same bike cheaper.
   (同じ自転車をもっと安く買えるよ。)
(17) I bought my bike secondhand. (私は自転車を中古で買った。)

発音 straight [スチュレーィトゥ]　　spade [スペーィドゥ]
cheaper [**チー**パァ]　　secondhand [セカンドゥヘァンドゥ]

### コミュニケーションのための第5文型…Part 2

(1) I had my hair cut. (私は髪をカットしてもらった。)
(2) I'll get this job done. (私はこの仕事を終わらせるつもりです。)
(3) I'll see this job done. (私は責任を持ってこの仕事をやります。)
(4) Did I make myself clear? (私の言うことがわかりましたか。)
(5) Did I make myself understood? (私の意思は伝わりましたか。)
(6) Please make yourself comfortable.
 (どうぞおくつろぎください。)
(7) Don't work yourself ill. (働き過ぎて病気にならないでね。)
(8) Don't worry yourself sick. (心配し過ぎて病気にならないでね。)
(9) Don't drink yourself silly. (気が遠くなるまで飲まないでね。)
(10) Push the door open. (その戸を押して開けて。)
(11) Pull the door open. (その戸を手前に引いて開けて。)
(12) Kick the door open. (その戸を足でけって開けて。)
(13) Jerk the door open. (その戸をぐいっと開けて。)
(14) Force the door open. (その戸をこじ開けて。)
(15) Slide the door open. (その戸を横に引いて開けて。)
(16) Ease the door open. (その戸をそっと開けて。)
(17) Please don't keep the door open.
 (その戸を開けっ放しにしないでくださいね。)
(18) Please don't leave the door open.
 (その戸を閉め忘れないでくださいね。)

発音 clear [クリァァ]　understood [アンダァストゥッドゥ]
comfortable [カンファタボー]　worry [ワ〜リィ]　silly [スィリィ]
push [プッシ]　pull [プオ]　jerk [ヂァ〜ク]　force [フォース]
slide [スラーィドゥ]　ease [イーズ]

# 4 平叙文、疑問文、否定文について

## ●文の種類

### [平叙文について]

平叙文は、事実をありのままに述べる文で、普通は、**主語＋動詞**の順番で並んでいます。最後に終止符（ピリオド）をつけ、肯定文と否定文の2つに分かれます。

This is your book.（これはあなたの本です。）
This is not your book.（これはあなたの本ではありません。）

### [疑問文について]

〜ですかのような疑問を表す文のことで、文の最後に疑問符（クエスチョン・マーク）をつけます。

普通は、**be動詞（助動詞）＋主語**の順番に並んでいます。

疑問文には、次のような5つの種類があります。

(1) 一般疑問文…YesまたはNoで答えることができる疑問文
　　Do you drink?（あなたはお酒を飲みますか。）
(2) 特殊疑問文…疑問詞＋疑問文（疑問詞のついた疑問文）
　　When do you drink?（あなたはいつお酒を飲みますか。）
(3) 選択疑問文…2つの内から答えを選ばせる疑問文
　　Is this book yours or Tony's?
　　（この本は君のものですか、それともトニー君のものですか。）

(4) 付加疑問文…相手に念を押したり、同意を求めたりする疑問文
　It's a nice day, isn't it?（よい天気ですね。）
(5) 間接疑問文…疑問文が他の文の一部分になっている疑問文
　I wonder if it is raining.（雨が降っているのかなあ。）

### [否定文について]

～ではないを表す英文を否定文と言います。一番よく使われるのは、副詞のnot（～ではない）ですが、他にも否定を表す単語がたくさんあります。

[be動詞／助動詞] + not で否定文を作ることができます。

　<u>Tony</u> <u>can</u> swim.［肯定文］
　主語　助動詞

　<u>Tony</u> <u>can</u> not swim.［否定文］
　主語　助動詞

　<u>Tony</u> <u>is</u> a student.［肯定文］
　主語　be動詞

　<u>Tony</u> <u>is</u> not a student.［否定文］
　主語　be動詞

### ここが大切

平叙文（事実をありのままに述べる文）に肯定文と否定文があるように、疑問文にも肯定文と否定文があります。

肯定疑問文のことを、学校英文法では、**一般疑問文**と言い、それに対して、否定の疑問文のことを**否定疑問文**と言います。

　Are you hungry?［一般疑問文］
　（あなたはおなかがすいていますか。）
　Aren't you hungry?［否定疑問文］
　（あなたはおなかがすいていませんか。）

### ここを間違える

5つの疑問文の他に、**修辞疑問文**と呼ばれている疑問文があります。この疑問文は、形は疑問文ですが、相手に答えを求めるものではなく、相手に自分の感情を強く伝えようとする構文です。

この構文は平叙文で書き換えることができます。

つまり、疑問文ではないので、最後を下げて発音します。

　Isn't it exciting？（↘）　　（胸がわくわくするね。）

**(解説)** 感情が強く表れている場合は、**？**ではなく**！**になります。読み方も最後を下げて発音します。ここでは？を使っています。

(1) Who knows what will happen tomorrow？（↘）
　　（明日何が起こるかだれがわかりますか、だれにもわかりませんよ。）
　　＝Nobody knows what will happen tomorrow.
　　（明日何が起こるかだれにもわからない。）

(2) Who doesn't know？（↘）
　　（知らないものがいるか。）
　　＝Everyone knows.
　　（だれも知っているよ。）

(3) Can Tony's story be true？（↘）
　　（トニー君の話は一体本当だろうか。）
　　＝Tony's story can't be true.
　　（トニー君の話は本当のはずがない。）

　発音　exciting［イクサーィティン・］　true［チュルー］

ここからは、間違いやすい疑問文についてくわしく勉強したいと思います。

## ●答え方に注意すべきパターン
ここを間違える

### 答え方に注意すべきパターン…Part 1
(1) You aren't hungry.（あなたはおなかがすいていない。）

　　このような否定文があるとします。この否定文を疑問文にすると次のようになります。

　　　　Aren't you hungry？（あなたはおなかがすいていませんか。）

　　ここで、あなたはどう答えますか。日本語なら、「はい、すいていません。」「いいえ、すいています。」と答えます。英語では、

　　Yes.と言ったら、I'm hungry.（おなかがすいています。）

　　No.と言ったら、I'm not hungry.（おなかがすいていません。）
を表します。実際の会話では、ややこしいので、相手の質問の仕方に関係なく、〈おなかがすいているか〉どうかを尋ねているということがわかったら、Yes. や No. を使わずにおなかがすいていたらI'm hungry.、すいていなかったらI'm not hungry.というようにしてください。

　発音　hungry [ハングゥリィ]

(2) Is this seat taken?（この席あいていますか。）

　Yes, it's taken.（ふさがっています。）

　No, it's not taken.（あいてますよ。）

　　このように丸暗記しておいてください。なぜこのような答え方になるかと言いますと、takenは〈ふさがっている〉という意味の単語なので、Is this seat taken？を正確に日本語に訳すと、〈この席はふさがっていますか。〉という意味になるからです。

## ここを間違える

### 答え方に注意すべきパターン…Part 2

次の表現を比較して覚えておきましょう。

(1) Would you open the window？（窓を開けていただけますか。）
　　Yes, sure.（はい、いいですよ。）
　　Would you mind opening the window?
　　（窓を開けていただけますか。）
　　Of course not.（もちろん、いいですよ。）

**(解説)**

mindは、〈〜を気にかけますか〉という意味なので、
Would you mind opening the window?
（あなたは窓を開けることを気にかけますか。）

もしYes.と言ってしまうと、〈私は気にかけます。〉となって、窓を開けることについては嫌ですよ。という意味になっています。このようなことから、「はい、いいですよ。」という意味を表したい時には、否定の意味が入った表現を使うようにしてください。

(2) <u>Do you know</u> <u>when Tony will come</u>？
　　　あなたは知っていますか　　　いつトニー君が来るかということを

　　（トニー君がいつ来るか知っていますか。）

　　Yes, I do.（はい。）
　　No, I don't.（いいえ。）
　　<u>When</u> <u>do you think</u> <u>Tony will come</u>？
　　　いつ　　あなたは思いますか　　　トニー君が来ると

　　（トニー君がいつ来ると思いますか。）

　　Tomorrow, I think.（明日だと思います。）

**(解説)** Do you〜?となっていれば、Yes.／No.で答えます。Whenのような疑問詞から始まっていると、Yes.／No.で答えられません。

|ここを間違える|

## 答え方に注意すべきパターン…Part 3

(1) Which do you like better, music or English?
   (あなたは音楽と英語とではどちらが好きですか。)
   [×] English is. (英語です。)
   [○] I like English better. (私は英語の方が好きです。)

(2) Who runs faster, Tony or Tom?
   (トニー君とトム君とでは、どちらの方が速く走りますか。)
   [×] Tony is. (トニー君です。)
   [○] Tony does. (トニー君です。)

(3) Who can speak Japanese better, Tony or Tom?
   (トニー君とトム君とではどちらがじょうずに日本語を話せますか。)
   [×] Tony is. (トニー君です。)
   [×] Tony does. (トニー君です。)
   [○] Tony can. (トニー君です。)
   発音 Japanese [ヂェァパニーズ]

(4) What's the capital of Japan?(日本の首都はどこですか。)
   [○] Tokyo is.
   [○] It's Tokyo.
   発音 capital [キャピトー]　Japan [ヂァペァンヌ]

次のように考えれば、答えが2つできる理由がわかります。

　Tokyo is <u>the capital of Japan</u>.
　　　　　　省略している

　<u>The capital of Japan</u> is Tokyo.
　Itで置き換えている

## 4 平叙文、疑問文、否定文について

## ●疑問詞のついた疑問文

### ここを間違える

**疑問詞のついた疑問文に注意…Part 1**

<u>Whom</u> do you like best?
だれを　あなたは一番好きですか。

<u>Who</u> do you like best?
だれを　あなたは一番好きですか。

[疑問詞が主語になっているパターン]

①<u>Who</u> likes Tony?
　だれが　トニーを好きなのですか。

②<u>What</u> is in this box?
　何が　この箱の中にあるのですか。

　疑問詞が主語になっている場合には、次にくる動詞は現在のことであればいつもsをつけます。be動詞の場合は、現在のことであればis、過去のことであればwasを使うのが文法的に正しいと学校英文法では教えていますが、①の場合、初めから複数の人がトニーのことを好きであることがわかっている場合は、Who like Tony?という英文も実際には使われることもあります。

### ここが知りたい

**(質問)** 疑問詞が目的語となっている時、whoとwhomのどちらも使えるのですか。

**(答え)** 文法的に正しいのはwhomなのですが、ほとんどの人がwhoを使うので、whoを使っても差しつかえがないと思います。whomを使うのは、とてもあらたまった時に文章で使われることがある程度です。

**ここを間違える**

## 疑問詞のついた疑問文に注意…Part 2

(1) あなたは何階に住んでいるのですか。

What floor do you live on?

On what floor do you live?

(2) あなたはだれからこのプレゼントをもらったの？

Who did you get this present from?

From whom did you get this present?

(3) トニーはテニスをしているよ。

Tony is playing tennis.

「だれとトニーはテニスをしているの？」「だれと？」

"Who is Tony playing tennis with?" "Who with?"

"With whom is Tony playing tennis?" "With whom?"

(4) 何のためにあなたは東京へ行ったの？

What did you go to Tokyo for?

For what did you go to Tokyo?

(5) あなたは何を探しているの？

[○] What are you looking for?

[×] For what are you looking?

**(解説)** **前置詞＋疑問詞＋疑問文？** のパターンは文語で使われます。

**疑問詞＋疑問文＋前置詞？** のパターンは話し言葉で使われます。ただし、**動詞と前置詞**の結び付きが強い場合は、**前置詞＋疑問詞＋疑問文？** のパターンでは使うことはできません。

### ここを間違える

### 疑問詞の how と what と why の使い方に注意

(1) この本をどう思いますか。

What do you think [of／about] this book？

(この本についてどう考えますか。)

How do you feel about this book？

(この本についてどう感じますか。)

(2) このカバンはいくらですか。

What's the price of this bag?

(このカバンの値段を教えてください。)

How much is this bag？(このカバンはいくらですか。)

発音　price［プゥラーィス］

(3) この自転車はどれぐらいの重さがありますか。

What's the weight of this bike？

(この自転車の重さを教えてください。)

How much does this bike weigh？

(この自転車はどれぐらいの重さがありますか。)

発音　weight［ウェーィトゥ］　weigh［ウェーィ］

(4) なぜあなたは英語が好きなの？

Why do you like English？(なぜあなたは英語が好きなの？)

What makes you like English？

(何があなたを英語を好きにさせるの？)

How come you like English？(なぜあなたは英語が好きなの？)

**(解説)** Why＋疑問文？＝How come＋肯定文？

What makes＋人＋動詞の原形？＝何が人に～にさせるのですか。

このパターンが英語らしい表現形式です。

(5) 今日はどんな天気ですか。
　　How is the weather today?
　　What's the weather like today?
　　発音　weather [ウェざァ]

### ここを間違える

**疑問詞の who と which, what, where の使い方に注意**

「あなたはどこで働いていますか。」
　(1) Where do you work?
　(2) What kind of company do you work for?
　(3) Which company do you work for?
　(4) Who do you work for?

**(解説)** あなたはどこで働いていますか。を Where do you work? と覚えている人が多いと思いますが、このように英米人に質問すると、会社の名前を答える人と会社の所在地を答える人があります。次のように覚えておきましょう。

［会社の所在地を尋ねたい場合］
　　Where do you work?

［仕事の職種を尋ねたい時］
　　What kind of company do you work for?

［勤め先を尋ねたい時］
　　Who do you work for?
　　Which company do you work for?

　発音　company [カンプニィ]　work [ワ〜ク]

### ここを間違える

## 疑問詞の what と where の使い方に注意

「ここはどこですか。」

　[○] Where am I？（私はどこにいますか。）

　[○] Where are we？（私たちはどこにいますか。）

　[○] What's this place？（この場所は何ですか。）

　[×] Where is here？（ここはどこ？）

　発音　am と are を強く言ってください。

**(解説)** 道に迷った時に便利な表現です。

What's this place called？（この場所は何と呼ばれていますか。）のcalledを省略して、What's this place?と言っています。答え方は、It's called Aoyama Street.（青山通りと呼ばれています。）Where is here?のどこが間違っているのかがわからない人が多いと思います。

hereは〈ここに〉という単語なので、この英文の中には主語（〜は）の部分に当たる単語がないので、文法的に間違っているのです。

日本の首都はどこですか。＝（日本の首都は何ですか。）

　[×] Where is the capital of Japan？

　[○] What's the capital of Japan？

**(解説)** Where is は〈どこにありますか。〉という意味なので、

　Where is the capital of Japan？

にすると、〈日本の首都はどこにありますか。〉という意味になります。

## ●付加疑問文の注意点

**ここを間違える**

### 付加疑問文の注意点…Part 1

付加疑問文を、**否定、疑問文？**と覚えておくと付加疑問文のことがわかるようになります。

<u>Tony speaks English,</u> (doesn't) (he)？
　　肯定文　　　　　　　　否定疑問文

（トニー君は英語を話しますね。）

<u>Tony doesn't speak English,</u> (does) (he)？
　　否定文　　　　　　　　　　疑問文

（トニー君は英語を話しませんね。）

<u>否定文</u>がでてこなければ , (コンマ)の次に<u>否定疑問文</u>、<u>否定文</u>がきていると , (コンマ)の次に<u>疑問文</u>がくると考えてください。

付加疑問文にも例外があります。
(1) Let's walk, shall we？
　　（歩きましょうか。(歩きませんか。)）
(2) Open the window, will you？
　　You must open the window, will you？
　　（窓を開けてくれますか。）

命令の時は , will you？をつけます。You must〜 . も、あなたは〜しなければいけない。という命令文と内容が同じなので、<u>, will you？</u>をつけてください。

付加疑問文の答え方に注意しましょう。
"It's a nice day, isn't it？"「よい天気ですね。」
"Yes, isn't it. ／ Yes, it is."「そうですね。」
"It sure is."「そうですね。」

# 4 平叙文、疑問文、否定文について

イントネーションに注意しましょう。

(1) You speak English, don't you ? (↗)
（あなたは英語を話しますよね。違っていますか。）
(2) You speak English, don't you ? (↘)
（確かあなたは英語を話すんですよね。）

確信があれば文の最後を下げて、なければ上げます。

### ここを間違える

### 付加疑問文の注意点…Part 2

(1) I'm your best friend, am I not ? [かたい言い方]
（私はあなたの親友ですよね。）
I'm your best friend, aren't I ? [話し言葉]
（僕は君の親友だよね。）
**(解説)** amn'tという言い方はありません。その代わりに〈am I not ?〉または〈aren't I ?〉を使います。

(2) There is someone at the door, isn't there ?
（だれか玄関に来ていますね。）
**(解説)** There is〜, isn't there? There are〜, aren't there? のようにしてください。

(3) Nobody knows, don't they ?
（だれも知りませんよね。）
**(解説)** あらたまった言い方では、nobody, somebody, everybody を代名詞に言い換える場合、he や he or she を使うこともありますが、話し言葉では、theyを使うのが一般的です。

(4) Nothing is more important than health, isn't it ?
（健康ほど大切なものはないですよね。）
発音　nothing [ナッスィン・]　important [インポータントゥ]
**(解説)** nothing, something, everythingを代名詞にする時は、itを使います。

## ●間接疑問文の注意点

**ここを間違える**

(1) I know + Tony is a teacher.
　　　　　　（トニーさんは先生です。）

　I know that Tony is a teacher.
　　　　　　（私はトニーさんが先生であるということを知っています。）

(2) I know + Is Tony a teacher ?
　　　　　　（トニーさんは先生ですか。）

　I know if Tony is a teacher.
　　　　　　（私はトニーさんが先生であるかどうかということを知っています。）

(3) I know + Where does Tony live ?
　　　　　　（トニーさんはどこに住んでいますか。）

　I know where Tony lives.
　　　　　　（私はトニーさんがどこに住んでいるか知っています。）

(4) I know + Who lives in this house ?
　　　　　　（だれがこの家に住んでいますか。）

　I know who lives in this house.
　　　　　　（私はだれがこの家に住んでいるのか知っています。）

**(解説)** 2つの英文を1つにしたい時は、2つめの英文を必ず肯定文（〜は〜です）のような並べ方にしてください。1つめの英文＋2つめの英文.の＋のところに〈that〉または〈if〉または〈疑問詞〉のどれかが入っていれば、英文として正しいと考えることができます。

　(1) that 〜ということ　　　　**that＋主語＋動詞**
　(2) if 〜かどうかということ　**if＋主語＋動詞**
　(3) 疑問詞　　　　　　　　　**疑問詞＋主語＋動詞**

　Who lives in this house ?のような疑問文の場合は、who livesが〈主語＋動詞〉の並べ方になっているので、このままで正しい英文なのです。

## 4 平叙文、疑問文、否定文について

## ●選択疑問文とは限らないorの使い方

### ここを間違える

選択疑問文とはA(↗)or B(↘)?のように言います。

Will you have tea or coffee?
(紅茶を飲みますか、それとも、コーヒーにしますか。)
Will you have tea (↗) or coffee? (↘)
　　　　　　　　　　　[オーァ]

ところが、A↗ or B↗?と言うことがあります。このように言うと、一般疑問文になります。

Will you have tea or coffee?
(紅茶とかコーヒーとか、何かそのようなものを飲みますか。)
Will you have tea (↗) or coffee? (↗)
　　　　　　　　　　　[アァ]

orの発音の仕方も違ってくるので、注意が必要です。

Shall we have tea(↗) or coffee?(↘)
(お茶とコーヒーと、そのどちらを飲みましょうか。)
Shall we have tea(↗) or coffee?(↗)
(お茶とかコーヒーとか、何かそういったものを飲まないですか。)

### ここが知りたい

**(質問)** 次の(1)(2)の答え方は違ってくるのですか。

(1) Will you have tea (↗) or coffee (↘)?
(紅茶を飲みますか、それともコーヒーにしますか。)
(2) Will you have tea (↗) or coffee (↗)?
(紅茶とかコーヒーとか、何かそのようなものを飲みますか。)

**(答え)** はい、違ってきます。次のようになります。

(1) I'll have coffee. (コーヒーにします。)
(2) Yes, I'll have coffee. (はい、コーヒーをいただきます。)

## ●コミュニケーションのための選択疑問文

(1) "Who do you like better(↘), Tony(↗) or Tom?(↘)"
「トニー君とトム君とどちらが好きですか。」
　"I like Tony better."「私はトニー君の方が好きです。」
　"I like them both."「私は彼らの両方が好きです。」
　"I like both of them."「私は彼らの両方が好きです。」
　"I don't like either of them."「私は2人とも好きではありません。」
　"I like neither of them."「私は2人とも好きではありません。」
　"I don't know what to say."「何とも言えませんね。」
　発音　both [ボーゥす]　either [イーざァ]　neither [ニーざァ]

(2) "It this dog a he or a she?"「この犬はオスですか、メスですか。」
　"It's a he."「オスです。」

(3) "Are you for our plan or against it?"
「君は私たちの計画に賛成、それとも反対？」
　"Personally I'm for it."「個人的には賛成です。」

(4) Make up your mind, for or against.
「賛成か反対かはっきり決めろよ。」

4 平叙文、疑問文、否定文について

## ●コミュニケーションのための疑問詞のついた疑問文

### コミュニケーションのための疑問詞のついた疑問文…Part 1

(1) あなたはどこに住んでいますか。
　　Where do you live?
(2) あなたは何市に住んでいますか。
　　What city do you live in?
　　In what city do you live?
(3) あなたは東京のどこに住んでいますか。
　　Where do you live in Tokyo?
　　Where in Tokyo do you live?
(4) えっと、どこまで話していたかなあ。
　　Ummm, where was I?
　　Ummm, where were we?
　　発音 wasとwereを強く発音してください。
　　(解説) 何人かで話をしている時は、Where were we? の方が印象がよいと思います。
(5) 私のどこがいけないの？
　　What's wrong with me?
(6) トニー君のどこがいいの？
　　What do you see in Tony?
(7) 私のどこが気に入らないの？
　　What do you have against me?
(8) この本のどこがおもしろいの？
　　What's interesting about this book?
(9) 一体何を言っているの。
　　What are you talking about?
(10) 何を待つ必要があるの？／何をぐずぐずしているの？
　　What are [you／we] waiting for?

115

## コミュニケーションのための疑問詞のついた疑問文…Part 2
### [What is＋名詞のパターン]

What's the matter？（どうしたの？）

What's the matter with you？（一体あなたに何があったのですか。どうしたのですか。）

What's the matter with me？（私のどこが悪いのですか。）

　**(解説)** お医者さんでどこが悪いのかを聞く時に使えます。

What's the problem？（何が問題なのですか。）

What's the trouble？（何が心配なのですか。）

What's the [hurry, rush]？（何を急いでいるのですか。）

What's the racket？（何の騒ぎですか。）

What's the [story, news]？（その後はどうなっているのですか。）

　**(解説)** 親しい間柄で使った方がよい表現です。

What's the [story, news] on Rika？（里香さんの消息について教えてよ。）

　**(解説)** onの後ろに色々な言葉を置くことで、「～のその後はどうなっているのですか。」という使い方ができます。

What's the idea？（一体どういうことなのですか。）

What's the idea of this？（これは一体どういうつもりなのですか。）

What's the big idea？（一体どういうつもりだ。何を馬鹿なことを考えているの？）

What's the score？（①どんな様子？　②得点はどうなっていますか。）

What's the game？（何をたくらんでいるんだ？）

　**(解説)**「彼は何をたくらんでいるんだ？」ならば What's his game？

What's that？（何て言いましたか。）

　**(解説)** 親しい間で使ってください。

What's the catch？（何が売りですか。）

発音　matter [メァタァ]　problem [プゥラブレム]
hurry [ハァ～ゥリィ]　rush [ゥラッシ]　racket [ゥレァキットゥ]
news [ニューズ]　idea [アーィディア]　score [スコアァ]

## ●コミュニケーションのための間接疑問文

(1) Who do you think I am ? (私をだれだと思っているのですか。)
(2) Who do you think you are ?
　　(あなたは自分をだれだと思っているのですか。)

**(解説)** Who do you think I am ? は、〈私をだれだと思っているのですか〉という意味から、〈私をなめないでよ。〉

　Who do you think you are ?は、〈あなたは自分をだれだと思っているの？〉という意味から、〈あなたは何様のつもりなの？〉

(1) What do you suppose I'm thinking about ?
　　(私が今何を考えていると思う？)
(2) Can you guess what I'm thinking about ?
　　(私が今何を考えているのか推測できる？)

　発音　suppose [サ**ポー**ゥズ] guess [**ゲ**ス]

**(解説)**「はい。」「いいえ。」で答えることができるか、できないかを考えると、並べ方がすぐにわかります。

(1) Can you guess how old I am ? (私が何才か推測できる？)
(2) Guess how old I am ? (私が何才か推測してよ。)

　単語　age [**エー**ィヂ] 年齢

**(解説)** how old I am の代わりに what my age is にしても意味は同じです。

## ●コミュニケーションのための修辞疑問文

(1) How should I know ?
　　(私が知っているわけがないでしょう。知るもんか。)

　発音　いらだちをともなうので、Iを強く発音します。

(2) How was I to know?（私は知りませんよ。）
　**(解説)** 自分の責任ではないことを述べる時に使います。
　発音　knowを強く発音します。
(3) Who can say?（だれにもわからないですよ。）
　発音　sayを強く発音します。
(4) What can I say?（そんなことを言われても何の言葉もありません。）
　発音　sayを強く発音します。
　**(解説)** 説明や言い訳などのしようがない時に使います。
(5) Who knows?（わかるわけないでしょう。）
　発音　knowsを強く発音します。
　**(解説)**「だれが知っているのか、いやだれも知っているわけないでしょ。」という意味です。
(6) Who cares?（気にしない、気にしない。）
　発音　caresを強く発音します。
　**(解説)**「だれが気にするだろうか、いやだれも気にしない。」という意味です。
(7) What choice do I have?（私には残された選択肢が１つもない。）
　発音　choice [**チョー**ィス]
(8) How can you think that?（そんなことをどうやって考えついたの？）
　発音　thinkを強く発音します。
(9) How can you say that?（よくそんなことが言えるね。）
　発音　sayを強く発音します。
(10) What's the use?（何が役に立つんですか、むだですよ。）
　単語　use [**ユー**ス] 役立つこと
(11) What's the use of doing it?（そんなことしたってむだですよ。）
(12) What's the sense of doing it?
　　（そんなことして何になるんだよ。馬鹿げているよ。）
　単語　sense [**セ**ンス] かしこいこと

ここからは、否定文について考えてみたいと思います。

否定文と疑問文の関係については、すでに勉強したので、ここでは、それ以外の否定文で、注意すべき点について説明していくことにします。

## ●否定文と否定の意味を表す表現
[否定文の短縮形について]

[現在形]
is not = isn't
are not = aren't
I am not = I'm not
can not = cannot = can't
shall not = shan't [シァーントゥ]
will not = won't [ウオーゥントゥ]
have not = haven't
has not = hasn't
must not = mustn't

[過去形]
was not = wasn't
were not = weren't
was not = wasn't
could not = couldn't
should not = shouldn't
would not = wouldn't
had not = hadn't
had not = hadn't
＊過去形はありません。

### ここが大切

I **am not** busy. = I'**m not** busy.
I **can not** swim. = I **cannot** swim. = I **can't** swim.
I'm late, **am I not**?（私は遅刻しましたよね。）[かたい言い方]
I'm late, **aren't I**?（私は遅刻ですよね。）
**(注意)** これだけは例外なので、丸暗記してください。
Is this seat taken?（(直訳) この席ふさがっていますか。）
No, it'**s not**. = No, it **isn't**.（いいえ、ふさがっていませんよ。）

119

### ここを間違える否定文

**(注意１)**

(1) Tony isn't a fool.
(2) Tony is not a fool.

(1)の英文は、<u>Tony is a fool.</u>を否定しています。
(2)の英文は、<u>a fool</u>を否定しています。

日本文にするとどちらも、「トニー君は馬鹿ではない。」という訳になりますが、Tony is not a fool.の方がTony isn't a fool.よりも〈馬鹿ではない〉という意味が強いと考えることができます。

**(注意２)**

(1) Tony is not a fool.
(2) Tony is no fool.

(1)の英文は、not a foolが〈馬鹿な人ではない〉を表しますが、(2)の英文のno foolは、〈馬鹿な人の反対〉を表します。
(1) トニー君は馬鹿ではない。
(2) トニー君は決して馬鹿ではない。＝トニー君はかしこい。

**(注意３)**

「空には雲が一つもない。」
(1) There is **no cloud** in the sky.
(2) There is **not a cloud** in the sky.
(3) There is **not a single** cloud in the sky.

no cloudを強調した言い方がnot a cloudで、not a cloudよりもnot a single cloudの方がもっと強調した言い方になります。

発音  fool [フーオ]   cloud [クラーゥドゥ]   single [スィンゴー]

## 4 平叙文、疑問文、否定文について

### ここが知りたい

**(質問)** notとnoの関係が難しいように思います。もう少しわかりやすく教えてください。

**(答え)** 次のような2つのタイプに分かれます。

(1) noが〈ひとつもない〉を表さない時は、〈not a + 名詞〉よりも〈no + 名詞〉の方が意味が強いのです。〈not + 形容詞〉よりも〈no + 形容詞〉の方が意味が強いのです。意味が強いということは、正反対の意味を表すことができるということです。

I'm not good at English. (私は英語が得意ではない。)
I'm no good at English. (私は英語が苦手です。)
Tony is not a teacher. (トニーさんは先生ではない。)
Tony is no teacher. (トニーさんは先生どころではない。)

(2) noが〈ひとつもない〉を表している時は、〈not a〉を使ってnoよりも強調した言い方にすることができるのです。

そして、not a をもっと強調した言い方をしたければ、not a single を使えばよいということです。

「空には雲一つ見られない。」

**No cloud** can be seen in the sky.
**Not a cloud** can be seen in the sky.
**Not a single cloud** can be seen in the sky.

否定については、否定構文のところでくわしく説明します。
ここでは、間違いやすい否定文についてのみ紹介しておきます。

#### ここを間違える

Have you ever been to Tokyo?（東京へ行ったことがありますか。）
[○] No, I haven't.（ありません。）
[×] No, I have never.
[○] No, I never have.（一度もありません。）
[○] No, never.（一度もありません。）

**(解説)** 英語では、質問に対する答えが、YesやNoを使って短縮して答える場合は、英文の一番最後を強く発音することになっています。英文の最後にくるのは、助動詞の働きをするbe動詞かhave、または助動詞なので、助動詞の働きのhaveが最後にこなければならないことから、neverをhaveの直前に置いてあるのです。

　I have never been to Tokyo.
　　　[ハヴ]

（一度も東京へ行ったことはありません。）

　No, I never have.
　　　　　　[ヘァヴ]

## ここが知りたい

**(質問)** No, I never have. という言い方があるということがわかりましたが、文の途中にI never have〜. という英文を作ることはできないのですか。

**(答え)**

(1) I have <u>never</u> seen Tokyo Tower.
　　　　　強く発音する

(2) I never <u>have</u> seen Tokyo Tower.
　　　　　　　強く発音する

**not**が**副詞**であるということをまず覚えておいてください。ということは、**never**も**副詞**であるということです。

never以外の単語でも、上の (1) と (2) のような並べ方をすることができるということなのです。

ただし、〈助動詞＋副詞〉がひとつの英文の中にあることが条件です。

"Do you think Tony will come soon?"
「トニーはもうすぐ来ると思いますか。」
"You can never tell." = "You never can tell."
「何とも言えませんね。」

この英文では、tellという動詞が最後にきているので、tellを1番強く読まなければならないので、どちらのneverも2番目に強く読みます。

### これだけは覚えましょう

　一般的には、助動詞＋副詞の順番で並んでいる時は副詞を強く発音します。ところが助動詞または助動詞の働きをするbe動詞またはhaveを強く発音すると、副詞の方が前にきます。

　「(いざとなれば) いつでもタクシーに乗れますよ。」

　You can always take a taxi.
　　　　　強く発音する

　You always can take a taxi.
　　　　　　　強く発音する

　I am usually at home on Mondays.
　　　　強く発音する

　I usually am at home on Mondays.
　　　　　　強く発音する

　I have never been to Tokyo.
　　　　　強く発音する

　I never have been to Tokyo.
　　　　　強く発音する

　質問に対する答えが短縮した答えになっている場合は、助動詞の働きをするbe動詞やhaveまたは助動詞を強く発音するので、副詞がいっしょについてきている時は、助動詞などの前に置くようにしなければなりません。

　　"Tony is late."「トニー君は遅刻だよ。」
　　"He always is."「いつものことだよ。」

　　"It's a cold day, isn't it ?"「寒い日ですね。」
　　"It sure is."「本当ですね。」

## 4 平叙文、疑問文、否定文について

**ここを間違える**

(1) 私には子供がいません。
　　[○] I don't have any children.
　　[○] I have no children.
　　[×] I have no child.

(2) トニー君にはお母さんがいません。
　　Tony doesn't have a mother.
　　Tony has no mother.

(3) 今日はリンゴは品切れです。
　　Today we don't have any apples.
　　Today we have no apples.

(4) 私は今お金を全然持っていません。
　　I don't have any money now.
　　I have no money now.

(5) 私たちの教室には時計がありません。
　　[○] There is no clock in our classroom.
　　[×] There is not any clock in our classroom.
　　[○] There is not a clock in our classroom.

(6) 私の部屋には本が1冊もありません。
　　[○] There are no books in my room.
　　[○] There aren't any books in my room.

**(解説)**

①いくつかある、または何人かいるのが当たり前のものが、〈1つもない〉または〈1人もいない〉を表す時は、〈no＋名詞s〉。

②1つあるのが、普通であると考えることができるものが〈ない〉場合は、〈no＋名詞〉。

③数えられない名詞の時は、〈no＋名詞〉。

**コミュニケーションのための英語情報**

(1) I don't have any money. よりも I have no money. の方が〈ない〉という意味が強くなります。

(2) I don't have any money. の方が話し言葉でよく使われています。

(3) I don't have any money. や I have no money. の後ろに at all をつけて強めることもできます。〈not ～ at all〉で〈全然～ない〉を表すことができるからです。

「私はお金を全然持っていません。」

I don't have any money at all.

I have no money at all.

### ここを間違える

「ここでは、卵は手に入りませんよ。」

[○] No eggs are available here.

[×] Not any eggs are available here.

発音 available [アヴェーィラボー]　eggs [エッグズ]

**(解説)** Not any eggs. を〈主語〉として使うことはできません。必ず No eggs にしてください。

### これだけは覚えましょう

(1) 私は何も食べなかった。

I didn't eat anything. = I ate nothing.

(2) 何も食べるな。

Don't eat anything. = Eat nothing.

(3) 私はトニー君については何も知りません。

I don't know anything about Tony.

I know nothing about Tony.

(4) 私の車はどこも故障していません。
　　Nothing is wrong with my car.
　　Nothing is the matter with my car.
　　There is nothing wrong with my car.
　　There is nothing the matter with my car.
(5) だれもこの犬が好きではない。
　　No one likes this dog.＝Nobody likes this dog.
(6) 私は学校へ行く途中にだれにも出会いませんでした。
　　I didn't see anyone on my way to school.
　　I didn't see anybody on my way to school.
　　I saw no one on my way to school.
　　I saw nobody on my way to school.
(7) 私は昨日はどこへも行きませんでした。
　　I didn't go anywhere yesterday.＝I went nowhere yesterday.

発音　nothing［ナッすィン・］　nowhere［ノーゥウェアァ］

(解説)　主語に No one または Nobody または Nothing がきている時は、not～anyone［anybody］や not～anything のように書き換えることはできません。

#### これだけは覚えましょう

(1) Who doesn't like this dog？ [修辞疑問文]

　　（この犬が好きではない人はいるだろうか、いやいない。）

(2) There is no one but likes this dog. [二重否定文]

　　（この犬が好きではない人はだれもいない。）

(3) There is no one who doesn't like this dog. [二重否定文]

　　（この犬が好きではない人はだれもいない。）

(4) Everyone likes this dog. [肯定文]

　　（だれもこの犬が好きです。）

(5) Everybody likes this dog. [肯定文]

　　（だれもこの犬が好きです。）

**(解説)** (1)～(5)の英文はすべて同じことを言っています。

(2)のno one but likes this dogは関係代名詞の働きをしているbutが使ってあります。

　　<u>no one</u> × <u>but likes</u> = <u>(−)</u> × <u>(−)</u> = <u>(+)</u>
　　だれも〜でない　好きではない　だれも〜でない　好きではない　みんな好き

(3)は(2)の英文を今使われている関係代名詞で書き換えた英文です。

#### ここが大切

There is no one but likes this dog.
（この犬が好きでない人はだれもいない。）

There is no rule but has some exceptions.
（例外のない規則はない。）

発音　rule [ゥルーオ]　exceptions [イクセプシュンズ]

このような〈否定語＋but＋動詞〉の表現はあまりにも古い表現なので、使わないでください。ただし、受験では出るかもしれません。

## 4 平叙文、疑問文、否定文について

### これだけは覚えましょう

**notを使わずに否定の意味を表す方法…Part 1**

(1) 私はほとんど泳げません。

I can hardly swim.

I can scarcely swim.

(2) 私はほとんど何も食べていません。

I've eaten hardly anything.

I've eaten scarcely anything.

I've eaten almost nothing.

(3) 私は日曜日はめったに外出しません。

I hardly ever go out on Sundays.

I scarcely ever go out on Sundays.

I almost never go out on Sundays.

I seldom go out on Sundays.

I rarely go out on Sundays.

発音 hardly [ハードゥリィ]　scarcely [スケアスリィ]

eaten [イートゥン]　almost [オーモーゥストゥ]　ever [エヴァ]

never [ネヴァ]　seldom [セオダム]　rarely [ゥレアゥリィ]

**(解説)**

① hardlyやscarcelyの次に動詞がくる場合は、anyを使う人はありませんが、名詞などがくる時はanyを名詞の前に置いて、almost no (ほとんど～ない) の意味を表します。

② 頻度を表す場合は、hardly [scarcely] の次にeverを使って、almost never または seldom (めったに～ない) の意味を表します。

③ hardlyの方がscarcelyよりもよく使います。

129

### これだけは覚えましょう

## noを使わずに否定の意味を表す方法…Part 2

I have little money with me now.
(私は今ほとんどお金の持ち合わせがありません。)

I have little experience.
(ほとんど経験がありません。)

I drink little coffee.
(私はほとんどコーヒーを飲みません。)

I have few friends.
(私にはほとんど友だちがいません。)

Few tourists come here.
(観光客はほとんどここには来ません。)

There are few tourists here.
(ここには観光客がほとんどいません。)

None of my friends live in Tokyo.
(私の友だちはだれも東京には住んでいません。)

I know neither of them.
(私は彼らのどちらも知りません。)

発音　experience［イクスピァゥリアンス］　few［フュー］
friends［フゥレンヅ］　tourists［テュァゥリスツ］　none［ナンヌ］
neither［ニーざァ］

**(解説)**

数えられる名詞　普通名詞
　　□few＋名詞s　ほとんど〜ない

数えられない名詞（抽象名詞、物質名詞）
　　□little＋名詞　ほとんど〜ない
　　□none of 〜　〜の内の1人も〜ない
　　□neither of 〜　〜の内のどちらも〜ない

## ●数えられる名詞 と few, many・数えられない名詞 と little, muchの関係

### [数えられる名詞とfew, manyの関係]
(1) 私は友だちが少ないんですよ。
　　I have few friends. [かたい表現なので、あまり使われていません。]
(2) 私は友だちが多くありません。(あまりいません。)
　　I don't have many friends. [話し言葉でよく使われています。]
　　I don't have a lot of friends.
　　I don't have lots of friends.
(3) 私はごく少数の友だちしかいません。
　　I have only a few friends. [話し言葉でよく使われています。]
　　I have very few friends. [話し言葉で普通に使われています。]

### [数えられない名詞とlittle, muchの関係]
(1) 私はほとんどお金を持っていません。
　　I have little money. [かたい表現なので、あまり使われていません。]
(2) 私はたくさんのお金を持っていないんですよ。(あまり持っていません。)
　　I don't have much money. [話し言葉でよく使われています。]
　　I don't have a lot of money.
　　I don't have lots of money.
(3) 私はお金をほんの少ししか持っていません。
　　I have only a little money. [話し言葉でよく使われています。]
　　I have very little money. [話し言葉で普通に使われています。]
　　発音　money [マニィ]

## ここが大切

| 友だちが少しいる | お金が少しある |
|---|---|
| a few friends | a little money |
| some friends | some money |
| 友だちがほとんどいない | お金がほとんどない |
| few friends | little money |

(**解説**) a があると〈少しある〉、a がないと〈ほとんどない〉

## ここが知りたい

(**質問**) a few（少しある）、very few（ほんの少ししかない）、only a few（ほんの少ししかない）、few（ほとんどない）、a little（量が少しある）、very little（ほんの少しの量しかない）、only a little（ほんの少しの量しかない）、little（量がほとんどない）のように意味が色々変わっていくのですが、どのように考えると覚えやすいのですか。

(**答え**) よい覚え方があります。まずプラス面の言葉を（＋）、マイナス面の言葉を（－）と考えます。

　　［－］few（ほとんどない）、little（量がほとんどない）、only（～しかない）
　　［＋］a few（少しある）、a little（量が少しある）、very（とても）

次に掛け算をします。

very few の意味が知りたければ、

　　very（＋）× few（－）＝（－）

only a few の意味が知りたければ、

　　only（－）× a few（＋）＝（－）

どちらも（－）になることがわかります。

　このことから、マイナスの意味を持たせた和訳にすればよいことがわかります。

　　very few（ごく少数の）＝ only a few（ごく少数の）
　　very little（ごく少量の）＝ only a little（ごく少量の）

**（質問）** few と a few と some の関係について教えてください。
**（答え）** many（多い）に対して few（少ない）、none（いない、ない）に対して a few（少しいる、少しある）、と考えることができます。

　some は自分の感情を入れずに、〈いくつか〉〈少し〉〈2、3〉を表したい時に使います。それに対して、a few と few は、その人によって感じ方が違う時に使う単語です。

　もし友だちが5人いるとします。少しいると思えば a few、ほとんどいないと思えば few を使うことができます。

#### ここを間違える

　quite は very と同じ意味もあるので、（＋）と考えます。no は（－）と考えます。a few（少しある）は（＋）で、few（ほとんどない）は（－）と考えます。この（＋）と（－）を使って掛け算をすることによって、次の表現の意味が（＋）なのか（－）なのかがわかります。

　<u>quite  a  few  books</u> ＝かなり多くの数の本
　 （＋）×（＋）　　　　＝　（＋）

　<u>quite  a  little  money</u> ＝かなり多くの量のお金
　 （＋）×（＋）　　　　　 ＝　（＋）

　<u>no  little  money</u> ＝少なからずのお金＝かなりの量のお金＝たくさんの量のお金
　（－）×（－）　　　　 ＝　（＋）

次に注意をしていただきたいことは、isn't は次の単語だけを否定するのではなく、文章全体を否定するということを思い出してください。

　Tony isn't short.（トニー君は低くない。）
　Tony is no short.（トニー君は背が低いどころか、かなり高い。）

つまり、<u>no＋short</u> は、（－）×（－）＝（＋）なので、very tall ですが、<u>not short</u> は<u>低くない</u>と言っているだけで、<u>とても高い</u>とは言っていないのです。

133

このことから、not a few や not a little は掛け算で答えを出すことができません。

このような時は、日本語で考えると、わかりやすいのです。

<u>not a few books</u>
ではない　少しの数の本　＝　たくさんの数の本

<u>not a little money</u>
ではない　少しの量のお金　＝　たくさんの量のお金

**コミュニケーションのための英語情報**

quite a few, quite a little は話し言葉やくだけた場面での書き言葉で使われます。

not a little＝no little は改まった書き言葉でしか使われません。

### ここを間違える

英語の参考書の中には、a lot of, lots of は否定文や疑問文の中では使わないと書いてあるのを見かけることがありますが、間違っています。

文の種類に関係なく、much よりも a lot of, lots of の方がよく使われています。much はかたい表現で、a lot of, lots of は話し言葉、またはくだけた場面で使われる文章などで使われています。

ただし、否定文では、much もよく使われていますが、肯定文（普通の文）では much を使うのは不自然だと考えている人が多いので、a lot of または lots of を使ってください。

　　[○] I don't have much money.
　　[△] I have much money.
　　[○] I have [a lot of／lots of] money.
　　[○] Do you have much money？
　　[○] Do you have [a lot of／lots of] money？

## 4 平叙文、疑問文、否定文について

疑問文でa lot of, lots ofを使う時は、相手にYesを期待して使っている人もいます。

## ●二重否定

1つの英文の中に否定を表す語句を2つ用いて、肯定の内容を表す構文があります。

この構文のことを**二重否定**と呼んでいます。この形式を使うことで、肯定を強調することができます。

#### これだけは覚えましょう

(1) It <u>never</u> rains <u>but</u> it pours.
　　　(−)　×　(−)　＝　(＋)

(どしゃぶりではなくて雨が降ることは決してない。)

<u>It rains</u>　<u>it pours</u>
雨が降る　　どしゃぶり

<u>never</u> × <u>but</u> = always
　(−)　　(−)　＝　(＋)　いつも〜する

When it rains, it always pours.
(雨が降る時は、いつもどしゃぶりです。)

Whenever it rains, it pours.
(雨が降る時はいつでもどしゃぶりです。)

(2) We <u>never</u> meet <u>without</u> quarreling.
　　　　(−)　×　　(−)　＝　(＋)

(私たちはけんかをしないで、決して会うことはない。)

<u>We meet</u>　<u>we quarrel</u>
私たちは出会う　私たちはけんかする

<u>never</u>　<u>without</u> = always
(−)　×　(−)　＝　(＋)　いつも〜する

When we meet, we always quarrel.
(私たちは会えばいつもけんかをします。)

Whenever we meet, we quarrel.
(私たちは会うたびにけんかをします。)

発音 pours [ポアァズ]　quarrel [クウォーゥレオ]
quarreling [クウォゥレリン・]

## ●全体否定と部分否定

　否定文には、「まったく～ない」「両方とも～ない」のように**全体を否定している全体否定**と、「すべてが～とは限らない」「両方とも～とは限らない」のように**一部分を否定する部分否定**があります。notと次のような単語がいっしょに使われると、部分否定になります。everyのつく単語とnotをいっしょに使うと、「～とは限らない、～というわけではない」、everyと同じ意味を表すallとnotをいっしょに使うと、「～とは限らない、～というわけではない」、つまり、〈100％すべて〉のような意味を表す言葉とnotをいっしょに使うと、「～とは限らない、～というわけではない」と訳す、と覚えておくとよいでしょう。

(1) 私はいつもパチンコで勝つ。→ 私はいつもパチンコで勝つとは限らない。
　　　　100%

(2) 私は完全に英語がわかる。→ 私は完全に英語がわかるわけではない。
　　　　100%

(3) 私は必ず大学に受かる。→ 私は必ず大学に受かるとは限らない。
　　　　100%

　世の中のことで100％（絶対）ということはほとんどあり得ないので、このような言葉とnotをいっしょに使うと、「～とは限らない」と訳すのが自然なのです。

## 4 平叙文、疑問文、否定文について

### これだけは覚えましょう

**[部分否定で使われる単語]**

every(どの〜も)　everything(すべてのもの)　everyone(みんな)
everybody(みんな)　everywhere(あらゆるところ)
always(いつも)　quite [クワーィトゥ](まったく)
altogether [オーオトゥゲザァ](まったく)
entirely [インターィアリィ](まったく)
entire [インターィア](まったくの、完全な)　all(すべての)
each(それぞれの)　completely [カンプリートゥリィ](完全に)
necessarily [ネセセゥリィ](必ず)
absolutely [エァブソルートゥリィ](完全に、絶対に)

### ここが知りたい

**(質問)** 変なことを尋ねるのですが、ほとんどのルールには、例外があると思うのですが、部分否定には例外はないのでしょうか。

**(答え)** 学校などでは、部分否定に関しては、例外を習うことはないと思いますが、実際にはあります。つまり、全体否定と部分否定のどちらの意味にもとれる場合があります。

### 部分否定と全体否定…Part 1

発音の仕方で、全体否定で使うか、部分否定で使うかを言い分けることができます。

(1) I did 　強く読む　　強く読む
　　I did [not] read [all] the articles on the sports page.
　　(私はスポーツ欄の記事をすべて読んだわけではない。)

(2) 　　　強く読む
　　I did [not] read (↘) all the articles on the sports page. (↗)
　　私は読まなかった〈何を〉　　スポーツ欄のすべての記事
　　(私はスポーツ欄のすべての記事を読まなかった。)

137

(1)は部分否定で、(2)は全体否定です。

発音　articles［アーティコーズ］　page［ペーィヂ］

### これだけは覚えましょう

「明日必ず来てください。」

(1) Don't forget to come tomorrow.［自然な英語、よく使われる。］
（忘れずに明日来てください。）

(2) Be sure to come tomorrow.［自然な英語］
（必ず明日来てください。）

(3) Don't fail to come tomorrow.
（必ず明日来てください。）

(4) Do come tomorrow.
（ぜひ明日来てください。）

(5) You must come tomorrow.［親しい間柄で使う表現］
（ぜひ明日来てください。）

(6) I want you to come tomorrow.
（私は明日あなたに来てもらいたい。）

(7) I'd like you to come tomorrow.
（できれば、私はあなたに明日来ていただきたいのですが。）

(8) Come tomorrow without fail.［少しかたい表現］
（必ず明日来てください。）

(9) Remember to come tomorrow.
（必ず明日来てください。）

発音　forget［ファゲットゥ］　sure［シュアァ］　fail［フェーィオ］
without［ウィざーゥトゥ］　remember［ゥリメンバァ］

### ここを間違える

## [never fail to と don't fail to について]

- fail to〜しそこなう
- don't fail to必ず〜する

明日必ず来てください。

(×) Never fail to come tomorrow.

(○) Don't fail to come tomorrow.

**(解説)** 私たちのような学習者は、neverを〈決して〜ない〉と覚えていることが多いのですが、neverはnot everまたはat no timeで〈これまでもまたこの先もいかなる時も一度も〜ない〉という頻度を表すのがもともとの意味なのですが、頻度を表す意味が弱まって〈決して〜ない〉となったのです。

このような意味があるので、上の文のように特定の時間や期間を表す言葉がきている文では、〈never〉を使うことができません。

つまり、時を表す言葉がなければ使うことができるのです。

Never fail to help somebody in need.

(困っている人は必ず助けてあげなさいよ。)

fail toは、普通の否定文でも書き換えることができます。

トニー君はそのバスに乗りそこなった。

(1) Tony failed to catch the bus.

(2) Ton couldn't catch the bus.

never fail toは、alwaysと書き換えることができます。

私は、[必ず、いつも] 週に1回美咲さんに電話をします。

(1) I never fail to call Misaki once a week.

(2) I always call Misaki once a week.

### ここを間違える

**部分否定と全体否定…Part 2**

学校英語では、not 〜 all と all 〜 not（すべて〜とは限らない）のように同じ意味を表すことができると教えている先生が多いようですが、実際には、all 〜 not は最近では、（すべての〜は〜ではない）のように理解する傾向にあるようです。このことから、部分否定と全体否定の意味を表す場合があるので注意が必要です。

　Not all the students were present.［部分否定］
（すべての学生が出席したわけではなかった。）

<u>All the students</u> <u>were not present.</u>［全体否定］
　すべての学生は　　　　出席しなかった。

＝<u>All the students</u> <u>were absent.</u>
　　すべての学生は　　　休んだ。

All the students were not present.［部分否定］
（すべての学生が出席したわけではなかった。）

### ここが大切

　全部否定の not 〜 all, all 〜 not のような単語が入っている英文の場合、**all を強く発音すると、部分否定**になりますが、**all を強く読まなければ、全体否定**を表すことができると覚えておけばよいでしょう。

### ここが知りたい

**(質問)** 部分否定を表したい場合の注意点はありますか。

**(答え)** not と all（every）をできるだけ近くに置くことによって部分否定を表すことができます。

　「日本人の学生がすべて学生服を着ているわけではありません。」
　①Not all Japanese students wear school uniforms.
　②Not every Japanese student wears a school uniform.

## 部分否定文を全体否定文に書き換えましょう

[パターン1]
① 私はこれらの漫画の本をすべて読んだわけではありません。
　I didn't read all of these comic books.
② 私はこれらの漫画の本をどれも読まなかった。
　I didn't read any of these comic books.
　I read none of these comic books.

[パターン2]
① 私はどちらもほしいわけではありません。
　I don't want both of them.
② 私はどちらもほしくありません。
　I don't want either of them.
　I want neither of them.

[パターン3]
① トニーさんは日曜日はいつも家にいるとは限りません。
　Tony isn't always at home on Sundays.
② トニーさんは日曜日はいつも家にいません。
　Tony is never at home on Sundays.

[パターン4]
① 私はあなたにまったく賛成というわけではありません。
　I can't quite agree with you.
② 私はあなたにまったく賛成できません。
　I can't agree with you at all.
　発音　agree［アグゥリー］

[パターン5]
① 私はこの学校のみんなを知っているわけではありません。
　I don't know [everybody／everyone] in this school.
② 私はこの学校の人はだれも知りません。
　I don't know [anybody／anyone] in this school.

I know [nobody／no one] in this school.

[パターン6]

① すべての学生が出席したわけではなかった。

All of the students were not present.
Not all of the students were present.
Some of the students were absent.

② すべての学生が出席しなかった。

None of the students were present.
All the students were absent.

発音　present [プゥレズントゥ]　absent [エァブスントゥ]

[パターン7]

① 彼らのうちのどちらも背が高いわけではない。

Both of them are not tall.

② 彼らのうちのどちらも背が高くない。

Neither of them is tall. [文法的にはこちらが正しい]
Neither of them are tall. [話し言葉ではこちらも使える]

### ここを間違える

　大学受験や資格試験などでは、all～not や every～not が部分否定のみを表すと高校などで教えているために部分否定としてのみテストに出題されることがありますが、実際には、部分否定だけではなく、全体否定の意味で使われることもあるようです。このように紛らわしい表現を使うことはあまりよくないので、not all や not every を使って部分否定を表すようにしてください。

　ただし、both～not の場合は、not both とすることができません。このような場合は、only one～で部分否定の意味を表すとよいでしょう。

(1) すべての学生が出席したわけではなかった。
   [△] All of the students were not present.
   [○] Not all of the students were present.
   [○] Some of the students were absent.
   [△] Every student was not present.
   [○] Not every student was present.
(2) 彼らの両方が背が高いわけではない。
   [△] Both of them are not tall.
   [×] Not both of them are tall.
   [○] Only one of them is tall.
   [○] One of them is tall.

## ●コミュニケーションのための部分否定文

(1) "Are you two friends?"「あなたたちは友だちですか。」
   "Not exactly."「友だちというほどのことはないですよ。」
   not exactlyは次のような意味を表します。
   ①まったくその通りとは限りませんよ。
   ②必ずしもそうとは限りませんよ。
   ③決してそうではありません。
(2) "Tony is always alone."「トニー君はいつも独りですよ。」
   "Not always."「いつもというわけではありませんよ。」
   not alwaysは次のような意味を表します。
   ①必ずしもそうではないですよ。
   ②いつもそうではないですよ。

(3) "I hear Japanese people like sushi."
「日本人は寿司が好きだそうですね。」
"Not necessarily."「必ずしもそうではありませんよ。」
not necessarilyは次のような意味を表します。
①必ずしも〜ではありません。
②そうとは限りませんよ。
(4) "Have you finished your homework?"「宿題は終わりましたか。」
"Not quite."「まだ完全には終わっていません。」
not quiteは次のような意味を表します。
①まったく〜というわけではありません。
②完全にそうとは言えません。

## ●否定文と動詞の関係
**ここを間違える**

I think (that) Tony likes dogs.
(私はトニー君は犬が好きだと思うよ。)

[△] I think (that) Tony doesn't like dogs.
(私はトニー君は犬が好きではないと思うよ。)

[○] I don't think (that) Tony likes dogs.
(私はトニーは犬が好きだと思いませんよ。)

　think（〜と思う）、believe［ビリーヴ］（〜だと信じる）、expect［イクスペクトゥ］（〜だと期待する）のような動詞はthat節の中を否定にする代わりに、I don't［think／believe／expect］＋that＋主語＋動詞. のようにする傾向があります

## ●否定文の一部分を省略する場合

### ここを間違える

"Will　Tony　come？"「トニー君は来るでしょうか。」
"I　think（that）he　will　come."「私は彼は来ると思います。」
"I　think　so."「彼は来ると思いますよ。」
"I hope（that）he will come."「私は彼が来てくれることを願っています。」
"I　hope　so."「私は彼が来てくれることを願っています。」
"I'm　afraid（that）he　will　come."
「残念だけど、私は彼が来るのではないかと思います。」
"I'm　afraid　so."「残念だけど、私は彼が来るのではないかと思います。」
**(解説)** that節をsoで置き換えることができます。

"Will　Tony　come？"「トニー君は来るでしょうか。」
"I　think（that）he　will　not　come."
「私は彼は来ないのではないかと思います。」
"I　think　not."「私は彼は来ないのではないかと思います。」
"I　don't　think（that）he　will　come."
「私は彼は来ないのではないかと思います。」
"No, I don't think so."「いいえ、私は彼は来ないのではないかと思います。」
"I　hope（that）he　will　not　come."
「私は彼が来ないことを願っています。」
"I　hope　not."「私は彼が来ないことを願っています。」
"I'm　afraid　he　will　not　come."
「残念だけど、彼は来ないのではないかと思っています。」
"I'm　afraid　not."「残念だけど、彼は来ないのではないかと思っています。」
**(解説)** I think not. と I think（that）he will not come. はあまり使われません。that節の中で否定文の場合はnotで置き換えることができます。

## ●覚えなければならない否定構文

ここからは、否定の構文を一気に紹介します。英語の力をつける一番の早道は、同じ意味の英語をまとめて覚えることです。

### これだけは覚えましょう

[パターン 1]

「里香さんは決してうそをつくような人ではありません。」
(1) Rika is <u>no</u> liar.
(2) Rika is <u>far from</u> a liar.
(3) Rika is <u>anything but</u> a liar.
(4) Rika is <u>by no means</u> a liar.
(5) Rika is <u>not by any means</u> a liar.[書]
(6) Rika is <u>in no sense</u> a liar.[書]
(7) Rika is <u>in no way</u> a liar.[書]
(8) Rika is <u>not any way</u> a liar.
(9) Rika is <u>not at all</u> a liar.[書]
(10) Rika is <u>not in the least</u> a liar.

発音 liar [ラーィアァ]　means [ミーンズ]　sense [センス]
way [ウェーィ]　least [リーストゥ]

(解説)［書］と書いてあるところは、書き言葉で使われることが多く、何も表記がしてないところは、話し言葉と書き言葉の両方で使われるということを表しています。

下線のところが、決して〜ないを表しています。ほとんどの場合、not any = noに書き換えることができます。

not in the leastは実際にはあまり使われていません。

[パターン 2]

「里香さんは決してうそをつくような人ではない。」
(1) Rika is not a person who will tell a lie. [書]

(2) Rika is not a person who would tell a lie.
(3) Rika is not a person to tell a lie.
(4) Rika is the last person that will tell a lie.
(5) Rika is the last person who will tell a lie.
(6) Rika is the last person that would tell a lie.
(7) Rika is the last person who would tell a lie.
(8) Rika is the last person to tell a lie.
(9) Rika would be the last person to tell a lie.
(10) Rika is least likely to tell a lie.
(11) Rika is incapable of telling a lie. [書]

発音 last [レァストゥ]　person [パ～スンヌ]　tell a lie [テララーィ]
likely [ラーィクリィ]　incapable [インケーィパボー]

**(解説)**

□be least likely to 少しも～しそうではない
□be incapable of（性格的に）～することができない

　受験英語では、the last がきているとthatを使うように教えていますが、現在では、whoを使っても正しい英語です。


[パターン 3]

「里香さんは決してうそをつくような人ではない。」
(1) Rika knows better than to tell a lie.
(2) Rika can't bring herself to tell a lie.
(3) Rika never tells a lie.
(4) Rika would never tell a lie.
(5) Rika is far from telling a lie.
(6) Rika doesn't tell lies in the least. [書]

発音 better [ベタァ]　herself [ハァセオフ]

(解説)
□know better than to  ～するような馬鹿なまねはしない
□can't bring herself to  ～する気になれない
□far from (1)～どころではない (2)～から遠い

「里香さんは決してうそをつかない。」
(1) Rika never tells a lie.
(2) Rika would never tell a lie.
　　　　　　否定語

(1) Rika is the last person to tell a lie.
(2) Rika would be the last person to tell a lie.
　　　　　　　　否定語句

(1) Rika is the last person [that／who] will tell a lie.
(2) Rika is the last person [that／who] would tell a lie.
　　　　　　　　否定語句

　学校英語では、(1)の英語を習いますが、実際には否定語や否定語句がきている時には、tellsの代わりにwould tell、isの代わりにwould be、willの代わりにwouldを使うのが自然な英語のようです。

[パターン4]
「里香さんは決してうそをつくような人ではない。」
(1) Rika is too proud to tell a lie.
(2) Rika is so proud that she can't tell a lie.
(3) Rika's pride prevents her from telling a lie.
(4) Rika's pride hinders her from telling a lie.
(5) Rika's pride stops her from telling a lie.
(6) Rika's pride keeps her from telling a lie.
(7) Rika is above telling a lie.
(8) Rika is ashamed to tell a lie.

発音 proud [プゥラーゥドゥ]　pride [プゥラーィドゥ]
prevents [プゥリヴェンツ]　hinders [ヒンダァズ]
above [アバヴ]　ashamed [アシェーィムドゥ]

**(解説)**
(1) 里香さんは自尊心が強すぎて、うそをつけない。
　　Rika is too proud to tell a lie.
　　Rika is so proud that she can't tell a lie.
(2) 里香さんの自尊心がうそをつくのをさまたげる。
　　Rika's pride [prevents／hinders] her from telling a lie.
　　Rika's pride [stops／keeps] her from telling a lie.
(3) 里香さんはうそをつくようなはしたないことはしない。
　　Rika is above telling a lie.
(4) 里香さんははずかしくてうそをつくようなことはできない。
　　Rika is ashamed to tell a lie.

[パターン 5]
「里香さんは決してうそをつくような人ではない。」
(1) Rika is not so foolish as to tell a lie.
(2) Rika is not foolish enough to tell a lie.
(3) Rika is not so foolish that she tells lies. [書]
(4) Rika is not such a foolish person that she tells lies. [書]
(5) Rika is not so foolish a person that she tells lies. [書]

発音 foolish [フーリッシ]　enough [イナフ]　such a [サッチァ]

**(解説)** 見かけはどことなくややこしそうに見えますが、そのようなことはありません。中学校で習った比較の英語を思い出してください。

　　I'm taller than Tony.（私はトニー君よりも背が高い。）
　　I'm as tall as Tony.（私はトニー君と同じぐらいの背の高さです。）

　この2つの英文にnotを入れると、〈～ほど～ない〉を表す英文に変わります。

「私はトニー君ほど背が高くない。」
① I'm not taller than Tony.
② I'm not as tall as Tony.

er がくれば than がくる、as tall がくれば as がくる、というように、いつもいっしょに使われる言葉がある時、それらの英文にnotを入れると〈～ほど～ない〉のように訳せばよい文のパターンがあります。ここで紹介している英文はすべて、**so foolish as to, foolish enough to, so～that, such a～that**のようにいつもいっしょに使う言葉が英文の中にあります。これらの英文にnotを入れると、〈～ほど～ない〉を表す英文に変わると覚えておいてください。

(1) Rika is not so foolish as to tell a lie.
　　（里香さんはうそをつくほど馬鹿ではない。）
(2)～(5) も同じように考えればよいのです。

## [パターン6]

「里香さんは決してうそをつくような人ではない。」
(1) Rika is too wise to tell a lie.
(2) Rika is so wise that she can't tell a lie.
(3) Rika is wise enough not to tell a lie.

発音 wise［ワーィズ］

(解説) (2) Rika is so wise that she can't tell a lie.は実際にはあまり使われていません。注意していただきたいことは、**so～that～can't**の構文が使われていないのではなく、この場合のwiseを使った英文が不自然な感じがする人が多いというだけです。

□too～to（～すぎて～することができない）
□so～that she can't～（とても～なので、彼女は～できない）

(1) Rika is too wise to tell a lie.
　（里香さんはあまりにもかしこすぎてうそをつくことができない。）
(2) Rika is so wise that she can't tell a lie.
　（里香さんはとてもかしこいので、うそをつくことができない。）
(3) Rika is <u>wise enough</u> <u>not to tell a lie.</u>
　　　　　　十分にかしこい　　うそをつくことができない（本当のことを言う）

　Rika is wise enough not to tell a lie.
　（里香さんは十分にかしこいので、うそをつくことができない。）

[パターン 7]
「里香さんは決してうそをつくような人ではない。」
(1) Rika's pride doesn't allow her to tell a lie.
　（里香さんの自尊心が彼女にうそをつくことを許さない。）
(2) Rika's pride doesn't permit her to tell a lie.
　（里香さんの自尊心が彼女にうそをつくことを許さない。）
(3) Rika's pride doesn't help her (to) tell a lie.
　（里香さんの自尊心が彼女にうそをつくのを促進しない。）
(4) Rika's pride doesn't enable her to tell a lie.
　（里香さんの自尊心が彼女にうそをつくことができるようにしない。）
(5) Rika's pride doesn't make it possible for her to tell a lie.
　（里香さんの自尊心が彼女にうそをつくことを可能にしない。）
(6) Rika's pride makes it impossible for her to tell a lie.
　（里香さんの自尊心が彼女にうそをつくことを不可能にする。）

発音　allow［アラーゥ］　permit［パァミットゥ］　enable［イネーィボー］
possible［パスィボー］　impossible［インパスィボー］
(解説)　(2)(5)(6)は自然な英文ですが、(3)(4)はほとんど使われていません。(1)は時々使われる程度です。

## ●so～that 構文と too～to 構文と enough to 構文の使い方

### これだけは覚えましょう

この3つの構文を理解するためには、次の3つのパターンに分けて考えると理解しやすい。

(1) 私はあまりにも年がいっているので、走ることができません。

I'm <u>too old</u> <u>to run</u>.
　　〜しすぎて(〜できない)　走ることができない

I'm <u>so old</u> that <u>I can't run</u>.
　　とても年がいっている　私は走ることができない

I'm <u>old enough</u> <u>not to run</u>.
　　十分に年がいっている　走ることができない

(2) 私は走ることができないほど年をとっていません。

I'm <u>not too old</u> <u>to run</u>.
　　年をとっていない　走ることができないほど

I'm <u>not so old</u> that <u>I can't run</u>.
　年をとっていません　私は走ることができないほど

I'm <u>not old enough</u> <u>not to run</u>.
　十分に年をとっていない　　走ることができないほど

(3) 私はとても若いので、走ることができる。

I'm <u>too young</u> <u>not to run</u>.
　　とても若い　not＋走ることができない＝走ることができる

I'm <u>so young</u> that <u>I can run</u>.
　　とても若い　私は走ることができる

I'm <u>young enough</u> <u>to run</u>.
　　十分に若い　　走ることができる

## ●〈ほとんど〜ない〉〈ほとんど〜〉の総整理

### これだけは覚えましょう

### 〈ほとんど〜ない〉の総整理

(1) 私にはほとんど友だちがいません。
   I have hardly any friends.
   I have scarcely any friends.
   I have barely any friends.
   I have almost no friends.
   I have few friends.
   発音 scarcely [スケアスリイ]　barely [ベアリィ]

(2) 私はほとんどビールを飲みません。
   I drink hardly any beer.
   I drink scarcely any beer.
   I drink barely any beer.
   I drink almost no beer.
   I drink little beer.

### 〈ほとんど〜〉の総整理

(3) それはほとんど不可能ですよ。
   That's hardly possible.
   That's scarcely possible.
   That's barely possible.
   That's almost impossible.
   That's virtually impossible.
   That's practically impossible.
   That's next to impossible.
   That's all but impossible.
   発音 virtually [ヴァ〜テュアリィ]　practically [プゥレァクティコリィ]
   impossible [インパスィボー]

#### ここが知りたい

**(質問)** ほとんど~ない、を表すhardlyなどの単語とanyやeverをいっしょに使う場合と、hardlyのみで使う場合があるようですが、どのように使い分ければよいのですか。

**(答え)** 確かに複雑ですね。次のように覚えておいてください。

〈ほとんど本がない〉のように名詞がきている場合には、hardly any、〈ほとんど行かない〉のように、頻度を表している場合には hardly ever、ただ単に〈ほとんど知らない〉のようにhardlyが弱い否定を表している場合にはhardlyだけで使います。

  I have hardly any friends.（ほとんど友だちがいません。）

  I hardly ever go to Tokyo.（めったに東京へ行きません。）

  I hardly know Tony.（ほとんど彼を知りません。）

頻度を表す場合には、〈ほとんど~ない〉と訳さずに〈めったに~ない〉と訳してください。

**(質問)** それはほとんど不可能です。を表す時に、possibleとimpossibleを使ってありますが、possibleとimpossibleは反対の意味なのですか。

**(答え)** その通りです。possible（可能な）、impossible（不可能な）という単語です。imがついているともとの意味の反対の意味になるのです。ついでに説明しておきます。

 (1) <u>hardly</u> + <u>possible</u> ＝ ほとんど不可能な
   ほとんど~ない 可能な

 (2) <u>almost</u> + <u>impossible</u> ＝ ほとんど不可能な
   ほとんど  不可能な

このように、(1)と(2)のパターンに当てはめると、〈ほとんど不可能な〉を表すことができます。

**4** 平叙文、疑問文、否定文について

### これだけは覚えましょう

☐ hardly any books＝few books（ほとんど本がない）
☐ hardly any money＝little money（ほとんどお金がない）
☐ hardly ever＝seldom（めったに〜ない）

　これを覚えておくと、次の表現をすぐに覚えることができます。

## [if any]

(1)たとえあるにしても

　①I have few books, if any.

　　（たとえあるにしても、私はほとんど本を持っていません）

　②I have little money, if any.

　　（たとえあるにしても、私はほとんどお金を持っていません。）

(2)もしあれば

　Correct the errors, if any.

　Correct the errors, if there are any.

　（間違いがあれば、訂正しなさい。）

## [if ever]

(1)たとえあるにしても

　I seldom, if ever, meet Tony.

　（たとえあるにしても、私はトニー君に会うことはめったにありません。）

　このように、一つ一つの文法や語法をきちんと理解して行けば、何か新しい英文や熟語を覚える時に役立ちます。

**ここが知りたい**

(質問) 英語では、ほとんど同じ意味の単語であれば、置き換えることができるのでしょうか。

(答え) ほとんど置き換えることができます。ただし、一つ一つの単語には単語の使い方が決まっていて、同じ意味の単語でも次にくる単語や前にくる単語の相性が悪くて使えないこともあります。このようなことは、英和辞典などでくわしく調べないとわかりません。

たとえば、次のようなことがあります。

It's almost 10. (もう少しで10時ですよ。)

It's nearly 10. (もう少しで10時ですよ。)

のようにalmostとnearlyは同じように使うことができますが、

「それはほとんど不可能です。」

[○] That's almost impossible.

[×] That's nearly impossible.

の場合は使うことができません。なぜ使えないかというと、nearlyには、ある到達点があるとして、今の状態にあるものを付け加えると、到達点に到るという意味がもとの意味なので、この場合、何かを付け加えると、不可能になるというのは不自然なので、nearly impossibleという英語は正しくないのです。

つまり、〈nearly＋否定語〉の場合は使えないということです。

またこれと反対に、〈next to (ほとんど)〉という語句の場合、次に置くことができるのは、〈否定語〉のみなのです。

That's next to impossible.

このように、一つ一つ英和辞典で調べて覚えて行くしか手がありません。

## 4 平叙文、疑問文、否定文について

#### ここを間違える

**(注意1)**

(1) practically［プゥレァクティコリィ］

(2) nearly［ニアリィ］

(3) almost［オーモーゥストゥ］

3つとも**ほとんど**を表す単語ですが、強さが違います。

(1) practically  (2) nearly  (3) almost

の順番で弱くなっていきます。

**(注意2)**

almostは時と場合によって、**少し前**を表すだけではなく、**少し超えている**場合にも使うことができます。

nearlyは、**少し前**しか表せません。

**(注意3)**

practicallyは、話し言葉で使われます。

**(注意4)**

next toは、**next to＋否定語**のパターンでのみ使われます。

**(注意5)**

barelyは、**ほとんど〜ない** という意味ではあまり使われず、**かろうじて（うまくいく）** という意味でよく使われます。

この意味では、barelyとalmostが正反対の関係にあります。

almostは、〈**もう少しのところまでいくけれども（うまくいかない）**〉という意味です。

　　I barely made it to class.

　　（かろうじて授業に間に合った。）

　　I almost made it to class.

　　（もう少しで授業に間に合うところだった。）

## ●覚えなければならない否定構文

### 否定構文…Part 1

#### これだけは覚えましょう

(1) 彼らはもうここには住んでいません。
   They don't live here any longer.
   They live no longer here.
(2) あなたはもう子供ではありません。
   You aren't a child any longer.
   You are no longer a child.
(3) 私はもうお金を持っていません。
   I don't have any more money.
   I have no more money.
(4) 私はもう歩けません。
   I can't walk any [more／further].
   I can walk no [more／further].

発音　further [ファ～ザァ]

#### ここが知りたい

(質問)〈もう～ない〉の意味を表す時に no longer, no more, no furtherの3つの言い方があるようですが、使い分けはあるのですか。
(答え) no longerとno moreについては、どちらも同じように使うこともありますが、一応、次のように覚えておくとよいでしょう。
(1) 時を表している時は、no longer＝not any longer
(2) 量や程度を表している時は、no more＝not any more
(3) 距離を表している時は、no further＝not any further

## 否定構文…Part 2
### これだけは覚えましょう

「私は昨日まであなたの名前を知らなかった。」
(1) I didn't know your name until yesterday.
(2) Not until yesterday did I know your name.
(3) It was not until yesterday that I knew your name.
(4) I knew your name only yesterday.
(5) It was only yesterday that I knew your name.

発音　until［アン**ティ**オ］

**(解説)**

　　I didn't know your name until yesterday.
　　(私は昨日まであなたの名前を知らなかった。)
not until yesterdayを強調した文が次の英文です。
　　Not until yesterday did I know your name.
　　(昨日まで私はあなたの名前を知らなかった。)

　not until yesterdayをIt was ～ that（強調構文）の中に入れて強調した文が次の英文です。
　　It was not until yesterday that I knew your name.
　　(昨日まで私はあなたの名前を知らなかった。)
　　I knew your name only yesterday.
　　(私はほんの昨日あなたの名前を知った。)

　次はIt was ～ that（強調構文）の中にonly yesterdayを入れて強調した英文です。
　　It was only yesterday that I knew your name.
　　(私があなたの名前を知ったのは、ほんの昨日でした。)

### ここが知りたい

(質問) I little dreamed of meeting you here. と I never dreamed of meeting you here. が Little や Never から始まった時、疑問文と同じ並べ方になっていましたが否定語を文の最初に持ってくるといつもそのような並べ方になるのですか。

(答え) おっしゃる通りです。疑問文と同じ並べ方になるのを倒置構文と言います。否定語以外にも特に強めたい語句がある場合に順番が疑問文と同じ並べ方になることがわかります。注意していただきたいことは、？の代わりに．(ピリオド)をつけることです。

　　I did<u>n't</u> know your name <u>until yesterday</u>.
Not until yesterday から始めると倒置構文になります。
　　Not <u>until yesterday</u> did I know your name.
　　I knew your name <u>only yesterday</u>.
only yesterday を文の最初に持ってくると倒置構文になります。
　　<u>Only yesterday</u> did I know your name.

## 否定構文…Part 3

### これだけは覚えましょう

(1) 佐知子さんはかわいいだけではなく、思いやりもある。
　　Sachiko is <u>not only</u> pretty <u>but also</u> nice.
　　Sachiko is nice <u>as well as</u> pretty.
(2) あなただけではなく私にもそれには責任があります。
　　<u>Not only</u> you <u>but also</u> I am responsible for it.
　　I <u>as well as</u> you am responsible for it.
(3) あおいさんは歌うだけではなく、踊ることもできます。
　　Aoi can <u>not only</u> sing <u>but also</u> dance.
　　Aoi can dance <u>as well as</u> sing.

(注意) only の代わりに simply [スィンプリィ]、merely [ミアリィ] を使うこともできます。

くわしい説明は相関接続詞のところを見てください。

(4) こんなところであなたに出会うとは夢にも思わなかった。

I <u>little</u> dreamed of meeting you here.

I <u>never</u> dreamed of meeting you here.

<u>Little</u> did I dream of meeting you here.

<u>Never</u> did I dream of meeting you here.

(解説) 倒置構文はかた苦しい言い方なので、会話などでは、I never dreamed of meeting you here. を使うのが一般的です。I little dreamed〜. はほとんど使われません。

発音 dream [ジュリーム]　dreamed [ジュリームドゥ／ジュレムトゥ]

(5) トニー君がほほえむのを一度も見たことがありません。

I <u>have never</u> seen Tony smile.

<u>Never have I</u> seen Tony smile.

<u>Not one time have I</u> seen Tony smile.

<u>Not once have I</u> seen Tony smile.

## 否定構文…Part 4

### これだけは覚えましょう

(1) 運転をする時は、どんなに注意しても注意しすぎることはない。

You <u>can't</u> be <u>too</u> careful in driving.

発音 careful [ケアフォー]

(2) お礼の申しようもありません。

I <u>can't</u> thank you <u>enough</u>.

I <u>don't</u> know <u>how to</u> thank you <u>enough</u>.

(3) 明日何が起こるかわからない。

<u>There is no</u> knowing what will happen tomorrow.

<u>It's impossible to</u> know what will happen tomorrow.

|単語| impossible ［インパスィボー］不可能な

(4) 家にまさるところはない。

There is <u>no</u> place <u>like</u> home.

(5) 私はまったくお金を持っていません。

I have <u>no</u> money <u>whatever</u>.

I have <u>no</u> money <u>at all</u>.

**(解説)** noを強める時に、at allやwhateverを使います。

(6) あおいさんはダンサーではなく、お医者さんですよ。

Aoi is <u>not</u> a dancer <u>but</u> a doctor.

(7) あなたのお母さんがあなたに似ているのではなく、あなたがあなたのお母さんに似ているのですよ。

<u>Not that</u> your mother resembles you, <u>but that</u> you resemble your mother.

|発音| resemble ［ゥリ**ゼ**ンボー］

(8) 私は佐知子さんがかわいいからではなく、思いやりがあるから好きなのです。

I like Sachiko <u>not because</u> she is pretty, <u>but because</u> she is nice.


## 否定構文…Part 5
### これだけは覚えましょう

「私は英語は言うまでもなく、フランス語も話せる。」

(1) I can speak French, to say nothing of English. ［話・書］
(2) I can speak French, not to speak of English. ［話・書］
(3) I can speak French, not to mention English. ［話・書］
(4) I can speak French, without mentioning English.
(5) I can speak French, much more English.
(6) I can speak French, still more English.

## 4 平叙文、疑問文、否定文について

発音　French [フゥレンチ]　　nothing [ナッすィン・]
mention [メンシュンヌ]

**[ポイント]**

□ ～は言うまでもなく　①to say nothing of　②not to speak of
　③not to mention　④without mentioning
□ まして～は一層だ　①much more　②still more

「私はフランス語は言うまでもなく英語も話せません。」
(1) I can't speak English, much less French.
(2) I can't speak English, still less French.
(3) I can't speak English, let alone French.
　発音　alone [アローゥンヌ]

**[ポイント]**

□ まして～はない　①much less　②still less
□ ～は言うまでもなく　let alone

### コミュニケーションのための英語情報

　without mentioning, much moreはあまり使われていません。
still moreは使われていません。

### 否定構文…Part 6

**これだけは覚えましょう**

「私は英語は言うまでもなく、フランス語も話せる。」

(1) I can speak not only English but also French. [話・書]
(2) I can speak French as well as English. [話・書]
(3) I can speak both English and French. [話・書]
(4) I can speak French besides English. [話・書]
(5) I can speak French in addition to English. [話・書]
(6) I can speak French on top of English. [話・書]

発音  also [オーオソーゥ]   both [ボーゥす]   besides [ビサーィヅ]
addition [アディシュンヌ]

[ポイント]

英語は言うまでもなくフランス語も
　not only English but also French
　French as well as English

英語とフランス語の両方
　both English and French

英語の他に、英語に加えて
　besides English
　in addition to English
　on top of English

## 否定構文…Part 7

### これだけは覚えましょう

「風邪をひかないように気をつけなさい。」
(1) Take care not to catch a cold.
(2) Take care so as not to catch a cold.
(3) Take care in order not to catch a cold.
(4) Take care so that you won't catch a cold.
(5) Take care in order that you won't catch a cold.
(6) Take care for fear of catching a cold.
(7) Take care for fear that you might catch a cold.
(8) Take care lest you (should) catch a cold. [書]
(9) Take care in case you (should) catch a cold.

発音 care [ケアァ] order [オーダァ] won't [ウォーゥントゥ]
fear [フィアァ] case [ケーィス]

**(解説)** (3)の in order not to はあまり使いません。

(8)の lest ～ (should) はとてもかたい表現なので、会話では使いません。(6)(7)の for fear を使った表現はよく使われています。

for fear that you の次には might がよく使われます。should が使われることはあまりありません。will や would を使うとくだけた言い方になります。

**否定構文…Part 8**

### これだけは覚えましょう

「健康が富にまさると言っても言い過ぎではない。」
(1) It's not too much to say that health is above wealth.［書］
(2) It's not going too far to say that health is better than wealth.［話・書］
(3) It's no exaggeration to say that health is superior to wealth.［話・書］
(4) We may safely say that health excels wealth.［話・書］
(5) It may safely be said that wealth is inferior to health.［書］

発音 health［ヘオす］ wealth［ウェオす］ above［アバヴ］
exaggeration［イグゼァヂャゥレーィシュンヌ］ superior［スピゥリア］
inferior［インフィゥリア］ excels［イクセオズ］ safely［セーィフリィ］

単語 □おおげさな言い方 exaggeration
□差しつかえなく safely 　　□度がすぎる go too far
□AはBよりもまさっている ①A is above B.
　②A is better than B. ③A is superior to B.
　④A excels B.
□BはAよりも劣っている B is inferior to A.

**（解説）**

　　We may safely say that health excels wealth.
　　（健康が富にまさると言っても、差しつかえはない。）

のようにthat ＋ 主語 ＋ 動詞のようになっている場合は、受け身にすると、It is ～ that ～. になります。

　この場合は、mayがあるので、It may safely be ～that～. となっているのです。

## 否定構文…Part 9

### これだけは覚えましょう

「急ぎなさい。そうじゃないと（さもないと）そのバスに乗り遅れますよ。」
(1) Hurry up, or you will miss the bus. ［話・書］
(2) Hurry along, or else you won't catch the bus. ［話・書］
(3) Make haste, otherwise you won't make the bus. ［書］
(4) Hurry up, or you won't make it to the bus. ［話・書］
(5) If you don't hurry up, you won't be in time for the bus. ［話］
(6) Unless you hurry up, you will be late for the bus. ［話］
(7) Not hurrying up, you will miss the bus.
(8) Without hurrying up, you will miss the bus.

発音　hurry［ハ～ゥリィ］　miss［ミス］　else［エオス］
haste［ヘーィストゥ］　otherwise［アざァワーィズ］
unless［アンレス］　late［レーィトゥ］　without［ウィざーゥトゥ］

[ポイント]
□さもなければ　① or　② or else　③ otherwise
□急ぎなさい　① Hurry up.　② Hurry along.　③ Make haste.
□もしあなたが急がなければ　① if you don't hurry up
　② unless you hurry up　③ not hurrying up
　④without hurrying up
□そのバスに遅れる　① miss the bus　② not catch the bus
　③ not make the bus　④ not make it to the bus
　⑤ not be in time for the bus　⑥ be late for the bus

(解説) not hurrying up と without hurrying up はあまり使われません。

# 5 命令文について

　ここからは、命令文について勉強したいと思います。

　命令文とは、相手に自分の思っているようにさせるために、何かを言うことです。

　命令文の特徴としては、相手に命令するということに決まっているので、Youを省略して動詞から始めるのが一般的です。

　命令文には次のように肯定命令文（一般命令文）と否定命令文があります。

　(1) 一生懸命働きなさい。 Work  hard.

　(2) あまり働き過ぎないようにね。 Don't  work   so  hard.

　命令文は、一般動詞から始まっている時は、原形で始めます。

　命令文の中に動詞がない場合には、**Be＋単語.**のパターンに当てはめて命令文を作ります。否定命令文にしたい場合は、**Don't be＋単語.**のパターンに当てはめてください。

　(1) 言うことを聞いていい子でいなさいよ。

　　 Be a good boy.

　(2) 余計な口出しをしないでくれ。

　　 Don't be a backseat driver.

発音　backseat［ベァックスィートゥ］ driver［ジュラーィヴァ］

**(解説)** a backseat driverは、① 車の客席から運転の指図をする人 ② お節介をする人

## 5 命令文について

### ここを間違える

[1] 命令文はいつもきつい言い方だと思っている人が多いようですが、どのような意味になるかは、発音の仕方によります。

(1) Go away! (↘)［あっちへ行け！］
(2) Go away. (↗)［あっちへ行ってね。］

　怒ったような言い方で、Go away！といって最後を下げて発音すると「あっちへ行け。」のような意味になりますが、Go away. と優しく波打つような感じで軽く最後を上げながら発音すると、「あっちへ行ってね。」のような意味を表すことができます。

　命令文はいつもピリオドで終わるのが普通だと思っている人が多いようですが、強く命令していることを表したい時は！（感嘆符）をつけてください。

[2] 命令文の頭に please または命令文の最後に please をつけることができますが、please をつけるだけでは必ずしもていねいな表現にならない場合があります。

　　　「静かにしなさい。」"Be quiet!"
　　　「お静かに。」"Please be quiet!"
　　　「静かにしていただけますか。」
　　　"Could you be quiet, please?"
　　　発音　quiet［クワーィァットゥ］

　please をつけただけでは、ていねいな表現とは言えません。相手が大人の場合は、Could you be quiet, please? のように Could you ～? または Would you ～? のような助動詞を使って、ていねいに言う必要があります。

## ●please の使い方

### ここが知りたい

(質問) pleaseの使い方を教えてください。

(答え) pleaseを置く位置と、発音の仕方について説明しておきます。

(1) pleaseから始めると、ていねいな表現になります。

(2) pleaseを最後につけると、親しみを込めた言い方になります。

(3) 依頼の意味で、pleaseを使う時は、文の最後を軽く上げてください。

(4) pleaseから始まる場合は、文の最後を下げて発音される傾向にあります。

(5) pleaseが文の最後にきている場合は、軽く上げて発音される傾向にあります。

(6) 否定命令文の時も文の初めと文の最後にpleaseをつけることができます。

　①塩を取っていただけますか。

　　Please pass me the salt. (↗)

　　Pass me the salt, please. (↗)

　②ここでたばこを吸わないでください。

　　Please don't smoke here.

　　Don't smoke here, please.

　　発音　pass [ペァス]　salt [ソーオトゥ]　smoke [スモーゥク]

### コミュニケーションのための英語情報

　女性が「この車買ってよ。いいでしょ。」という場合は、〈いいでしょ。〉に当たる英語をPlease！で表すことができます。

「この車買ってよ。いいでしょ。」

"Buy me this car. Please！"

## ●命令文と同じ意味を表す表現

**ここが大切**

命令文と同じ意味を表す表現の仕方には、色々なパターンがあります。一番基本になる表現に You must 〜 . というパターンがあります。

[一般動詞のパターン]

(1) 一生懸命働きなさい。

Work hard.

(2) あなたは一生懸命働かなければならない。

You must work hard.

(3) 働き過ぎてはいけないよ。(無理しないでね。)

Don't work too hard.

**(解説)** 別れのあいさつでよく使われます。

(4) あなたは働き過ぎてはいけませんよ。

You mustn't work too hard.


[be動詞のパターン]

(1) 言うことを聞いていい子でいなさいよ。

Be a good boy.

(2) あなたは言うことを聞いていい子でいなさいよ。

You must be a good boy.

(3) 余計な口出しをしないでくれ。

Don't be a backseat driver.

(4) あなたは余計な口出しをしてはいけません。

You mustn't be a backseat driver.

**ここが知りたい**

**(質問)** どのような時に You must be 〜. または Be 〜. のパターンを使って命令文または命令文と同じ内容を表すことができるのですか。

**(答え)** たとえば、「あなたは静かにしなければならない。」という日本文を英文に訳したい時は、ほとんど同じ意味の状態を表している文を作ることができるかを確認してください。

あなたはやかましい。＝あなたは静かではない。

  You are noisy.＝You aren't quiet.

 発音 noisy［ノーィズィ］ quiet［クワーィアットゥ］

この2つの日本文の中に動詞がありますか。ありませんね。その代わりに are, aren't という be 動詞があることから、You must be quiet.＝Be quiet. のようにすればよいことがわかります。

このような時は、否定命令文を作る時にも You mustn't be〜. または Don't be〜. のパターンを使うことができるのです。

「そんなにやかましくするな。」

  You mustn't be so noisy.＝Don't be so noisy.

**(質問)** Be の後ろにくる形容詞はどのようなものでもいいのですか。

**(答え)** Be＋形容詞. で使えるのは、自分の意志で状態を変えることができる形容詞に限られてきます。

 ［×］Be tall.（背が高くなりなさい。）

自分の意志や努力で確実に背が高くなることができないので、tall は命令文や進行形では使うことはできません。

ただし、Be tall の次に色々な条件がついている場合には、使われることもあります。

 （例）Be taller by next spring.

  （来年の春までにはもっと背が高くなりなさいよ。）

## 5 命令文について

### ●命令文に対する答え方

#### これだけは覚えましょう

命令文に対して答える場合は、次のような言い方があります。

［パーティーが開かれる家に2人がいて話をしている場合］

"Come to my party."「私のパーティーに来てよ。」

"All right."「よろしいですよ。わかりましたよ。」

"Okay."「いいよ。わかったよ。」

"I will."「来ますよ。」

"I won't."「来ないよ。」

**(解説)** All right. がていねいな言い方で、Okay. はくだけた言い方です。

"Come to my party."「私のパーティーに来てよ。」

に対して答える時に、完全な英文で答えると、

I will come to your party.（私はあなたのパーティーに来ますよ。）

I won't come to your party.

（私はあなたのパーティーに来ませんよ。）

のようになります。この2つの英文を簡単に言ったものが、I will. と I won't. です。これらはくだけた言い方です。

#### ここを間違える

電話で話している時に、I will come to your party. と言うと、<u>私はあなたのパーティーに行きますよ。</u>という意味を表すことができます。

同じように考えると、I will.（行きますよ。）I won't.（行きませんよ。）と言っていることになります。

### ●どんな時に命令文が使えるのか

#### コミュニケーションのための英語情報

日本語と違って、命令文は言い方によって、**〜してください、〜してね**のような意味を表せるということを覚えておいてください。

173

"When should I pick you up at your house (by car)?"
「いつあなたを車であなたの家まで迎えに行きましょうか。」
"Pick me up at noon."「正午に迎えに来てください。」
発音 pick you up [ピッキューアップ]
"Where should I put this bag?"
「このカバンはどこに置きましょうか。」
"Put it on the couch."「ソファーの上に置いてください。」
発音 couch [カーゥチ]

　自分が〈〜してください〉と頼む場合のみにpleaseを使います。つまり、道案内や料理の説明をするような時には、命令文を使って〈〜してください〉を表します。

［道案内］
"How can I get to the post office?"
「郵便局へはどうやって行けばよろしいですか。」
"Turn right at the next traffic light and it's on your right."
「次の信号を右に回ってください。すると郵便局が右手にあります。」
発音 post office [ポーゥスタフィス]　turn [ターン]
next [ネクストゥ]　right [ゥラーィトゥ]
traffic light [チュレァフィック　ラーィトゥ]

［料理の作り方］
Select *daikon* that have fresh leaves.
（新鮮な葉っぱがついている大根を選んでください。）
Peel *daikon* and slice thinly.
（大根の皮をむいて、そして、薄く切ってください。）
発音 select [スィレクトゥ]　fresh [フゥレッシ]　leaves [リーヴズ]
peel [ピーオ]　slice [スラーィス]　thinly [スィンリィ]

## 5 命令文について

## ●呼びかけのYouの使い方

### ここが知りたい

**(質問)** Go away!の意味をYou go away.ということができると思うのですが、このyouは呼びかけと考えればよいのでしょうか。

**(答え)** おっしゃる通りです。つまり、次のように考えることができます。

　　You, go away.=*You* go away.（君、あっちへ行って。）
　　**(注意)** この場合のyouは強く発音してください。
　　Everyone, go away.=*Everyone* go away.
　　（みんなあっちへ行って。）
　　Tony, go away.=*Tony* go away.（トニー、あっちへ行って。）

**(質問)** 呼び掛けであるということは、Go away, Tony.のように言うこともできるということですか。

**(答え)** その通りです。

**(質問)** 命令文で、動詞から始まっていない英語もあるのですか。

**(答え)** あります。「静かにしなさい。」と言うかわりに、Shh.［シー］と言うことがあります。日本語で「しーっ。」と言うのとまったく同じです。この他にも、法廷などでは「お静かに！」を"Silence, please!"と言います。silenceは〈静かに〉、または〈しーっ〉という意味の単語です。

**(質問)** 〈名詞, please.〉で命令文の代わりに使うことができるということですか。

**(答え)** おっしゃる通りです。

　　Music, please.（音楽をお願いします。）
　　Coffee, please.（コーヒーをお願いします。）

**(質問)** pleaseをつける必要のない場合はどんな時ですか。

**(答え)** 道案内、料理の作り方の説明などの他に、相手に利益になるよ

うな場合には、pleaseをつけなくてもよいのです。
　Keep the change.（おつりを取っておいてください。）

## ●[命令文，and〜] と [命令文，or〜] のパターン
### これだけは覚えましょう

(1) Hurry up, and you will catch the first bus.
　　（急ぎなさい。そうすれば、始発のバスに間に合いますよ。）
(2) Hurry up, or you will miss the first bus.
　　（急ぎなさい。さもないと始発のバスに乗り遅れますよ。）

発音　hurry up［ハァ〜ゥリィ　アップ］　miss［ミス］　first［ファ〜ストゥ］

(解説) このパターンは、命令文の次にうまく行く場合にはand、うまく行かない場合にはorを使って表すことができる便利なパターンです。Ifを使って書き換えることもできます。
(1) If you hurry up, you will catch the first bus.
(2) If you don't hurry up, you will miss the first bus.
　英語では if 〜 not を1語で表す言い方のunlessもよく使われます。

発音　unless［アンレス］

　英語の文法に分詞構文というパターンがあります。このパターンを使うと、次のように書き換えることもできます。
　(1) Hurrying up, you will catch the first bus.
　(2) Not hurrying up, you will miss the first bus.

### コミュニケーションのための英語情報

　If you don't hurry up＝Unless you hurry upが話し言葉でよく使われます。Hurry up, and〜.　Hurry up, or〜.は話し言葉でも書き言葉でも使われます。Not hurrying up〜.のパターンはあまり使われません。

## ●コミュニケーションのための命令文

**これだけは覚えましょう**

### コミュニケーションのための命令文…Part 1

(1) Have a nice day. (よい1日をお過ごしください。)
(2) Have a nice weekend. (よい週末をお過ごしください。)
(3) Take your time. (ゆっくりしなさいよ。)
(4) Keep the change. (おつりを取っておいてください。)
(5) Do me a favor. (お願いを聞いてください。)
(6) Forgive me, Tony. (トニー、私を許してください。)
(7) Lower the price. (安くしてください。)
(8) Pass me the salt. (塩を取ってください。)
(9) Buy me lunch. (昼食をおごってよ。)
(10) Be cool. (落ち着きなさい。)
(11) Be careful. (注意しなさい。)
(12) Be modest. (ひかえめにしなさい。)
(13) Be aggressive. (積極的にしなさい。)
(14) Be pleasant. (愛想よくしなさい。)
(15) Be professional. (仕事に徹しなさいよ。)

発音  favor [フェーィヴァ]  forgive [ファギヴ]  lower [ローゥア]
pass [ペァス]  salt [ソーオトゥ]  cool [クーオ]  careful [ケァァフォー]
modest [マディストゥ]  aggressive [アグゥレッスィヴ]
pleasant [プレズントゥ]  professional [プゥラフェッショノー]

### コミュニケーションのための命令文…Part 2

(1) Hear me out. (私の言うことを最後まで聞いて。)
(2) See me off at the airport. (空港で私を見送ってよ。)
(3) Call me up tomorrow. (明日私に電話をしてね。)
(4) Wake me up at six. (6時に私を起こしてね。)
(5) Pick me up at my house by car. (車で私の家まで迎えに来てね。)
(6) Don't pick on Tony. (トニー君をいじめてはだめだよ。)
(7) Don't argue with Tony. (トニー君と口論してはだめだよ。)
(8) Don't fight with Tony. (トニー君とけんかをしてはいけないよ。)
(9) Don't stare at me. (私の顔をじろじろ見ないで。)
(10) Don't go with Tony. (トニー君と恋人として付き合ってはだめだよ。)
(11) Don't hang around with Tony. (トニー君と付き合ってはだめだよ。)

発音 wake [ウェーィク]　pick [ピック]　argue [アーギュー]
fight [ファーィトゥ]　stare [ステアァ]
hang around [ヘァンガーゥラーゥンドゥ]

(解説) pick onは、〈いびる〉という意味の〈いじめる〉です。
　go withは、〈恋人として付き合う〉という意味と〈いっしょに行く〉という意味があります。

# 6 不定詞と動名詞について

## ●不定詞と動名詞の関係

ここからは、不定詞と動名詞の関係について考えてみたいと思います。

不定詞には、**to＋動詞の原形で使われるto不定詞**と、toをつけないで使う**原形不定詞**があります。ここでは、名詞の働きをする**to不定詞**と**動名詞**について勉強することにします。**to＋動詞**にすることで**名詞の働きをするto不定詞**と**動詞**に**ing**をつけることによって**名詞の働きをする動名詞**は、お互いに同じ働きをするので、お互いに書き換えることができる場合があります。

(1) 私は勉強するのが好きです。

I like <u>to study</u>.
　　　　勉強すること

I like <u>studying</u>.
　　　勉強すること

(2) 勉強するのはおもしろい。

<u>To study</u> is interesting.
勉強すること

<u>Studying</u> is interesting.
勉強すること

### ここが大切

このように、to studyとstudyingが同じ意味を表すことができるので、文法的にはどちらも正しい言い方なのですが、実際にはよく使われるものと、使われないものが時と場合によってあるようです。

英米人は、この言い方は自然だけど、この言い方は不自然であるというようなことを言います。この本では、できるだけ自然なものを覚えることができるように考えて、解説をしてあります。つまり、他の参考書にまったく同じように使えると書いてあっても、この本では、[コミュニケーションのための英語情報]で実際に役に立つ情報を載せています。

### ここを間違える

**コミュニケーションのための英語情報**

〈もうすでにしていて今もしている〉ような場合には、動名詞（動詞～ing）を、これから先のことを表している場合は、to不定詞（to～動詞）を使うとよいでしょう。

(1) 私の夢は先生になることです。

[○] My dream is to be a teacher.

[△] My dream is being a teacher.

(2) 私の夢はアメリカに行くことです。

[○] My dream is to go to America.

[△] My dream is going to America.

(3) 私の趣味はピアノをひくことです。

[○] My hobby is playing the piano.

[△] My hobby is to play the piano.

参考書によっては、どちらも正しい英文であると書いてありますが、playingの方を使うのが一般的だと思って覚えてください。

発音　dream [ジュリーム]　hobby [ハビィ]

**6 不定詞と動名詞について**

### ここを間違える

**コミュニケーションのための英語情報**

(1) 勉強するのはおもしろい。

　[△] To study is interesting.
　[○] Studying is interesting.

　　To study の方は、とてもかたい表現なので、普通の会話などで使われることはほとんどありませんが、人によっては、次のように理解する英米人がいるかもしれません。

(2) 留学するのはつらい。

　① To study abroad is hard.
　② Studying abroad is hard.

　to を使うのは、これから先のことに使うことが多く、ing の方はすでに体験したことに使います。そのように考えると、次のような意味になります。

　① まだ留学していないけれども、「留学するとつらいだろうな。」
　② すでに留学して帰ってきて、「留学はつらいよ。」

(3) 私は勉強するのが好きです。

　① I like to study.
　② I like studying.

　この言い方は、どちらも意味の違いはほとんどないと思って使っていただいても結構です。ただし、アメリカでは I like to study. の方がよく使われているようです。

## ●原形不定詞と to 不定詞

### ここが知りたい

**(質問)** 不定詞というのはどのような意味なのですか。

**(答え)** **不定詞**とは、文字通りに解釈すると、**定まらない**ということです。たとえば、be 動詞を例にとって考えてみたいと思います。I の

次には am、You の次には are、He の次には is、They の次には are のように、一定のルールによって、どの主語にどの be 動詞を取るのかが決まっています。このことにより、〈定まっている〉と考えることができます。この反対が〈不定（定まらず）〉なのです。

つまり、to の次にくる be 動詞は is, am, are の内のどれを取るかが決まっていないので、どんな場合にも使える **be** を使うことになるのです。この be を **原形** と呼んでいます。

このことから、to の次にくる動詞はいつも **原形** を置かなければならないことがわかるのです。

**不定詞** には、動詞の原形の **原形不定詞** と、to＋動詞の原形の **to 不定詞** があります。

（質問）原形不定詞と to 不定詞はどのようにして使い分ければよいのですか。

（答え）to＋動詞の原形を to 不定詞と呼んでいることはもうわかっていただけたと思います。それでは、なぜ to＋動詞のように to が動詞の前にあるかということを知る必要があります。

たとえば It's ten to eight. という表現があります。この表現は〈8時までに10分ある〉という意味で〈7時50分ですよ〉という意味を表しています。

もう少しくわしく説明すると8時になるまでに10分あるという意味なのです。つまり、to＋動詞は動詞の状態または動作までにということなので、まだ、動詞までたどりつくのに時間がかかるということを表しています。それに対して、原形不定詞は、今その状態にあるまたはその動作をすることができるということを表していることになります。つまり、最初にくる動詞と次の動詞がほとんど同時に起こっていると考えている時は原形不定詞、最初の動詞と次の動詞との間に時間的に差があると考えている場合は to 不定詞 を使えばよいのです。

## コミュニケーションのための英語情報

　原形不定詞とto不定詞の違いをくわしく説明したいと思います。
「私はトニーさんがその壁を塗るのを手伝った。」
(1) I helped Tony paint the wall.
(2) I helped Tony to paint the wall.
発音　paint [ペーィントゥ]

　この2つの英文の意味の違いについて考えてみることにします。さきほど、私が言いましたように、最初の動詞と次の動詞の間に時間差がない場合に、原形不定詞、時間差がある場合に、to不定詞を使っていると考えると、次のように解釈することができるのです。

　　(1) 私はその場にペンキなどの道具が用意されていたので、その壁を塗るのを手伝った。
　　(2) 私はペンキやはけなどを買いに行ったりして、その壁を塗るのを手伝った。

　このように考えると、I helped Tony paint the wall.は直接手伝ったということをはっきり伝えることができ、I helped Tony to paint the wall.は間接的に手伝ったということを伝えることができるのです。

　ただし、どんな英語であっても、その人によって多少使い方が違うことも多いので、絶対にこうだと言い切ることはできません。特にアメリカ英語とイギリス英語とでは、かなり考え方が違うこともあります。最近の傾向では、イギリス英語では、helped Tony to paintとhelped Tony paintの両方が同じぐらい使われるのに対して、アメリカ英語では、helped Tony paintはよく使われますが、helped Tony to paint の方はそれほど使われないようです。

#### これだけは覚えましょう

「あなたがしなければならないことは勉強することです。」

　(1) All you have to do is to study.

　(2) All you have to do is study.

**(解説)** all (that) you have to doは、〈あなたがしなければならないすべてのこと〉という意味の決まり文句なのですが、isの次に動詞がきていることがあります。文法的には、**to＋動詞＝名詞相当語句**にしなければならないのですが、よくtoが省略されることがあります。このことも、次のように考えると省略できる理由がわかると思います。

　(1)の英文は、is to studyのようになっていることから、is とstudyとの間に時間差があると考えられますが、それに対して、is studyの場合は時間差がない、言い換えると、**同時**であると考えられるのです。

　このことから、次のような意味に訳すことができます。

　　(1) 後からでもよいからあなたは勉強しさえすればいいのですよ。

　　(2) 今すぐにでもあなたは勉強しさえすればよいのです。

All you have to do is (to) study.は次のように書き換えても、ほとんど同じ意味を表します。

　　(3) You have only to study.

　　(4) You only have to study.

(3)は熟語と考えてください。(4)はhave to（～しなければならない）をonly（さえ）で強めた言い方です。話し言葉では、(4)の方がよく使われます。

## 6 不定詞と動名詞について

## ●動名詞とto不定詞とto+動詞
### ここが知りたい

**(質問)** 動名詞とto不定詞の違いについてくわしく教えてください。

**(答え)** これまでにも、簡単に説明してきましたが、もう少しくわしく説明してみます。

　中学校で進行形を習います。**動詞にing**をつけて〜**しているを**表すものです。進行形で使う動詞ingは形容詞的な働きでしたが、**動名詞は名詞的な働き**をしている点でまったく違ったものです。

　ところが、よく考えてみるとどちらも根本的には同じように考えることができるのです。

たとえば、次のような英文があるとします。

　I'm collecting video games. ［現在分詞］
　（私はビデオゲームを集めています。）
　I like collecting video games. ［動名詞］
　（私はビデオゲームを集めるのが好きです。）
　I'm fond of collecting video games. ［動名詞］
　（私はビデオゲームを集めるのが（大）好きです。）
　My hobby is collecting video games. ［動名詞］
　（私の趣味はビデオゲームを集めることです。）

　これらの例文をよく見ると、〈前から集めていて今も集めている〉という点では、すべてに共通していることがわかります。このことから、〈すでにしていて今もしている〉を表す時、言い換えると、すでに〈実現している〉時は、**動名詞**を使うことができるということがわかります。それに対して、**to+動詞（to不定詞）**の場合は、〈これから実現する〉という意味合いがあるので、**動名詞とto不定詞は、正反対である**ということが言えます。

185

#### ここが知りたい

**(質問)** Seeing is believing.（百聞は一見に如かず。）という英語を To see is to believe.に書き換えることはできるのでしょうか。

もし書き換えた場合、意味は変わらないのでしょうか。

**(答え)** 書き換えることができます。

ただし、意味は少し変わると考えることができますが、私たちは気にするほどのことではないように思います。

to＋動詞と動名詞は次のような違いがあります。

---
**to＋動詞**

個人的なこと、具体的なこと、未来のこと、仮定したことを表します。動詞的な意味合いが強いと考えることができます。

---
**動名詞**

一般的なこと、もうすでに経験した過去のこと、を表します。名詞的な意味合いが強いと考えることができます。

---

このようなことから、判断すると次のように訳すことができます。

To see is to believe.
（もし見ると、その結果として信じることになる。）
Seeing is believing.
（見ることは一般的に信じることである。）

ここで注意していただきたいことは、この場合の is はイコール（＝）を表すのではないということです。

もしも is がイコールを表しているならば、To believe is to see. としても意味が変わらないはずです。もし信じてみるとその結果見ることになる。では意味が成り立たないので、この場合の is は、イコールの is ではなく、〈通じる〉という意味の is であることがわかります。

6 不定詞と動名詞について

### ここが知りたい

**(質問)** この場合は、なぜ Seeing is believing. がよく知られているのですか。

**(答え)** 個人的なことを言っているのではなく、一般的なことを言っているからです。

**(質問)** To see is to believe. のようなパターンで使うとぴったりの英語があるということですか。

**(答え)** あります。個人的なことを具体的に表しているもので is が通じるを表している時は、To＋動詞 is to＋動詞. がぴったりなのです。

　　To see Shoko is to love her.
　　（翔子さんに会えば、きっと彼女が好きになるよ。）

　未来のことを表しているということと、〈通じる〉を表す is を使っていることから、〈もし〜すれば、その結果きっと〜になる〉を表すのにぴったりな英文なのです。

### ここを間違える

"Seeing is believing." と「百聞は一見に如かず。」は使い方が違います。日本語では説明する方が、「百聞は一見に如かずですからね。」と言いますが、英語では、説明される方が、「百聞は一見に如かずですからね。」と言うように "Seeing is believing." を使うのです。

### コミュニケーションのための英語情報

I'll believe it when I see it.
（私は見たら信じますよ。）

## ●toをとる動詞とingをとる動詞

それでは、実際にtoをとるかingをとるかどちらがぴったりかを1つずつ考えていくことにします。

### ingをとる動詞の基本的な考え方
(1) 私は泳ぐのを楽しんだ。

　　I enjoyed swimming.

　　泳いでから楽しかったねと言うのが自然なので、swimming

(2) 私はたばこを吸うのを止めた。

　　I stopped smoking.

　　たばこを吸っているのを止めるわけなので、smoking

(3) 私は仕事をするのを終えた。

　　I finished working.

　　仕事をしているのをやり終えるわけなので、working

発音　enjoyed [インヂョーィドゥ]　stopped [スタップトゥ]
finished [フィニッシトゥ]　smoking [スモーゥキン・]

### toをとる動詞の基本的な考え方
(1) 私は留学することを希望しています。

　　I hope to study abroad.

　　これから先のことを述べているので、to＋動詞がぴったりです。

(2) 私は留学することに決めました。

　　I've decided to study abroad.

　　これから先のことについて述べているので、to＋動詞がぴったりです。

発音　decided [ディサーィディドゥ] abroad [アブゥロードゥ]

### ここを間違える

動詞によっては、ing と to のどちらも取る動詞があります。

ここでは、to と ing の基本イメージにぴったりの動詞について考えてみることにします。

(1) 私は前にあなたに出会った覚えがありますよ。

I remember meeting you before.

(2) 私は前にあなたに出会ったことを決して忘れません。

I'll never forget meeting you before.

meeting になっていることから、〈すでに出会っている〉ことがわかります。

発音　remember［ゥリメンバァ］　forget［ファゲットゥ］

(3) 恵さんに出会うのを忘れないように。

Don't forget to meet Megumi.

Remember to meet Megumi.

Be sure to meet Megumi.

〈出会う〉ということが未来のことなので、to meet になります。

(4) 私はそんなことをしたのを後悔しています。

I regret doing such a thing.

〈そんなことをしてから〉後悔しているので doing such a thing になります。

(5) 私はあなたの手伝いをできないことを残念に思います。

I regret (to say) that I can't help you.

I'm sorry (to say that) I can't help you.

regret の方はかたい言い方なので、普通は I'm sorry 〜．の方を使います。

(　　) の部分を省略することができます。

発音　regret［ゥリグゥレットゥ］

**ここが知りたい**

(質問) remember meeting（出会ったのを覚えている）と forget meeting（出会ったのを忘れている）の場合、出会ったが過去のことで、〈覚えている〉と〈忘れている〉の両方が現在のようになっていて、時制が違うのですが、これでよいのですか。

(答え) ing がすでに〈～している〉を表す場合と〈～していた〉を表す場合があるので、このようなことが起きるのです。どちらにしてもこのままで正しいのです。

〈出会った〉ということをもっと強調したいなら、次のように表すとよいでしょう。

　私は前に恵さんに出会ったことがあるのを覚えていますよ。

　I remember having met Megumi before.

(質問) いつもこのように、have＋過去分詞形を使うと、過去であることを強調できるということなのですか。

(答え) その通りです。例をあげておきます。

(1) 私はあなたにお出会いできてうれしいですよ。

　I'm glad to meet you.

(2) 私はあなたにお出会いできたことをうれしく思っています。

　I'm glad to have met you.

　(1)の方を、出会った時に使って、(2)の方を別れ際に使うとよいでしょう。

　(2)の英語は、今後ともよろしくお願いします。のような意味だと考えておいてください。

## 6 不定詞と動名詞について

### これだけは覚えましょう

### 動名詞を取る動詞の覚え方

megadif ＋ pqrst
(メガディフ)　(ピーキュー　アール　エス　ティー)

[megadif]
- □ mind [マーィンドゥ] 〜するのを気にかける
- □ miss [ミス] 〜しそこなう
- □ enjoy [インヂョーィ] 〜するのを楽しむ
- □ escape [イスケーィプ] あやうく〜するのをのがれる
- □ evade [イヴェーィドゥ] 〜するのをさける
- □ excuse [イクスキューズ] one's〜ing 人が〜するのを許す
- □ give up [ギヴァップ] 〜するのをあきらめる
- □ admit [アドゥミットゥ] 〜したことを認める
- □ advise [アドゥヴァーィズ] 〜するように助言する
- □ avoid [アヴォーィドゥ] 〜するのをさける
- □ defer [ディファ〜] 〜するのを延期する
- □ delay [ディレーィ] 〜するのを延ばす
- □ deny [ディナーィ] 〜するのを否定する
- □ detest [ディテストゥ] 〜するのをひどく嫌う
- □ imagine [ィメァヂンヌ] 〜するのを想像する
- □ fancy [フェァンスィ] 〜するなんて驚きですよ
- □ finish [フィニッシ] 〜し終える

[pqrst]
- □ practice [プゥレァクティス] 〜するのを練習する
- □ quit [クウィットゥ] 〜するのをやめる
- □ resent [ゥリゼントゥ] 〜するのに腹を立てる
- □ resist [ゥリズィストゥ] 〜するのをがまんする

□resume［ゥリ**ズーム**］〜を再び始める
□risk［**ゥリスク**］〜するのを覚悟の上でやる
□scorn［ス**コー**ンヌ］〜するのを恥とする
□stop［ス**タッ**プ］〜するのをやめる
□suggest［サ**ヂェ**ストゥ／サグ**ヂェ**ストゥ］〜するのを提案する
□tolerate［**タ**ラゥレーィトゥ］〜するのに耐える

### ここを間違える

次にあげるものは、ingとtoの両方を取ることができますが、意味が違うので、注意して覚えてください。

[**try to と try 〜ing**]

(1) 泳ごうと努力しなさい。

　　Try to swim.

(2) 試しに泳いでみなさい。

　　Try swimming.

　　発音　try［チュ**ラー**ィ］


[**help 〜ing と help to**]

(1) 私は思わず笑っちゃいますよ。

　　I can't help laughing.

　　I can't help but laugh.

　　発音　help［**ヘ**ォプ］ laugh［**レァ**フ］

　この場合のhelpは、〈〜を避ける〉という意味で使われています。

(2) 私はその壁にペンキを塗るのを手伝った。

　　I helped to paint the wall.

　　I helped paint the wall.

　　発音　paint［**ペー**ィントゥ］

## [need to と need 〜ing]

(1) 私は勉強する必要がない。

　　I don't need to study.

　　I don't have to study.

(2) 私の車は修理する必要がある。

　　My car needs repairing.

　　My car needs to be repaired.

　　My car is in need of repair.

　　　needs repairing は〈修理してもらう必要がある〉という意味なので、needs to be repaired と書き換えることができます。

　　発音　needs [ニーヅ]　repairing [ゥリペアゥリン・]

## [want to と want 〜ing]

(1) 私は東京へ行きたい。

　　I want to go to Tokyo.

(2) 私の車は修理する必要がある。

　　My car wants repairing.

　　My car needs to be repaired.

　　**(注意)** wants repairing は主にイギリス英語の話し言葉で使われます。

　　そして次にあげるものは to と ing の両方を取ることができて、しかも意味が変わらない動詞です。

(1) 私は泳ぐのが好きです。

　　I like [to swim/swimming].

(2) 私は泳ぐのが大好きです。

　　I love [to swim/swimming].

(3) 私はテニスをするよりもテニスを見る方が好きです。

　　I prefer watching tennis to playing it.

I prefer to watch tennis rather than to play it.
　発音　prefer［プゥリ**ファ**〜］
(4) 私は泳ぐのがとても嫌です。
　　I hate［to swim／swimming］.
(5) いつ雨が降り始めましたか。
　　When did it begin［to rain／raining］?
(6) やっと雨が降り始めたよ。
　　It has finally started［to rain／raining］.
　発音　finally［**ファ**ーィノリィ］

**[「〜にたえる」を表す動詞 bear, endure, stand は to 〜と 〜ing が使えます]**

私はひとりでいるのに耐えられない。
I can't bear［to be, being］alone.
I can't endure［to be, being］alone.
I can't stand［to be, being］alone.
　発音　bear［**ベア**ァ］　endure［イン**デュア**］

**[cease to と cease 〜ing]**

(1) 私は日記をつけるのを止めた。
　　I ceased keeping a diary.
(2) 聖子さんはだんだん人のうわさにのぼらなくなった。
　　Seiko ceased to be talked about.
　　cease 〜ing は **〜を止める**、cease to は、**だんだんしなくなる**という意味です。
　　cease to の方は、人間ではないものを主語にすることが多いようです。ただし、人から始まっていても、主語の意志を表していないような場合には使えます。
　発音　ceased［ス**ィー**ストゥ］

## 6 不定詞と動名詞について

#### ここが知りたい

**(質問)** stopとceaseとの意味の違いはあるのでしょうか。
**(答え)** あります。

(1) Production of tea stopped. (お茶の生産を止めた。)
(2) Production of tea ceased. (お茶の生産を止めた。)

(1)の場合は、生産を一時的に止めたので〈再開もありうる〉。(2)の場合は、生産を完全に止めたので〈再開はないだろう〉。

これと同じようなことが次のような単語にも当てはまります。

I stopped smoking. (たばこを吸うのを一時的に止めた。)
I quit smoking. (たばこを吸うのを完全に止めた。)

発音 production [プゥラ**ダ**クシュンヌ] quit [ク**ウィ**ットゥ]

## [continue to と continue ～ing]

(1) 昼食後、私たちは再び歩き続けた。
   After lunch we continued to walk.
   After lunch we continued walking.
(2) 12時まで勉強を続けましょう。
   Let's continue to study till noon.
   Let's continue studying till noon.

発音 continue [カン**ティ**ニュー]

## [intend to と intend ～ing]

私は英語を勉強するつもりです。
I intend to study English.
I intend studying English.
I'm thinking of studying English.

intend toの方が ～ingよりもよく使われますが、intendはかたい言い方なので、I'm thinking of ～ingを使うのが普通です。

発音 intend [イン**テ**ンドゥ]

### [omit to と omit ～ing]

私はその戸のカギをかけるのを忘れた。

I omitted to lock the door.

I omitted locking the door.

発音 omitted [オーゥミッティドゥ] locking [ラッキン・]

#### これだけは覚えましょう

**動名詞を取る慣用表現**

(1) 私は勉強でいそがしい。

　　I'm busy (in) studying.

(2) この本は読む価値があります。

　　This book is worth reading.

(3) 私は勉強する気がしません。

　　I don't feel like studying.

(4) この写真は私が写したんですよ。

　　This picture is of my own taking.

(5) トニー君を待ってもむだですよ。

　　It's no use waiting for Tony.

　　It's useless waiting for Tony.

　　There is no point in waiting for Tony.

(6) 明日は何が起こるかわからない。

　　There is no knowing what will happen tomorrow.

　　It's impossible to know what will happen tomorrow.

(7) 私はこの写真を見たら、必ず東京を思い出します。

　　I can't see this picture without remembering Tokyo.

　　When I see this picture, I always remember Tokyo.

　　発音 busy [ビズィ] worth [ワ～す] useless [ユースリス]
　　impossible [インパスィボー] remembering [ゥリメンバゥリィン・]

**6 不定詞と動名詞について**

### ここが大切

　動名詞とto不定詞の両方を取る動詞と、動名詞だけを取る動詞を紹介しましたが、ここまで紹介したもの以外の動詞が出てきたら、to不定詞を取る動詞だと思ってください。

### これだけは覚えましょう

　英語では、**to 不定詞**の使い方に (1) 名詞的用法 (2) 形容詞的用法 (3) 副詞的用法があります。

　そして**動詞のing形**にも (1) 名詞的な働きをする**動名詞** (2) 形容詞の働きをする**現在分詞** (3) 副詞の働きをする**分詞構文**があります。

　この3つの働きを理解することがとても大切なのです。

(1) **何を**という疑問が生まれていたら、**名詞的な働き**をしています。

(2) **どんな**という疑問が生まれていたら、**形容詞的な働き**をしています。

(3) 完全な文（主語＋動詞があってその文だけで最低限の意味がわかるもの）の前か後ろにおまけの働きをする付け加えの言葉があれば、**副詞的な働き**をしています。


　いくつか例をあげておきます。

(1) I like　　　　　　to swim.
　　私は好きです〈何を〉泳ぐこと

(2) I want a house　　　　to live in.
　　私はほしい＋家　〈どんな家〉住むことができる（住むための）

(3) I am happy　　　to see you.
　　私はうれしい　〈なぜ〉君に会えたから

(1) は**何を**という疑問が生まれているので、**名詞的用法**

(2) は**どんな**という疑問が生まれているから、**形容詞的用法**

(3) は**私はうれしい**が完全な文になっているので、**君に会えたから**が付け加えであることから、**副詞的用法**

動名詞とto不定詞の名詞的用法については、理解していただけたと思います。
　ここからは、形容詞的な用法について考えていきたいと思います。

## ●to不定詞の形容詞的用法について

形容詞には次の2つの用法があります。
(1) 限定用法（名詞をくわしく説明する用法）
　　(例) a small book
(2) 叙述用法（主語の状態や様子を説明している用法）
　　(例) Tony is small.
　ここでは、限定用法についてくわしく説明したいと思います。
限定用法には次の3つのパターンがあります。

(1) <u>a plan</u> to <u>go abroad</u>
　　計画　　　留学する＝留学する計画

(2) <u>the only friend</u> to <u>help me</u>
　　唯一の友だち　　　私を助けてくれる＝私を助けてくれる唯一の友だち

(3) <u>the only friend</u> to <u>play with</u>
　　唯一の友だち　　　～といっしょに遊ぶ＝いっしょに遊ぶ唯一の友だち

|発音|　abroad ［アブゥロードゥ］

**(解説)**

(1) A plan goes abroad. や Go abroad a plan. にしても正しい英文にならないので、to の前の名詞が主語にも目的語にもならないパターーン。

(2) <u>The only friend</u> <u>helps</u> me.
　　　　主語　　　　　動詞

　　to の前に名詞が〈主語〉になるパターン。

(3) to を I にすると、次のような完全な英文になります。
　　I play with <u>the only friend</u>.
　　　　　　　　　　目的語

toの前の名詞が〈目的語〉になるパターン。

　ここでは、限定用法の内で名詞が主語にも目的語にもならないパターンについてくわしく説明します。

<u>my plan</u> to go abroad
　私の計画　　留学するということ＝留学する私の計画

<u>a plan</u> to go abroad.
　　計画　　留学するということ＝留学する計画

よく見ると、前の名詞を後ろの名詞が説明しているので、形容詞的用法の内の限定用法であることがわかります。

　my plan と to go abroad を isで結びつけると、完全な英文になる時、my planとto go abroad が同格の関係になっていると考えることができます。

My plan is to go abroad.
（私の計画は留学することです。）

<u>my plan</u>　<u>to go abroad</u>
　名詞相当語句A　　名詞相当語句B

のように名詞相当語句Bが名詞相当語句Aを説明しているとき、Aの名詞相当語句をBの同格語句と呼び、AとBを同格の関係にあると言います。

<u>My plan</u> is fun. （私の計画はおもしろい。）
　名詞相当語句

<u>To go abroad</u> is fun. （留学するのはおもしろい。）
　　名詞相当語句

<u>My plan to go abroad</u> is fun. （私の留学計画はおもしろい。）
　　　　名詞相当語句

### これだけは覚えましょう

次の英文をかたまりに変えてみましょう。
　私の夢は数学の先生になることです。[文]
　My dream is to be a math teacher.
　数学の先生になるという私の夢　[かたまり]
　my dream to be a math teacher

### ここが大切

ここからは、形容詞の限定用法のtoの前の名詞が動詞の目的語になる場合について考えてみることにします。
　(1) something to do [かたまり]
　(2) something to eat [かたまり]
　I do something.（私は何かをする。）[文]
　I eat something.（私は何かを食べる。）[文]

これを参考にして、(1)と(2)を日本語に訳してみたいと思います。名詞を説明する時には次の3つの訳し方の中からぴったりであると思う訳し方をしてください。
　(1) ～するための
　(2) ～することができる
　(3) ～するべき、～しなければならない

somethingは、a thing（あること、あるもの）という意味です。
　(1) something to do（～しなければならないこと）
　(2) something to eat（食べることができるもの）

このように、英語によって適当に訳していただいてけっこうです。時と場合によっては、～するための、～することができる、～するべき、という日本語を使わない方が自然であると思う時は、使う必要はありません。
　（例）something to eat（何か食べるもの）

### ここを間違える

「何か書くもの」

(1) something to write on
(2) something to write with
(3) something to write about

**(解説)** 何か書くものという日本語はとてもあいまいな言い方なので、どのような意味で使いたいのかを考えて上の3つの表現の中から選ぶようにしてください。

I write something on this paper.
　私は何か書きます　　この紙の上に

I write something with this pen.
　　　　　　　　このペンを使って

I write something about Tokyo.
　　　　　　　　東京について

　このことから次のような意味であることがわかります。

　　(1) 何か書く紙　　(2) 筆記用具　　(3) 何か書くテーマ

somethingは文の意味によって、anythingやnothingに変化します。

　Yes. を相手に期待している場合は疑問文でも、something
　Yes. を相手に期待していなければ、anything
　否定文では、nothing または not〜anything

(1) 何か筆記用具をお持ちですか。

　Do you have something to write with ?

(2) 何か筆記用具をお持ちではないですよね。

　Do you have anything to write with ?

(3) 私は筆記用具を持っていません。

　I have nothing to write with.
　I don't have anything to write with.

#### ここが大切

(1) 〜するための
(2) 〜するべき、〜しなければならない
(3) 〜することができる

　この3つの意味の内の(2)と(3)を使った英文をかたまりに変えることができます。

(2) ① 私はこの映画を見なければならない。[文]

　　　I must see this movie.

　　② 私が見なければならないこの映画 [かたまり]

　　　this movie for me to see

　　③ 見なければならないこの映画 [かたまり]

　　　this movie to see

　主語を表したい時は、toの前にfor meのように、Iならばme、heならばhim、のような人称代名詞の目的格を入れてください。

(3) ① 私はこのイスに座ることができます。[文]

　　　I can sit on this chair.

　　② 私が座ることができるこのイス [かたまり]

　　　this chair for me to sit on

　　③ 座ることができるこのイス [かたまり]

　　　this chair to sit on

#### ここが大切

**[toの前の名詞が動詞の主語になるパターン]**

A boy will play with fire.
(ある少年が火遊びをする傾向にある。)

**(解説)** 火遊びをするとは、危険なことをするという意味です。

a boy to play with fire
(火遊びをするある少年)

Tony is not a boy to play with fire.
(トニー君は火遊びをするような少年ではありません。)

### これだけは覚えましょう

(1) 翔子さんはオフィスに最後に来ます。

　Shoko is the last person to come to the office.

(2) 翔子さんはオフィスを1番最初に出ます。

　Shoko is the first person to leave the office.

## ● to不定詞の副詞的用法

　今までto不定詞の名詞的用法、動名詞、to不定詞の形容詞的用法などを勉強してきましたが、ここからは、to不定詞の副詞的用法と動詞の副詞的用法について考えてみることにします。

### ここが大切

　不定詞の副詞的用法を使うことで、次の3つの意味を表すことができます。

　(1) 目的　(2) 原因または根拠　(3) 結果

### ここが知りたい

**(質問)** to不定詞の副詞的用法とは、簡単に言うとどのような用法なのですか。

**(答え)** 簡単に言うと、**to不定詞**のところがなくても、残りの英文だけで意味が大体わかるということです。

　**to不定詞**の部分が付け加えとして文の最後または文の頭に置かれている時、to不定詞の**副詞的用法**と考えることができます。

### ここが大切

to不定詞の部分を日本語に訳す時は、to不定詞以外の部分を日本語に訳して、どのような疑問が生まれているかを考えて、その疑問に答えるように日本語に訳していけばよいのです。

(例)

I'll go to Tokyo　　　　to buy books.
私は東京へ行きます　〈何のために〉本を買うために

I was happy　　to see you.
私はうれしかった〈なぜ〉あなたに会えたから

Tony grew up　　　　　to be a good teacher.
トニー君は大きくなった〈そしてどうなったの〉すばらしい先生になった


### これだけは覚えましょう

目的を表す不定詞は、次のような2種類の日本語訳のどちらかを使うと、自然な日本語にすることができます。

　　(1) 〜するために
　　(2) 〜するように

ただし、この(2)の〈〜するように〉は、〈その結果〜となるように〉という意味で考えると使い方がよくわかります。

　I must hurry to catch the last train.
　(私は最終電車に間に合うように急がなければならない。)

to不定詞を否定したい時は、to不定詞の前にnotを入れてください。

　I must hurry not to miss the last train.
　(私は最終電車に乗り遅れないように急がなければならない。)


中学校で習うto不定詞の副詞的用法は次の3種類でした。
　　(1) 目的　　　(2) 原因／根拠　　　(3) 結果
高校では、この他に次のような用法があります。

(4) be動詞＋形容詞＋to不定詞
(5) 形容詞＋enough to ～　～するほど十分に～です
(6) too＋形容詞＋to ～　あまりにも～すぎて～できない

(例)
(4) この本は読みやすい。
　　This book is easy to read.
(5) あなたはこの川を渡るには十分背が高くない。
　　You are not tall enough to cross this river.
(6) あなたは背が低すぎて、この川を渡れません。
　　You are too short to cross this river.
　　発音　enough［イナフ］　cross［クゥロース］　river［ゥリヴァ］
　　short［ショートゥ］

### ここが知りたい

(質問)　なぜ(4)～(6)の英文は、to不定詞の副詞的用法なのですか。
(答え)

This book is easy.
(この本は簡単ですよ。)

You are not tall enough.
(あなたは十分な背の高さがない。)

You are too short.
(あなたは低すぎる。)

で意味がわかるので、to以下の英文が副詞（おまけ）の働きをしているのです。

### ここを間違える

This book is easy to read.

（この本は読みやすい。）

このパターンを使う時に間違うことがよくあります。

This river is dangerous to swim.

単語　dangerous［デーィンジャゥラス］危険な

swim には ① 泳ぐ ② ～を泳いで渡る、という意味があります。このことがわかっている人ならば、

(1) この川を泳いで渡るのは危険だ。

もし swim を泳ぐと思っている人は、

(2) この川で泳ぐのは危険だ。

と訳すのではないでしょうか。ところが (2) の日本語訳は正しくないのです。

This book is easy to read. という英文は次のように言い換えることができます。

To read this book is easy. (この本を読むことは簡単です。)

This river is dangerous to swim. という英文を同じように言い換えると、To swim this river is dangerous. となるのです。

この場合、swim という動詞の次に this river がきていることから、〈～を泳いで渡る〉という意味になってしまうのです。ということは、〈この川で泳ぐのは危険だ。〉をこのパターンで訳すためにはどこかを変えなければいけないことがわかります。

〈この川で泳ぐことは危険です。〉を英語に訳すと、To swim in this river is dangerous. となります。このことから、This river is dangerous to swim in. のように swim の次に、〈で〉を表す in を付け加えなければならないのです。

## これだけは覚えましょう

too ～ to構文を、so ～ that 主語 can't ～ 構文で書き換えることができます。

so ～ that構文には2つのパターンがあります。
○1つめの主語と2つめの主語が同じ場合
私はあまりにも疲れているので歩けません。
  I'm so tired that I can't walk.
  I'm too tired to walk.
○1つめの主語と2つめの主語が違う場合
[be動詞タイプ]
この本はあまりにも難しすぎて私には理解できません。
  This book is so hard that I can't understand it.
  This book is too hard for me to understand.
[動詞タイプ]
ジュディーさんはあまりにも速く話すので、私は彼女の言うことが理解できません。
  Judy speaks so fast that I can't understand her.
  Judy speaks too fast for me to understand her.

## ここを間違える

be動詞タイプの時には、for me to understand の次に it をつけません。

動詞タイプの時には、for me to understand の次に her をつけます。

テストなどでは、上のルールに従ってください。ただし実際には for me to understand it のように it をつける人もあります。また反対に for me to understand her の her を省略する人もあります。

### これだけは覚えましょう

be to不定詞は次の5つの意味を表すことができます。話し言葉では使わないパターンもあります。

(1) 命令　(2) 意志　(3) 可能　(4) 運命　(5) 予定

### 〈be to 不定詞の5つの意味の覚え方〉

**命令**されずに、自分の**意志**で勉強すると、すべてが**可能**になる**運命**が開ける**予定**です。

(1) あなたは根津さんに会うべきですよ。
　　You are to see Mr. Nezu. [話]
(2) もしあなたが成功したいなら、あなたはもっと勉強しなさい。
　　If you are to succeed, you should study more. [まれ]
(3) 私の自転車は見つけられなかった。
　　My bike wasn't to be found. [話]
(4) 私は二度と佐知子さんとは会えない運命だった。
　　I was never to see Sachiko again. [話・書]
(5) 私たちのコンサートは今晩開かれる予定です。
　　Our concert is to be held this evening. [書]
　　発音　succeed [サクスィードゥ]　found [ファーゥンドゥ]
　　concert [カンサァトゥ]　held [ヘオドゥ]

### ここを間違える

be to不定詞になっていても、上の5つの意味を表さない場合があります。
　　私の夢は、客室乗務員になることです。
　　My dream is to be a cabin attendant.
　　発音　cabin attendant [キャビナテンダントゥ]
この例文は、中学校で習った英文です。

to不定詞の名詞的用法で、このまま覚えておいていただきたい決まったパターンがあります。

### これだけは覚えましょう

(1) 私は何をしたらよいのかわかりません。

I don't know what to do.

(2) 私は何と言ったらよいのかわかりません。

I don't know what to say.

(3) 私はそのパーティーに何を着て行けばよいのかわかりません。

I don't know what to wear to the party.

(4) 私は翔子さんにいつ電話をすればよいかわかりません。

I don't know when to call Shoko.

(5) 私はどちらを買ったらよいのかわかりません。

I don't know which to buy.

(6) 私はどこで降りたらよいのかわかりません。

I don't know where to get off.

(7) 私はどちらで降りたらよいのかわかりません。

I don't know which to get off at.

### ここを間違える

whereは〈どこで〉という意味なので、at(で)の意味を含んでおり、atは必要ありません。whichは〈どちら〉という意味なので、どちらでを表したい時はatが必要です。

### これだけは覚えましょう

It is [形容詞] for me to 〜. 構文は、〈私にとって〜することは [形容詞]です。〉と訳すとぴったりの場合があります。ただしこの意味を表している時は、It's 形容詞 that I 〜. で書き換えることはできません。
(例)泳ぐことは私にとって簡単です。

[○] It's easy for me to swim.　[×] It's easy that I swim.

It is 形容詞 of me to 〜. 構文は I am 〜. で書き換えることができます。
(例)トニー君の言うことを信じたのは私が馬鹿だった。

It was foolish of me to believe Tony.

I was foolish to believe Tony.

発音　foolish [フーリッシ]　　believe [ビリーヴ]

### ここが大切

It's [形容詞] for you to 〜. を It's [形容詞] that you 〜. で書き換えられるのは、〈あなたが〜するとは [形容詞]です。〉を表す場合です。このパターンでは、It's 形容詞 that you should 〜. のように should を入れることが多いのですが、入れる必要のないものもあります。
(例)あなたが怒るのは当然ですよ。

It's natural for you to get angry.

It's natural that you should get angry.

発音　natural [ネァチュラオ]　　angry [エァングゥリィ]

### これだけは覚えましょう

It is [形容詞] that I 〜 構文のみで、It is [形容詞] for me to 〜. に書き換えられない [形容詞] の例：

certain [サ〜トゥンヌ] 確かな　　likely [ラーィクリィ] ありそうな
true [チュルー] 本当の　　　　　clear [クリア] 明瞭な

くわしくは、接続詞の that と形容詞の関係について書いてあるところを見てください。

6 不定詞と動名詞について

### これだけは覚えましょう

to不定詞の使い方で、時制の表し方が他の不定詞の考え方とまったく違う特別な構文があります。

| 「〜するつもりだったが、〜できなかった」を表す公式 |
|---|
| intended to<br>expected to<br>meant to<br>hoped to    + have + 過去分詞形 |

(例) 私は仕事を終わらせるつもりでしたが、できませんでした。
　　I intended to have finished my work.
　　発音 intended [インテンディドゥ]　expected [イクスペクティドゥ]
　　meant [メントゥ]　hoped [ホーゥプトゥ]

| 「〜する予定だったが、〜できなかった」を表す公式 |
|---|
| was to<br>were to    + have + 過去分詞形 |

(例) 私は今夜東京を出発する予定でしたが、できませんでした。
　　I was to have left Tokyo tonight.

### これだけは覚えましょう

(例) 私は仕事を終わらせるつもりでしたが、できませんでした。
　　［公 式］I intended to have finished my work.
　　［別解1］I had intended to finish my work.
　　［別解2］I intended to finish my work, but I couldn't.
**(注意)**〈〜するつもりだったが〜できなかった〉を英語に訳すときは、［別解1］または［別解2］を使ってください。［公式］として高校で教えている表現は、現在ではあまり使われていません。

## ●独立不定詞
### これだけは覚えましょう

to不定詞の勉強でどうしても覚えておかなければならないものに、独立不定詞と呼ばれるものがあります。

独立不定詞は、**To＋動詞の原形～，完全な英文.** のようなパターンで使われることが多いのです。独立不定詞の部分は決まり文句になっていると考えてもらって差しつかえはありません。

To tell the truth (本当のことを言うと)

To make matters worse (さらに悪いことには)

To say the least (of it) (ひかえめに言って)

To begin with (まず第1に)

To be frank (with you) (率直に言って)

To be honest (正直に言って)

発音　truth [チュルーす]　matters [メァタァズ]　worse [ワース]
least [リーストゥ]　frank [フゥレァンク]　honest [アニストゥ]

ときどき、**完全な英文,to＋動詞の原形.** になる時もあります。

(1) トニー君は一生懸命勉強したが、あいにく失敗してしまった。

　　Tony studied hard, only to fail.

(2) 洋子さんは名古屋へ行って二度と帰ってこなかった。

　　Yoko went to Nagoya, never to return.

発音　fail [フェーィォ]　return [ゥリタ～ンヌ]

他に、英単語＋to＋動詞の原形で独立不定詞を表す場合もあります。

Needless to say (言うまでもなく)

Strange to say (不思議なことですが)

so to say (いわば)

so to speak (いわば)

発音　needless [ニードゥリス]　strange [スチュレーィンヂ]

# 7 前置詞について

　名詞、代名詞の前に置いて、句（ひとつのかたまり）を作ります。前置詞の後の**名詞**を前置詞の**目的語**と言います。

　前置詞句は、**形容詞**の働きをする時は、**形容詞句**といい、副詞の働きをする時は、**副詞句**といいます。

　<u>This is a present for you.</u>
　　　　　　　　　　　前置詞＋代名詞［前置詞句］

<u>これですよ</u>＋<u>プレゼント</u>　〈どんな〉<u>あなたのための</u>

　〈どんな〉という疑問が生まれていることから、形容詞の働きをしている前置詞句なので、for you を形容詞句と考えることができます。

　<u>I study</u> <u>in my room.</u>
　　　　　　前置詞＋名詞［前置詞句］

<u>私は勉強する</u>　〈どこで〉<u>私の部屋で</u>

　〈どこで〉という疑問が生まれていることから、副詞の働きをしている前置詞句なので、in my room を副詞句と考えることができます。

　前置詞＋名詞／代名詞のところを手で隠して、残りの英文だけで意味がわかる時は**副詞**の働きをしていると考えることができます。

　<u>I study</u>＋in my room.
　私は勉強する　　私の部屋で

　I study. で完全に意味がわかるので、in my room は**おまけ、付け加え**であることがすぐにわかります。

213

## ●時を表す前置詞

### [at, in, onの区別の仕方]

**at** — ①時刻や年齢のある時点をさす時に使います。

②atは1つの行為を行なう時にも使うことができます。

**in** — ①月、季節、年代などの比較的長い期間をさします。

②atは1つの行為を行なう時と考えるのに対して、inはいくつもの行為をすることができる時間と考えることができます。

**on** — 特定の日や時を表すことができます。

at ten (10時に)　at the age of twenty (20才の時に)
at the beginning of May (5月の始めに)　at night (夜に)
at lunch (昼食の時に)　in May (5月に)　in summer (夏に)
in 1919 (1919年に)　in the morning (午前中に)
in the evening (夕方に、夜に)　on Friday (金曜日に)
on a nice day (ある晴れた日に)
on the morning of May (the) fifth (5月5日の朝に)

発音　the end [ずィ　エンドゥ]　the beginning [ざ　ビギニン・]
the evening [ずィ　イヴニン・]


### [by, till, until, toの区別の仕方]

**by** — 〜までには (終わる)

**till／until** — 〜まで (続く)

**to** — from A to B (AからBまで)

I must get up by noon.

(私は正午までには起きなければならない。)

I will sleep [till／until] noon.

(私は正午まで寝ているつもりです。)

I work from noon to midnight twelve.

(私は正午から夜中の12時まで働きます。)

発音　till [ティオ]　until [アンティオ]

## [for, during, throughの区別の仕方]

**for** — ほとんどの場合は、数を表す言葉をともなって期間を表します。

日本語に訳すと〈～の間〉になります。

**during** — for と違って数字を表す言葉とはいっしょに使うことはありません。

特定の期間を表すために、the や his のような言葉といっしょに使われることが多いのです。

ただし会話などでは、the を省略することもよくあります。日本語に訳すと〈～の間〉になります。

**through** — 〈ある期間の間ずっと〉という意味で使われます。

all をつけて、強めた言い方がよく使われます。

all through = throughout ［すゥルーアーゥトゥ］

I sleep for eight hours.

（私は8時間寝ます。）

I was in New York during the summer vacation.

（私は夏休みの間ニューヨークにいました。）

I was in New York all through the summer vacation.

（私は夏休みの間中ずっとニューヨークにいました。）

I was in New York throughout the summer vacation.

（私は夏休みの間中ずっとニューヨークにいました。）

発音　during ［**デュ**ァゥリン・］　New York ［ニュー**ヨ**ーク／ヌー**ヨ**ーク］
vacation ［ヴェーィ**ケ**ーィシュンヌ］

### これだけは覚えましょう

「私の留守中にだれか来ましたか。」

前置詞を使うと次のように英語に訳すことができます。

> Did anyone call <u>during my absence</u>?
> 　　　　　　　　前置詞＋名詞相当語句

> Did anyone call <u>in my absence</u>?
> 　　　　　　　　前置詞＋名詞相当語句

接続詞を使うと次のように英語に訳すことができます。

> Did anyone call <u>while I was absent</u>?
> 　　　　　　　　接続詞を使った副詞節

> Did anyone call <u>when I was out</u>?
> 　　　　　　　　接続詞を使った副詞節

> Did anyone call <u>when I was away</u>?
> 　　　　　　　　接続詞を使った副詞節

> Did anyone call <u>when I wasn't at home</u>?
> 　　　　　　　　接続詞を使った副詞節

> Did anyone call <u>when I was away from home</u>?
> 　　　　　　　　接続詞を使った副詞節

### ここが知りたい

(質問) **during** my absence と **in** my absence **while** I was out と **when** I was out の間には、微妙な意味の違いはあるのでしょうか。

(答え) **during** my absence と **while** I was out は **during**(〜している間中) と **while**(〜している間)という意味なので、**時**に重きを置いた表現です。

　それに対して、**when** I was out と **in** my absence は、**留守をしていた**という**状態**に重きを置いた表現です。

## [since と from の区別の仕方]
**since**—過去のある時から今まで
**from**—from A to B／from A till Bで（AからBまで）

It has been raining since this morning.
（今朝からずっと雨が降っています。）

It has been raining from this morning till now.
（今朝から今までずっと雨が降っています。）

## [in, after, within の区別の仕方]
**in**—〈〜たてば、〜かかって〉という意味で現在を起点とする時間の経過を表します。

**after**—〈〜したら〉という意味で、過去、または未来のある時を起点とする時間の経過を表します。

**within**—一定の期間内にという意味あいで、〈〜以内に〉という意味で覚えておいてください。

I'll be back in five days.
（私は5日したら戻ります。）

This bus takes you to Osaka Station in two hours.
（このバスに乗ると2時間で大阪駅へ行けますよ。）

Rika came back after five days.
（里香さんは5日したら戻って来た。）

I'll be back within a week.
（私は1週間以内に戻ります。）

### ここを間違える

**[in a week と within a week についての注意]**

I'll be back in a week.

(①私は1週間したら戻ります。)

(②私は1週間以内に戻ります。)

I'll be back within a week.

(私は1週間以内に戻ります。)

in a week で within a week の意味を表す時もあります。

**[in five days と after five days の違いについて]**

I'll be back in five days.

(私は5日したら戻ります。=5日目に戻ります。)

Rika came back after five days.

(里香さんは5日したら戻って来た。=6日目に戻って来た。)

### これだけは覚えましょう

「私はすぐに戻って来ます。」

(1) I'll be back in a minute.
(2) I'll be right back.
(3) I'll be back pretty soon.
(4) I won't be long.
(5) It won't take long.

**(解説)**

(1) in a minute (すぐに)
(2) I'll be back (私は戻ります。) + right (すぐに) の意味です。
(3) soon (すぐに、まもなく) を pretty (かなり) で強めた言い方
(4) I won't be long. (長くはいませんよ。)
(5) It won't take long. (長くはかかりません。)

## ここを間違える

「4月1日以降」を英語に訳したい時、4月1日を含む場合は、

　　[○] on and after April (the) first

　　[△] after April (the) first

「月曜から金曜まで」を英語に訳したい時、金曜日を含むということをはっきり表したい場合は、次のように言います。

　　[○] from Monday through Friday

　　[△] from Monday to Friday

from Monday to Fridayは、金曜日を含んでいるのかどうかが、はっきりしないので、through を to の代わりに使って〈金曜日〉を含むことをはっきり表します。throughを使うのはアメリカ英語です。

「私は子供時代からあなたのお父さんを知っています。」

　　[○] I have known your father since my childhood.

　　[○] I have known your father since I was a child.

　　[○] I have known your father from my childhood.

原則的には、sinceは〈〜から今まで〉という意味で、fromは〈〜から〉という起点のみを表す前置詞なのですが、〈〜の最初から〉という意味を表す時は、fromを使うことが例外的にできます。

## ●場所を表す前置詞

### これだけは覚えましょう

| [動作] | [状態] | [動作] | [状態] |
|---|---|---|---|
| into → <br>(〜の中に近づく) | in → <br>(中にいる) | out of → <br>(〜から出る) | out of <br>(〜から出ている) |
| onto → <br>(〜のところに接触する) | on → <br>(接触している) | off → <br>(〜から離れる) | off <br>(〜から離れている) |
| to → <br>(〜へ近づく) | at → <br>(〜にいる) | from → <br>(〜から出る) | from <br>(〜から出ている) |

(**解説**) この表を次のように使いこなしてください。

Tony came into my room.
(トニー君は私の部屋に入って来た。)
Tony was in my room.
(トニー君は私の部屋にいました。)
Tony went out of my room.
(トニー君は私の部屋から出て行った。)
Tony was out of my room.
(トニー君は私の部屋の外にいました。)

### ここが大切

☐ **in** － 壁や天井、床のある部屋**の中に**いるハエをイメージしてください。
☐ **on** － 壁、天井、床の表面に**とまっている**ハエをイメージしてください。
☐ **at** － ハエがとまっている1地点をイメージしてください。

### ここが知りたい

(**質問**) たとえば、「私は大阪駅に着いた。」と、「私は大阪駅で本を1冊買った。」を英語に訳したい場合、大阪駅に、大阪駅では、in と at を使い分ける必要があるということでしょうか。

(**答え**) よい質問です。「私は大阪駅に着いた。」という場合は、大阪駅を1地点と考えているので、at,「私は大阪駅で本を1冊買った。」の場合は、大阪駅の建物の中で本を買ったという意味なので、in を使えばよいのです。

I arrived at Osaka Station.
(私は大阪駅に着いた。)
I bought a book in Osaka Station.
(私は大阪駅で本を1冊買った。)

## 7 前置詞について

**ここが知りたい**

**(質問)** atは、場所を点と考えていると習いましたが、都市の名前の前にatを使うことができるのですか。

**(答え)** できます。理由としては、地図の上では、どんな都市でも一地点に過ぎないので、〈at+都市名〉もありうるのです。ところが実際問題としては、次のように考えていることが多いのではないでしょうか。

　私たちの列車は何時に京都に着きますか。

What time will our train arrive at Kyoto?

この場合、〈京都〉は〈京都駅〉の意味で使われていると考えると、京都駅は1地点なのでatがぴったりです。

次のように言うと相手によく意味が伝わります。

What time will our train arrive at Kyoto Station?

ただ単に〈京都〉という意味ならば、次のように考えることもできます。

　私たちは何時に京都に着きますか。

What time will we arrive in Kyoto?

結局、atもinもどちらも使うことができるのですが、自分が滞在予定の都市などの場合には、一般的にinを使うことが多いようです。

**(質問)**「いすに座る。」という日本語を英語に訳す場合、at, in, on のどの前置詞を使えばよいでしょうか。

**(答え)**「いすに座る。」の〈に〉は〈の上に〉という意味なのでsit on a chairとすればよいのです。

**ここを間違える**

「トニー君はいすに座っています。」

の〈いすに〉の表し方についてもう少しくわしく考えてみたいと思います。

　　Tony is sitting on a chair.

この場合の on は**接触して**という意味の on なのです。

on は**表面**しか表していません。ところが実際には、いすによっては、座ると体が沈むようないすもあります。

そのような時は、表面だけではなくて、横にも何かがあるように感じられるのではないでしょうか。つまり、何かの**中に**入っているような感じがすると思います。

このような時は on ではなく、in を使うことができます。

このことから、次のように考えることができます。

　　Tony is sitting in an armchair.

　　（トニー君は、ひじかけいすに座っています。）

　　Tony is sitting on a chair.

　　（トニー君はいすに座っています。）

　　Tony is sitting on the ground.

　　（トニー君は地面に座っています。）

　　Tony is sitting in the grass.

　　（トニー君はしばふに座っています。）

　　発音　armchair［アームチェアァ］　grass［グゥレァス］

in と on の感じがつかめたと思います。最後に at について考えてみることにします。at は**1地点**と考えていることから次のように使われることがあります。

　　Tony is sitting at his desk.

　　（トニー君は机に向かって座っています。）

　　Tony is sitting on his desk.

　　（トニー君は机の上に座っています。）

## [get onとget off, get intoとget out ofの使い分けについて]

バスや列車などのように大きな乗り物に乗る時は、onを使い、降りる時はoffを使いますが、自動車などの場合にはもぐり込むように車の中に入るのでintoを使い、降りる時はintoの反対のout ofを使います。

I got on the train at Osaka Station.
(私は大阪駅でその列車に乗りました。)
I got off the train at Tokyo Station.
(私は東京駅でその列車を降りました。)
I got into the taxi.
(私はそのタクシーに乗った。)
I got out of the taxi.
(私はそのタクシーから降りた。)

### ここが大切

intoの代わりにinを使うこともよくあります。

特に動きを表す動詞にともなう場合は、intoのかわりにinを使うことがよくあります。

(1) 私はそのタクシーに乗った。
　　I got into the taxi.
　　I got in the taxi.
(2) 私は私の部屋に飛び込んだ。
　　I rushed into my room.
　　I rushed in my room.

ただし、次のような場合はintoは使いません。

「乗りなさい。」
　(1) Get in.　(2) Hop in.

## [on, over, above, up, beneath, under, below, down の使い分けについて]

**on**（接触している場合）〜の上に ↔ **beneath**［ビニーす］（接触している場合）〜の下に
**over**［オーゥヴァ］〜の真上に ↔ **under**［アンダァ］〜の真下に
**above**［アバヴ］〜の上方に ↔ **below**［ビローゥ］〜の下方に
**up** 上へ（という動き）↔ **down** 下へ（という動き）

I found a cockroach on the carpet.
（私はカーペットの上でゴキブリを見つけた。）

I found a cockroach [beneath／under] the carpet.
（私はカーペットの下でゴキブリを見つけた。）

発音 found［ファーゥンドゥ］ cockroach［カックゥローゥチ］

**(注意)** 話し言葉ではbeneathの代わりにunderを使うことが多いのです。

There is a lamp over my bed.
（私のベッドの上に電灯があります。）

There are some books under my bed.
（私のベッドの下に数冊の本があります。）

The sun is rising above the mountain.
（太陽が山の上［の方］に昇りかけています。）

The sun is setting below the mountain.
（太陽が山の下［の方］に沈みかけています。）

発音 rising［ゥラーィズィン・］ setting［セティン・］
mountain［マーゥントゥンヌ］

I walked up the stairs.
（私は階段を歩いて上がった。）

I walked down the stairs.
（私は階段を歩いて降りた。）

発音 stairs［ステアァズ］

## [「〜の中で」を表す in, between, among, of, on の使い分けについて]

**in**－1つのものの中で
**between**－2つのものの中で、2つのものの間で
**among**－3つ以上のものの中で、3つ以上のものの間で
**of**－3つ以上のものの中で（最上級とよくいっしょに使われます。）
**on**－①舞台（中）で on the stage　②テレビ（の中）で on TV
　③ラジオ（の中）で on the radio　④映画（の中）で on the screen

発音　stage [ステーィヂ]　TV [ティーヴィー]
radio [ゥレーィディオーゥ]　screen [スクゥリーンヌ]

I am the tallest in our class.
（私は私たちのクラスの中で一番背が高い。）

Leave a space between the lines.
（行と行の間を開けなさい。）

Please come between four and five.
（4時と5時の間に来てください。）

I like Kobe (the) best among all Japanese cities.
（私は日本の都市の中で一番神戸が好きです。）

Of the three rooms I'm using the one in the middle.
（3つの部屋のうちで、私は真ん中の部屋を使っています。）

発音　middle [ミドー]

I listen to the English language program on the radio.
（私はラジオで英語の語学番組を聞きます。）

発音　language program [レァングウィッヂ　プゥローゥグゥレァム]

**[for, to, towardの使い分けについて]**
for — ①〜の目的地に向かって　②〜へ行くために
to — ①〜に　②〜の方に
toward [トードゥ／トゥウォードゥ] — 〜の方向へ

 I go to school at eight.
 (私は8時に学校に行きます。＝学校に着くように行きます。)
 I leave for school at eight.
 (私は8時に学校へ向かって出発します。＝学校へ行くために出発します。)
 I walked to Tokyo Station.
 (私は歩いて東京駅へ行った。)
 I walked toward Tokyo Station.
 (私は東京駅の方へ歩いて行った。)

### ここが知りたい

(質問) for と toward がよく似ていますが、どちらも使える例はないでしょうか。
(答え) あります。
 トニー君はお年寄りに親切です。
 Tony is kind to senior citizens.
 Tony is kind toward senior citizens.
 発音　senior citizens [スィニャァ　スィティズンズ]

(質問) to を使う動詞と for を使う動詞は決まっているのでしょうか。
(答え) 〈出発する〉という意味の動詞 leave, start, depart などは for を使いますし、到着地点または到着点を表すのにぴったりな動詞の come, go, get, return (戻る) は to を使います。

## 7 前置詞について

### ここを間違える

throwを使う場合には、toとatを使い分ける必要があります。

I threw a bone to the dog.
(私はその犬に骨を投げてやった。)

I threw a stone at the dog.
(私はその犬をめがけて石を投げた。)

この例文のように、to は〈到着地点〉の場合に使い、atは〈めがけて〉という意味で使ってあるのです。

単語 throw [すゥローゥ] の過去形が threw [すゥルー]
bone [ボーゥン] 骨　stone [ストーゥンヌ] 石

### ここが知りたい

(質問) atを使った例は他にもあるのですか。

(答え) あります。

次のような面白い例があります。

(1) I hit [struck] the ball. (私はそのボールを打った。)
(2) I hit [struck] at the ball. (私はそのボールをめがけて打った。)

(2)の場合は、実際には、ボールが当たったかについては、触れていないことから、空振りしたと考えることもできます。

単語 strike [スチュラーィク] ～を打つ
struck [スチュラック] ～を打った

### ここが知りたい

(質問) toとtowardとat が同じような意味で使われることはないのですか。

(答え) まったく同じではありませんが、よく似た使い方があります。

toとtowardとatは次のように分けることができます。

(1)〈～の方を〉というタイプの to と toward
(2)〈～を〉というタイプの at

227

Don't point at people.
(人を指でさしてはいけません。)
Tony pointed to the door.
(トニー君はドアの方を指さした。)
Tony pointed toward the door.
(トニー君はドアの方を指さした。)
Don't shout at me.
(私を[に]どならないで。)
Don't shout to me.
(私の方に向かって大声で話しかけないで。)

　これらの例文をよく見ていただけるとわかると思いますが、**at**には**〜をめがけて**の気持ちが入ってるので、直接的で、強い言い方になるのです。

## [along, across, throughの区別の仕方]

**along** [アローン・] ― 〜に沿って
**across** [アクゥロース] ― 〜を横切って
**through** [すゥルー] ― 〜を通って

Let's go along this street.
(この通りに沿って行きましょう。)
Let's go across this street.
(この通りを横切りましょう。)
Let's go through this tunnel.
(このトンネルを抜けましょう。)

発音　tunnel [タノー]

## [round, around, about の区別の仕方]
**round** [ゥラーゥンドゥ] ― ～の周りを（動く）
**around** [アゥラーゥンドゥ] ― ～の周りに（位置して）
**about** [アバーゥトゥ] ― ～の周りに（位置して）、～の周りを（動く）

　イギリスでは、roundとaroundを上のように使い分けている人が多かったのですが、最近では使い分けない人が多いようです。アメリカ英語では、roundを使わずにaroundが使われることが普通です。
　アメリカ英語では、aboutの代わりにaroundを使います。

　The children gathered around Mr. Brown.
　（子供たちはブラウン先生の周りに集まった。）
　I rode around Sasayama Castle on my bike.
　（私は私の自転車で篠山城の周りを1周した。）
　Look [about / around] you.（あなたの周りをみなさい。）
　発音　gather [ギャザァ]　　Castle [キャッソー]

## ●同じような意味を持つ前置詞

　ここからは、同じような意味を持つ前置詞をひとまとめにして紹介していきたいと思います。

### [1]「～によって」を表す by と with
①「～によって」という行為者を表す場合
　This dog was saved by Tony.
　（この犬はトニーさんによって救助された。）
　This machine works by electricity.（この機械は電気で動きます。）
②「～によって」が道具を表す場合
　This tree was cut with an ax.（この木はおので切られた。）
　発音　saved [セーィヴドゥ]　　an ax [アネァクス]
　electricity [イレクチュリスィティ]

**ここを間違える**

行為者を表すbyの行為者は、人だけとは限りません。

(1) Tony was hit <u>by</u> the avalanche.
　　（トニー君はなだれに襲われた。）
(2) Tony was hit <u>with</u> a ball.
　　（トニー君はボールを当てられた。）

　　発音　the avalanche ［ずィ　**エァ**ヴァレァンチ］

このように、byとwithの使い分けがとても大切です。この場合、using（〜を使って）で置き換えられる時は、withになると覚えておきましょう。

(2) の英文はTony was hit <u>by someone</u> with a ball.
　　　　　　　　　　　　　　だれかによって

by someoneが省略されていると考えればわかりやすいと思います。
(1)と(2)を普通の英文にすると次のようになります。

(1) The avalanche hit Tony.
　　（そのなだれはトニー君を襲った。）
(2) Someone hit Tony with a ball.
　　（だれかがトニー君にボールを［使って］当てた。）

### ③「〜によって」が手段を表す場合

I went to Tokyo by car.
（私は車で東京へ行った。）
I went to Tokyo by bike.
（私は自転車で東京へ行った。）

## [2]「〜に乗って」を表すonとin

I went to Tokyo in my car.
（私は私の車に乗って東京へ行った。）
I went to Tokyo on my bike.
（私は自転車に乗って東京へ行った。）

## 7 前置詞について

### ここを間違える

(1) by car と in a car
(2) by bike と on a bike
(3) by bus と on a bus または in a bus

**by＋名詞**となっているのは、**熟語**と考えてください。**熟語**とは、英文法通りではなく、特別な表現なのです。英文法の観点から考えると、car, bike, bus の前には、a や the が必要なのですが、手段を表す by といっしょに使われている場合だけは、a や the がついていません。このことから、by car などは、熟語であると考えることができます。

つまり、car の前に a や the や my のような単語を使って英語に訳したい場合は on や in を使って表すしか手がないのです。

I went to Tokyo on a bus.
(私はあるバスで[に乗って]東京へ行った。)

I went to Tokyo by bus.
(私はバスで東京へ行った。)

### ここを間違える

**in** と **on** で**〜に乗って**を表すことができます。in はイギリス英語で、on はアメリカ英語で使われることが多いようです。

**in** には**〜に乗って**の他に**〜を使って**という意味があります。以前に勉強した **with** も**〜を使って**という意味があります。

それではどのような使い分けがあるか、次の例文を見て理解してください。

(1) Don't write your paper in pencil.
(レポートを鉛筆で書いてはいけません。)

(2) Don't write your paper with a pencil.
(レポートを鉛筆で書いてはいけません。)

発音 paper [ペーィパァ]　　pencil [ペンソー]

次のように覚えておきましょう。
□in pencilは、鉛筆を材料として考えて、〈鉛筆〉と考えています。
□with a pencilは、〈1本の鉛筆を使って〉と考えています。

### これだけは覚えましょう

□paint in oils（絵の具で描く）
□paint with watercolors（水彩絵の具で描く）
□print in colors（色刷りにする）
□print in black and white（白黒で印刷する）

発音 paint［ペーィントゥ］ oils［オーィオズ］
watercolors［ウォータァカラァズ］
black and white［ブレァッカン・ワーィトゥ］

## [3] 関連を表す前置詞は on, about, of

(1) a book about animals
　　（動物についての本）
(2) a book on zoology
　　（動物学についての本）
(3) stories of my trips
　　（私の旅行についての話）

　　発音 animals［エァニモーズ］ zoology［ゾーゥアラヂィ］
　　trips［チュリプス］

### ここが知りたい

**(質問)** on, about, of の使い分けはあるのでしょうか。
**(答え)** about は〈〜のまわりを〉という意味があるので、一般的で簡単な内容について表している場合には、aboutを使うと覚えておきましょう。on は本来〈〜に接触している〉という意味なので、テーマにつ

いてくわしく説明する必要がある場合に使います。言い換えると、専門的な内容についての時は on を使うと覚えておきましょう。of にも〈～について〉という意味があるとだけ覚えておいてください。

### ここが大切

about, on, of は**～についての、～について**の2つの意味があります。
(1) A（名詞）＋<u>about</u>＋B（名詞） (BについてのA)
　a　book　about　tennis (テニスについての本)
(2) 主語＋動詞＋<u>about</u> B（名詞） (Bについて)
　I know about Ms. Nakai. (私は<u>中井さんについて</u>知っています。)

### これだけは覚えましょう

□I think about ～.
□I think of ～.
aboutとofは、〈～について〉という意味でほとんど同じように使うことができますが、ofには〈～について〉以外にも意味があることから、aboutほどは〈～について〉という意味を強調することができないのです。このようなことから次のように覚えておいてください。
□think about ～は、～のことについてじっと考える
□think of ～は、①～のことを考える
　　　　　　　　　②～のことをふと思い浮かべる
つまり、積極的に頭を働かせて何かについて考えている時はthink about、何かの原因で思い浮かんでくるという時の考えるの意味の場合には、think of を使えばよいのです。

　What are you thinking about?
（あなたは何をじっと考えているの？）
　I'm thinking of seeing you one of these days.
（私は近い内にあなたに会おうかなと思っているんですよ。）

I can't think of your name.
(私はあなたの名前が思い出せません。)

### ここを間違える

(1) I know Ms. Sasaki.
(私は直接佐々木さんを知っています。)
(2) I know about Ms. Sasaki.
(私は見たり聞いたりして、佐々木さんをくわしく知っています。)
(3) I know of Ms. Sasaki.
(私は佐々木さんをうわさで聞いて知っています。)

単語　Ms.［ミズ］女性ならばだれにでも使える言葉

**[hear about と hear of の使い分けについて]**
**hear about 〜** － 〜について聞いて知る、〜のことを耳にする
**hear of 〜** － 〜のことを聞いて知る、〜の存在を知る、〜のうわさを聞く

Have you heard anything about me?
(私について何か聞いたことはありますか。)
I've heard a lot about you.
(おうわさはかねがねうかがっております。)
I've never heard of such a thing.
(私はそのようなことは一度も聞いたことがありません。)

**(解説)** 一般に、hear of よりも〈くわしい内容について聞く〉時に hear about を使います。

### これだけは覚えましょう

**[speak of, speak about, speak on の区別の仕方]**
**speak of 〜** － 〜について言及する、〜に触れる、〜のことを話す
**speak about 〜** － 〜についてくわしく述べる
**speak on 〜** － 〜について話す、〜について演説する

This is the car I spoke of yesterday.
(これが私が昨日話をしたその車です。)
What did Tony speak about yesterday?
(トニー君は昨日何について話をしましたか。＝何の話をしましたか。)
Tonight I speak on Tokyo.
(今夜私は東京について話をします。)

### ここが知りたい

(質問) 色々な動詞の次に of と about がきますが、結局のところ、of と about の使い分けはほとんど同じなのですか。

(答え) おっしゃる通りです。大切なことは、about がきていると〈くわしく〉、of がきていると、〈くわしくではなく軽く〉と覚えておけばよいと思います。そして、on は〈専門的なことについて〉述べる時に使うと覚えておけば間違いがありません。ただし、ほとんどの場合、of と about を間違って使ってもたいした問題ではないので、あまり気にしないでその時に思い浮かんだ方を使ってください。

### これだけは覚えましょう

about, of, on が**～について**を表す前置詞だということを、ここまでかなりくわしく説明してきましたが、中学校では習わない**～について**を表す、前置詞の働きをする英語が他にもいくつかあります。

- concerning ［カンサ～ニン・］ 〜に関して、〜について
- regarding ［ゥリガーディン・］ 〜に関して(は)、〜について
- touching ［タッチン・］ 〜に関して、〜について、〜に関する
- respecting ［ゥリスペクティン・］ 〜に関して、〜について

Are there any questions regarding this problem?
(この問題に関して何か質問はありませんか。)

(**質問**)〈～について〉、〈～に関して〉という単語がたくさんあるようですが、熟語のようなものでも〈～について〉、〈～に関して〉を表す言い方はあるのでしょうか。

(**答え**) たくさんあります。たくさんあるので、場を改めて紹介したいと思います。

## [〈～に関して〉を表す as to と as for と as regards の区別の仕方]

**as for** ― ～はどうかと言えば、～に関しては

**as to** ― ～に関しては、～については

**as regards** [ゥリガーヅ]― ～に関しては、～について言えば

次のように使い分けてください。

**as for** ― すでに話題に上ったことに関連することで、新しい話題を持ち出す時に使います。文頭に置かれることが一般的です。

**as to** ― 文中に使われるのが一般的です。〈as to＋疑問詞〉のようになる場合は、as to を省略することがよくあります。

(1) Most of my friends like Tokyo, but as for me, I like Kyoto.
 (私の友だちのほとんどは東京が好きだが、私に関しては京都が好きです。)

(2) I have no idea (as to) what tofu is like.
 (私はとうふがどんなものかについてはわかりません。)

(3) Tony said nothing as to money.
 (トニー君はお金については何も言わなかった。)

 発音　tofu [ト-ゥフー]

**as regards** ― かたい文語体で、大げさな表現なので、会話やくだけた文章では使わない方がよいでしょう。

 As regards your second proposal, I'm opposed to it.
 (あなたの2番目の提案については、私は反対です。)

 発音　proposal [プゥラポーゥゾー]　opposed [アポーゥズドゥ]

### これだけは覚えましょう

## [「〜に関して」「〜について」「〜に関連して」「〜に関する」の総整理]

○同じパターンで集めてあります。

| in regard of<br>[かたい表現] | | in respect of<br>[かたい表現] |
|---|---|---|
| in regard to<br>[かたい表現] | in relation to | |
| with regard to<br>[かたい表現] | with relation to | with respect to<br>[主に商用文で] |

[as + 単語のパターン]

as regards　　　　　as for　　　　　　　as to
[かたい文語体]　　　[文頭で使われるのが普通]　[文中で使われるのが普通]

[ing を使った単語のパターン]

regarding　　　　　concerning　　　　　touching
[主に商用文で]　　　[about よりもかたい表現]　[文語体]

respecting
[古くさい言い方]

[前置詞を使ったパターン]

about　　　　　　　on　　　　　　　　　of
[一般的なことに使う]　[専門的なことに使う]　[about よりも意味が弱い]

[その他のタイプ]

in connection with（〜に関連して）

relating to

発音　ragard [ゥリガードゥ]　　respect [ゥリスペクトゥ]
relation [ゥリレーィシュンヌ]　regards [ゥリガーヅ]
connection [カネクシュンヌ]　relating [ゥリレーィティン・]

　ここで紹介しているものはすべて、「〜について」「〜に関して」「〜に関連して」「〜に関する」を表しているものを集めてあります。

## [4] 決まり文句で使われる関連を表すforと関係・対象を表すwith
### ここが大切
**for** ー ～に関して、～に対して、～について
**with** ー ～に関して、～にとって、～に、～と

　ここで勉強するforとwithは［3］の関連のところで勉強したon, about, ofやその他の前置詞とはかなり違います。forとwithは日常的によく使う決まり文句や熟語として使われているものがほとんどなので、自分で勝手に色々な動詞や形容詞といっしょに使うことはできません。

(1) That's all for today. (今日はここまでで終わりです。)
(2) That's all for now. (今のところはこれでおしまいです。)
(3) Just coffee for now. (とりあえずコーヒーをください。)
(4) I'm sorry for you. (お気の毒ですね。)
(5) I'm so happy for you. (おめでとうございます。よかったですね。)
(6) I have no ear for music. (私は音楽がわかりません。)
(7) Mr. Aoki has an expert eye for antiques.
　　(青木さんは骨董品(こっとうひん)に目が利きます。)
(8) Nothing is wrong with this car.
　　(この車はどこもおかしくない。)
(9) I'll help you with your work.
　　(私はあなたの仕事を手伝ってあげますよ。)
(10) That's fine with me. (私に関してはいいですよ。)
(11) I have nothing to do with Tony.
　　(私はトニー君とは関係はありませんよ。)
(12) What should I do with this box?
　　(この箱はどうしましょうか。)
(13) What am I going to do with this box?
　　(この箱はどうしようか。)

　　発音　expert［エクスパ～トゥ］　antiques［エァンティークス］

## [5] 交換、代金、値段を表す for と at
**for** — 〜と引き換えに、〜に対して、〜の値段で
**at** — (価格を表して) 〜で

### [for と at の区別の仕方について]
　for と at の使い分けは、お金と物の交換を表す時は for を用い、売買の率や、高い安いの割合を表す時は at を用いるのが一般的です。ただし、両者を区別しないで用いることもあります。

(1) I bought this book at a 50% discount.
　　(私はこの本を半額で買った。)
(2) I bought these apples at 50 yen apiece.
　　(私は１個につき50円でこれらのリンゴを買った。)
(3) I bought these apples for 500 yen.
　　(私は500円でこれらのリンゴを買った。)

　発音　bought [ボートゥ]　apiece [アピース]
　　　　discount [ディスカーゥントゥ]

### ここが知りたい
**(質問)** at と for は値段を表す時以外にも使うことはできないのですか。
**(答え)** できます。ここで勉強している at は、値段以外にでも、数量を表したり、割合を表したりすることができます。
　for は、〈〜と交換に〉という意味で使うことが多いので、まとめて覚えておくとよいと思います。また、〈〜に対して〉もよく使います。のちほど使い方を紹介します。

### これだけは覚えましょう

「私はこの本を2,000円で買った。」

(1) I bought this book for 2,000 yen.
  (私は2,000円と交換にこの本を買った。)
(2) I bought this book at the expense of 2,000 yen.
  (私は2,000円の費用でこの本を買った。)
(3) I paid 2,000 yen for this book.
  (私はこの本と交換に2,000円を支払った。)
(4) I spent 2,000 yen on this book.
  (私はこの本に2,000円を費やした。)
(5) This book cost me 2,000 yen.
  (この本に2,000円費用がかかった。)
(6) It cost me 2,000 yen to buy this book.
  (この本を買うために2,000円費用がかかった。)

発音 the expense [ずィ イクスペンス]  paid [ペーィドゥ]
spent [スペントゥ] cost [コーストゥ]  2,000 [チュー さーゥズンドゥ]

(解説)(1)〜(6)の英文のうち、(2)の英文は実際には使われません。
(2)以外の英語は、話し言葉でも書き言葉でもよく使われています。

### ここを間違える

  2,000ドル = two thousand dollars [ダラァズ]
  2,000円 = two thousand yen [いェンヌ]

(1) dollarにはsがつきますが、yenにはsがつきません。
(2) thousand(1,000)やhundred(100)のような単語の場合、前にはっきりした数字がきている時は、sをつけることができません。

## [割合、費用を表すatと交換を表すforが熟語で使われている例]

(1) at (aまたはthe) rate of 15 km per hour
   (毎時15kmの割合で［速さで］)

(2) at the price of 2,000 yen
   (2,000円の費用で)

(3) at an altitude of 3,000 meters
   (高度3,000mで)

(4) at a speed of 20 km per hour
   (時速20kmのスピードで)

(5) I got this book for nothing.
   (私はこの本をただで手に入れた。)
   **(解説)**「0円と交換に私はこの本を手に入れた。」のように考えるとわかりやすいのです。

(6) I wouldn't miss seeing this movie for (all) the world.
   (私は絶対にこの映画を見逃しません。)
   **(解説)** 全世界と交換してでもこの映画を見逃さない。という意味です。

(7) I'll trade (you) my bag for your book.
   (私は君に私のカバンと君の本を交換してあげるよ。)

(8) Can you exchange this jacket for one in a smaller size?
   (このジャケットをもっと小さいサイズのジャケットと換えてもらえますか。)

発音 rate［ゥレーィトゥ］ 2,000［**チュー さー**ゥズンドゥ］
altitude［**エァ**オティテュードゥ］ km［**キ**ラミタァズ／**キ**ラミータァズ］
per［パ～］ nothing［**ナ**ッすィン・］ trade［チュレーィドゥ］
exchange［イクス**チェー**ィンヂ］

**ここを間違える**

(1) exchange (A) for (B) = (A) と (B) を取り替える
(2) exchange (物) with (人) = (物) を (人) と交換しあう

**(解説)**
(1) 商品を同種の別の物と交換する。という意味で使う時は for を使います。両替にも使われます。
　① Could you exchange this jacket for one in a smaller size?
　　（このジャケットをもっと小さいサイズの物と交換していただけますか。）
　② I exchanged dollars for yen.
　　（私はドルを円と交換した。）
(2) 同種の物と人を交換しあう。
　① Would you like to exchange seats with me?
　　（私と席をかわっていただけませんか。）
　② I exchanged ideas with Tony.
　　（私はトニー君と意見を交換した。）

発音　jacket [ヂャケットゥ]　size [サーィズ]　seats [スィーツ]


(1) change (A) for (B) = (A) と (B) を取り替える
(2) change (物) with (人) = (物) を (人) と取り替える
　exchange と同じ使い方なので解説は省略します。

　I changed my yen for dollars.
　（私は円をドルに替えた。）

　I'd like to change this jacket for one in a smaller size.
　（私はこのジャケットをもっと小さいサイズと替えたいのですが。）

　Can I change places with you?
　（私と場所を替わっていただけませんか。）

発音　change [チェーィンヂ]　places [プレーィスィズ]

## [6] 差と単位を表すby

**by** — 〜の差で、〜ずつ
**by** — 〜ぎめで、〜単位で

(1) I missed the bus by a minute.
　　（私はそのバスに1分の差で乗り遅れました。）
(2) I am taller than Tony by two inches.
　　（私はトニー君よりも2インチ背が高い。）
(3) I am younger than Tony by two years.
　　（私はトニー君よりも2才年下です。）
(4) day by day （毎日毎日）
(5) little by little （少しずつ）
(6) step by step （1歩1歩）

(1) I am paid by the hour.
　　（私は時間ぎめで払ってもらっています。＝時間給です。）
(2) Sugar is sold by the pound.
　　（砂糖はポンド単位で売られています。）
　　発音　sugar [シュガァ]　the hour [ずィ　アーゥァ]
　　sold [ソーゥオドゥ]　pound [パーゥンドゥ]
(3) by the hour （時間単位で＝時間いくらで＝時間ぎめで）
(4) by the pound （ポンド単位で＝ポンドいくらで）

### ここを間違える

次のような意味もあります。
□ by the hours （何時間も）
□ by the pound （何ポンドも）

　　私はトニー君よりも2才年下です。
(1) I am younger than Tony by two years.

(2) I am two years younger than Tony.

youngerの前に数字を入れるとbyを使う必要はありません。

## [7] 賛成、反対を表す for と against

**for** ― ～に賛成して、～に味方して

**against** [アゲンストゥ] ― ～にさからって、～に反対して

(1) Are you for the plan or against it?
    （その計画に賛成ですか、それとも反対ですか。）
(2) Are you for or against the plan?
    （その計画に賛成ですか、それとも反対ですか。）
(3) I voted for Tony. （私はトニー君に投票した。）
(4) I voted for the bill. （私はその議案に賛成投票をした。）
(5) I voted against the bill. （私はその議案に反対投票をした。）
(6) I can't go against my nature. （私は性分にさからえない。）

## [8] 一致、不一致を表す with

**with** ― ～と合って、賛成して、同意見で

(1) I agree with you.
    （私はあなたの意見に賛成です。）
(2) I disagree with you.
    （私はあなたの意見に反対です。）
(3) I am with you.
    （私はあなたと同意見です。）
(4) This tie goes with your suit.
    （このネクタイはあなたのスーツに似合いますよ。）

　　発音　agree [アグゥリー]　disagree [ディスアグゥリー]
　　suit [スートゥ]

## [9] 状態または様態を表す副詞句で使われる in と with

**in** ― 〜の状態で、〜の状況の中で、〜の様子で
**with** ― 〜を持って、〜を示して

(1) You seem to be in trouble.
　　（お困りのようですね。）
(2) That pitcher seems to be in good form.
　　（あのピッチャーはコンディションがいいようです。）
(3) My car is in bad condition.
　　（私の車は調子が悪い。）
(4) Tony is in no condition to go to school.
　　（トニー君は学校へ行ける状態ではない。）
(5) I trembled in fear.
　　（私は恐怖で震えた。）
(6) I trembled with fear.
　　（私は恐怖で震えた。）
(7) Tony nodded with a smile.
　　（トニー君はほほえんでうなずいた。）
(8) "Will you sing a song for me?"
　　"With pleasure."
　　「私に1曲歌ってよ。」「喜んで。」

　　発音　trouble［チュラボー］　form［フォーム］
　　condition［カンディシュンヌ］　trembled［チュレンボードゥ］
　　fear［フィアァ］　nodded［ナッディドゥ］　smile［スマーィオ］
　　pleasure［プレジァ］

**これだけは覚えましょう**

〈自信を持って〉という**副詞**があるとします。

たとえば、〈私は自信を持って答えた。〉という日本文を英文に訳したい時、

(1) I answered confidently.

のように訳すことができます。

　　confidently [カンフィデン・リィ]〈自信を持って〉という副詞、
　　confident [カンフィデントゥ]〈自信に満ちた〉という形容詞
　　confidence [カンフィデンス]〈自信〉という名詞があります。

これらの単語を使って同じ意味を表すことができます。

　with（前置詞）＋名詞＝副詞のパターンを使うと同じ意味を表すことができるということを覚えておきましょう。

with には〈〜を持って〉という意味があるので、with confidence で〈自信を持って〉を表すことができるからです。このことから次のような英文ができます。

(2) I answered with confidence.
　　　　　　　 自信を持って（副詞句）

次に confident（自信に満ちた）という形容詞を使って表せないかを考えてみますと、〈自信に満ちた様子で〉という日本文を英文に訳すことができればよいことに気がつきます。

　このような時に in a ＋形容詞＋ manner ／ way というパターンを使うことができることを覚えておけばすぐに英文に訳せるのです。

(3) I answered in a confident [manner ／ way].
　　　　　　　 で　 自信に満ちた　　 様子

これらのことをまとめると次のようになります。

様態を表す副詞＝with＋名詞＝in a＋形容詞＋[manner ／ way]

　　|発音|　manner [メァナァ]　 way [ウェーィ]

## [10] 原因、理由を表す from, for, through

**from** — ～から（考えて）、～で、～のために
**for** — ～のために
**through** [すゥルー] — ～のために、～によって、～のせいで

Tony died from overwork.
(トニーさんは過労のために亡くなった。)

Judging from the look(s) of the sky, it's likely to rain.
(空模様から判断すると、雨が降りそうです。)

Tony was fined for drunken driving.
(トニー君は飲酒運転のために罰金を取られた。)

Sasayama is famous for its *kuromame* growing.
(篠山は黒豆栽培で有名です。)

Tony failed in his business through ignorance.
(トニーさんは無知のために商売に失敗した。)

発音 overwork [オーゥヴァワ～ク]　fined [ファーィンドゥ]
judging [ヂァヂン・]　failed [フェーィオドゥ]
business [ビズニス]　ignorance [イグナゥランス]

### ここが知りたい

**(質問)** 同じような意味で使うことができる前置詞があるということは同じ意味の英文を色々な前置詞を使って英文に訳すことができるということですか。

**(答え)** お考えの通りです。

「堀江さんは資金がないために商売に失敗した。」

この場合、

　　　［from／for／through］want of funds

の3種類の答えがあります。

発音 want [ワントゥ]　funds [ファンヅ]

### ここを間違える

　from, for, throughが同じ意味を表せるからといって、いつも言い換えることができるわけではありません。

　from, for, throughの前にくる〈形容詞、動詞、名詞〉がどの前置詞と仲がよいかによるのです。

　つまり、正確なことを知りたい時は、英和辞典で、形容詞、動詞、名詞の使い方を調べるようにしてください。

　(例) Sasayama is famous for its ～. (篠山は～で有名です。)

　一般的には熟語のようになっているので、他の前置詞は使えません。ただし、〈～として有名です〉のような場合は、be famous as ～が使われます。

### これだけは覚えましょう

　次のパターンは、I ran away で意味が切れているので、fearとのつながりで6種類の言い方ができているのです。

　I ran away（私は逃げた）
　① in fear［恐怖の状況の中で］
　② with fear［恐怖を持って、恐怖を示して］
　③ for fear［恐怖のために］
　④ from fear［恐怖から、恐怖のために］
　⑤ out of fear［恐怖から］
　⑥ through fear［恐怖のせいで］
　発音　fear［フィアァ］

**(解説)** out of は前置詞の from と同じ意味を表すことができる語句なので、**前置詞句**と呼ばれています。

**7** 前置詞について

## [11] 除去、剥奪(はくだつ)を表すof
**of** － A of B（AからBを）

(1) I cleared the road of snow.
　　（私は道路の雪を除けた。）

(2) This medicine will relieve you of your pain.
　　（この薬を飲めばあなたの痛みが楽になるでしょう。）

(3) Please cure Judy of her illness.
　　（ジュデーさんの病気を治してください。）

(4) I emptied this box of its contents.
　　（私はこの箱の中身を開けた。）

(5) A boy robbed Judy of her money.
　　（ある少年がジュディーさんのお金を奪った。）

(6) Worrying deprived Judy of sleep.
　　（ジュディーさんは心配のせいで眠れなかった。）

|発音| cleared［クリァァドゥ］　road［ゥローゥドゥ］
medicine［メディスン］　relieve［ゥリリーヴ］　pain［ペーィンヌ］
cure［キュアァ］　illness［イオネス］　emptied［エンプティドゥ］
contents［カンテンツ］　robbed［ゥラブドゥ］

**(解説)** 英語を直訳すると次のようになります。

(1) 私はその道路から雪を除けた。
(2) この薬はあなたから痛みを取り除いて楽にしてくれるでしょう。
(3) ジュデーさんから彼女の病気を取り除いて治してください。
(4) 私はこの箱から中身を除けて空っぽにした。
(5) ある少年がジュディーさんから彼女のお金を奪った。
(6) 心配がジュディーさんから睡眠を奪った。

### ここを間違える

A of B（AからBを）と B from A（AからBを）のどちらを使うのかは動詞によって異なっています。

(1) 私は道路の雪を除けた。

　①I cleared <u>the road</u> of <u>snow</u>.
　　　　　　　　A　　　　　B

　②I removed <u>snow</u> from <u>the road</u>.
　　　　　　　　B　　　　　　　A

　単語　removed［ゥリムーヴドゥ］〜を取り除いた

(2) ①トニー君はジュディーさんのお金を奪った。

　　Tony robbed <u>Judy</u> of <u>her money</u>.
　　　　　　　　　A　　　　　B

　②トニー君はジュディーさんのお金を盗んだ。

　　Tony stole <u>her money</u> from <u>Judy</u>.
　　　　　　　　B　　　　　　　　A

　単語　stole［ストーゥオ］　steal［スティーオ］盗む、の過去形

### ここが知りたい

(質問) of と from はどちらも**〜から**を表しているということですか。

(答え) もともと**分離**を表す **off** から独立した **of** なので、**of** に**分離**の意味があるのです。**from** にも**分離**の意味があるので、どちらも同じ意味を表すことができるのです。

(質問) I'll relieve <u>you</u> of <u>your pain</u>. や I cured <u>Judy</u> of <u>her illness</u>.
　　　　　　　　　A　　　B　　　　　　　　　A　　　B
を I'll relieve your pain. や I cured Judy's illness. のように言うことはできないのですか。

(答え) あなたのご想像通り言い換えることができます。

　英語では、全体＋of＋部分、全体＋前置詞＋部分のような言い方がよくあるのです。次にくわしくまとめて説明させていただきます。

## 7 前置詞について

### ここを間違える

(1) トニー君は私の顔をなぐった。
　　Tony hit me in the face.
(2) トニー君は私の頭をなぐった。
　　Tony hit me on the head.
(3) 私は中井さんの肩をぽんと（軽く）叩いた。
　　I patted Ms. Nakai on the shoulder.
(4) 私は佐々木さんの手をにぎった。
　　I grasped Ms. Sasaki by the hand.
(5) 私は坂本君の腕をつかんだ。
　　I took Mr. Sakamoto by the arm.
　　I caught Mr. Sakamoto by the arm.
　　I grabbed Mr. Sakamoto by the arm.

発音　head [ヘッドゥ]　patted [ペァッティドゥ]
shoulder [ショーゥオダァ]　grasped [グゥレァスプトゥ]
the arm [ずィ　アーム]　caught [コートゥ]　grabbed [グゥレァブドゥ]

（解説）ここで紹介した動詞も**全体＋前置詞＋部分**を使った英語特有の表現パターンです。ここで紹介した動詞はすべて次のように言い換えることもできます。

　（例）(1) Tony hit my face.
　　　 (3) I patted Ms. Nakai's shoulder.

### ここが知りたい

（質問）Tony hit me in the face. と Tony hit my face. は同じことを言っているのだと思いますが、なぜ違った言い方をわざわざするのですか。

（答え）英語では動詞の次にきている単語と動詞との間には強いつながりがあります。このことから考えると、Tony hit me と言っている表

現の場合は、me（私）に焦点を当てた表現と考えることができます。

それに対して Tony hit my face. は my face（私の顔）に重点を置いていると考えることができます。

### ここが大切

私はトニー君に私の自転車をあげた。

(1) I gave Tony my bike.

(2) I gave my bike to Tony.

同じ意味を表している英文があっても、次のように意味合いが違う場合があります。

(1) I gave Tony の場合は、トニー君に直接あげた

(2) I gave my bike の場合は、私の自転車をあげた

つまり、(2)の I gave my bike to Tony. のように動詞と Tony の間に前置詞が入っている場合は、直接あげたかどうかは、はっきりわからないのです。

### ここが知りたい

**(質問)** Tony hit me in the face. のようなパターンを取る動詞を以前にいくつか紹介してもらいましたが、他にもこのパターンで使われる動詞はあるのでしょうか。

**(答え)** あります。2つ紹介しておきます。

(1) トニーさんは（目をそらさないで）私の顔をじっと見つめた。

　　Tony looked me straight in the face.

　　Tony stared me straight in the face.

(2) トニーさんは（目をそらさないで）私の目をじっと見つめた。

　　Tony looked me straight in the eye.

　　Tony stared me straight in the eye.

|単語| straight [スチュレーィトゥ] まっすぐに
stared [ステァァドゥ] ～をじっと見つめる

　この場合のstraightは意味を強めるために付け加えられた言葉なので なくても通じます。

**(質問)** Look at me. や Look at my face. のような言い方はできないのですか。

**(答え)** できます。同じようにStare at me. や Stare at my face. も使うことができます。

### ここを間違える

(1) トニーさんは (目をそらさないで) 私の [顔／目] をじっと見た。
　　[×] Tony looked at me straight in the [face／eye].
　　[×] Tony stared at me straight in the [face／eye].
　　[○] Tony looked me straight in the [face／eye].
　　[○] Tony stared me straight in the [face／eye].
(2) トニーさんは [私の目／私の顔] をじっと見た。
　　[○] Tony stared into [my eyes／my face].
(3) トニーさんは私の顔をのぞき込んだ。
　　[○] Tony looked into my face.

### ここを間違える

　(1) Tony hit me in the face.
　(2) Tony stared me in the face.
　(3) Tony looked me in the face.

　これらの構文は同じパターンを使っているのは間違いないのですが、ひとつだけ気をつけなければいけないことがあります。

　in the faceという副詞句(付け加えでついている語句)を消した場合。

(1) [○] Tony hit me.（トニーさんは私をなぐった。）
(2) [×] Tony stared me.
(3) [×] Tony looked me.

　(1)はhitはもともと〈~をなぐる〉という意味の他動詞なのでin the faceがなくても意味が成り立ちますが、lookは〈見る〉stareは〈じっと見る〉という**自動詞**なので、atやintoなどの前置詞を動詞の次に持ってこなければ、〈~を見る〉や〈~をじっとみる〉のような意味を表すことができないのです。

　つまり、in the faceという副詞句がついている時のみ (1)stare (2)lookを(1)~をじっと見る (2)~を見る、という意味で使うことができるのです。

　このことから、hitとlook, stareはまったく違った構文であることがわかります。

## [12] 追求、目標、目的、要求、獲得を表す after, for, at

**after** —（人などを）追って、（仕事などを）求めて、（名声、富など）を追い求めて
**for** — ~を求めて、~を得るために
**at** — ~に向かって、~を目がけて、~に対して

　Run after Tony.（トニーを追いかけなさい。）
　I'm after a good job.（私はよい仕事を探しています。）
　I want to go after a driver's license.
　（私は運転免許証を取りたいと思っています。）
　What are you looking for?（あなたは何を探しているのですか。）
　Send for a doctor.（医者を呼んで。）
　Let's go for a beer.（ビールを飲みに行こうよ。）
　I aim at passing the entrance exams for Todai.
　（私は東大合格をねらっています。）

**7** 前置詞について

What are you getting at?
(あなたは何を言おうとしているのですか。)

発音　driver's license [ジュラーィヴァズ　ラーィスンス]
beer [ビアァ]　aim [エーィム]　passing [ペァッスィン・]
entrance exams [エンチュランス　イグゼァムズ]

## [13] 着用を表す in

**in**—〜を着て、〜を身につけて、〜におおわれて、〜につつまれて

That teacher is in a black cap.
(あの先生は黒いぼうしをかぶっています。)

that girl in red shoes（赤いくつをはいているあの少女）

発音　girl [ガ〜オ]　red shoes [ゥレッ・　シューズ]

### これだけは覚えましょう

「青いスーツを着ているあの先生」
(1) that teacher who is dressed in a blue suit
(2) that teacher dressed in a blue suit
(3) that teacher in a blue suit
(4) that teacher who is wearing a blue suit
(5) that teacher wearing a blue suit
(6) that teacher who has a blue suit on
(7) that teacher with a blue suit on
(8) that blue-suited teacher

発音　dressed [ジュレストゥ]　a blue suit [ア　ブルースートゥ]
wearing [ウェァゥリン・]

**(ポイント)**

☐ 〜を着ています　① is dressed in 〜　② is in 〜
　　　　　　　　③ is wearing 〜　④ has 〜 on

□ ～を着ている　①with～on　②dressed in～
　　③in～　④wearing～　⑤who is wearing～
　　⑥who is dressed in～
□ 青いスーツの　blue-suited［ブルースーティドゥ］

### ここが知りたい

(質問) that blue-suited teacher（あの青いスーツの先生）という英語の成り立ちを教えてください。

(答え) これは中学校の英語では習わないものです。たとえば、次のような英文があるとします。

　　You have a round face.（あなたは丸い顔をしています。）
　　発音　round face［ゥラーゥンドゥ　フェーィス］丸い顔
　　丸い　顔 = round　face
　　　　　　　　　形容詞　名詞

　このround faceをround-faced［ゥラーゥンドゥフェーィストゥ］にすることによって丸い顔をしたという形容詞の働きをする単語にかえることができるのです。

　　You are round-faced.（あなたは丸い顔をしています。）
この場合も、a blue suitからblue-suitedにすることで青いスーツのという意味の形容詞になっていると考えることができます。

(質問) that teacher in a black capをthat black-capped teacherに書き換えることができるということですか。

(答え) はい、その通りです。英和辞典にも、〈形容詞〉として載っているものもあります。
head［ヘッドゥ］頭　headed［ヘッディドゥ］～の頭の、～の髪の
eye［アーィ］目　eyed［アーィドゥ］～の目をした　face［フェーィス］顔
faced［フェーィストゥ］～の顔をした、顔の表情が～の　leg［レッグ］脚
legged［レッグドゥ／レッギドゥ］足［脚］の～な、足［脚］の

## [14] 付帯状況を表す with

**with** － 〜したままで

Don't speak with your mouth full.

(口をいっぱいにしたままで話すな。)

発音　mouth［マーゥす］　　full［フオ］

### ここが知りたい

**(質問)** 付帯状況を表すwithとはどのような意味ですか。

**(答え)** 付帯状況のことを同時状況ということもあります。

　2つの動作が同時に行なわれているか、または、1つの動作ともうひとつの状態が同時である場合に同時状況ということがあります。

　たとえば、Don't speak with your mouth full.の場合、〈話す〉という動作と〈あなたの口はいっぱいである〉という状態が同時に起こっていると考えることができます。

　この時、〈話す〉という動作が〈主〉になっていて、それに従うようにいっしょに〈あなたの口はいっぱいである〉という状況を表す文が使われているので、with your mouth fullの**with**を付帯状況を表す前置詞と呼んでいるのです。

　**付帯状況のwithは〜したままで**という意味で覚えておくとよいと思います。

### ここが大切

付帯状況のwithは次のように考えるとわかりやすいのです。

　Don't speak. + Your mouth is full.
　　話すな。　　　あなたの口はいっぱいです。

＋のところを＋の代わりにwithを入れてisを消してください。すると次のような英文ができます。

<u>Don't speak</u>　　<u>with</u>　　<u>your mouth full.</u>
　　話すな　　したままで　あなたの口をいっぱいに
（あなたの口をいっぱいにしたまま話してはいけない。）

文法的には is ではなく being を省略した **with＋独立分詞構文**と考えることもできます。

### これだけは理解しましょう

(1) あなたの口は開いている。
　　Your mouth is open.
　あなたの口を開けたまま
　　with your mouth open
(2) その窓は開いている。
　　The window is open.
　その窓を開けたまま
　　with the window open
(3) その明かりはついている。
　　The light is on.
　その明かりをつけたまま
　　with the light on
(4) あなたのくつははかれている。
　　Your shoes are on.
　あなたのくつをはいたまま
　　with your shoes on
(5) 私の手紙は恵さんの手の中にあります。
　　My letter is in Megumi's hand.
　私の手紙を恵さんは持ったまま
　　with my letter in Megumi's hand

(6) 私の足は組まれています。

    My legs are crossed.

  私の足を組んだまま

    with my legs crossed

ここまで理解できたら、次のようにして完全な英文を作ってみましょう。

(1) 私は明かりをつけたまま寝た。

  <u>私は寝た</u> + <u>明かりをつけたまま</u>
  I slept   with the light on.

(2) 私は私のくつをはいたまま寝た。

  <u>私は寝た</u> + <u>私のくつをはいたまま</u>
  I slept   with my shoes on.

(3) 私は私の御守りを私の右手に持ったまま寝た。

  <u>私は寝た</u> + <u>御守りを私の右手に持ったまま</u>
  I slept   with a charm in my right hand.

  発音  light [ラーィトゥ]  shoes [シューズ]  charm [チァーム]

ここからは、日本語から英語に訳す時に役立つ、前置詞の勉強をしたいと思います。

## ●「の」を表す前置詞の総整理

### [1]「の」を表すonとof

**on** － 今接触しているものと、ずっとくっついているもののどちらにも使えます。

**of** － 初めからくっついているものしか使えません。

  (1) その壁にかかっている一枚の写真＝その壁の一枚の写真

    a picture on the wall

(2) そのカメラについているセルフタイマー＝そのカメラのセルフタイマー
　　a self-timer on the camera
　　発音 self-timer [セオフ **ターィマァ**] 　camera [**キャ**ムゥラ]
(3) この戸についている取っ手＝この戸の取っ手
　　the handle of this door
　　発音 handle [ヘァンドー]

## [2]「の」を表す in と of

**in** —〈～の〉中にあるという意味で使われている場合に使います。
**of** — はじめからずっとくっついている時に使います。

　　(1) この部屋の中に今あるそのテーブル＝この部屋のそのテーブル
　　　　the table in this room
　　(2) この部屋ができた時からある戸＝この部屋のその戸
　　　　the door of this room

## [3]「の」を表す in, at, by

**in** —〈～で書かれている〉を表すことができます。
**in** —〈～にある〉を表すことができます。
**at** —〈ある地点にいる〉または〈ある地点にある〉を表すことができます。
**by** —〈～によって描かれた〉〈～によって書かれた〉を表すことができます。

　　① 英語で書かれたこの手紙＝英語のこの手紙
　　　　this letter (written) in English
　　② 東京にある、ある大学＝東京のある大学
　　　　a college in Tokyo

③ある高校のある先生＝ある高校の先生
   a teacher at a high school
④広重によって描かれた一枚の絵＝広重の1枚の絵
   a picture (drawn) by Hiroshige
⑤トニーによって書かれたある小説＝トニーの小説
   a novel (written) by Tony

発音　novel [**ノ**ーヴォー]　　written [**ゥリ**トゥンヌ]
drawn [ジュ**ロ**ーン]

(解説) written や drawn は省略することができます。

### ここを間違える

「私の息子の1枚の絵」
   a picture of my son（私の息子を描いた1枚の絵）
   a picture by my son（私の息子によって描かれた1枚の絵）
   a picture of my son's（私の息子が所有しているうちの1枚の絵）

### [4]「の」を表す for

**for** －〈～のための〉という意味で使うことができます。

①私は東大のための入試に受かった。＝私は東大の入試に受かった。
   I passed the entrance exams for Todai.
②私は風邪のための薬を買った。＝私は風邪の薬を買った。
   I bought medicine for a cold.
③私はコンサートのためのチケットを1枚買った。
   ＝私はコンサートのチケットを1枚買った。
   I bought a ticket for the concert.

発音　bought [**ボ**ートゥ]　　medicine [**メ**ディスンヌ]
ticket [**ティ**ケットゥ]

## [5]「の」を表す about と on

**about** —〈かんたんな内容について／関して〉という意味の時に使います。

**on** —〈専門的な内容について／関して〉という意味の時に使います。

　①動物についての本＝動物の本
　　a book on animals
　②動物学についての本＝動物学の本
　　a book on zoology
　③アメリカ史についての権威＝アメリカ史の権威
　　an authority on American history.
　④アメリカ史についての講義＝アメリカ史の講義
　　a lecture on American history

　発音　animals [**エァ**ニモーズ]　　zoology [ゾーゥ**ア**ラヂィ]
　authority [オー**ソー**ゥリティ]　　lecture [**レ**クチァ]

## [6]「の」を表す to

**to** — 所属や付属を表すことができます。

　①私は中井先生の秘書です。
　　I am a secretary to Ms. Nakai.
　②中井先生は坂本さんのいとこです。
　　Ms. Nakai is a cousin to Mr. Sakamoto.
　③この部屋のかぎはどこにありますか。
　　Where is the key to this room?

　発音　secretary [**セ**クゥレテゥリィ]　　Ms. [ミズ]
　cousin [**カ**ズンヌ]　　key [**キー**]

　**(解説)** to を〈〜につながっている〉と覚えておくとよいでしょう。

**7** 前置詞について

#### ここを間違える

次の表現はむずかしいので、丸暗記してください。

(1) 彼らは大学の友だちです。

They're friends from college.

(2) あおいさんは医学部の学生です。

Aoi is majoring in medicine. (医学を専攻しています。)

発音　friends［フゥレンヅ］　medicine［メディスンヌ］
majoring［メーィヂゥリン・］

(3) 私は東大の学生です。

I'm a student at Todai.

(4) 私は東大の学長です。

I'm the president of Todai.

**(解説)**

① a がきている時は at、the がきている時は of

② たくさんいるうちの 1 人の学生なので、a student

③ 学長は 1 人しかいないので、the president

## [7]「の」を表すof

① **of** — A of B が A(動詞)＋B(名詞). にしても意味が成り立ちます。

the study of English → study English
(英語の勉強)　　　　　　　(英語を勉強する)

② **of** — A of B が B(名詞)＋A(動詞). にしても意味が成り立ちます。

この場合は B's A と言い換えても同じ意味を表すことができます。

the arrival of the train → The train arrived.
(その列車の到着)　　　　　(その列車は到着した。)

the train's arrival → The train arrived.
(その列車の到着)　　　　(その列車は到着した。)

発音　the arrival［ずィ アゥラーィヴァオ］　arrived［アゥラーィヴドゥ］

③ **of** －A of B が B has A. にしても意味が成り立ちます。

the owner of this house → This house has an owner.
（この家の所有者）　　　　　　（この家は所有者がいます。）

発音　the owner［ずィ オーゥナァ］

④ **of** －A of B's を B's A. としても意味を表すことができます。

このパターンも B has A. にしても意味が成り立ちます。

a friend of Ms. Nakai's → Ms. Nakai has a friend.
（中井さんの友だち）　　　　　（中井さんにはある友だちがいます。）

Ms. Nakai's friend → Ms. Nakai has the friend.
（中井さんの友だち）　　（中井さんには［1人だけの／その／例の］
　　　　　　　　　　　　友だちがいます。）

**ここが大切**

a friend of Ms. Nakai's ＝ one of Ms. Nakai's friends
（中井さんの友だち）　　　　　（中井さんの友だちのうちのある友だち）

　Ms. Nakai's friend（中井さんの友だち）は、だれかが話の流れからわかっている友だちをさします。

⑤ **of** －〈部分〉〈全体〉を表している場合

　　the top of the hill（その丘のてっぺん）

　　the roof of my house（私の家の屋根）

　　発音　top of［タッパヴ］　　hill［ヒオ］　　roof［ゥルーフ］

⑥ **of** －A of B を B is A. に書き換えても成り立ちます。ただし、A は名詞なので、B is A. に書き換える時には、A のところにくる名詞の代わりに形容詞に書き換える必要があります。

　the difficulty of learning Japanese
（日本語を学ぶことのむずかしさ）

　→ Learning Japanese is difficult.
　　（日本語を学ぶことはむずかしい。）

## 7 前置詞について

⑦ **of**－量や数を表す場合

<u>a</u> <u>lot</u> <u>of</u> <u>books</u>（たんさんの本）
たくさん　の　本

<u>a</u> <u>piece</u> <u>of</u> <u>chalk</u>（1本のチョーク）
1本　　の　チョーク

<u>hundreds</u> <u>of</u> <u>books</u>（数百冊の本）
数百も　　の　本

発音　a piece of ［ア　ピーサヴ］　hundreds ［ハンジュレッツ］

⑧ **of**－ひとつの［グループ／かたまり］を表す場合

<u>a</u> <u>group</u> <u>of</u> <u>students</u>（あるグループの学生たち）
あるグループ　の　学生たち

<u>a</u> <u>bunch</u> <u>of</u> <u>flowers</u>（1束(たば)の花）
1束　　の　花

発音　group ［グゥループ］　bunch ［バンチ］

⑨ **of**－数えられない名詞を入れ物に入れて数える場合

<u>a</u> <u>glass</u> <u>of</u> <u>milk</u>（グラス1杯のミルク）

<u>a</u> <u>cup</u> <u>of</u> <u>tea</u>（コップ1杯のお茶）

発音　glass of ［グレァサヴ］　cup of ［**カ**ッパヴ］　milk ［**ミ**オク］

⑩ **of**－時間、日数、年月を表す場合

<u>get</u> <u>eight hours</u> <u>of</u> <u>sleep</u>（8時間の睡眠をとる）
とる　8時間　　の　睡眠

<u>after</u> <u>three days</u> <u>of</u> <u>debate</u>（3日間の討議の後）
あと　3日間　　の　討議

<u>from</u> <u>many years</u> <u>of</u> <u>experience</u>（長年の経験から）
から　長年　　　の　経験

**（解説）** このパターンでは、eight hours of sleep を eight hours' sleep のように書き換えることができます。

発音　debate ［ディベーィトゥ］　experience ［イクスピゥリアンス］

#### ここを間違える

(1) <u>one dollar's worth of meat</u> (1ドル分の肉)
　　1ドルの　　価値　の　肉

(2) <u>two dollars' worth of meat</u> (2ドル分の肉)
　　2ドルの　　価値　の　肉

(3) men's clothing (男性用の服)

**(解説)**

(1) 単数名詞＋'s＋名詞
(2) 複数名詞＋'＋名詞
(3) のようにsがつかない複数名詞の場合には'sをつけます。

'sをアポストロフィエスといいます。〈〜の〉という意味で使われます。

発音　dollar'sとdollars'どちらも［ダラァズ］　men［メン］
　　　worth［ワ〜す］　meat［ミートゥ］

#### ここが知りたい

**(質問)** ofと'sはいつも書き換えることができるということではないのですか。

**(答え)** 条件によります。次のようなルールがあります。

　　　　A's B = the B of A

しかし、いつでも書き換えられるというわけではありません。

A's Bが好まれる場合と the B of A が好まれる場合があるからです。

#### ['sが好まれる場合]

(1) Aが人を表している場合
　　Tony's head (トニー君の頭)
(2) A's B が A が B を所有するという意味の場合
　　my father's house (私の父の家＝私の父が所有している家)

(3) A's B が A+B の動詞形で文が成り立つ場合

the train's arrival = The train arrived.
　（その列車の到着）　　（その列車は到着した。）

(4) A's B of C というパターンで A+B の動詞形+C.で文が成り立つ場合

Columbus's discovery of America（コロンブスのアメリカ発見）
= Columbus discovered America.

（コロンブスはアメリカを発見した。）

発音 Columbus's [カランバスィズ]　discovery [ディスカヴァゥリィ]
discovered [ディスカヴァドゥ]

(5) 場所や時間を表す名詞に 's を使って所有格を表す場合

Japan's highest mountain = the highest mountain in Japan
　　（日本の1番高い山）　　　　　　　（日本の1番高い山）

the other day's meeting = the meeting the other day
　　（先日の会議）　　　　　　　（先日の会議）

これ以外の条件に当てはまっていると the B of A で使われます。

### これだけは覚えましょう

's または s の発音の仕方に注意してください。

(1) z [ズ]、s [ス]、dʒ [ヂ]、tʃ [チ]、ʃ [シ]、ʒ [ジ] の音で終わっている単語の次に 's または s がきている時は [iz, イズ] と発音します。

（例）Mr. Jones's [ヂョーゥンズィズ]　Dennis's [デニスィズ]
　　　　　　　　　　ズ　　　　　　　　　　　　ス

(2) p [プ]、k [ク]、t [トゥ]、f [フ]、θ [す] の音で終わっている単語の次に 's または s がきている時は、s [ス] と発音します。

（例）looks [ルックス]

(3) (1) と (2) の音以外の音で終わっている単語の次に 's または s がきている時は、z [ズ] と発音します。

（例）Brown's book [ブゥラーゥンズ] ブラウンさんの本

### ここを間違える

(1) (○) today's meeting (今日の会議)
(2) (×) the meeting of today
(3) (○) the meeting today

原則としては、〈時を表す名詞's ～〉を〈～ of 時を表す名詞〉で書き換えることはできません。

(3)のようにthe meeting todayとすることはできます。(3)のtodayは今日はという副詞で(1)と(2)のtodayは名詞です。

副詞としてのtodayをthe meeting (名詞)の後ろに置くことで前にある名詞をくわしく説明することができるのです。

### ここが知りたい

(質問)〈今日の若い人は背が高い。〉という日本文を英文に訳す時は、〈時を表す名詞 's〉を〈～ of 時を表す名詞〉で書き換えられないということを勉強しましたが、A's B = the B of Aのパターンで書き換えることはできないのですか。

それからtodayを副詞と考えて英語に訳すことはできるのでしょうか。

(答え) 鋭い質問ですね。ルールには例外もあるのです。

todayを今日(きょう)という意味で使う場合は、today's test (今日のテスト)を the test of today (今日のテスト)にすることはできません。その代わりにthe test today (今日のテスト)で書き換えることができると覚えてください。

ただし、todayを今日(こんにち)という意味で使う場合については、A's B = the B of A とすることもできるのです。

このことから、次のように訳すことができます。

  Today's young people are tall.
  (The) young people of today are tall.
  Young people today are tall.

 ここからは、「の」を前置詞を使わずに表す方法について考えてみたいと思います。
 「私の友だちのグリーン先生は25才です。」
 この日本文を英文に訳したい時は、次のように2つに分けて考えます。
 (1) 私の友だちは25才です。
  <u>My friend</u> is twenty-five years old.
 (2) グリーン先生は25才です。
  <u>Mr. Green</u> is twenty-five years old.
(1)と(2)は下線の部分が主語になっています。
(1)と(2)は下線の部分を1つにして主語にすると、〈私の友だちの<u>グリーン先生は</u>〉となり、「の」が入ってきます。
 このような日本語は、次の2つのパターンに当てはめて英語に訳すことができます。
(1) 私の友だちから始める場合
 <u>私の友だち</u>のグリーン先生
 My friend Mr. Green
(2) グリーン先生から始める場合
 私の友だちの<u>グリーン先生</u>
 Mr. Green, my friend,
「私の友だちのグリーン先生は25才です。」
(1) My friend Mr. Green is twenty-five years old.
(2) Mr. Green, my friend, is twenty-five years old.

269

#### ここが知りたい

**(質問)** なぜ [ , ]（コンマ）がある時とない時があるのですか。

**(答え)** 間にある単語が省略できる時に [ , ] ではさみます。

日本語の（かっこ）のようなものだと思ってください。例をあげて説明したいと思います。

(1) My friend Mr. Green

(2) Mr. Green, my friend,

my friend と Mr. Green のどちらが重要な情報であるかを考えます。重要でない方を（かっこ）でくくることができるので、その部分を [ , ] ではさむのです。

この場合、Mr. Green が重要な言葉で、my friend がどちらかと言うと重要な情報ではないと考えることができます。

つまり、[, my friend,] とすればよいことがわかります。

〈私の友だちの〉グリーン先生は25才です。

My friend Mr. Green is twenty-five years old.

Mr. Green, my friend, is twenty-five years old.

つまり、重要な情報を先に言う場合は [ , ] をつける必要があるということです。

**(質問)** それでは、なぜ <u>my friend Mr. Green</u> のように重要でない情報を先に言うことがあるのですか。

**(答え)** 英文を書いている人が my friend も Mr. Green もどちらも大切だと考えたからです。

そのような時は、省略可能な言葉を一番最初に置くこともあります。

#### これだけは覚えましょう

「今朝の朝5時頃に小火 [ぼや] があった。」

(1) This morning, around five, there was a small fire.

(2) Around five this morning there was a small fire.

**(解説)** around five だけであれば、〈いつの5時頃〉なのかがわからないので、this morning（今朝）の方がより大切な情報であると考えることができます。このことから次のようになっているのです。

(1) This morning, around five,

ところが、話をしている人か、英文を書いている人がaround fiveもthis morningも大切であると考えていると次のようにすることがあるのです。

(2) Around five this morning

## [8]「～のうちの」「～の中の」を表すof

most of us（私たちのほとんど／私たちのうちのほとんど）
many of us（私たちの多くの人／私たちのうちの多く）
some of us（私たちの数人／私たちのうちの数人）
one of us（私たちの1人／私たちのうちの1人）
two of us（私たちの2人／私たちのうちの2人）
most of the teachers
（その先生たちのほとんど／その先生たちのうちのほとんど）
some of the teachers（その先生たちの数人／その先生たちのうちの数人）
two of the teachers（その先生たちの2人／その先生たちのうちの2人）
one of my classmates
（私のクラスメートの1人／私のクラスメートのうちの1人）

### ここを間違える

「私たち2人だけで話をしたい、だから、しばらくの間2人だけにしていただけますか。」
"The two of us want to talk.
So would you leave us alone for a while?"

**(解説)** two of us のように言うと、私たちのうちの2人という意味を表しますが、the two of us というと私たち2人という意味になります。

### これだけは覚えましょう

- many 多くの人、多くの物
- some 数人の人、いくつかの物
- one 1人の人、1つの物、1個
- two 2人の人、2つの物、2個

(例) Only two came to see me.

（2人だけが私に会いに来ました。）

　「の」を表す前置詞は同じ日本文を英文にする時でも、人によって使う前置詞が違う場合があります。

　この本では、英、米、オーストラリアに住む20人に、どの前置詞を使いますかというアンケートを取り、100%の人がこの前置詞をよく使うと答えた、前置詞のみを載せることにしました。ぜひとも参考にしてください。

(1) 私は東大の学生です。

　I'm a student at Todai.

(2) 私は東大の学長です。

　I'm the president of Todai.

(3) 私は東大の入試に合格しました。

　I passed the entrance exams for Todai.

(4) 私はその問題の解決法を見つけました。

　I found a solution to the problem.

(5) 私は風邪の薬を買いました。

　I bought medicine for a cold.

(6) 私はそのコンサートの券を買いました。

　I bought a ticket for the concert.

(7) 私は大学の友だちに出会いました。

　I met a friend from college.

(8) トニーさんはアメリカ史の権威です。
　　Tony is an authority <u>on</u> American history.
(9) それでは、私は宗教の本を読みますよ。
　　Then I'll read books <u>on</u> religion.

　　発音　president [プゥレディドゥントゥ]　passed [ペァストゥ]
　　the entrance exams [ズィ エンチュランス イグゼァムズ]
　　solution [サルーシュンヌ]　medicine [メディスンヌ]
　　authority [オーそーゥリティ]　religion [ゥリリヂァンヌ]

## ●「から」を表す前置詞の総整理
### [1]「〜から落ちる」を表すoff, from down

　Tony fell <u>off</u> the chair.（トニー君はそのいすから落ちた。）
　Tony fell <u>from</u> the tree.（トニー君はその木から落ちた。）
　Tony fell <u>off</u> the ladder.（トニー君はそのはしごから落ちた。）
　Tony fell <u>off</u> the roof.（トニー君はその屋根から落ちた。）
　Tony fell <u>from</u> the roof.（トニー君はその屋根から落ちた。）
　Tony fell <u>from</u> the horse.（トニー君は馬から落ちた。）
　Tony fell <u>down</u> the stairs.（トニー君は階段から落ちた。）

(解説) 私が調査した結果、すべての人がこの前置詞をよく使うと答えた前置詞のみをここに載せています。

#### ここが知りたい

(質問) 何から落ちるかによって、from, off downの使い分けがあるようですが、何か使い分けのコツはあるのでしょうか。
(答え) 感覚の問題なので、これと言って使い分けはありません。ただし、〈階段から落ちる〉だけでは、転がって落ちるので、down を使っているようです。

#### ここが大切

「トニー君は屋根から落ちた。」
(1) Tony fell off the roof.
(2) Tony fell from the roof.

offは、屋根からトニー君の体が離れた、ということを強調した言い方です。fromは、屋根からという日本語と同じで、どこからということを強調した言い方なのです。


### [2]気持ちを表す時の「〜から」はout ofとfromで表せる

①私は好奇心から恵さんに話しかけた。

I spoke to Megumi out of curiosity.

I spoke to Megumi from curiosity.

②私は親切心から佐々木さんに話しかけた。

I spoke to Ms. Sasaki out of kindness.

I spoke to Ms. Sasaki from kindness.

発音 curiosity［キュアリアスィティ］　kindness［カーィンドゥニス］

(解説) out ofは中から外へという意味なので、fromよりも思いが強いと考えることができます。気持ちを表す〜からはfromよりもout ofの方がよく使われています。


### [3]「正規のところから入る」という意味を表すat

①表玄関から入ってください。

Please enter at the principal doorway.

②玄関から入ってください。

Please enter at the front door.

③私はトニー君の家に玄関から入った。

I entered Tony's house at the front door.

④勝手口から入ってください。

Please enter at the kitchen door.

単語 entered [エンタァドゥ] (〜に) 入った
principal [プゥリンスィパオ] 第1の、主な
kitchen door [キチンドーァ] 勝手口　doorway [ドーァウェーィ] 出入り口
front door [フゥラントゥ　ドーァ] 玄関

## [4]「正規のところではないところから入る」という意味を表すbyとthrough

①私は裏口から私の家に入った。

　I entered my house by the back door.

②通用門から入ってください。

　Please enter by the side gate.

③泥棒が窓から私の部屋に入った。

　A thief entered my room by the window.

　A thief entered my room through the window.

発音　side [サーィドゥ]　gate [ゲーィトゥ]　thief [すィーフ]
through [すゥルー]

(解説) by the windowの方がよく使われています。


## [5]〈〜を通って〉という意味の「〜から入る」を表すat, by, through

「北出口から駅を出てください。」

Leave the station at the north exit.

Leave the station by the north exit.

Leave the station through the north exit.

発音　leave [リーヴ]　station [ステーィシュンヌ]
north [ノーす]　exit [エグズィットゥ／エクスィットゥ]

(解説) atは〈通過地点〉、byは〈通過経路〉を表しています。

　throughは基本的な意味が〈〜を通って〉という意味なので、動作に焦点を置いた言い方の時によく使われます。

　「駅を出る」の場合にはthroughが一番よく使われています。

### ここが知りたい

**(質問)** 結局、by, at, throughはどれも使えるということなのでしょうか。

**(答え)** そう考えることもできます。ただし次のように考えておくとよいと思います。

　　□毎日出入りする所を表す場合にはat
　　□特別な時にしか使わない出入り口の場合はby
　　□〈～を通って入る〉のように動作に焦点を当てたい場合はthrough

1つ例をあげておきます。

「裏口から入ってください。」
① Please come in at the back door.
② Please come in by the back door.
③ Please come in through the back door.

のような場合、裏口を毎日のように使っているのであれば、atも可能ですし、特別な時にしか使わないのであれば、byを使うのがぴったりです。

「裏口から通って入ってください。」というように通ってを強調したいのであれば、throughを使うことができるのです。

　Please come in through this door.
（こちらの戸口から入ってください。）

## [6]〈～を通って〉〈～を通して〉を表す「～から」のthrough

(1) この戸口から入ってください。

　Please come in through this door.

(2) 私の部屋の窓から富士山が見えます。

　I can see Mt. Fuji through the window in my room.
　I can see Mt. Fuji from the window in my room.

**(解説)** この場合は、fromも使うことができます。

(3) 私はあなたの住所をトニー君から手に入れた。

I got your address through Tony.

発音 address [エァジュレス／アジュレス]

## [7]「～から見える」「～からのながめ」を表す時の from
(1) 晴れた日には、ここから富士山が見えますよ。

You can see Mt. Fuji from here on a clear day.

Mt. Fuji can be seen from here when the weather is clear.

(2) ここからの景色は美しい。

The view from here is beautiful.

(3) 私の部屋の窓から富士山が見えます。

I can see Mt. Fuji from the window in my room.

(4) 富士山のながめが一番よいのはここからですよ。

The best view of Mt. Fuji is from here.

発音 clear [クリアァ]　view [ヴュー]　weather [ウェザァ]

### これだけは覚えましょう

(1) 私はその窓から外を見た。

I looked out (of) the window.

(2) 私はその窓から中を見た。

I looked in at the window.

(3) 私はかぎ穴から私の部屋の中をのぞいた。

I [looked／peeped／peeked] into my room
through the keyhole.

発音 peeped [ピープトゥ]　peeked [ピークトゥ]　through [すゥルー]

**(解説)**

look in + at the window（その窓のところで + 中をのぞく）

look into my room（私の部屋をのぞく）

## [8]「～から」を表す of

(1) 私は道路から雪を除けた。

　I cleared the road of snow.

(2) 箱から中身を開けなさい。

　Empty the box of its contents.

(3) ある男がジュディーさんからお金を奪った。

　A boy robbed Judy of her money.

(4) 私は両親から独立しています。

　I'm independent of my parents.

(5) 私は今の仕事から足を洗いたい。

　I want to wash my hands of the present job.

　発音　cleared［クリァァドゥ］　road［ゥローゥドゥ］
　empty［エンプティ］　contents［カンテンツ］
　robbed［ゥラブドゥ］　independent［インディペンドゥントゥ］
　present［プゥレズントゥ］　job［ヂァブ］

## [9]「～から外［へ／に］」という意味の時に使う out of

(1) 窓から顔を出すな。

　Don't stick your head out (of) the window.
　Don't put your head out (of) the window.
　Don't poke your head out (of) the window.

　発音　stick［スティック］　poke［ポーゥク］

(2) 私は窓から外を見た。

　I looked out (of) the window.

(3) 窓から外へ物を投げないでください。

　Please don't throw anything out (of) the window.

(4) 家から出て来るあの男の人はトニー君のお父さんです。

　That man coming out of the house is Tony's father.

(5) ここから出て行きなさい。

　　Get out of here.

(6) 自動車から降りなさい。

　　Get out of the car.

(7) 私は子供たちを部屋の外へ出した。

　　I got the children out of the room.

(8) 私はポケットから500円を出した。

　　I took five hundred yen out of my pocket.

　　発音　hundred yen［ハンジュレッドゥ　いェンヌ］

　　pocket［パキットゥ］

**(解説)** ①②③の英文の場合、アメリカ英語では、of は省略されることが多いようです。


## [10]「～から」を表す till と after

### ここを間違える

お金は品物を受け取ってから、お支払いいたします。

①I'll pay after I receive the things.

②I'll pay after I have received the things.

③I won't pay till I receive the things.

④I won't pay till I have received the things.

　発音　received［ゥリスィーヴドゥ］　pay［ペーィ］　won't［ウォーゥントゥ］
till［ティオ］

**(解説)** after は〈～の後〉、till は〈～まで〉という意味なので、

①私はその品物を受け取った後で私はお支払いいたします。

②私はその品物を受け取ってしまった後で、私はお支払いいたします。

③私はその品物を受け取るまではお支払いいたしません。

④私はその品物を受け取ってしまうまでは、お支払いいたしません。

## [11] 距離を表す時の「から」を表す of と from

### ここを間違える

①篠山城は私の家から600m東にあります。

Sasayama Castle stands six hundred meters east of my house.

②篠山城は私の家から600mのところにあります。

Sasayama Castle stands six hundred meters from my house.

発音　Castle [キャッソー]　meters [ミータァズ]　stands [ステァンヅ]　east [イーストゥ]

## [12]「～から始まる」「～から始める」を表す at, on, in

### ここを間違える

① あなたたちの学校はいつから始まりますか。

When does your school begin?

私たちの学校は4月から始まります。

Our school begins in April.

② 私たちの学校は4月10日から始まります。

Our school begins on April (the) tenth.

私たちの学校は月曜日から始まります。

Our school begins on Monday.

私たちの学校は夕方から始まります。

Our school begins in the evening.

③ あなたたちの学校は何時から始まりますか。

What time does your school begin?

私たちの学校は朝9時から始まります。

Our school begins at nine a.m.

Our school begins at nine in the morning.

発音　begin [ビギンヌ]　nine a.m. [ナーィネーィエム]

**(解説)**

□ begin [ビギンヌ] 始まる、〜を始める

「〜から始まる」を英語に訳したい時は、次の点に気をつけてください。beginの次に時を表す言葉がきている場合は、「〜に始まる」と考えて、at, on, in のうちのどれかを使わなければならないのです。

①時間の場合 — at nine a.m.（朝9時に）

②曜日、日の場合 — on Sunday（日曜日に）

③年や月の場合 — in April（4月に）

④午前中、昼から、夕方に、などの場合 — in the morning（午前中に）

## [13]「〜から始める」を表す with

### ここを間違える

「ある事柄から始める」というような場合には、begin with 〜 のように表します。

① 何から始めましょうか。

　What should we begin with?

② どの問題から始めましょうか。

　Which problem should we begin with?

③ この問題から始めましょう。

　Let's begin with this problem.

④ 食事はスープから始まります。

　The meal begins with soup.

⑤ そのパーティーはビールで始まり、ビールで終わった。

　The party began and ended with beer.

⑥ その単語はaの文字から始まります。

　The word begins with the letter "a".

　発音 should [シュッドゥ]　began [ビギァンヌ]

　problem [プゥラブレム]　meal [ミーオ]　ended [エンディドゥ]

　soup [スープ]　word [ワ〜ドゥ]　beer [ビアァ]　letter [レタァ]

### [14]「~することから始める」を表す by

「~することから始める」という場合は、begin by ~ingのように表します。

学校を遅刻した理由から説明を始めさせてください。

Let me begin by explaining why I was late for school.

発音 explaining［イクスプレーィニン・］

### [15]「~から始める」「~から始まる」を表す at, from

#### これだけは覚えましょう

「~から始める」「~から始まる」の決まり文句を覚えましょう。

(1) 今日は40ページの5行目から始めます。

Today we begin at page 40, line 5.

Today we begin on page 40, line 5.

発音 page［ペーィヂ］ line［ラーィン］

(解説) on はアメリカ英語でよく使われます。

(2) 私は13才から英語を始めました。

I began English at the age of thirteen.

(3) 初めから始めましょう。

Let's begin at the beginning.

(4) ゼロから始めましょう。

Let's begin from scratch.

発音 scratch［スクゥレアッチ］

(5) 私はトニー君の話を熱心に初めから最後まで聞いた。

I listened to Tony's talk eagerly from beginning to end.

発音 eagerly［イーガァリィ］

(6) ここの夕食のフルコースは5,000円からございます。

Full-course dinners here start at 5,000 yen.

発音 Full-course dinners［フオコース ディナァズ］

5,000［ファーィヴサーゥズンドゥ］

(7) お値段は3,000円からございます。

Prices start at 3,000 yen.

Prices start from 3,000 yen.

発音 prices [プゥラーィスィズ]

### ここを間違える

beginやstartは、〜からを表すのにat, on, inなどを使って表すように注意しなければならないのですが、beginやstartの次に、副詞または副詞句がくる時は、at, on, inを置く必要がなくなるのです。

次のルールをよく見てください。

#### 前置詞＋名詞＝副詞または副詞句

このルールからわかるように、副詞または副詞句がきていると、前置詞の意味が副詞または副詞句に含まれているからです。

(1) 授業は午後5時から始まります。

School begins at five p.m.

授業は今晩から始まります。

School begins tonight.

発音 p.m. [ピーエンム]　tonight [トゥナーィトゥ]

(2) もっと重要な部分は7ページから始まります。

The most important part begins on page seven.

もっと重要な部分はここから始まります。

The most important part begins here.

発音 important [インポータントゥ]　part [パートゥ]

### ここが知りたい

**(質問)** よく使われる副詞または副詞句にはどんなものがありますか。

**(答え)** たくさんありますが、よく使われるものをいくつか紹介しておきます。

［副詞］
here（ここに） there（そこに） tomorrow（明日）
yesterday（昨日） today（今日）など
［副詞句］
this week（今週） next week（来週） last week（先週）など

## [16]「〜から」を表す from の総整理
(1) 場所の出発点を表す場合
My house is a ten-minute walk from Osaka Station.
（私の家は大阪駅から歩いて10分です。）
(2) 時間の出発点を表す場合
I work from nine to five.（私は9時から5時まで働いています。）
(3) 出所を表す場合
I've heard a lot about you from your father.
（私はあなたのお父さんから、あなたについてはよくうかがっています。）
(4) 判断の基準を表す場合
Judging from the look(s) of the sky, it may begin to rain.
（空模様から判断すると、雨が降り始めるかもしれません。）
(5) 原材料を表している場合
Wine is made from grapes.（ワインはぶどうからできています。）
(6) 変化を表す場合
I changed my name from Tony to Tom.
（私は名前をトニーからトムに改名しました。）
(7) 数量を表す場合
We have good wines from 50 dollars.
（私たちはよいワインを50ドルから取りそろえております。）

発音 minute［ミニットゥ］ heard［ハ〜ドゥ］
judging［**ヂァヂ**ン・］ wine［**ワー**ィンヌ］ grapes［グゥレーィプス］
dollars［**ダ**ラァズ］ changed［**チェー**ィンヂドゥ］

## 7 前置詞について

**ここを間違える**

(1) 昨日の火事はトニー君の部屋から出た。
   [○] Yesterday's fire started in Tony's room.
   [×] Yesterday's fire started from Tony's room.
(2) その食品の中から赤痢菌が発見された。
   [○] Dysentery germs were found in the food.
   [×] Dysentery germs were found from the food.
(3) その物置からたくさんの漫画の本が偶然見つかった。
   [○] A lot of comic books were found in the storage room.
   [×] A lot of comic books were found from the storage room.
(4) 陶器類がそのビルの工事現場から発見された。
   [○] Some pottery was discovered at the construction of the building.
   [×] Some pottery was discovered from the construction of the building.

発音　dysentery [ディスンテゥリィ]　germs [ヂャ〜ムズ]
discovered [ディスカヴァドゥ]　storage [ストーゥリッヂ]
pottery [パタゥリィ]　construction [カンスチュラクシュンヌ]

**(解説)** これらの例文は、「〜から」となっていても、「〜の中で」または「〜で」という意味で置き換えて考えるとすぐにinまたはatがぴったりであることがわかるものばかりです。

## ●「に」を表す前置詞の総整理
### [1] 場所を表す「に」の使い分け at, in, on
①**at**－場所をある地点と考えている場合

　私は今朝大阪駅に着きました。

　I arrived at Osaka Station this morning.

　私はこの通りの50番地に住んでいます。

　I live at No. 50 on this street.

　私はあるホテルに泊まっています。

　I'm staying at a hotel.

　発音　No. 50 [ナンバァ　フィフティ]

②**in**－場所を比較的広い場所と考えている場合

　私は東京に住んでいます。

　I live in Tokyo.

　私は今朝日本に着きました。

　I arrived in Japan this morning.

　発音　arrived [アゥラーィヴドゥ]

③**on**－〜に面して、という意味を表している場合

　私は青山通りに住んでいます。

　I live on Aoyama Street.

　発音　Street [スチュリートゥ]

### [2] 時を表す「に」の使い分け at, in, on
①**at**－時間を点と考えている場合

　私たちの会社は9時に始まります。

　Our company begins at nine a.m.

　発音　company [カンプニィ]

②**in**－比較的長い時を表している場合

私たちの学校は夕方に始まります。

Our school begins in the evening.

私たちの学校は4月に始まります。

Our school begins in April.

私たちの学校は1990年に創立されました。

Our school was founded in 1990.

発音 the evening［ずィ **イ**ヴニン・］ founded［**ファー**ゥンディドゥ］
1990［ナーィン**ティー**ンナーィンティ］

③**on**－日または特定の時を表している場合

私は4月1日に生まれました。

I was born on April (the) first.

私たちの赤ちゃんは4月1日の朝に生まれました。

Our baby was born on the morning of April (the) first.

晴れた日には、ここから富士山が見られますよ。

You can see Mt. Fuji from here on a clear day.

発音 born［**ボーン**ヌ］ clear［**クリ**アァ］

## コミュニケーションのための英語情報

私は東京の上野に住んでいます。

I live at Ueno in Tokyo.

**(解説)** この日本文のように地名が2つ出てくる時は、狭い方の地名の前に at，広い方に in を使う方がよいと学校英文法では教えていますが、実際には、in Ueno in Tokyo のように言う人が多いようです。

### [3]「~の東部に」「~の東のはしに」「~の東に」を表す in, on, at

(1) 私は神戸市の東部に住んでいます。

I live in the east of Kobe City.

神戸市の東部にというのは、神戸市の東部の地区にという意味を表しているので、~の中にという意味の in を使って英語に訳してあります。

(2) 私は神戸市の東のはしに住んでいます。

I live on the east of Kobe City.

神戸市の東のはしにというのは、神戸市の東の方にあるとなりの町との境にという意味なので、~に接してという意味の on を使って英語に訳してあります。

(3) 私は神戸市の東に住んでいます。

I live to the east of Kobe City.

神戸市の東にというのは、神戸市から東の離れたところにという意味なので、~の方向にという意味の to を使って英語に訳してあります。

発音 east [イーストゥ]　City [スィティ]

#### これだけは覚えましょう

(1) 赤羽市は東京の北部にあります。

Akabane City is in the north of Tokyo

Akabane City is in the northern part of Tokyo.

**(解説)** アメリカ英語では、in the northern part of がよく使われています。

(2) 川口市は東京の北の[はし／境]にあります。

Kawaguchi City is on the north of Tokyo.

Kawaguchi City is on the northern border of Tokyo.

(3) 浦和市は東京の北にあります。

Urawa City is to the north of Tokyo.

Urawa City is north of Tokyo.

発音 north [ノーす]　northern [ノーざン]　border [ボーダァ]

## [4]「～に行く」を表すgo for

**go for**－普通は別に計画などをしていない時に使います。
(1) 散歩に行きましょう。
　　Let's go for a walk.
(2) ドライブに行きましょうか。
　　Shall we go for a drive?

## [5]「～に行く」を表すgo on

**go on**－普通は計画的に準備をしている時に使います。
(1) 明日ピクニックに行きましょうか。
　　Shall we go on a picnic tomorrow?
(2) それでは、明日私たちはキャンプに行くことにしましょう。
　　Then we'll go on a camping trip tomorrow.

## [6]「～に行く」を表すgo ～ing

**go ～ing**－普通はボールを使わないで行なうスポーツに使うことが多いようです。
(1) 明日スキーに行きましょうか。Shall we go skiing tomorrow?
(2) 明日スケートに行きましょう。Let's go skating tomorrow.

### ここが知りたい

**(質問)** go ～ingはボールを使わないスポーツに使うことが多い。ということですが、例外はないのでしょうか。

**(答え)** 例外もあります。次のような例では、行く目的を表す時にgo～ingを使っていると考えることもできます。

　go fishing [**フィッシン**・] 魚つりに行く
　go bowling [**ボーゥリン**・] ボウリングに行く
　go golfing [**ゴー**フィン・] ゴルフに行く
　go shopping [**シャッピン**・] 買い物に行く

### ここを間違える

(1) 私は川へつりに行った。

　　[×] I went fishing to the river.

　　[○] I went fishing in the river.

(2) 私はつりをするために川へ行った。

　　[○] I went to the river to fish.

　　[×] I went to the river for fishing.

　　発音 fish [フィッシ]　river [ゥリヴァ]

**(解説)**

(1) 〈川へ〉となっているので、to the riverとしてしまいがちですが、よく考えて前置詞を使い分けるようにしましょう。

　　I went fishing（私はつりに行った）

　　ここで次のような疑問が生じます

　　〈どこでつったの〉

　　この質問にin the river（その川の中で）と答えればよいのです。

　　to the river（その川へ）では、質問に対する答えになっていないので正しい英文ではありません。

(2) <u>つりをするために</u> という日本語を英語に訳す時には、to ＋ 動詞は正しいのですが、for ＋ 動詞のing形は正しくないと覚えておきましょう。for fishingは英米人の中には間違っていると考える人が多いので、避けた方がよいと思います。

### ここが知りたい

**(質問)**「私は川へつりに行った。」と「私はつりをするために川へ行った。」はどちらも同じ内容を表しているので、同じ英語に訳してもよいのですか。

**(答え)** 上の2つの例文であれば、どちらを使ってもよいのです。大切なことは、いつも2種類の英語を使って言えるように口を使ってよく練習することです。

## 7 前置詞について

### これだけは覚えましょう

(1) 阪神百貨店に買い物に行く
　　go shopping at Hanshin Department Store
　　go to Hanshin Department Store to shop
(2) 私の近くの池にスケートをしに行く
　　go skating on the pond near my house
　　go to the pond near my house to skate
(3) 盤梯山（ばんだい）へスキーをしに行く
　　go skiing on Mt. Bandai
　　go skiing at Mt. Bandai
　　go to Mt. Bandai to ski
　　発音　Mt. [マーゥントゥ]

**(解説)**

on Mt. Bandai（盤梯山の上で）
at Mt. Bandai（盤梯山の近くで（ふもとで））

### ここが知りたい

**(質問)** 先ほどの説明だと、go skiing to Mt. Bandaiという言い方は正しい用法ではないということですが、もし日本語に訳すとしたらどういう意味になるのですか。

**(答え)** よい質問です。to Mt. Bandai が〈盤梯山へ〉という意味なので、「盤梯山が到着地点で、そこまでスキーをはいて登って行く」という意味になると思います。

　　[△] go skiing to Mt. Bandai をだれにでも認めてもらえる正しい英語で言い換えると次のようになります。
　　[○] take a skiing trip to Mt. Bandai

## [7]「〜に怒っている」を表す at, about, over, with

**angry [at／about／over] ＋物事** －物事に対して怒っている

トニー君は私の何気ない言葉に怒っています。

Tony is angry at my casual remark.
Tony is angry about my casual remark.
Tony is angry over my casual remark.

発音　angry [エァングゥリィ]　casual [キャジュァオ]
remark [ゥリマーク]

**angry [with／at] ＋人** －人に対して怒っている

トニー君は私に怒っています。

Tony is angry with me.
Tony is mad with me.
Tony is angry at me.
Tony is mad at me.

発音　mad [メァッドゥ]

### ここが大切

be angry＝怒っている [状態]
get angry＝怒る [動作]

**(解説)** 状態を表している英語を動作を表している英語に変えたい時は、be動詞をgetに変えるだけで状態から動作に変えることができます。ただし、Don't be＋形容詞. の場合は、〈〜するな〉のように動作を表す言い方になります。

Tony is angry with me.（トニー君は私に怒っています。）
Tony got angry with me.（トニー君は私に怒った。）

## [8]「〜に投げる」を表す時の to, at
**throw＋物＋to〜**――〜に物を投げてやる
**throw＋物＋at〜**――〜にめがけて物を投げる
(1) 私はその大きな犬に骨を投げてやった。
　　I threw the big dog a bone.
　　I threw a bone to the big dog.
(2) 私はその大きな犬にめがけて石を投げた。
　　I threw a stone at the big dog.
　　発音　throw [すゥローゥ]　threw [すゥルー]　bone [ボーゥンヌ]
**(解説)**
　　物をAに投げる　①throw＋A＋物　②throw＋物＋to＋A
　　物をAにめがけて投げつける　throw＋物＋at A

## [9]「海辺に」を表す at, by
**by**－〈〜のそばに〉という意味を表している場合
**at**－1地点を表している場合
(1) 私の別荘は海辺にあります。
　　My second house is by the seaside.
(2) ジュディーさんは今海辺にいます。
　　Judy is at the seaside now.
　　発音　second [セカンドゥ]　seaside [スィーサーィドゥ]

## [10]「〜に気をつける」を表す of, with, to, for
(1) 体に気をつけなさいよ。
　　Take care of yourself.
(2) ストーブには気をつけなさい。
　　Be careful with the heater.
　　発音　careful [ケアフォー]　heater [ヒータァ]

(3) 交通標識に気をつけなさいよ。
　　Pay attention to the traffic signs.
　　発音 attention［アテンシュンヌ］
　　traffic signs［チュレァフィック　サーィンズ］
(4) 私の言うことに気をつけて聞いてください。
　　Please listen to me.
　　発音 listen［リスン］
(5) 車に気をつけなさい。
　　Watch out for cars.
　　Be sure to look out for cars.
　　Watch out for the traffic.
(6) スリに気をつけなさい。
　　Look out for pickpockets.
　　Watch out for pickpockets.
　　Beware of pickpockets.
　　発音 beware［ビウェァ］　pickpockets［ピッ・パケッツ］

**[11]「〜に出席する」を表す場合**
私は昨日ある会議に出席しました。
①I took part in a meeting yesterday.
②I participated in a meeting yesterday.
③I attended a meeting yesterday.
発音 took［トゥック］　part［パートゥ］　meeting［ミーティン・］
participated［パーティスィペーィティドゥ］　attended［アテンディドゥ］
**(解説)** ①took part in ②participated in と ③attendedは次のように使い方が違います。
　　①と②は自分から活発に会議に参加した。
　　③は会議をしている場所にいました。発言はしませんでした。

## [12]「～に加わる」「～に参加する」を表す場合

(1) 私たちは彼らに加わりました。
    We joined them.
(2) 私たちはそのレースに参加しました。
    We joined in the race.
    発音　joined［ヂョーィンドゥ］

## [13]「～に所属する」を表す場合

私はそのテニス［クラブ／チーム］に入っています。
① I belong to the tennis club.
② I'm a member of the tennis club.
③ I'm on the tennis team.
④ I'm in the tennis club.
発音　belong［ビローン・はブローン・と聞こえることがあります］
member［**メン**バァ］　team［**ティー**ム］　club［ク**ラ**ブ］
**(解説)**
① belong to は、～に所属している
②③ a member of と on は、～の一員で
④ in は、～に所属して

### ここを間違える

そのレースには60人が参加しました。
There were sixty entries for the race.
単語　entries［**エ**ンチュリィズ］参加者たち

### ここを間違える

　　agree with＋人
　　agree to＋事柄

のように書いてある参考書がありますが、正しいとは言えません。正しくは、

　　agree with～（～に賛成する、～と意見が一致する）
　　agree to～（～に同意する、～を承知する）

　ここで大切なことは、agree to～は、承知しても、賛成しているわけではないということです。ただしここで注意していただきたいことは、agree to を使うと、その事柄に向かって行動を行こさなければならないということです。

　agree with～の次には、人または意見を表す言葉がきます。それに対して、agree to～の次には、計画などを表す言葉がくることが多いと考えられます。

　人の計画を実行する方が、人の意見を実行するよりも自然だからです。

(1) 私はあなたの意見に賛成です。

　　I agree with you.
　　I agree with your opinion.
　　I agree with your view.
　　I agree with what you say.

(2) 私はあなたの計画に同意します。

　　I agree to your plan.

　発音　agree［アグゥリー］　opinion［アピニャンヌ］　view［ヴュー］

## [14]「～に」を含んでいる動詞とその関連表現

(1) その台風は東京に近づいています。

　　The typhoon is approaching Tokyo.
　　The typhoon is nearing Tokyo.
　　The typhoon is getting close to Tokyo.

発音  typhoon［ターィ**フー**ンヌ］
approaching［アプゥ**ロー**ウチン・］ nearing［**ニ**アゥリン・］

(2) ごいっしょさせてください。

Let me accompany you.

Let me go with you.

(3) 私はそのことについて私の弁護士と相談した。

I consulted my lawyer about the matter.

I talked over the matter with my lawyer.

I talked the matter over with my lawyer.

I talked it over with my lawyer.

発音  consulted［カン**サ**オティドゥ］  lawyer［**ロー**ヤァ］
matter［**メァ**タァ］

(4) キツネがこの森には住んでいます。

Foxes inhabit this wood.

Foxes live in this wood.

発音  inhabit［イン**ヘァ**ビットゥ］

(5) 私は今朝東京駅に着きました。

I reached Tokyo Station this morning.

I got to Tokyo Station this morning.

I arrived at Tokyo Station this morning.

発音  reached［ゥ**リー**チトゥ］

(6) 私は私の父に似ています。

I resemble my father.

I take after my father.

I look like my father.

発音  resemble［ゥリ**ゼ**ンボー］

**(解説)** resembleとlook likeは、〈～に似ている〉という意味の表現ですが、take afterだけは、〈(親に)似ている〉という意味の表現なので、注意が必要です。

(7) ある小さな女の子が私に「おはようございます。」とあいさつをしてくれた。

A little girl greeted me with "Good morning."

A little girl said to me, "Good morning."

(8) ある小さな女の子がおじぎをして私にあいさつしてくれた。

A little girl greeted me with a bow.

発音 bow [バーゥ]

(9) この部屋は通りに面しています。

This room faces the street.

This room looks (out) on the street.

発音 faces [フェーィスィズ]　street [スチュリートゥ]

(10) 聖子さんは英語においては私よりも優れています。

Seiko excels me in English.

Seiko is superior to me in English.

発音 excels [イクセオズ]　superior [スピゥリァ]

## [15]「〜に」「〜へ」を含んでいる副詞の場合

家へ帰る　go home　　　　外国へ行く　go abroad

海外へ行く　go overseas　　繁華街へ行く　go downtown

そこへ行く　go there　　　1階へ降りる　go downstairs

2階へ上がる　go upstairs

発音 abroad [アブゥロードゥ]　overseas [オーゥヴァスィーズ]

downtown [ダーゥンターゥン]　downstairs [ダーゥンステアァズ]

upstairs [アプステアァズ]

家に着く　get home ＝ arrive home

繁華街に着く　get downtown ＝ arrive downtown

ここに着く　get here ＝ arrive here

そこに着く　get there ＝ arrive there

## 7 前置詞について

### ここを間違える

**downtown と下町の違い**

**下町**ー武家屋敷や寺社が多かった山の手に対して、神田、浅草などのように町家の多い地区のこと。

**downtown**ー商店、銀行、映画館などが集中する繁華街。

### ここを間違える

「いつ大阪駅に着きましたか。」
"When did you arrive at Osaka Station?"
「10分前に着きました。」
(○) "I got here ten minutes ago."
(△) "I arrived here ten minutes ago."
(○) "I arrived ten minutes ago."
(△) "I arrived at Osaka Station ten minutes ago."

発音　minutes [ミニッツ]

(解説) 話をしている人間が大阪駅にいて話をしている場合は、hereやat Osaka Stationを言う必要はありません。

arrivedはかたい表現なのであまり使われず、got hereの方がよく使われます。

### ここを間違える

**[go home と come home と leave home]**

　(1) go homeは、家へ帰る
　(2) come homeは、家に帰る
　(3) leave homeは、家を出発する

(1)は家へ向かって行く　(2)は家に帰宅する

(3)は家を出発する

(1)と(2)は副詞　(3)は名詞

**ここが知りたい**

**(質問)** home の使い方についてくわしく教えてください。
**(答え)** わかりました。

まずは**副詞的な使い方**から紹介しておきます。
(1) 私は家に到着した。
　I got home.
(2) それでは、私は家にいますよ。
　Then I'll stay home.
(3) それでは、私があなたを家まで車で送っていきますよ。
　Then I'll drive you home.
(4) 私は10分で歩いて家に帰れますよ。
　I can walk home in ten minutes.
(5) それでは私は車でまっすぐ家に帰りますよ。
　Then I'll drive straight home.
　発音　drive [ジュラーィヴ]　straight [スチュレーィトゥ]

次に、**名詞としての home** を紹介しておきます。
(1) 我が家に勝るところはありませんよ。
　There is no place like home.
(2) 気楽にしてください。
　Please make yourself at home.
(3) それでは、私は夜6時に家を出発します。
　Then I'll leave home at six in the evening.
(4) 私は昨日は家にいました。
　I was at home yesterday.
　I stayed at home yesterday.

(5) あなたの家に行ってもいいですか。
　　May I come to your house?
　　May I come to your home?
　　May I come to your place?
　　発音 place [プレーィス]

### ここが知りたい

**(質問)** 私は昨日家にいました。

(1) I was at home yesterday.
(2) I stayed at home yesterday.

のように2種類の言い方があるようなのですが、意味の違いはあるのでしょうか。

**(答え)** よい質問ですね。

was と stayed の違いについて考えてみたいと思います。was at home は〈家にいた〉という状態を表しているだけですが、stayed の方は、家を離れずに家にいて出かけなかったという意味を表しています。

### ここを間違える

(1) I'll be (at) home till eleven in the morning.
　　　　　　　　　　　　まで
　（私は朝の11時まで、家にいます。）

(2) I'll be home by eleven in the morning.
　　　　　　　　　 までに
　（私は朝の11時までに家に帰ります。）

(3) I'll be home after eleven in the morning.
　（私は朝の11時過ぎに家に帰ります。）

### ここが知りたい

**(質問)** home と house はどのように違うのですか。

**(答え)** 簡単に言うと、建物でなくても、住むところであれば home と考えることができます。

　home は、売買できませんが、house はできます。つまり、house は建物のみをさしますが、home は心のよりどころとしての住み慣れた家をさすのです。

　house は燃えてしまうと灰になりますが、home はずっと心の中に残ります。

### ここを間違える

(1) 私は今朝家に戻った。

　①I got back home this morning.
　②I got back to my home this morning.
　③I got back to my house this morning.

　**(解説)** ①の home は副詞なので to を入れる必要がありませんが、②の home は名詞なので、to が必要です。実際に名詞として使う時は my home のように my をつけて使うようにしてください。

(2) 私は学校からの帰り道に中井恵さんに出会った。

　I met Megumi Nakai on my way home from school.
　私は恵さんの家に行く途中に佐々木翔子さんに出会った。
　I met Shoko Sasaki on my way to Megumi's house.

(3) 私の父の言葉が胸にこたえました。

　My father's words came home to me.
　私の父は[ちょうど／たった今]家に帰ってきたところです。
　My father has just come home.

**7** 前置詞について

## ●「で」を表す前置詞の総整理
### [1]「で」を表すby
(1) 私たちは3対1でその野球の試合に勝った。

We won the baseball game by a score of 3 to 1.
We won the baseball game by 3 to 1.
We won the baseball game 3 to 1.

発音 won [ワン]　score [スコーァァ]

(解説) 話し言葉では、by 3 to 1をもっと簡単に3 to 1と言うこともあります。文章では3-1と書いてあることが多いのです。

(2) あなたの時計では何時ですか。

①What time is it by your watch?
②What time does your watch say?
③What does your watch say?

(解説)

①〜ではをbyで表すことができます。
②あなたの時計では何時だと言っていますか。
③あなたの時計はどう言っていますか。

②よりも③の方がどちらかと言うと、よく使われているようです。

(3) 見かけだけで人を判断してはいけませんよ。

①Don't judge people only by their appearance(s).
②Don't judge a book by its cover.

発音 judge [ヂャッヂ]　appearances [アピアゥランスィズ]
cover [カヴァ]

(解説) ②本を表紙で判断するな。[外観で中身を判断するな。]

(4) 私は車を時間ぎめで借りたいのですが。

I'd like to rent a car by the hour.

発音 rent [ゥレントゥ]　the hour [ずィ アーゥァ]

(5) 私はモスクワ経由でロンドンへ行った。

I went to London by way of Moscow.

発音 Moscow [マスカーゥ／モスコーゥ]

(6) 私はひとりで暮らしています。

①I live by myself.

②I live alone.

発音 alone [アローゥンヌ]

(7) 熊元さんと私は電話で連絡を取り合います。

Ms. Kumamoto and I communicate with each other by phone.

発音 communicate [カミュニケーィトゥ]　other [アざァ]

(解説) byを使って連絡をする手段を表すことができます。

by e-mail [イーメーィォ] eメールで

by fax [フェァックス] ファックスで

by mobile phone [モーゥビオ／モーゥバーィオ] 携帯電話で

by radio [ゥレーィディオゥ] 無線で

(8) 私は車で学校へ行きます。

I go to school by car.

I go to school in my car.

(解説) byを使って交通の手段を表すことができます。

by bike 自転車で

by train [チュレーィンヌ] 列車で

この時 a や the や my をつけることができません。もし a や the や my をつけたい時は、in my car（私の車に乗って）、on my bike（私の自転車に乗って）のような言い方をしなければならないのです。

## 7 前置詞について

### ここを間違える

(1) 私はメグという名前でとおっています。
　　I go by the name of Megu.
(2) すべてのお金と財産は私の父の名義になっています。
　　All the money and property are in the name of my father.
　　発音　property［プゥラパティ］
(3) 中井恵さんは佐々木恵という名前でそのホテルにチェックインした。
　　Megumi Nakai checked into the hotel under the name of Megumi Sasaki.
　　発音　checked［チェックトゥ］　hotel［ホーゥテオ］
(4) 私はそのホテルに偽名を使ってチェックインした。
　　I checked in at the hotel under a false name.
(5) 私はペンネームでものを書いています。
　　I write under a pen name.
(6) 私は本名でものを書いていません。
　　I don't write under my own name.

**(解説)**

□by the name of　〜という名前で、通称〜で
□in the name of　〜の名義で
□under the name of　〜という名前を使って

　特にunderは、仮名、偽名を使って、という意味を表すのに使われます。

### これだけは覚えましょう

What's in a name?
（名前が何だって言うんだ。大切なのは中身だよ。）

## [2]「で」をwithで表す場合

(1) その星は肉眼で見られます。

The star can be seen with the naked eye.

発音 naked [ネーィキドゥ]

(2) ジュディーさんは風邪で寝ています。

Judy is in bed with a cold.

(3) トニー君は優等でハーバードを卒業した。

Tony graduated from Harvard with honors.

発音 graduated [グゥレァヂュエーィティドゥ]
Harvard [ハーヴァァドゥ]　honors [アナァズ]

(4) トニー君は優秀な成績で卒業した。

Tony graduated with flying colors.

(5) ナイフでこのケーキを3つに切ってください。

Please cut this cake in three with a knife.

(6) 私は喜んであなたとごいっしょさせていただきます。

I'll go with you with pleasure.

発音 pleasure [プレジァ]

(7) 私は窓を開けたままで出かけた。

I went out with the windows open.

## [3]「で」をwithとonとintoで表す場合

(1) 手をハンカチでふきなさい。

Wipe your hands with your handkerchief.
Wipe your hands on your handkerchief.

発音 wipe [ワーィプ]　handkerchief [ヘァンカァチフ]

(2) ハンカチで鼻をかみなさい。

Blow your nose with your handkerchief.
Blow your nose on your handkerchief.

## 7 前置詞について

Blow your nose into your handkerchief.
発音 blow［ブローゥ］ nose［ノーゥズ］

### ここが知りたい

(質問) なぜ「ハンカチで鼻をふきなさい。」と言っているのですか。日本だとティッシュペーパーでふくと思うのですが。

(答え) するどい質問ですね。一番大切なことはhandkerchiefがなぜあるのかということについて考えてみたいと思います。

英英辞典でhandkerchiefを調べてみますと、「鼻をかむために使う、四角い布」と書いてあるのです。驚かれるでしょうが、ハンカチはもともと鼻をかむためのものだったのです。日本でもちり紙がなかった頃はハンカチで鼻をかんでいたのです。

(質問) なぜあなたのハンカチで、の英語が［with／on／into］your handkerchiefと訳すことができるのですか。

(答え)

with your handkerchief（ハンカチを使って）

on your handkerchief
（ハンカチを上にのせて、ハンカチをちゃんとつけて）

into your handkerchief（ハンカチの中へ）

というように使っているのだと思います。

### [4]「で」を with と inで表す場合

私は普通、鉛筆で手紙を書きます。

I usually write a letter with a pencil.
I usually write a letter in pencil.
発音 usually［ユージュアリィ］ write［ゥラーィトゥ］
pencil［ペンソー］

(解説) with a pencil は〈鉛筆を使って〉 in pencil は〈書き上がった手紙が鉛筆で書いてある〉という意味です。

## [5]「で」を on と over で表す場合

(1) 私は電話で林さんと話をしました。
　　I talked with Ms. Hayashi on the phone.
　　I talked with Ms. Hayashi over the phone.
(2) 私は今朝ラジオでそのニュースを聞きました。
　　I heard the news on the radio this morning.
　　I heard the news over the radio this morning.

## [6]「で」を of, from, out of, in で表す場合

(1) この机は木でできています。
　　This desk is made (out) of wood.
　　This desk is done in wood.
　　発音　done [ダンヌ]　wood [ウッドゥ]
(2) ワインはぶどうでできています。
　　Wine is made from grapes.
　　発音　wine [ワーインヌ]　grapes [グゥレーィプス]
(3) この家はレンガで造られています。
　　This house is built [of／in] brick.
　　発音　built [ビオトゥ]　brick [ブゥリック]

### ここが知りたい

(質問) of, from, out of, in の使い分けはどうなっているのですか。
(答え) 何からできているのかが目で見てわかる時は of と out of、何からできているのかが目で見てわからない時は from、と覚えておくとよいと思います。

inは<u>〜を使って</u>という意味で使われています。

inを使う場合は、madeの代わりにdoを（〜を作る）の意味の過去分詞形done（作られている）といっしょに使われることが多いようです。built（造られている）はinとofがよく使われます。

## [7]「〜で死ぬ」を表す in, of, from, at

(1) トニー君は交通事故で亡くなった。
　　Tony was killed in a traffic accident.
　　Tony died in a traffic accident.
(2) トニーさんは寿命で亡くなった。（寝ている間に亡くなった。）
　　Tony died in his sleep.
(3) トニー谷さんはたたみの上で亡くなった。
　　Tony Tani died in (his) bed.
(4) トニー君は過労で亡くなった。
　　Tony died of overwork.
(5) トニーさんは80才で亡くなった。
　　Tony died at the age of eighty.
　　Tony died when he was eighty years old.

　発音　killed [キオドゥ]　died [ダーィドゥ]
　traffic accident [チュレァフィック　エァクスィドゥントゥ]
　overwork [オーゥヴァワ〜ク]

### ここが知りたい

（質問）die ofとdie fromには使い分けがあるのでしょうか。
（答え）もともとはあったようですが、今ではofとfromの使い分けはあまりないようです。

ただし、原則としては次のような使い分けがあります。

die fromはけがなどが原因で死ぬ場合、間接的な死因を表す場合、

die of は病気で死ぬ場合、直接の死因を表す場合に使われます。

**(質問)** 交通事故で死ぬ、を表す場合、was died のような言い方はできないのですか。

**(答え)** できません。was killed（殺された）またはdied（死んだ）のどちらかを使います。

was killed の方がよく使われるようです。

was died を使うことができない理由は、die が死ぬという意味なので、受動態にすることができないからです。

**(質問)**「戦争で死ぬ」を英語でどう言うのですか。

**(答え)** 次のように言います。

　die in battle （戦死する）

　die in the war （その戦争で死ぬ）

　発音　battle［ベァトー］　war［ウオー］

**(質問)** battleとwarはどう違うのですか。

**(答え)** よい質問ですね。ある戦争（a war）があって、その中の〈1つの戦い〉を a battle と言うのです。

die in battle には a や the がついていないのは、決まり文句として使われているからです。

### これだけは覚えましょう

● 「死ぬ」「死んでいる」「死」についての総整理

　□ die［ダーィ］死ぬ

　□ dying［ダーィイン・］死にかけている

　□ dead［デッドゥ］死んでいる

　□ death［デす］死

## 7 前置詞について

「トニーさんが亡くなって3週間になります。」

① Tony died three weeks ago.
② Tony has been dead for three weeks.
③ It's three weeks since Tony died.
④ It has been three weeks since Tony's death.
⑤ Three weeks have passed since Tony died.
⑥ Three weeks have gone by since Tony died.

**(解説)** It's 〜. はイギリス英語で、It has been 〜 がアメリカ英語です。for の代わりに in が使ってあるとアメリカ英語です。
passed [ペァストゥ] と gone by [ゴーン] は〈過ぎた〉という意味です。
since [スィンス] は〈〜から今まで〉という意味です。

① トニーさんは死にかけています。

　Tony is dying.

② トニーさんは死にそうな状態が3週間続いています。

　Tony has been dying for three weeks.

③ トニーさんは亡くなっていますよ。3年前に亡くなりましたよ。

　Tony is dead; he died three years ago.

### ここが知りたい

**(質問)** Tony has died for two weeks. という言い方はできないのですか。

**(答え)** できません。

　died（死んだ）という動作が2週間続くということは考えられないからです。〈死ぬ〉のは動作で、それから dead（死んでいる）状態に変わり、その状態が2週間続くというふうに考えてください。

　これらの理由から Tony has been dead for two weeks. と言うのです。

**(質問)** では、Tony has died for two weeks. の for two weeks がなければ、Tony has died. という英語は正しいのでしょうか。

**(答え)** するどい質問ですね。

現在完了［have＋過去分詞形］で、〈～してしまった〉という意味でとれば正しいと考えることもできます。この英文が使えるのは、〈最近亡くなった〉ことがわかっているという意味の場合のみに使えると覚えておいてください。

　　トニー君は死んでしまった。
　　Tony has died.
　　Tony is dead.

**(質問)** Tony is dead for two weeks. という言い方はできるのですか。

**(答え)** Tony is dead. が「トニーさんは死んでいる。」という現在のことを表す言い方なので、過去から今までを表す for two weeks（2週間）といっしょに使うことはできません。正しくは次のように言います。

　　Tony has been dead for two weeks.

**(質問)** Tony was dead for two weeks. という英文は使えないということでしょうか。

**(答え)** その通りです。was dead（死んでいた）は<u>過去</u>を表す表現で、for two weeks（2週間）は〈2週間前から〉という意味なので、<u>亡くなった日の2週間前から</u>という意味を表すことから、この英文も間違ってると考えられます。正しくは次のようになります。

　　Tony had been dead for two weeks.

## [8]「で」を on で表す場合

(1) ピアノで1曲弾いてください。

　　Please play a piece of music on①the piano.

(2) あなたの犬をひもにつないでおいてください。

　　Please keep your dog on②a leash.

(3) あなたは右足で1分間立てますか。

　　Can you stand on③your right leg for a minute?

(4) あなたは爪先で立つことができますか。

　　Can you stand on③tiptoe?

(5) 忍び足で歩きましょう。

　　Let's walk on③tiptoe.

(6) 私は自分の年金で生活しています。

　　I live on④my pension.

(7) 私は青山通りで佐々木さんに出会った。

　　I met Ms. Sasaki on⑤Aoyama Street.

(8) 聖子さんはある農場で育ったそうです。

　　I hear Seiko grew up on⑥a farm.

(9) 私は学校から帰る途中で中井さんに出会った。

　　I met Ms. Nakai on⑦my way home from school.

(10) 私は昨日仕事で東京へ行った。

　　I went to Tokyo on⑧business yesterday.

　発音　leash [リーシ]　tiptoe [ティプトーゥ]

　pension [ペンシュンヌ]　right [ゥラーィトゥ]　grew [グゥルー]

　farm [ファーム]　business [ビズニス]

**(解説)** on には色々な意味があります。しっかり覚えておいてください。

　①～を使って　②～につないで　③～を支えにして

　④～に頼って　⑤～に面して　⑥～の上に（接触して）

　⑦～の途中に　⑧～の目的で

313

### [9] 「で」を in で表す場合

(1) 私は昨日の火事のことは今日の新聞で読んで知りました。

I read about yesterday's fire in[1] today's newspaper.

(2) トニーさんは昨日の火事で何もかも失った。

Tony lost everything in[1] yesterday's fire.

(3) 私は2時間で戻ってきますよ。

I'll come back in[2] two hours.

I'll be back in[2] two hours.

(4) このバスで大阪駅まで10分で行けますよ。

This bus takes you to Osaka Station in[2] ten minutes.

(5) 「イケメン」を英語で何と言いますか。

How do you say "IKEMEN" in[3] English?

What's "IKEMEN" in[3] English?

What's the English word for "IKEMEN"?

(6) 私は色々な方法でずっと英語を勉強しています。

I have been studying English in[3] many ways.

(7) 私たちは小声で話した。

We spoke in[3] whispers.

(8) 私たちは何でも3人グループで行動します。

We do everything in[4] a group of three.

発音 newspaper [ニューズペーィパァ]　minutes [ミニッツ]
hours [アーゥアズ]　ways [ウェーィズ]　whispers [ウィスパァズ]
group [グゥループ]

(**解説**) in には色々な意味があります。

① ～の中で　　　　　② ～のうちに、～したら、～で
③ ～を使って、～で　④ ～の形で、～となって

## [10]「で」を at で表す場合

(1) 私はハーバードで法律を学んだ。
　　I studied law at[①] Harvard.
(2) 私は神戸空港で林聖子さんに出会った。
　　I met Seiko Hayashi at[①] Kobe Airport.
(3) トニーさんは80才で亡くなった。
　　Tony died at[②] the age of eighty.
(4) 私はこの自転車を半額で買った。
　　I bought this bike at[③] half-price.
　　I bought this bike at[③] (a) 50% discount.
(5) その車は全速力で走り去った。
　　The car took off at[③] full speed.
　　The car took off at[③] top speed.
(6) その車はすごいスピードで走り去った。
　　The car took off at[③] a terrific speed.
(7) 私たちは食事中です。
　　We are at[④] the table.
(8) 私たちは仕事中です。
　　We are at[④] work.

　発音　Harvard [ハーヴァァドゥ]　half-price [ヘァフプゥラーィス]
　50% [フィフティ　パァセントゥ]　discount [ディスカーゥントゥ]
　full [フオ]　top [タップ]　terrific [テゥリフィック]　work [ワ〜ク]

**(解説)** at は色々な意味があります。
　①〜で、一地点で　　②〜で（年齢を表して）
　③〜で、（価格，速度などを表して）　　④〜の状態で，〜の最中で

# 8 助動詞について

ここからは、助動詞の使い方をくわしく考えたいと思います。

## ●canとbe able toとcouldの使い方

### ここが大切

canとam able toには次のような意味の差があります。

canは自然に備わった能力を表し、am able toは今の能力を表すという人もいます。

つまり、am able toは努力をしてきて身につけた能力を強調したい時に使うとぴったりな表現なのです。

I can't sing（私は音痴です。）

I'm not able to sing now（私は今は歌うことができません。）

現在のことを表すときに使われるbe able toはかたい表現なので、今の能力を強調するとき以外はあまり使われません。

### これだけは覚えましょう

□must ～しなければならない、に違いない
□will ～するつもり、でしょう
□may ～してもよい、かもしれない
□can't ～できない、はずがない

**(注意)** 2つの日本語を分けずに、一気に覚えてしまってください。助動詞には〈自分の意志〉を表す場合と、〈可能性や推量〉を表すものがあります。これは原因と結果の関係にあると考えてもよいと思います。

たとえば、「私は毎日勉強を<u>しなければならない</u>。」と思っている人と「私は毎日勉強<u>してもよい</u>。」と思っている人の間には成績という面から考えると、かなり違った結果が表れるはずです。〈毎日勉強<u>しなければならない</u>〉と言っていた人は、〈よい点を取っている<u>に違いない</u>〉。〈毎日勉強を<u>してもよい</u>〉と言っていた人は〈よい点を取っている<u>かもしれない</u>〉。同じように考えると、「私は毎日勉強<u>することができない</u>。」と言っている人の場合は、〈よい点を取っている<u>はずがない</u>〉となるのです。

　　must be able to　〜できるに違いない
　　will be able to　〜できるでしょう
　　may be able to　〜できるかもしれない
　　can't be able to　〜できるはずがない

#### ここを間違える

(1) あなたの助けのおかげで、私はそのテストに受かることができるでしょう。

　[○] Thanks to your help, I could pass the test.
　[×] Thanks to your help, I was able to pass the test.

(2) あなたの助けのおかげで、私はそのテストに受かることができました。

　[○] Thanks to your help, I was able to pass the test.
　[×] Thanks to your help, I could pass the test.

　〈能力があって達成できた〉ということを表したい時は、was able to を使ってください。could を使うと、可能性を表す意味になるので、注意が必要です。

### これだけは覚えましょう

動詞の過去形も、〈達成できた〉という意味を表すことができます。次の日本語をよく見てください。

> 私はそのテストに受かりました。
> ＝ 私はそのテストに受かることができました。

どちらも同じ意味を表していることに気づきます。英語も日本語と同じだと思っていただいてけっこうです。このことから、次のように言えばよいことがわかります。

　　私はそのテストに受かることができました。
　　I was able to pass the test.
　　I passed the test.

もし、どうにか〜できたという気持ちを表したければ、succeeded in 〜ing, managed to 〜を使って英語に訳してください。

　　私はどうにかそのテストに受かることができました。
　　I succeeded in passing the test.
　　I managed to pass the test.

　発音　succeeded in [サクスィーディディン]
　managed [メァニッヂドゥ]

### ここを間違える

(1) 私は子供の時は泳げましたが、今は泳げません。
　　I could swim when I was a child.
(2) 私は子供の時は泳げました。
　　I was able to swim when I was a child.

## ここを間違える

☐ canは理論的な可能性を表します。
☐ mayは実際的な可能性を表します。

　mayの他にも、will, would, could, might が実際的な可能性を表します。

　① This car can be bettered.
　② This car may be bettered.

　単語　bettered [ベタァドゥ] 改良される

　この2つの英文は次のような意味を表します。

　①のbetterには満足しているものを改良する、という意味があるので、実際には改良する予定がないことを表しています。

　このことから次のように訳せばよいと思います。

　「この自動車は理論的には改良が可能です。」

　次に②の意味について考えてみましょう。

　②の英文は、実際に改良する計画が具体的に進んでいることを表しています。このことから、次のように訳せばぴったりです。

　「この自動車は改良されるかもしれませんよ。」

　同じように考えると、次の日本語を英語に訳したい時にcanが使えないことがよくわかります。

　「今晩雪になるかもしれませんよ。」

　[○] It may snow tonight.
　[○] It might snow tonight.
　[○] It could snow tonight.
　[×] It can snow tonight.

## ここが知りたい

(質問) I could swim. と I could pass the test. のような英語で、話の流れで過去のことであるということがはっきりわかっている時は、どちらも使えるのでしょうか。

(**答え**) はっきり過去のことについて話をしているということがわかっている時であっても、I could swim. は正しい英語ですが、I could pass the test. は正しい英語ではありません。

　次のように覚えておきましょう。

　過去の習慣的な能力ではなく、特定のことについて、1回だけ達成することができたを表す時は、couldを使うことができません。

　つまり、I could swim. は、一度泳げるようになるとそれからずっと泳げるわけなので、couldを使うことができるのです。

　I could pass the test. はそのテストに受かるというのは、1回きりのことなので、could を使うことはできません。

　もし I could pass the test. を使うと、〈もし受かろうと思えば受かることができるでしょう。〉という意味にとられる可能性があります。


### これだけは覚えましょう

(1) 窓を開けてもらえますか。

　Can you open the window?

(2) 窓を開けていただけますか。

　Could you open the window?

のようにcanを使うと〈～してもらえますか〉を表し、couldを使うと〈～していただけますか〉を表すことができます。


### ここが知りたい

(**質問**) なぜ canよりも could にした方がていねいな言い方になるのですか。

(**答え**) 日本語と同じように考えることができます。

　　(1) 窓を開けてもらえますか。

　　(2) 窓を開けていただけますか。

日本語では〈た〉を使うと、ていねいな言い方になります。〈た〉を使うのは、過去のことを表す時に使いますが、現在のことであっても、ていねいな言い方をする時は〈た〉を使います。英語でもこの考えとまったく同じで、過去形を使うとていねいな言い方を表せるのです。

#### ここが大切

英語には、時制の一致という考え方があります。

英語では1つめの動詞が過去であれば、2つめの動詞が過去になることが一般的です。これを**時制の一致**と言います。

これと同じように考えると次のような場合にはcanをcouldに言い換えなければならないことがわかります。

トニー君は言った。「私は日本語が話せます。」

Tony said, "I can speak Japanese."

トニー君は彼が日本語を話せるということを言った。

Tony said that he could speak Japanese.

## ●couldで「〜されたらいかがですか」を表す場合

#### これだけは覚えましょう

地下鉄にお乗りになった方がいいですよ。

You could take the subway.

couldで、〜したらどうなんだ、〜しようと思えばできるのに、を表す場合：

(1) もっと一生懸命勉強したらどうなの。

　　You could study harder.

(2) 私に本当のことを言ってくれてもよかったのに。

　　You could have told me the truth.

　　発音　told ［トーゥオドゥ］　　truth ［チュルーす］

### これだけは覚えましょう

seeは〈自然に目に見える〉〈目に入る〉という意味なので、意識的に見ようとしなくても目に入る時は、seeを使います。

We see Kyoto Tower on the left.

（左側に京都タワーが見えます。）

意識的に見ようとする時は、canを使うことができます。

Can you see Kyoto Tower?

（京都タワーを見ることができますか。）

hearは、〈自然に聞こえる〉〈耳に入る〉という意味なので、意識的に聞こうとしなくても、聞こえる時はhearを使います。

I hear a Japanese nightingale singing beautifully.

（一羽のうぐいすが美しくさえずっているのが聞こえます。）

意識的に聞こうとしている時は、canを使うことができます。

Can you hear me?

（私の言うことが聞こえますか。）

### ここを間違える

(1) You are just hearing but not listening.

（あなたは上の空で聞いているだけで，真剣に聞いていませんね。）

(2) You are just seeing but not watching.

（あなたはぼんやり見ているだけで，注意して見ていませんね。）

(3) Tony is just talking but not speaking.

（トニー君はただしゃべっているだけで，中身のある話をしていませんね。）

## ●mayとmightの使い方

[**may** [メーィ]]

**①　～してもよい**

もう帰ってよろしいですか。

May I go home now?

もう帰ってもいいですよ。

You may go home now.

**②　～かもしれない、～することもありうる**

今夜雨が降るかもしれません。

It may rain tonight.

発音　tonight [トゥナーィトゥ]

---

### ここが知りたい

**(質問)** ～してもよい、～かもしれない、のように意味がいくつもあると、まったく同じ英語で意味が違うことがあるのではないかと思うのですが、そのようなことはないのでしょうか。

**(答え)** 日本語でも、ちょっとした言い方の違いで意味が違ってくることがあります。英語でもそのようなことがあります。

大文字のところを強く読んでください。

　Asami MAY leave for Kobe tomorrow morning.

　（麻美さんは明日の朝神戸へ出発するかもしれません。）

　Asami may LEAVE for Kobe tomorrow morning.

　（麻美さんは明日の朝神戸へ出発してもかまいません。）

　発音　leave [リーヴ]

まったく同じ英文でも、どこを強調して読むかによって意味が違ってくる例です。

③ 差しつかえがない

お金が物をいうと言っても差しつかえはありません。

It may safely be said that money talks.

④ ～するために、～するように

私は英語を学ぶためにアメリカへ行くつもりです。

I will go to America so that I may study English.

⑤ ～しますように

あなたが末永くお幸せでありますように！

May you have a long happy life!

⑥ たとえ～でも、～かもしれませんが

たとえあなたが何と言おうとも、私は考えを変えるつもりはありません。

Whatever you may say, I won't change my mind.

No matter what you may say, I won't change my mind.

Whatever you say, I won't change my mind.

No matter what you say, I won't change my mind.

**(解説)** 話し言葉では、mayを使わないことが多いのです。whateverよりもno matter whatの方が話し言葉ではよく使われます。

You may not believe me, but that's true.

(あなたは私の言うことを信じないかもしれませんが それは本当です。)

⑦ ～できる

**(解説)** この言葉では、普通はcanを使います。

勉強できる内に一生懸命勉強しなさい。

Study hard while you may.

Study hard while you can.

[**might** [マーィトゥ]]

① ～してもよろしい

入ってもよろしいですか。

Might I come in?

この表現はかたい言い方なので、あまり使われません。
その代わりに、May I come in?を使います。
## ② ひょっとしたら〜かもしれない
（もしかしたら）その店は今日は休みかもしれません。
The store might be closed today.
## ③ 〜ぐらいしてもよさそうなものです
せめてごめんなさいくらい言ってもよいでしょう。
You might at least say you're sorry.

単語　at least［アッ・リーストゥ］せめて
## ④ 〜されたらどうですか
地下鉄にお乗りになられたらどうですか。
You might take the subway.

発音　subway［サブウェーィ］
## ⑤ 〜するために、〜するように
私はアメリカへ英語を勉強するために行った。
I went to America so that I might study English.

### ここを間違える

**[may well]**

### ① 〜するのももっともです
あなたがそう言うのはもっともです。
You may well say so.
You have good reason to say so.
### ② たぶん〜でしょう
トニー君はたぶん50才を超えているだろう。
Tony may well be over fifty.

### ここが大切

**You might [may] as well A as B.**

① [BするのはAするのと同様です。]

トニー君にお金を貸すのは，金を捨てるようなものです。

You might as well throw your money away as lend it to Tony.

② [BするぐらいならAする方がましだ。]

トニー君にお金を貸すぐらいなら金を捨てた方がましだ。

You might as well throw your money away as lend it to Tony.

## ●must と have to と have got to の使い方

[must［マストゥ］の用法]

### ① 〜しなければならない

私は勉強しなければならない。

I must study.

### ② must not で、〜してはいけない

あなたはお酒を飲んではいけない。

You must not drink.

You mustn't drink.

### ③ ぜひ〜しなさい

ぜひ私の家に来てください。

①Will you come to my house?

②Won't you come to my house?

③You must come to my house.

親しい間柄でYou must〜.を使うと、〈ぜひ〜してください〉を表すことができます。①②③の順番に親しさが増すと言われています。

## ④ ～せずにはいられない、～しないと承知しない

トニー君は思い通りにしないと承知しない。

Tony must have his own way.

## ⑤ ～に違いない

それはきっと本当ですよ。

It must be true.

## ⑥ 必ず～

だれでも必ず年をとります。

Everyone must become old.

### ここを間違える

### [have to の用法]

(1) I must study.

(2) I have to study.

このように同じ意味を表す英語であっても、意味はかなり違います。

(1)の方は<u>自分が勉強しなければいけない</u>と思っていることを表します。

(2)の方は自分には勉強する気がなくても、周りの事情から<u>勉強しなければならない</u>ということを表しています。


### コミュニケーションのための英語情報

(1) I must go now.

(2) I have to go now.

(3) I've got to go now.

(1)の表現は，自分の意志で、「私はもうおいとまさせていただきます。」と言っているのです。

(2)の表現は、周りの事情で次の予定があるので、「私はもうおいとまさせていただきます。」

(3)の表現は、電話で「もう電話を切らなくちゃ。」のように差し迫った言い方でよく使われます。

ただし，言葉の好みは人によって違うので、どれを使っても問題はありませんが、上のような傾向があるということです。

ついでに次の表現も覚えておくと便利です。

 I'll let you go now.
   させる

 (1) どうぞお帰りください。

 (2) どうぞ電話をお切りください。

特に(2)の表現は相手の時間を気づかって用いる時だけではなく，話し手の会話を自分が終わらせたい時にも使うことができます。

### ここを間違える

(1) あなたはここで勉強してはいけない。

 You mustn't study here.

(2) あなたはここで勉強する必要がない。

 You don't have to study here.

### ここが知りたい

(質問) なぜhave toとmustが同じ意味なのに否定文にすると、意味が違ってくるのですか。

(答え) 次のように覚えておくと、なぜ意味が違ってくるかがわかってきます。

 must＝have to＝it's essential to（絶対必要です）

(1) You must study.＝It's essential for you to study.

 You mustn't study.＝It's essential for you not to study.
 あなたは勉強してはいけません。あなたにとって勉強しないことが必要です。

 studyを否定していると考えるとこのような意味になります。

(2) You have to study.＝It's essential for you to study.
You don't have to study.
あなたは勉強する必要はありません。
　　＝It's not essential for you to study.
　　　　あなたにとって勉強する必要はありません。
to study を否定しているのではなくて、have を否定していると考えると、このような意味になります。
発音　essential［イセンシァオ］

### ここが知りたい

**(質問)** May I open the window?（窓を開けてもかまいませんか。）に対して、「どうぞ。」と言いたい時、英語ではどう言えばよいのですか。

**(答え)** May I ～?は、相手が目上の場合か、ていねいに許可を得たい場合に使います。
　受け答えには、上下関係がある場合と、ない場合で答え方が異なります。
　目上の人が、目下の人に「いいですよ。」と言いたい時は "Yes, you may." となります。
　上下関係がない場合に「いいですよ。」と言いたい時は、"Yes, you can." となります。

**(質問)** Can I open the window?（窓を開けてもいい？）と聞かれた時に、「どうぞ。」と言いたい時はどう言えばよいのですか。

**(答え)** Can I ～?は、親しい間柄の時に使う表現なので、上下関係がないということを表していることから、"Yes, you can." と言えばよいことがわかります。

(質問) Could I open the window?（窓を開けてもよろしいでしょうか。）と聞かれた時に、「どうぞ。」と言いたい時はどう言えばよいのでしょうか。

(答え) "Yes, you can." と言ってください。

　Could I ～? という質問は遠慮して言っているので、can の過去形のcould を使っているのです。もし、Yes, you could. と言うと、遠慮して「どうぞ。」と言っていることになります。

　言い換えると、「してもいいけれど、本当はしてほしくない。」という意味になります。

(質問) Could I ～?と同じ意味でMight I ～?を使うことはできるのですか。

(答え) できますが、使われることがまれなので、私たちは使う必要はなく、Could I ～?を使ってください。ただし、許可を得る表現で、Could I ～?をアメリカではよく使われますが、イギリスではあまり使われません。イギリス人はCould I ～?をあまりていねいな表現ではないと考えているようです。

　May I ～?がていねいな言い方としてよく使われています。

(質問) 目上の人に英語で「窓を開けてもよろしいですか。」のように尋ねられたら、どう答えればよいのですか。

(答え) Yes, certainly. [サ～トゥンリィ／サ～・ンリィ]（はい、けっこうですよ。）と答えてください。

(質問) May I ～?、Can I ～?、Could I ～?で質問された時、「ダメです。」と言いたい時はどう答えればよいのですか。

(答え) May I come in?（入ってもいいですか。）と尋ねられたと仮定してください。

答えは、番号の順番にきつい表現からおだやかな表現になります。
- (1) No, you mustn't. (ダメ。)
- (2) No, you may not. (ダメですよ。)
- (3) No, you can't. (ダメなんですよ。)
- (4) I'm sorry you can't. (すみません。ダメなんですよ。)

## ● willとwouldの使い方

**[will [ウィオ]]**

**① ～するつもりです。**

また後で電話をしますよ。

I'll call you later.

**② どうしても～するつもりです。**

私はどうしても大学に進学します。

I will go on to college.

発音 college [カリッヂ]

**③ どうしても～ない [否定文で] won't [ウォーゥントゥ]**

この戸はどうしても開かない。

This door won't open.

私はあなたのご親切は決して忘れません。

I won't forget your kindness.

I shall never forget your kindness.

発音 forget [ファゲットゥ] kindness [カーィンドゥニス]

won'tをもっと強く言いたい時はshall neverを使います。

**④ もし～してくださるのなら [if節の中で]**

もしあなたが来てくださるのならうれしいのですが。

I'll be glad if you will come.

⑤ ～するものだ

人はうわさ話をするものです。［人の口には戸を立てられぬ。］

People will talk.

⑥ **どうしても～しようとする**

あなたはなんでも自分の思い通りのことをしようとする。

You will have your own way in everything.

You will have everything your own way.

⑦ ～できる［主語が無生物である場合］

このホテルは50人泊まれる。

This hotel will sleep 50 people.

⑧ ～でしょう［未来を表す場合］

私は来月20才になります。

I will be twenty next month.

I'll be twenty next month.

話し言葉ではI'llを使うのが普通です。

⑨ ～でしょう［現在の推量を表す場合］

あれは佐々木さんでしょう。

That will be Ms. Sasaki.

⑩ ～してくれませんか

窓を開けてくれませんか。

Will you open the window?

⑪ ～しなさい［おだやかな命令文］

5時までに帰って来なさい。

You will be back by five.

---

**ここが知りたい**

(質問) willを強く発音したり、弱く発音したりすることで意味が変わるのでしょうか。

(答え) will の意味によって will を強く発音することがあります。
　People will talk. の場合は、人はうわさ話をするものなので、防ぎようがありません。という意味なのですが、このようなことはよくないことだと話し手が思えば will を強く発音します。
　You will have your own way in everything. この will の場合も、〈どうしても～しようとする〉のような強い意味を表しているので、will を強く発音します。

(質問) ということは、I will go on to college. と I'll go on to college. とでは意味が違うということですか。
(答え) I will の will を強く発音すれば、どうしても～するつもりですを表せますが、I'll にすると～しますぐらいの意味になります。

(質問) will を強く発音するかしないかは意味によるということなのですね。ということは、This door won't open. のように、「この戸はどうしても開かない。」という場合は、won't を強く発音した方がよいということですか。
(答え) その通りです。

## [would] [ウッドゥ]
### ① 過去の強い意志を表すことがあります。
　トニー君はどうしても私の意見に同意しませんでした。
　Tony wouldn't agree with me.
　発音　agree [アグゥリー]
### ② ていねいな意味を表すことができます。
　窓を開けていただけませんか。
　Would you open the window?

③ **現在の弱い推測を表すことができます。**

トニーさんは50才を超えているでしょう。

Tony would be over fifty.

④ **よく〜したものです。**

私は若い頃はよく泳いだものです。

When I was young, I would often swim.

When I was young, I used to swim.

発音　used to [ユーストゥ]

⑤ **時制の一致のためにwillがwouldになることがあります。**

トニー君は言った。「来月20才になります。」

Tony said, "I will be twenty next month."

→Tony said he would be twenty the next month.

⑥ **仮定法でwouldを使うことがあります。**

できるものならあなたをお手伝いするのですが。

I would help you if I could.

I'm sorry if I can't help you.

### これだけは覚えましょう

(1) これをいただきたいのですが。

I'd like to take this.

(2) 窓を開けていただけますか。

Would you mind opening the window?

(3) 窓を開けさせていただいてもよろしいですか。

①Would you mind my opening the window?

②Would you mind if I opened the window?

③Do you mind my opening the window?

④Do you mind if I open the window?

　　myの代わりにmeを使う人もかなり多くなってきているようです。

(4) もしかまわなければ、できればお茶をいただきたいのですが。
　　I'd rather have some tea if you don't mind.

#### ここを間違える

(1) 窓を開けていただけますか。
　　Would you open the window?
(2) 窓を開けていただけますか。
　　Would you mind opening the window?

　　mind ～ingは〈～するのを気にする〉という意味なので、Yes.と言ってしてしまうと、Yes, I mind.（私は気にします。）となるので、No.と言って「よろしいですよ。」を表すようにしてください。

　　ただし、「よろしいですよ。」の意味を表したい時に次のように言うことが多いようです。

　　Of course not.［オヴ　コース　ナットゥ］
　　Certainly not.［サ～トゥンリィ　ナットゥ］
　　All right.［オーオ　ゥラーィトゥ］
　　With pleasure.［ウィず　プレジァ］

## ●shallとshouldとought toの使い方

### [shall ［シァオ］]

#### ① ～でしょう

「私は来月20才になります。」
I shall be twenty next month.
I will be twenty next month.

　　イギリスでは、改まった表現では、shallを使いますが、話し言葉ではwillを使う人が多くなってきています。アメリカでは、この意味ではwillを使ってshallは使いません。

② 必ず～します

「私はあなたのご親切を決して忘れません。」

I shall never forget your kindness.

　この意味では、次の順番に意味が強くなります。

①I won't forget your kindness.

②I shall never forget your kindness.

③I never shall forget your kindness.

　①をアメリカ英語では使います。won'tを強く発音します。強い意志を表すshallは強く発音されます。②よりも③の方が意味が強くなります。

③ ～しましょうか

私が窓を開けましょうか。

①Shall I open the window?

②Do you want me to open the window?

③Would you like me to open the window?

④Should I open the window?

　イギリス英語では①を使いますが、アメリカ英語では、②③をよく使います。アメリカ英語ではShall I ～?はかたい言い方なので、あまり使わず、その代わりにShould I ～?の方を使います。

④ ～させましょうか [まれ]

あなたにこれをあげましょう。

①You shall have this.

②I'll give you this.

③I'll give this to you.

今日はあなたにテレビを見させません。

①You shall not watch TV today.

②I won't let you watch TV today.

　話し手の強い意志を表すので、shallを強く発音します。

この表現はとてもかたい表現なので、現在英語では、①の表現はほ

とんど使われずその代わりに、②の表現を使います。

⑤ **〜すべし、〜しなさい**

私の言う通りにするんだ。

You shall do as I say.

⑥ **〜すべし、〜とする**[法律、規律などの条文で]

罰金はすべて現金で支払うものとします。

All fines shall be paid in cash.

発音　fines [ファーィンズ]　paid [ペーィドゥ]　cash [キャッシ]

⑦ **〜すべし**[聖書などで]

自分の如く汝の隣人を愛せよ。[聖書]

You shall love your neighbors as yourself.

発音　neighbors [ネーィバァズ]

[**should** [シュッドゥ]]

① **shallの過去形**

「ご親切は決して忘れません。」と私は佐々木さんに言った。

I said to Ms. Sasaki, "I shall never forget your kindness."

I told Ms. Sasaki (that) I should never forget her kindness.

② **〜すべきです、〜して当然です、〜するのがよいでしょう、**

**〜しましょうか**

警察に電話をした方がいいですよ。

You should call the police.

警察に電話をした方がいいでしょうか。

Should I call the police?

③ **〜するはずです、きっと〜でしょう**

きっと東京は寒いはずですよ。

It should be cold in Tokyo.

④ **要求、提案、決定、願望、勧告などを表す動詞の次にくるthat節で使われます。**

私はあなたに勉強することをお勧めします。

I suggest to you that you should study.
I suggest that you should study.
I suggest you study.
I suggest your studying.

発音 suggest ［サ**ヂェ**ストゥ／アメリカではサグ**ヂェ**ストゥ］

#### ここが知りたい

(質問) I suggested to Ms. Sasaki that she should study. のような場合、shouldを省略した時、studyはどんな形をとるのですか。

(答え) 英米ともに原形を使うのが一般的です。イギリス英語ではstudiedを使う人もあります。

shouldはかたい言い方なので、アメリカ英語よりも、イギリス英語でよく使われています。

⑤ **必要、重要性などを表す形容詞の次にくるthat節で使われます。**

佐々木さんは勉強する必要があります。

It's necessary that Ms. Sasaki should study.
It's necessary that Ms. Sasaki study. ［アメリカ英語］
It's necessary for Ms. Sasaki to study. ［よく使われる］

shouldを省略すると、アメリカ英語では原形を使う人の方が、現在形を使う人よりも多いようです。イギリス英語では、現在形を使う人がほとんどです。

⑥ **話し手の主観的な判断や感情を表す文のthat節で使われます。**

佐々木さんがそう言うのはもっともです。

It's natural that Ms. Sasaki should say so.

It's natural that Ms. Sasaki says so.
It's natural for Ms. Sasaki to say so.

発音 natural [ネァチュラオ]

⑦ **疑問詞といっしょに用いて、〈〜だろうか、いや〜ではない〉という意味で使われます。**

私が知っているはずがありませんよ。

How should I know?

⑧ **万一[仮に]〜ならば、という意味で if といっしょに使われます。**

もしあなたが失敗したら、もう一度やってみますか。

(a) If you should fail, would you try again?
(b) Should you fail, would you try again?

Should you fail, を見たら、If you should fail, を思い出して意味を理解してください。

発音 fail [フェーィオ]　try [チュラーィ]

⑨ **ていねいでひかえめな表現を表す場合に使われます。**

トニーさんはたぶん50才を超えていると思います。

Tony is over fifty, I should say.


## [ought to]

① **〜すべきです**

あなたはもっと一生懸命勉強した方がいいですよ。

①You ought to study harder.
②You should study harder.

ought to は、周りの状況から判断して〈〜すべきですよ〉と言っていますが、should の方は、〈自分の意見では〜すべきですよ〉と言っているのです。日本語の〈〜した方がよい〉と訳しても問題はありません。

② **当然〜のはずです**

あなたは朝食を食べていないのだから、おなかがすいているはず

ですよね。

You ought to be hungry, because you didn't eat breakfast.

### ③ 当然～しているはずです

(解説) ought to + have + 過去分詞のパターンで使います。

翔子さんは今頃はニュージーランドに着いているはずですよ。

Shoko ought to have arrived in New Zealand by now.

発音　breakfast [ブゥレクファストゥ]　hungry [ハングゥリィ]
arrived [アゥラーィヴドゥ]　New Zealand [ニューズィーランドゥ]

## ● used to と would often の使い方

used to [ユーストゥ] ～したものです、～するのが習慣だった、以前は～だった

There used to be ～　以前は～があった

would often [ウッドゥ オ～フン] よく～をしたものです

(質問) used to と would often の使い方で注意すべき点はありますか。

(答え) used to は、過去における長期の継続的な習慣や状態を表す時に使えますが、would often は、過去における不規則的によく行なわれた習慣を表します。

(1) 私はよく日曜日にはテニスをしたものです。

I used to play tennis on Sundays.

(2) 私はテニスをよくしたものです。

I would often play tennis.

(3) トニー君は以前は彼の仕事のことでよく悩んでいました。

Tony used to be worried about his job.

(4) ここには以前大きな木がありました。

There used to be a big tree here.

発音　worried [ワ～ゥリィドゥ]　tree [チュリー]

# 8 助動詞について

ここからは、助動詞の総整理をしていきたいと思います。

## ●「〜したらよい」の表現

「〜したらよい」をていねいなものから順に並べると次のようになります。

人によって多少とらえ方が違うことがあるかもしれませんが、私の調査では次のようになりました。数字が小さいほどていねいになります。

○とてもていねいな表現
  1 It might be better for you to 〜.
  2 You might want to 〜.
  3 It would be better for you to 〜.
  4 You might 〜.
  4 You could 〜.

○ていねいな表現
  5 You might as well 〜.
  5 I think you should 〜.
  5 You may as well 〜.

○あまりていねいではない表現
  6 You will do well to 〜.
  6 You should 〜.
  6 You ought to 〜.
  7 You want to 〜.

○命令文に限りなく近い表現
  8 You had better 〜.
  8 Hadn't you better 〜?

○命令文と同じレベルの表現
  9 You have to 〜.
  10 You must 〜.

341

#### ここが知りたい

**(質問)** 命令文とmust、have to、had better、should、ought to はどのような意味の違いがあるのかを知りたいのですが。

**(答え)** なかなかむずかしい質問です。次のようなことが言えると思います。

Study！（勉強しなさい。）

Study.（勉強して。）

You must study.

（勉強しなさい。（そうしないと後で困るよ。））

You have to study.

（勉強しなさい。（そうしないと後で困るよ。））

You had better study.

（あなたは勉強をした方がいいよ。（そうしないと後でひどいめにあうよ。））

You should study.

（あなたは勉強すべきですよ。（確かではないけど、後で困ると思いますよ。））

You ought to study.

（あなたは勉強すべきですよ。（確かではないけど、後で困ると思いますよ。））

**(解説)** Study！とStudy.は発音の仕方が違うのです。

怒った言い方で言うと、Study！（勉強しなさい！）

やさしく最後を軽くあげながら言うと、Study.（勉強してね。）

## ●相手に許可を得る時に使える助動詞とその関連表現

#### ここが大切

相手に許可を得る時に使える助動詞とその関連表現について総整理しておきます。ていねいなものから並べてあります。数字が同じものはていねいさが同じぐらいであるということを表しています。

「あなたの携帯電話をお借りしてもいいですか。」

(1) Would you mind if I borrowed your cellular phone?

(2) Would you mind [my/me] borrowing your cellular phone?
(3) Do you mind if I borrow your cellular phone?
(4) Do you mind [me/my] borrowing your cellular phone?
(5) May I borrow your cellular phone?
(6) Could I borrow your cellular phone?

「あなたの携帯電話を借りてもいいですか。」
(1) Is it all right if I borrow your cellular phone?
(2) Is it OK if I borrow your cellular phone?
(3) Can I borrow your cellular phone?

発音 borrow [バゥローゥ]　cellular phone [セリュラァ　フォーゥンヌ]

#### ここを間違える

(1) あなたの電話を借りてもいいですか？
　　Can I use your phone?
(2) あなたの携帯電話を借りてもいいですか。
　　Can I borrow your cellular phone?
　その場から移動させることができるものは、borrow [バゥローゥ]そうでないものはuseを使ってください。

#### ここを間違える

　「電話を貸していただいてよろしいですか。」
　　(1) Could I use your phone?
　　(2) Would you mind if I used your phone?
に対する答え方に注意してください。mind (気にします) という単語が使ってある場合は、noやnotを使った表現を使って答えてください。
　(1)の方は Yes, you can. (はい。)
　(2)の方は Of course not. (はい。)

### ここが大切

助動詞の現在形と過去形の使い分けは日本語と似ています。

(1) 窓を開けてくれますか。

　Will you open the window?

(2) 窓を開けていただけますか。

　Would you open the window?

(3) 窓を開けてもらえますか。

　Can you open the window?

(4) 窓を開けていただけますか。

　Could you open the window?

日本語の過去を表す時に使ういたを使うと、ていねいになります。英語でもWouldやCouldの過去形を使うとていねいな表現になるのです。この他にも、過去形にすると、可能性が低くなるという点では日本語も英語も同じなのです。

(5) 今晩は雨が降るかもしれません。

　It may rain tonight.

(6) もしかしたら今晩は雨が降るかもしれません。

　It might rain tonight.

ただし、アメリカでは、mayをあまり使わずにmightをmayとほとんど同じ意味で使うことが多いようですが、理論上は上のような意味で使われると言われています。

### ここが知りたい

**(質問)** 助動詞の過去形を使ったら、(1)ていねいになる (2)可能性が低くなる、ような意味で使われるということを習いましたが、他には特別な使い方はないのでしょうか。

**(答え)** もうひとつあります。

助動詞の過去形を使うと、控えめな気持ちを表すことができます。

I think so.（私はそう思います。）

　　I would think so.（私はおそらくそうだと思いますよ。）

　英語では、現在のことを表している時に、think（思う）say（言う）、imagine［イメァヂンヌ］（想像する）などの前に would を置くことによって、〈控えめな気持ち〉を表すことができるのです。いくつか例をあげておきます。

　　How old is Shoko?（翔子さんは何才ですか。）

　　I don't know.（知りません。）

　　I wouldn't know.（知らないのですが。）

　　I think so, too.（私もそう思います。）

　　I would think so, too.（私もおそらくそうだと思います。）

　　I don't think so.

　　((1)私はそう思いません。(2)私はそんなことはないと思います。)

　　I wouldn't think so.

　　((1)私はそのようには思わないですが。 (2)私はそのようなことはないように思います。)

### これだけは覚えましょう

　"Guess how old I am?"

（私は何才だと思いますか。）

　"I'd say you're about eighteen."

（私はあなたが18才ぐらいではないかと思うのですが。）

　発音　guess［ゲス］

　この場合の I'd は I would または I should のことを表しています。アメリカ英語ではwouldを使うことが多く、イギリス英語ではshould を使うことが多いと言われていますが、イギリスでも若い人はwould を使う人が多くなっています。

ここでは I'd が I would のことを表していると考えて話を進めます。
　　I'd say you're about eighteen.
のように would + say というパターンを使って、私はあなたが18才ぐらいではないかと言わせていただきます。という意味から、私はあなたが18才ぐらいではないかと思うのですが。という訳になっていると理解してください。
　　"Guess how old I am?"
は Can you guess how old I am? と言うこともできます。
　guess は予測する、という意味の単語です。
　この他にも、次のように言うこともできます。
　　How old would you say I am?
この英文に would you say が使ってあるのは、do you say（あなたは言いますか → あなたは思いますか）よりも would you say（たぶん～だろうとあなたはおっしゃいますか → たぶん～だろうと思われますか）の方がこの場合にはぴったりすると考えられるからです。

### ここが知りたい

（質問）なぜ Can you guess how old I am? という英語と How old would you say I am? のように、並べる順番が違うのですか。
（答え）動詞によって使い方が違うのです。

　Can you guess how old I am?
　（あなたは私が何才であるかということを推測できますか。）

　もしこの英文の意味を表す日本語を使ってだれかに尋ねられたらあなたはどう答えますか。たぶん、あなたは「そうですね。18才ぐらいじゃないですか。」のように答えるのではないでしょうか。英語でも日本語と同じで、〈はい。いいえ。〉を尋ねる文であっても、相手がどのようなことを尋ねたいと思っているのかを考えて答えるのと同じなのです。つまり、guess という単語は Yes. No. を尋ねるよ

うな英文で尋ねても、相手に<u>何才であるか</u>。を答えてもらえる単語なのです。

それに対して、Would you say how old I am?のように言うと、Yes. No. で答えられる可能性のある言い方なので、この言い方を避けて、How old would you say I am?と言っているのです。

このように、How oldを最初にもってくることによって、〈何才であるか〉を聞く英文になるからです。

次のような例もあります。

「今、私が何を考えているとあなたは思いますか。」
Can you guess what I am thinking about?
What do you suppose I am thinking about?

単語　suppose［サ**ポ**ーゥズ］〜だと思う

## ●相手に手伝ってもらえるかを尋ねる時の表現

ていねいなものから、順番に並べてあります。
① Would you mind helping me?
② Do you mind helping me?
③ Would you please help me?
④ Could you please help me?
⑤ Would you help me?
⑥ Could you help me?
⑦ Can you help me, please?
⑧ Will you help me, please?
⑨ Can you help me?
⑩ Will you help me?
⑪ Please help me.
⑫ Help me, please.

**(注意)** 人によっては多少感覚が違う可能性があります。

### ここを間違える

Will you open the window？（↗）（窓を開けてもらえる？）
Will you open the window！（↘）（窓を開けなさい。）
Willを強く発音して最後を下げると、命令文になります。
Open the window.（↗）（窓を開けてよ。）
Open the window！（↘）（窓を開けなさい。）

　命令文であっても、最後を軽く上げながらやさしく言うと、命令口調をやわらげた言い方になり、文の最後を下げると強い命令口調になります。

(質問) Can you 〜? と Will you 〜? とではどちらがていねいな言い方なのですか。

(答え) 英語では相手に直接物を言っていると感じる表現の方がていねいではない表現であると考えることができます。

　Will you help me？を直訳するとあなたは私を手伝う意志がありますか。となります。

　Can you help me？を直訳すると、あなたは私を手伝うことができますか。となります。2つを比べますと、あなたは私を手伝う意志がありますか。の方が、直接意志を尋ねているので、ていねいではないということになります。このことから、上司が部下に物を頼む時にぴったりの表現であると考えることができるのです。

　あなたは私を手伝うことができますか。の方は、もし手伝うことができなければ仕方がないのですが、できませんか。のように相手に「断わることもできますよ。」と言っているので、Will you 〜? よりも Can you 〜? の方がていねいな言い方であると考えることができるのです。

## 8 助動詞について

● 「〜してはいけない」を表す方法

強い禁止からおだやかな禁止の順に並べてあります。

(1) ここで絶対に泳ぐな。[ここで泳ぐべからず。]
No swimming here.
(2) 決してここで泳がないように。
Never swim here.＝Don't ever swim here.
(3) あなたはここでは泳いではいけません。
Don't you swim here.
(4) ここで泳いではいけません。
Don't swim here.
(5) あなたはここで泳いではいけません。
You mustn't swim here.
(6) あなたはここで泳ぐべきではありません。
You shouldn't swim here.
(7) あなたはここで泳ぐのを許されていません。
You may not swim here.
(8) あなたはここで泳ぐことはできません。
[ここで泳いでもらっては困ります。]
You can't swim here.
(9) どうかここで泳がないでください。
Please don't swim here.

発音 mustn't [**マ**スントゥ]　shouldn't [**シュ**ドゥントゥ]

**(解説)** Don't swim here. の Don't の次に you を入れて強く言うと、Don't swim here. よりも、もっと強い禁止を表します。

**ここが知りたい**

(質問) 色々な禁止を表す言い方があるようですが、使い分け方はあるのでしょうか。

(答え) 次のようなことを使い分けの目安としてください。

　You mustn't 〜. と You shouldn't 〜. を比べると、You mustn't 〜. の方がかなりきつく、絶対してはだめだよ。という意味を表しています。You may not 〜. は、話し手が相手に許可を与える権限を持っていて、〜してはいけないと言っています。You can't 〜. は規則、法律などで禁止されている場合に使われます。

　You will not 〜. は話し手が権限を持っていて〜してはいけないと言いたい時に使うことができます。Never 〜. は Don't 〜. をもっと強調した言い方です。No 〜ing. は主に掲示や標語などで使われることが多い表現です。この他にも次のような表現もあります。

(1) ここで泳いではいけませんよ。

　　You aren't swimming here.

　　You aren't to swim here.

(2) 一応ここでは泳いではいけないことになっていますよ。

　　You aren't supposed to swim here.

　　発音　supposed to ［サポーゥストゥ］

(3) 絶対にここでは泳いではいけませんよ。

　　Don't you dare to swim here.

　　(解説) 怒りやいらだちを表します。

　　発音　dare ［デアァ］

## ●should と ought to と must の違い

**ここを間違える**

　should と ought to は、must と違って否定の言葉が完全な英文の後にくることがあります。

「恵さんは家にいるはずなのですが、いないのです。」
[○] Megumi should be at home now, but she isn't.
[○] Megumi ought to be at home now, but she isn't.
[×] Megumi must be at home now, but she isn't.

should, ought to と must の違いは次のような例文でもよくわかります。

(1) 翔子さんはきっと今家で勉強しているに違いありません、私はそう確信しています。
　Shoko must be studying at home now.
(2) 翔子さんは今、家で勉強しているはずですが、しているとは限りません。
　Shoko should be studying at home now.
　Shoko ought to be studying at home now.

次の例文のように should と ought to には、望ましい推測を表す言葉がきます。

「物価はすぐ下がるはずです。」
Prices should come down soon.
Prices ought to come down soon.

## ●have と have got の使い分け

### ここが知りたい

**(質問)** have と have got の使い分けはないのでしょうか。
**(答え)** あると考えた方がよいと思います。

　have got は、[手に入れた・got] ものを [持っている・have] という表現なので、愛着や信頼のような気持ちが含まれていると考えることができます。

　たとえば、I have a car. の場合、「私は車を1台持っています。」

という意味ですが、I've got a car. なら、「私は車を1台持っていて、その車がとても気に入っているんです。」のような意味になります。また、

　　I have four friends.（私は友だちが4人います。）

　　I've got four friends.（私は（信頼できる）友だちが4人います。）

のように話し手の感情を表すことができるのです。

　ここからは、助動詞と動詞の働きを持つ単語の総整理をしていきたいと思います。

## ●助動詞と動詞の働きを持った単語 need, dare, do について

[助動詞のneedと動詞のneedの使い方]

**need**［ニードゥ］

　次のように覚えてください。

　　「お金については心配する必要はありません。」

　(1) You don't <u>need</u> to worry about money.
　　　　　　　動詞

　(2) You don't <u>have</u> to worry about money.
　　　　　　　動詞

　(3) You <u>need</u> not worry about money.
　　　　　助動詞

　アメリカ英語では、助動詞の need は、否定文で使われることが多く、疑問文ではそれほど使われません。また、肯定文（普通の文）では、ほとんど使われません。

　イギリス英語では、助動詞としての need は否定文と疑問文でよく使われますが、肯定文ではほとんど使われません。

　英米ともに、助動詞の need はかたい言い方なので、動詞の need ほどは使われません。

## [助動詞の dare to と動詞の dare の使い方]

**dare**［デァァ］

　助動詞の dare は〈あえて〜する〉という表現で使います。現在形が dare で過去形が dared［デァァドゥ］と言います。

　助動詞としては、疑問文と否定文で使われることが多く、肯定文では dare を動詞として使われることが多いようです。

　「私はうそをつく勇気がありません。」

(1) I <u>dare</u> not tell a lie.
　　　助動詞

(2) I don't <u>dare</u> tell a lie.
　　　　　　動詞

(3) I don't <u>dare</u> to tell a lie.
　　　　　　動詞

(4) I don't have the courage to tell a lie.

　|発音| courage ［カ〜ゥリッヂ］　　tell a lie ［テララーィ］

　(1)〜(3)のなかでは、(3)が1番よく使われますが、話し言葉では dare はあまり使われません。その代わりに、あえて〜するの気持ちを have the courage to（〜する勇気がある）で代用することが多いようです。疑問文にする場合には、Dare you 〜?　Do you dare 〜? のパターンを使います。

### これだけは覚えましょう

(1) よくもそんなことを私に言えるね。
　　How dare you say such a thing to me?
(2) どうしてそんなことが言いきれるの？［どうしてそんな確信がもてるの。］
　　①How can you be so sure?
　　②What makes you be so sure?
　　③Don't be too sure.

(3) おそらくこのことについてはもうお聞きと思いますが。

I dare say you've already heard about this.

I suppose you've already heard about this.

発音 heard [ハ〜ドゥ]　　suppose [サポーゥズ]

## [助動詞のdoと動詞のdoの使い方]
### 助動詞のdoの使い方
① **否定文や疑問文を作る時に使います。**

あなたは佐々木翔子さんを知っていますか。

Do you know Shoko Sasaki?

私は知りません。

I don't know.

② **動詞や動詞＋目的語の代わりに使います。**

「あなたは英語が好きですか。」「はい。」

"Do you like English?" "Yes, I do." = "Yes, I like it."

「私は英語が好きです。」「私もです。」

"I like English." "So do I."

③ **ある事柄が事実であることを強調したい時に使えます。**

私は昨日UFOを見ました。事実ですよ。

I did see a UFO yesterday.

ぜひ遊びに来てください。

Do come and see me.

発音 UFO [ユーエフ オーゥ]

didやdoを強く発音してください。

④ **倒置構文で使われます。**

主にlittle, never, not, nor, wellなどの副詞を強調したい時に、これらの単語を文頭に置くことがあります。このような時、〈副詞＋do＋主語＋動詞〉のような並べ方になります。

私は内垣君のことはよく覚えていますよ。
Well do I remember Mr. Uchigaki.

### ここが大切

助動詞の働きをする単語を強く読むと、〈~は事実ですよ〉という意味を表すことができます。時には疑問文と同じパターンをとることがあります。ただし、この場合は、**感嘆符**がつきます。
助動詞の働きをする単語は、notといっしょに使われる単語だと思ってください。

(1) I am busy. (私はいそがしい。)
(2) I am not busy. (私はいそがしくありません。)
(3) I AM busy. (私はいそがしいんですよ。本当ですよ。)
(4) AM I busy! (↘) (私はいそがしいんですよ。本当ですよ。)
(5) I have been to Africa.
 (私はアフリカへ行ったことがあります。)
(6) I have never been to Africa.
 (私はアフリカへ行ったことは一度もありません。)
(7) I HAVE been to Africa.
 (私はアフリカへ行ったことがあります。本当ですよ。)
(8) HAVE I been to Africa! (↘)
 (私はアフリカへ行ったことがあります。本当ですよ。)
 発音 Africa [エァフゥリカ]
(9) I met Aoi yesterday.
 (私は昨日あおいさんに出会いましたよ。)
(10) I didn't meet Aoi yesterday.
 (私は昨日あおいさんに出会わなかった。)
(11) I DID meet Aoi yesterday.
 (私は昨日あおいさんに出会いました。本当ですよ。)

(12) DID I meet Aoi yesterday!（↘）

(私は昨日あおいさんに出会いました。本当ですよ。)

**(注意)** ここでは、強調する単語を大文字で表しています。

### ここを間違える

あいづちを**助動詞＋主語？**で表すことができます。

"I have seen Tokyo Tower."
「私は東京タワーを見たことがあります。」
"Have you?"（↗）「そうですか。」

ただし、この時に、Haveを強く発音し過ぎると、「そうですか。」ではなくて「うそでしょう。」という意味を表す言い方になってしまいます。

"HAVE you?"（↘）「うそでしょう。」

"I met Kaoru yesterday."「私は昨日かおるさんに出会ったよ。」
"Did you?"（↗）「そうですか。」
"DID you?"（↘）「うそでしょう。」

"I'm a teacher."「私は先生です。」
"Are you?"（↗）「そうですか。」
"ARE you?"（↘）「うそでしょう。」

次のような例もあります。

"Are you a teacher?"（↗）「あなたは先生ですか。」
"ARE you a teacher?"（↘）
「あなたは先生なんですか。そうじゃないでしょ。」

# 9 名詞と代名詞について

ここからは名詞の働きについて説明したいと思います。

## ●名詞の種類
名詞には次のような種類があります。

### (1) 普通名詞
同じ種類の物が、いくつもある物をさす名詞のこと。
数えることができるので、a＋名詞、名詞sのように使われます。
（例）a boy, boys

### (2) 固有名詞
人名、地名、固有の物の名前（その物だけが持っている名前）で大文字で書き始めます。普通は、冠詞 (a, the) をつけることはありません。また複数形もありませんが、例外もあります。
（例）Lake Biwa ［レーィク　ビワ］（びわ湖）
　　　Japan ［ヂァペァンヌ］（日本）
　　　［例外的に］two Toms（2人のトム君）

### (3) 物質名詞
一定の形を持たない物の名前を表し、数えることができないので、a＋名詞や名詞sにすることはできません。どうしても数えたい時は、容器に入れて容器の数を数えます。
（例）snow ［スノーゥ］（雪）　　water ［ウォータァ］（水）
　　　sugar ［シュガァ］（砂糖）
　　　a glass of water ［ア　グレァサヴ　ウォータァ］1杯の水

two glasses of water [**チュー グレァスィザヴ ウォータァ**]
2杯の水

### (4) **抽象名詞**

性質、状態、動作などの抽象的（頭の中だけで考えていて具体的なものではない）な考え方を表している名詞。もともとは形容詞や動詞が名詞になったもの。数えることができないので、a＋名詞、名詞sのようにすることはできません。

(例) love [**ラヴ**]（愛）　beauty [**ビューティ**]（美）
　　 success [**サクセス**]（成功）　failure [**フェーィリャァ**]（失敗）

### (5) **集合名詞**

同じ種類に属する人や物を1つのグループとして考えるもので、数えることもできるので、a＋名詞、名詞sとすることもできます。

(例) family [**フェァミリィ**]（家族）

---

**ここが大切**

　家族全体を表す時は、家族をひとまとめにして考えるので、単数扱い、一人一人の家族を考える時は、複数扱いになります。
時と場合によっては、普通名詞としても使われることがあり、この場合数えることができる名詞として扱います。

(例) My family is large.
　　（私の家族は多い。）
　　My family are all well.
　　（私の家族はみんな元気です。）
　　There are five families in this apartment house.
　　（このアパートには5家族が入っています。）

　　発音　large [**ラーヂ**] 大きい
　　**families** [**フェァミリィズ**] 2つ以上の家族
　　**apartment house** [**ア**パー**トゥムントゥ　ハーゥス**] アパート

## (6) 加算名詞

数えることができる名詞。a+名詞、名詞+sのようにすることができる名詞。

(例) a book（1冊の本） two books（2冊の本）

## (7) 不加算名詞

数えることができない名詞。

(例) water [ウォータァ]（水）

## (8) 動名詞

動詞であったものにingをつけて名詞の働きをする単語になったもの。

(動詞)　　　　　　　　(名詞)
run [ゥランヌ]（走る）→ running [ゥラニン・]（走ること、ランニング）

## (9) 名詞句

いくつかの単語が集まって、名詞の働きをする言葉になったもの。名詞句と名詞節の違いは、名詞句には主語+動詞がありませんが、名詞節の場合には必ず主語+動詞が名詞の働きをするかたまりの中にあります。

(例) that I am a teacher（私が先生であるということ）
　　　　主語 動詞

### ここが大切

**[名詞句]**

for him to swim（彼にとって泳ぐこと/彼が泳ぐこと）

**[名詞節]**

that he swims（彼が泳ぐということ）

ほとんど同じ意味を表している場合でも、he swimsのように主語+動詞のようになっている時のみ節と考えます。

#### ここを間違える

[ルール 1]

**抽象名詞でも、具体的な意味に変わるとaがつくことがあります**

　success（成功）や、failure（失敗）のように一般的には、数えられない名詞でも、成功者、成功作、失敗者、失敗作のような意味になると数えられる名詞になります。

　　私はピアニストとしては失敗したが、実業家としては成功した。

　　I was a failure as a pianist,

　　but a success as a businessperson.

　　発音　failure［フェーィリャァ］　pianist［ピエァニストゥ］
　　　　　success［サクセス］　businessperson［ビズニスパ～スンヌ］

[ルール 2]

**数えられない名詞でも、形容詞がつくと a がつくことが多いのです**

　breakfast（朝食）、lunch（昼食）、dinner（夕食）は数えられない名詞ですが、形容詞を伴うとaをつけて使われます。他の名詞でも同じことが言えます。

　　I had lunch.　→　I had a light lunch.

　　（私は昼食をとった。）　　（私は軽い昼食をとった。）

　　snow（雪）→ a heavy snow（ひどい雪）

　　rain（雨）→ a heavy rain（ひどい雨）

[ルール 3]

**食べようと思えば丸々1個食べられるものには名詞に s をつけます**

　　I like apples.（私はリンゴが［を食べるのが］好きです。）

　　I like watermelon.（私はスイカが［を食べるのが］好きです。）

[ルール 4]

**ナイフで切って食べるものには s をつけません**

　　Tony likes dogs.（トニー君は犬が好きです。）

　　Tony likes dog.（トニー君は犬の肉が好きです。）

[ルール 5]
### this pair of 〜s と these 〜s は同じ意味を表します

This pair of shoes is new.／These shoes are new.
(このくつは新しい。)

発音　pair [ペアァ]　shoes [シューズ]

## ●one another と each other、one after the other と one after another

不定代名詞を使った熟語を覚えましょう。

### これだけは覚えましょう

**[one another と each other について]**

oneとeachはどちらも〈1〉のことを表しています。

other [アざァ] は〈他の物1つ〉を表しています。

another [アナざァ] は〈an+other〉で〈どれでもよいから他の物1つ〉という意味を表しています。

each other は $\underset{1\ +\ 1\ =\ 2}{\text{each}\ +\ \text{other}\quad \text{each other}}$

one another は $\underset{1\ +\ 1\ +\ 1\ =\ 3}{\text{one}\ +\ \text{an}\ +\ \text{other}\quad \text{one another}}$

私たちはお互いに顔を見合わせた。(2人の場合)

We looked at each other.

私たちはお互いに助け合っています。(3人の場合)

We help one another.

このように考えると次のように使えるということがよくわかります。

　each other は2人の間で**お互いに**

　one another は3人以上の間で**お互いに**

ただし、最近では、このルールが必ずしも守られているとは限りません。each other と one another は**代名詞**と同じ使い方をします。

[one after the other と one after another について]

 the otherには、〈残りの物1つ〉という意味があります。したがって、one after the otherは、2つの内の1つの物が終わってからもう1つのものが〈次から次へ〉という意味で使われています。一方、anotherには、3つ以上のものがあって、〈どれでもよいから、他の物1つ〉という意味があります。したがって、one after anotherは、3つ以上の物があってそれらが〈次から次へ〉という意味で使われます。

　（そこにある）飛行機は次から次へ離陸した。
　The planes took off one after another.
　その2機の飛行機は、次から次へと離陸した。
　The two planes took off one after the other.

## ●主語と動詞の関係

　ここでは、主語の次にくる動詞またはbe動詞にsがつくかつかないかをマスターしたいと思います

### これだけは覚えましょう

(1) 期間を表している場合は、ひとまとめにして考えると〈is〉、1年1年と経って4年、のように考えると〈are〉
(2) The number of students は学生の数の数に重点を置いているので〈is〉
(3) collecting booksは、本を集めることの集めることに重点を置いているので〈is〉
(4) 何に重点を置いているかを考えて〈is〉〈am〉〈are〉を使い分けます。
　Either you or I am （あなたか私のどちらか）
　I as well as you am （あなただけではなく私も）
(5) Most of the apples are （それらのリンゴのほとんど）
　Most of the apple is （そのリンゴのほとんど）

(6) ひとつを表している物が主語の場合は 〈is〉

　　What is ～? (～は何ですか。)
　　Who likes ～? (だれが～を好きですか。)
　　Nobody knows ～. (だれでも～を知らないですよ。)
　　Anybody knows ～. (だれでも～を知っていますよ。)
　　Any boy knows ～. (どんな少年でも～を知っています。)
　　Every boy knows ～. (どの少年も～を知っていますよ。)
　　Each boy knows ～. (どの少年も～を知っていますよ。)
　　Either of us is ～. (私たちの内のどちらかが～です。)
　　Many a book is ～. (たくさんの本が～です。)
　　More than one book is ～. (複数の本が～です。)
(7) Allが人を表せば 〈are〉、物を表せば 〈is〉
(8) The + 形容詞が人を表せば 〈are〉、抽象的な物を表せば 〈is〉

# 10 不定冠詞と定冠詞について

ここからは、不定冠詞と定冠詞の勉強について考えてみることにします。

## ●不定冠詞と定冠詞
**不定冠詞**とは、aのことを指します。
**定冠詞**とは、theのことを指します。

### ここが知りたい

(**質問**) なぜ不定冠詞がaで定冠詞がtheを指すのですか。
(**答え**) 名詞の名前に冠のようにつけて使うので、冠詞と言います。冠詞には定冠詞と不定冠詞があります。どのものを指しているのかをはっきり定められる場合は、定冠詞を使うと考えてください。**その**という意味の**the**がどれを指しているのかがはっきりしているので、**定冠詞**というのです。

それに対して、aはたくさんある中のどれを指しているかをはっきり定めることができない場合に、**どれでもよいからひとつ**という意味を表わすことから、**不定冠詞**と呼んでいるのです。

## ●間違いやすい冠詞の使い方

### ここを間違える

文法的には、aはいつもはっきりしていない時に使うと教えていますが、実際には、はっきりしていてもaを使うことがあります。

次のように考えるとよいでしょう。会話をしている時、自分と相手がいて、相手にとってはっきりしていない時にaをつける、つまり自分にとっては、はっきりしていてもaを使うということがありうるのです。

「私はペンが必要なんですよ。」I need a pen.

この場合、どれでもよいからという意味なので、a penと言っています。

「私はペンを買ったんですよ。」I bought a pen.

本人は自分の気に入ったペンを買っているはずなので、はっきりしているのですが、相手はどのペンかを知らないので、a penと言っているのです。

### これだけは覚えましょう

習慣を表している時と、目的を表している時に、本来はaをつけることができる名詞であっても、aをつけないことがあります。

　私は勉強をするために学校へ行く。(目的)

　私は月曜日から金曜日まで学校へ行く。(習慣)

このように本来の目的を表す日本語の場合、英語では名詞にaをつけず

　I go to school.（私は学校へ行く。）のように表します。

もし、aやtheをつけると、本来の目的ではないことで学校へ行くということを表します。

　I went to a school.（私はある学校へ行った。）

　I went to the school.（私はその学校へ行った。）

このように考えることができるものに次のようなものがあります。

(1) go to church（教会へ礼拝に行く）

　go to a church（ある教会に礼拝以外の目的で行く）

(2) go to bed（寝るためにベッドのところへ行く）

　go to the bed（そのベッドのところへ行く）

(3) go to sea（船乗りになる、航海に出る）

　go to the sea（海辺に行く）

### これだけは覚えましょう

aには次のような意味があります。

　a boy（ある少年）= a certain boy
　a size（同じサイズ）= one and the same size
　for a while（しばらくの間）= for some time
　A cat mews.（どんな猫でもニャーと鳴く。）= Any cat mews.

　発音　certain [サ〜トゥン]　mews [ミューズ]

### ここを間違える

**aはたくさんの中の1つを表します。**
**theはひとつしかない、を表します。**

　a picture（たくさんある中の1枚の写真）
　the picture（1枚しかない写真）

名前を聞いて、はっきりだれであるかがわかる時にはaをつけることはありませんが、だれだかわからない時には、a＋名詞のように使うことがあります。同じ名前の人が何人かいる場合には、名前の後ろにsをつけることもあります。これを文法的に言うと、固有名詞（名前を聞いてはっきりわかる名詞）に、aやsをつけることによって、普通名詞に変わるということです。

　a Mr. Wada（和田さんという人）
　a Wada（和田家の人）
　an Edison（エジソンのような人）
　a Sony（ソニーの製品）
　a Toyota（トヨタの車）

　発音　Edison [エディスンヌ]

確認の問題をやってみましょう。

**(問題)** 次の（　）にaまたはtheを入れてください。

(1) 荒木さんは早稲田の教授です。

　Mr. Araki is (　) professor at Waseda.

(2) 荒木さんは早稲田の学長です。

　Mr. Araki is (　) president of Waseda.

(3)「坊っちゃん」は漱石によって書かれた小説です。

　"Botchan" is (　) novel written by Soseki.

(4) 和田さんという人から、先ほど電話がありました。

　(　) Ms. Wada called you just now.

(5) あれは北斎の絵です。

　That is (　) Hokusai.

(6) 東郷さんは北斎のような画家です。

　Mr. Togo is (　) Hokusai.

(7) ドクター中松さんは日本のエジソンです。

　Dr. Nakamatsu is (　) Edison of Japan.

(8) 私はエジソンのような人になりたい。

　I want to be (　) Edison.

　発音　professor [プゥラフェッサァ]

　president [プゥレズィドゥントゥ]

　written [ゥリトゥンヌ]　novel [ナヴェオ]　Dr. [ダクタァ]

**(答え)** (1) a　(2) the　(3) a　(4) A
　　　(5) a　(6) a　(7) the　(8) an

**(解説)** ひとつしかない時はthe、たくさんの中の1人または1つを表している時はaを使います。

### ここを間違える

## [onlyと冠詞の正しい使い方]

the only child（唯一の子供）
an only child（1人っ子）
only one child（たった1人の子供）
only a child（ほんの子供、子供にすぎない）

発音　the only［ずィ　オーゥンリィ］

## [冠詞の省略と反復]

(1) 白黒のまだらな犬
　　a black and white dog
(2) 1匹の黒い犬と1匹の白い犬
　　a black and a white dog
　　a black dog and a white dog

## [強調する時のaの使い方]

(1) 私は教師兼作家です。
　　I'm a teacher and writer.
(2) 私は教師で、しかも作家です。
　　I'm a teacher and a writer.

発音　writer［ゥラーィタァ］

### これだけは覚えましょう

(1) Aoi is a doctor.
(2) Aoi is the doctor.

　英語では、a doctorは〈あるお医者さん〉、the doctorは〈そのお医者さん〉。

　この2つの英語はとても大きな違いがあるのです。

## 10 不定冠詞と定冠詞について

　a doctorは相手にとってまだ知らなかった情報で、the doctorはもうすでに知っていた情報なのです。

　このことから次のようなことがわかります。

　<u>Aoi</u>　　is　<u>a　doctor</u>.
　すでに知っている情報　知らない情報

　<u>Aoi</u>　is　<u>the　doctor</u>.
　知らない情報　すでに知っている情報

英語を日本語に訳す時に、すでに知っている情報を表す時に使うのが<u>〜は</u>、知らない時に使う時に使うのが<u>〜が</u>なのです。

　このことから、次のように訳せばよいことがわかります。

　<u>Aoi</u> is a doctor.（あおいさんはお医者さんです。）

　<u>Aoi</u> is the doctor.（あおいさんがそのお医者さんです。）

　このように考えると、次の英文をどう訳せばよいかがわかります。

　There is <u>a book</u> on <u>my desk</u>.
　　　　　知らない情報　　　すでに知っている情報

　「私の机の上に<u>1冊の本が</u>あります。」

知らない情報は、**〜が**と訳せばよいのです。

　<u>The book</u>　is　<u>new</u>.
　すでに知っている情報　知らない情報

　「その本は新しい。」

　すでに知っている情報は、**〜は**と訳せばよいのです。

### ここが知りたい

**(質問)** 昔話の出だしによく使われる、「むかしむかしあるところにおじいさんとおばあさんが住んでいました。」を英語で言う時には、<u>おじいさんとおばあさんが</u>はまだ知らない情報なので、<u>〜が</u>が使ってあるということですか。

(答え) その通りです。an old man and his wife のように an を使って表すことによって、おじいさんとおばあさんがを表すことができるということです。これを英語に表すと次のようになります。

　　An old man and his wife lived.

この英語は主語の部分が長くなっているため、英語としては自然な言い方ではないので、There を使って書き換えることができます。

　　There lived an old man and his wife.

この There から始まる英文は、中学校で習ったことのある英文です。

　　A book is on the desk.
　　→There is a book on the desk.

この英文も、先ほどの英文とまったく同じ考え方で、成り立っていることがわかります。

ここで、しっかり覚えていただきたいことは、まだ知らない情報を紹介する時に、There is〜. または There 動詞〜. の構文を使うということです。

つまり、The book is new. のように、すでに知っている情報の The book がくる時は、There is 〜. または There 動詞 〜. の構文を使うことができないということがわかります。

● the の特別な用法

ここでは、the の特別な用法について勉強したいと思います。

### これだけは覚えましょう

(1) **the＋形容詞＝〜の人々**

　the beautiful (美しい人々)

(2) **the＋形容詞＝〜のこと、〜のもの**

the beautiful（美、美しいもの）
(3) **the＋単数普通名詞＝～の性質**（抽象名詞）
　　the mother（母親らしい気持ち）
(4) **the＋複数形の普通名詞＝すべての～**
　　These are the pictures of my own taking.
　　（これらは私が撮影したすべての写真です。）
(5) **the＋複数形の固有名詞＝山脈、群島、連邦国家、家族など**
　　the Alps（アルプス山脈）　　the Browns（ブラウン家の人々）

### ここが知りたい

(質問) the picturesが〈すべての写真〉を表すということですが、theを取るとどのような意味になるのですか。
(答え) some pictures（数枚の写真）という意味になります。

(質問) The beautifulから始める場合、〈美人〉と〈美しいもの〉のどちらを使うかによって、次にくる動詞にsをつけるかつけないかが決まるのですか。
(答え) その通りです。〈美人〉と考えるとare、〈美しいもの〉と考えるとisを使ってください。

(質問) **the＋形容詞**で**～する人々**を表す時は常に**複数扱い**をするということですか。
(答え) よい質問です。ほとんどの場合はそのように考えてください。
　　例外は次のようなものがあります。被告人や故人の数によって、単数扱いにするときと、複数扱いをするときがあります。
　　　the accused［ずィ　ア**キューズ**ドゥ］（被告人）
　　　the deceased［ざァ　ディ**スィース**トゥ］（故人）

どのような時に、theを使えばよいかを考えてみることにします。

### これだけは覚えましょう

(1) 話し手と聞き手がお互いに知っている時
(2) 状況によってどの名詞を指しているかがはっきりしている時
(例) テーブルの上に、塩などがひとつしかないことがわかっている時
   Could you pass the salt?（塩を取ってくださいますか。）
   発音　pass [ペァス]　salt [ソーオトゥ]
(3) 一般常識でひとつしかないとわかっている時
   the earth [ずィ　ア〜す]（地球）
(4) 名詞を詳しく説明する時に〈of＋名詞〉が使われている時
   the history of Japan（日本の歴史）
(5) 前に述べられたことから、どの名詞を指しているかがはっきりしている時
   Tony has a son. The son is a teacher.
   （トニーさんには息子さんが1人います。その息子さんは、先生です。）
(6) ひとつしかないことを表す名詞と形容詞がいっしょに使われている時
   the first bus（始発のバス）
   the same watch（同じ時計）
   the only money（唯一のお金）
(7) 一般的な人（動物、物）について話す時
   the Americans [ずィ　アメゥリカンズ]（アメリカ人）
   the dog（犬というもの）
   the computer [カンピュータァ]（コンピューター）
   the piano [ピエァノーゥ]（ピアノ）
(8) The＋比較級, the＋比較級
   The sooner, the better.（早ければ早いほどよい。）
(9) 一般的なメディアを表している時
   the press [プゥレス]（出版）

## 10 不定冠詞と定冠詞について

**ここを間違える**

「犬は役に立つ動物です。」

(1) A dog is a useful animal.

(2) Dogs are useful animals.

(3) The dog is a useful animal.

A dogは、Any dog(どの犬も)の意味を表しながら、種類全体を表すことができる表現です。

Dogsは複数にすることで種類全体を表す表現です。話し言葉でもっともよく使われるのがこの表現です。

The dogは、とてもかたい表現で、論文や動物図鑑などでよく使われる言い方です。このようにいつでも3種類の表し方があると習ったことがあるかもしれませんが、次のような場合には、**the＋名詞**を使って表すのがぴったりなのです。

「ライオンは絶滅の危機に瀕しています。」

[○] The lion is in danger of becoming extinct.

　　特に種族を強調している時は、the＋名詞を用いるのがいちばんぴったりなのです。

[×] A lion is in danger of becoming extinct.

　　この英文は正しくありません。A lion（どのライオンも）のように1頭であるということを強調しながら種類全体を表すという点において、この英文にはふさわしくないのです。

発音　danger [デーィンヂァ]　extinct [イクスティンクトゥ]
useful [ユースフォー]　animal [エァニモー]　lion [ラーィアンヌ]

## ●the＋固有名詞で使われる固有名詞

固有名詞には、aやtheをつけないのが普通ですが、固有名詞によっては、theをつけるものがあります。ここでは、原則として**the＋固有名詞**で使われる固有名詞について覚えたいと思います。

### これだけは覚えましょう

(1) the Shinano
(2) the Japan Alps
(3) the Sea of Japan
(4) the United Kingdom [ユナーィティドゥ キン・ダム]
(5) the Queen Elizabeth [クウィーン エリザべす]
(6) the Straits of Tsugaru [スチュレーィツ]
(7) the Izu Peninsula [ペニンスラ]
(8) the Panama Canal [ペァナーマー カネァオ]
(9) the Sahara Desert [サヘァゥラ デザァトゥ]
(10) the United States of America [ステーィツ]
(11) the Philippines [フィリピーンズ]
(12) the Hilton Hotel [ホーゥテオ]
(13) the New York Times
(14) the English language [レァングゥィッヂ]
(15) the University of London
(16) the British Museum
(17) the Eiffel Tower [ずィ アーィフォー]
(18) the Todaiji Temple [テンポー] (東大寺)
(19) the Kremlin [クゥレムリンヌ] (クレムリン宮殿)
(20) the Meiji Shrine [シュゥラーィンヌ] (明治神宮)

[覚え方の例]

信濃川は日本アルプスから流れ出し、日本海に注いでいます。
日本海に浮かんでいる英国によって造られたクイーン・エリザベス号の窓から津軽海峡の冬景色が見える。
伊豆半島のような春はいつやってくるのだろう。もうすぐだ。
あのパナマ運河を通り抜け、サハラ砂漠のラクダに乗れば、アメリカ合衆国の植民地であったフィリピン諸島に着けるのです。

そこで私はヒルトン・ホテルに泊まって、ゆっくりニューヨーク・タイムズを読みます。もちろん、英語で読めるのです。私はロンドン大学の歴史学科で勉強をしたので、大英博物館へはよく行きました。エッフェル塔と英米以外の寺院、宮殿、神社の研究もしました。

**(注意)** イギリスにある、Buckingham Palace［バキンガム　ペァラス］バッキンガム宮殿には、the がつきません。

## ●不定代名詞

最後に、不定代名詞でこれだけは覚えておいてほしい表現を紹介します。theの使い方が大切なので冠詞の項目に入れてあります。

### これだけは覚えましょう

- □ others　　他の物2つ以上
- □ the other　　残りの物が1つ
- □ the others　　残りの物すべて
- □ anotherは　　どれでもよいから他の物1つ

次の英文はあなたが部屋を探しに行った時の会話だと考えてください。

(1) 私はこの部屋が気に入りません。

　I don't like this room.

(2) 残りの部屋をすべて見せてください。

　Please show me the others.

(3) もう1つの部屋を見せてください。

　Please show me the other.

**(解説)** 部屋が2つしかなかった場合、残りの部屋が1つなので、the otherとなるのです。

(4) 他の部屋をいくつか見せてください。

　Please show me some others.

(5) どの部屋でもよいから、他の部屋をもう1つ見せてください。

　Please show me another.

375

# 11 形容詞について

ここからは形容詞の働きについて説明したいと思います。

## ●形容詞、形容詞句、形容詞節

形容詞には、名詞や代名詞についてくわしく説明する時に使うタイプと、主語の性質、状態などを表す時に使うタイプがあります。

**限定用法** 名詞や代名詞についてくわしく説明する時に使います。

形容詞を名詞の前に置くことが多いのですが、後ろに置くこともあります。

（例）a good bike（上等の自転車）

**叙述用法** 主語の性質、状態などを表す時に使います。

主語＋be動詞＋形容詞.のパターンで使います。

形容詞が主語や目的語の補語になると覚えておきましょう。

（例）I am happy.（私はしあわせです。）

　　　Please make me happy.（私をしあわせにしてください。）


形容詞には次のような種類があります。

### (1) 性質や状態を表す形容詞

　a good bike（上等の自転車）

　Tony is tall.（トニー君は背が高い。）

### (2) 数や量を表す形容詞

　two books（2冊の本）　　many books（たくさんの本）

## 11 形容詞について

　形容詞を比較で使うことがあります。

　性質や状態を表す形容詞の中には、**もっと〜です、もっとも〜です**を表す時に使われるものがあります。

　このような変化を**比較変化**と言います。比較変化には次の3つがあります。

(1) **原級** − 形容詞を英和辞典の見出し語の通りの形で使います。単語の意味は変わりません。

　（例）

　I am tall.（私は背が高い。）

　I am as tall as Tony.（私はトニー君と同じぐらい背が高い。）
　　　［アズ　**トー**ラズ］

(2) **比較級** − 2人の人や2つの物を比べて、

　AがBよりももっと〜です。のような文章を表したい時に使います。

　形容詞＋er にすることで、〈もっと〜〉という意味をあらわします。

　（例）

　I am taller than Tony.
　　　　［**トー**ラァ］［ザンゥ］

　（私はトニー君よりももっと背が高い。）

(3) **最上級** − 3人以上の人や3つ以上の物の中で、〈もっとも〜です。〉または〈一番〜です。〉という意味を表したい時に使います。the 形容詞＋est のパターンに当てはめて、〈もっとも〜〉を表すことができます。

　（例）

　I am the tallest in our class.
　　　　　　［**トー**リストゥ］　　　［ク**レァ**ス］

　（私は私たちのクラスで一番背が高い。）

[形容詞句]

普通は**名詞**、または**代名詞**をくわしく説明したい時には、**形容詞**を使いますが、**形容詞**を使わずに形容詞と同じ働きをさせることができます。

このように形容詞と同じ働きをする語句のことを**形容詞句**と言います。

(1) **現在分詞や過去分詞を使った形容詞句**

　　**現在分詞**とは、動詞のing形のことで、**~している**という意味を表します。

　　**過去分詞**とは、動詞のed形をとることが多く、**~される、~された**を表します。

that <u>running</u> boy（あの走っている少年）
that <u>saved</u> boy [セーィヴドゥ]（あの救助された少年）

### ここが大切

現在分詞や過去分詞を使って名詞を説明したい時には、次の公式に当てはめると便利です。

$$\boxed{\text{that [1] boy [2]}}$$

説明しているところが1単語の場合は、[1] のところに、2単語以上の場合には [2] のところに、**現在分詞**、または**過去分詞**を使った**単語**、または**語句**を置きます。

(2) **不定詞を使った形容詞句**

a book to read（読む [ことができる、ための] 本）
something to eat（何か食べるもの、食べることができるもの）
a house to live in（住む [ための、ことができる] 家）

**(解説)**

① <u>a book</u>　　　　<u>to read</u>
　　本　　〈どんな本〉　読む [ための、ことができる]

② <u>something</u>　〈どんなもの〉　<u>to eat</u>
　　あるもの　　　　　　　　食べる [ための、ことができる]

③ <u>a house</u>　　　　　<u>to live in</u>
　　家　　〈どんな家〉　住む [ための、ことのできる]

　**名詞**の説明をしたい時に、**どんな**という疑問が生まれたら、すべて**形容詞**の働きをしていると考えてください。

　③の英語に in という**前置詞**がついているのは、どうしても **in** が必要だからです。

　<u>I</u> <u>live</u> in a house.
　私は住む　〈どこに〉中に　〈何の〉家

　a house <u>I</u> live in （私が住んでいる家）

　a house <u>to</u> live in （住む [ための、ことができる] 家）

### (3) 前置詞＋名詞のパターンの形容詞句

<u>of</u> <u>importance</u> = <u>of</u> + <u>importance</u>
前置詞　名詞　　　～の性質を持った　重要性

<u>of importance</u> = <u>important</u>
重要な [形容詞句]　　重要な [形容詞]

① トニーさんは重要な人です。

　　Tony is an important person.

　　Tony is a person of importance.

② これは重要です。

　　This is important.

　　This is of importance.

　単語　importance [インポータンス] 重要性

important [インポータントゥ] 重要な　　person [パ～スンヌ] 人

### ここが大切

(1) an <u>important</u> person
         [1]

(2) a person <u>of importance</u>
              [2]

### [形容詞または形容詞の働きをする語句の使い方のコツ]

> a [1] person [2]

person (人) という名詞を説明している言葉が1単語の時は [1] の位置に2単語以上の時は [2] の位置に置くことから、(1) と (2) のような並べ方になるのです。

### [形容詞節]

形容詞節は、関係代名詞 (who, whose, whom, which, that) や関係副詞 (where, when, why, how) によって導かれる節のことで、働きとしては、名詞や代名詞をくわしく説明する場合に使います。

　　that boy <u>who swims very well</u>
　　（とてもじょうずに泳ぐあの少年）

形容詞句と違うところは、主語や動詞があることです。

whoを消すと、that boy swims very well となり、主語が that boy で swims が動詞であることがわかります。

このことから、節であることがはっきりします。

働きが形容詞であることから、形容詞節と考えることができます。

　　that boy <u>whom I know</u>
　　（<u>私が知っている</u>あの少年）

　　this house <u>where I live</u>
　　（<u>私が住んでいる</u>この家）

**11** 形容詞について

the day <u>when I was born</u>
(<u>私が生まれた</u>その日)
the reason <u>why I came here</u>
(<u>私がここに来た</u>理由)
the way <u>how I mastered English</u>
(<u>私が英語を身につけた</u>方法)

発音 born [**ボー**ンヌ]　reason [ゥ**リー**ズンヌ]
mastered [**メァ**スタァドゥ]

# 12 受動態について

　ここからは、受動態または受け身と呼ばれる勉強をしたいと思います。能動態と受動態の仕組みを口で覚えてください。

［能動態］　　　　　　　　［受動態］
I do it.　　　　　　　⟷ It is done by me.
I don't do it　　　　　⟷ It isn't done by me.
I did it.　　　　　　　⟷ It was done by me.
I didn't do it.　　　　⟷ It wasn't done by me.
I can do it.　　　　　 ⟷ It can be done by me.
I can't do it.　　　　 ⟷ It can't be done by me.
I am doing it.　　　　 ⟷ It is being done by me.
I'm not doing it.　　  ⟷ It isn't being done by me.
I have done it.　　　　⟷ It has been done by me.
I haven't done it.　　 ⟷ It hasn't been done by me.

発音 done ［ダンヌ］

**(解説)**

I do it.　　　　　　　　　　　It is done by me.
(私はそれをします。)　　　　　(それは私にされます。)
I did it.　　　　　　　　　　 It was done by me.
(私はそれをした。)　　　　　　(それは私にされた。)
I can do it.　　　　　　　　　It can be done by me.
(私はそれをすることができる。) (それは私にされることができる。)

| | |
|---|---|
| I am doing it. | It is being done by me. |
| (私はそれをしています。) | (それは私にされています。) |
| I have done it. | It has been done by me. |
| (私はそれをしてしまった。) | (それは私にされてしまった。) |

### ここが大切

**能動態**は、動詞を使った英文です。

**受動態**は、動詞の**過去分詞形**、言い換えると、形容詞の働きを持っている動詞の変化を使った英文なのです。

この条件をしっかり覚えておいてください。

能動態の条件を満たすためには、英文の中に**動詞**が必要です。

それに対して、受動態の場合は、動詞がないので、動詞の代わりをする言葉のbe動詞が必要であるということに気がつけば、あなたは受動態のパターンでよく習う be＋過去分詞形＋by（〜によって） という公式を覚えていなくても自然に正しい受動態の英文を作ることができるようになるのです。

次の日本文を英文に訳したい時は、**いつのこと**を表しているかをまずはっきりさせる必要があります。そして、いつのことかを表すためにbe動詞を変化させなければならないのです。

(1) 私は昨日あなたに手伝ってもらった。[過去]

 I <u>was</u> helped by you yesterday.
  過去形

(2) 私は明日あなたに手伝ってもらえるでしょう。[未来]

 I <u>will be</u> helped by you tomorrow.
  未来

(3) 私は昨日からあなたにずっと手伝ってもらっています。[過去から現在]

 I <u>have been</u> helped by you since yesterday.
  現在＋過去（現在完了形）

(4) 私は今あなたに手伝ってもらっています。［現在進行している］

I <u>am</u> <u>being</u> helped by you now.
　 現在　進行形

(5) 私はその時手伝ってもらっていました。［過去に進行していた］

I <u>was</u> <u>being</u> helped by you then.
　 過去　進行形

## ● 疑問詞のついた疑問文の能動態を受動態にする方法

［普通のパターン］

あなたはこの花を何と呼びますか。

→この花は何と呼ばれていますか。

What do you call this flower?
　　　　　　( )( )
　　　　This flower (is) (called) by you.
　　Is this flower called (by you)?
What is this flower called (by you)?

　　　　　　　　　　　［by youは普通省略されます。］


［**を**のパターン］

　あなたは何を食べましたか。

　→何があなたに食べられましたか。

　<u>What</u> <u>did you eat</u>?
　　何を　　あなたは食べましたか。

You ate what.に変形してから受け身にすると答えが出ます。
　( )( )

　What (was) (eaten) by you?
　何があなたに食べられましたか。

[**が**のパターン]

　だれがトニー君を救助しましたか。

　→だれによってトニー君は、救助されましたか。

　<u>Who</u>　<u>saved</u>　<u>Tony</u>?
　　（　）（　）

　Tony (was)(saved) by whom.にしてから、<u>By whom＋疑問文</u>にすると答えがでます。

　By whom (was) Tony (saved)?

　だれによって　トニー君は救助されましたか。

　Who was Tony saved by?

のように言うこともできます。最近ではこの受動態の方がよく使われます。

## ●「を」と「に」に当たる言葉がある時の受動態
### これだけは覚えましょう

　英文を日本語に訳した時に、〈を〉と〈に〉に当たる言葉がある時は次の2つの受動態を作ることができます。

　「トニー君は私にこの本をくれた。」

　Tony gave <u>me</u> <u>this book</u>.
　　　　　　人　　　物

　Tony gave <u>this book</u> to <u>me</u>.
　　　　　　　物　　　　　　人

この2つの英文を受動態にすると次のようになります。

　Tony <u>gave</u> me this book.
　　　　（　）（　）

　I (was) (given) this book by Tony.

　Tony <u>gave</u> this book to me.
　　　　（　）（　）

　This book (was) (given) to me by Tony.

### ここを間違える

トニー君は私にこの本を買ってくれた。

Tony bought me this book.
　　　( ) ( )
[△] I (was) (bought) this book by Tony.

Tony bought this book for me.
　　　( ) ( )
[○] This book (was) (bought) for me by Tony.

　受動態にした時に、I was bought（私は買われた）となり、日本語にすると不自然であることがわかります。

　このような時は、英語でも不自然なので、[○]のついている受動態だけを答えとして覚えておいてください。

　ただし、英米人の中には、[△]の方も言えるという人もまれにいます。

## ● 自動詞＋前置詞＝他動詞 の働きをする受動態の作り方
### これだけは覚えましょう

　ここでは、**自動詞＋前置詞＝他動詞**の働きをする受動態の作り方について考えてみたいと思います。

　　Tony laughed at me.（トニー君は私を笑った。）
　　　　　　( ) (　　)
　　I (was) (laughed at) by Tony.（私はトニー君に笑われた。）

　laughが**笑う**という意味の**自動詞**なので、atという**前置詞**を置くことによってはじめて laugh at（〜を笑う）という意味を表すことができるのです。

|発音| laughed [レァフトゥ]

## 12 受動態について

**ここを間違える**

「私は知らない人に話しかけられました。」

[×] I was spoken by a stranger.
　　　私は話しかけられた　　　　知らない人に

いかにも、この英文は正しい英語のように思えますが、実は間違っているのです。能動態が何かを考えればすぐにわかります。

[×] A stranger spoke me.
　　知らない人　話した　私を

[○] A stranger spoke to me.
　　知らない人　話しかけた　に　私

これを受動態にすると、正しい受動態ができます。

[○] I (was) (spoken to) by a stranger.

発音　spoken [スポーゥクン]　stranger [スチュレーィンヂァ]

## ● that 節を含む英文の受動態

**これだけは覚えましょう**

that節(that+完全な英文)をtoを使って書き換えても意味が変わらない英文は、能動態も2つ作ることができるということを覚えておいてください。

「私たちはトニーさんをよい先生だと思っています。」

(1) We think that Tony is a good teacher.
(2) We think Tony to be a good teacher.

この2つの英文を受動態にすると、次のようになります。

[能] We think that Tony is a good teacher. [話・書]
　　　 (　)(　)

[受] It (is) (thought) that Tony is a good teacher. [書]

[能] We think Tony to be a good teacher. [まれ]
　　　 (　)(　)

[受] Tony (is) (thought) to be a good teacher. [話・書]

387

### ここが知りたい

(質問) なぜ、that がきている時は、It から始めてあるのですか。

(答え) よい質問ですね。

  We <u>think</u> that Tony is a good teacher.
    ( ) ( )

  <u>That Tony is a good teacher</u> (is) (thought) by us.

本来はこのようになるわけですが、is の前にあまりにも長い主語があるので、It で代用しているのです。

  <u>It is thought</u> (by us)
  それは思われています　　〈何を〉

  <u>that Tony is a good teacher.</u>
  トニーさんがよい先生であるということを

### ここが知りたい

(質問) We think that Tony is a good teacher.
   We think Tony to be a good teacher.

と同じパターンを取る動詞にはどんな動詞があるのですか。

(答え) よく使われるものに次のようなものがあります。

believe [ビリーヴ] ～だということを信じている

know [ノーゥ] ～だということを知っている

find [ファーィンドゥ] ～だということがわかる

understand [アンダァス**テァ**ンドゥ] ～だということを聞いている

### ここを間違える

 say [セーィ] ～だということを言っている

 この動詞の使い方には注意が必要です。次のパターンで覚えておいてください。

(1) トニーさんはよい先生だそうです。

[○] They say that Tony is a good teacher.
[×] They say Tony to be a good teacher.

ただし、受動態だけは2種類あります。

It's said that Tony is a good teacher.
Tony is said to be a good teacher.

by themは省略するのが普通です。

(2) トニーさんはよい先生だったそうです。

They say that Tony was a good teacher.
It's said that Tony was a good teacher.
Tony is said to have been a good teacher.

## ● 形容詞または副詞が入っている時の受動態の作り方
### これだけは覚えましょう

熟語の中に形容詞、または副詞が入っている時の受動態の作り方をマスターしてください。

**[動詞＋形容詞＋名詞＋前置詞のパターン]**

take care of（～の世話をする）

この熟語のように形容詞が入っている時は、次の2つの受動態ができます。

佐知子さんは私のネコの世話をよくしてくれた。

[能] Sachiko took good care of my cat. [話・書]
　　　　　　（　）（　）　形容詞＋名詞　前置詞

[受] Good care (was) (taken) of my cat by Sachiko. [書]
[能] Sachiko took good care of my cat. [話・書]
　　　　　　　（　）（　　　　）

[受] My cat (was) (taken good care of) by Sachiko. [書]

発音　took [トゥック]　　taken [テーィクンヌ]　　care [ケアァ]

389

**[動詞＋副詞＋前置詞で熟語になっているパターン]**

立野さんは私のことをほめてくれた。

[能] Ms. Tateno <u>spoke well of</u> me. ［話・書］
　　　　　　（　）（　　　）

[受] I (was) (spoken well of) by Ms. Tateno. ［書］

[能] Ms. Tateno <u>spoke</u> <u>well</u> of me. ［話・書］
　　　　　　　　　　　　副詞

[受] I (was) <u>well</u> (<u>spoken of</u>) by Ms. Tateno. ［書］
　　　　　　副詞　　熟語

　spoke of（～について話した）well（よく）という成り立ちから spoke well of（～についてほめた）になっているので、

　　<u>was spoken well of</u> と <u>was well spoken of</u>
　　　ほめられた　　　　　　　　　　よく言われた

のように2種類の受動態ができるのです。

### これだけは覚えましょう

**[動詞＋(代)名詞＋前置詞 のパターン]**

(1) 私の父は私を東京タワーに連れて行ってくれた。
　　My father <u>took</u> <u>me</u> <u>to</u> Tokyo Tower. ［話・書］
　　　　　　（　）（　）代名詞　前置詞

(2) 私は私の父に東京タワーに連れて行かれた。（行ってもらった。）
　　I (was) (taken) to Tokyo Tower by my father. ［話・書］
　　恵さんは私を彼女のパーティーに招待してくれた。
　　Megumi <u>invited</u> <u>me</u> <u>to</u> her party. ［話・書］
　　　　　　（　）（　）代名詞　前置詞

(3) 私は恵さんに彼女のパーティーに招待された。
　　I (was) (invited) to her party by Megumi. ［話・書］
　　このパターンは熟語ではありませんが、熟語のように考えて覚えて

おくとよいでしょう。

特に受動態のパターンで使われる**be＋過去分詞形＋to**を**熟語**として覚えておいてください。

動詞＋(代)名詞＋前置詞の例をいくつかあげておきます。

(1) 私はこの箱をリンゴでいっぱいにした。
　　I <u>filled</u> this box with apples.
　　　（　）（　）

　　この箱はリンゴでいっぱいだった。
　　This box <u>was filled with</u> apples.

(2) 私は自分の赤ちゃんを毛布で包んだ。
　　I <u>covered</u> my baby with a blanket.
　　　（　）（　）

　　私の赤ちゃんは毛布で包まれていた。
　　My baby <u>was covered with</u> a blanket.

ここで紹介している be filled with と be covered with は、熟語として覚えておいてください。

by me などを省略しても、意味がわかる場合に使うのが普通です。

## ●「〜させる」という意味を持つ動詞の受動態
**これだけは覚えましょう**

**〜させる**という意味を持つ動詞の受動態について勉強したいと思います。

このパターンで使われる動詞の過去分詞形は、**完全な形容詞**として辞典に載っているものが多いので、by を使わずに他の前置詞を使うことが多いのです。

もし by を使うと、動詞の意味を強く表すことができるのです。

(例) interest［イントゥレストゥ］～に興味を持たせる
　　interested［イントゥレスティドゥ］興味がある、興味をそそられる
　　English interests me.（英語は私に興味を持たせる。）
　(1) I'm interested by English.（私は英語に興味をそそられる。）
　(2) I'm interested in English.（私は英語に興味があります。）
　<u>I'm interested</u> + <u>in English.</u>
　　私は興味がある　　　英語に関して

このパターンで使われる動詞と形容詞としての過去分詞形の意味を載せておきます。
　□surprise［サプゥラーィズ］～を驚かせる
　□surprised［サプゥラーィズドゥ］驚いた
　□please［プリーズ］～を喜ばせる
　□pleased［プリーズドゥ］満足している、気に入っている
　(1) The news surprised me.（そのニュースは私を驚かせた。）
　(2) I was surprised at the news.（私はそのニュースに驚いた。）
　(3) My shoes please me.（私のくつは私を喜ばせる。）
　(4) I'm pleased with my shoes.（私はこのくつを気に入っています。）

### ここを間違える

□interest　　　興味を持たせる
□interested　　興味がある
□interesting　　おもしろい
□surprise　　　驚かせる
□surprised　　 驚いた
□surprising　　驚くべき、びっくりするような

　動詞のing形を使うか、動詞のed形を使うかによってまったく意味が違ってくるので注意が必要です。
　次のように考えると、間違いがなくなります。
　　interest（興味を持たせる）ことが続くと、

interesting（おもしろくなる）。
surprise（驚かせる）ことが続くと、
surprising（びっくりするような）ことになる。
物が人に興味を持たせる。→物が人におもしろいと思わせる。
物が人を驚かせる。→物が人をびっくりするような状態にさせる。

English interests me.（英語は私に興味を持たせる。）
English is interesting to me.（英語は私にとっておもしろい。）
The news surprised me.（そのニュースは私を驚かせた。）
The news was surprising to me.
（そのニュースは私にとって驚くべきことでした。）
形容詞の働きの過去分詞形は、人から始めなければならないのです。
I'm interested in English.（私は英語に興味がある。）
I was surprised at the news.（私はそのニュース（のため）に驚いた。）
ただし、次のような時もあります。
Tony interests me.（トニー君は私に興味を持たせる。）
Tony is interesting to me.（トニー君は私にとっておもしろい人ですよ。）

### これだけは覚えましょう

見る、聞く、させる、のパターンについて勉強したいと思います。
(1) 私はトニー君が歌うのを見た。

I <u>saw</u> Tony sing.
（　）（　）

トニー君は私に歌うのを見られた。
Tony (was) (seen) to sing by me.

(2) 私はトニー君が歌うのを聞いた。

I <u>heard</u> Tony sing.
　( )( )

トニー君は私に歌うのを聞かれた。

Tony (was) (heard) to sing by me.

(3) 私はトニー君を無理やり歌わせた。

I <u>made</u> Tony sing.
　( )( )

トニー君は私に無理やり歌わされた。

Tony (was) (made) to sing by me.

このパターンでは、受動態にした時には、動詞の前にtoを置くことを忘れないようにしてください。

### ここが知りたい

**(質問)** なぜtoが入ってきているのですか。

**(答え)** I made Tony sing.の場合は、もともと「私はトニー君が歌うという場面を作った。」ということなので、<u>歌う</u>ということを<u>作った</u>ということが同時であることから、toを入れる必要がないのです。

　ところが、Tony was made to sing by me.の場合は、トニー君は<u>無理やりさせられた</u>、そして<u>歌った</u>というように時間的な差があるためにtoが必要なのです。

### これだけは覚えましょう

　haveとgetを使って受け身の意味を表すパターンがあります。
(1) have＋人＋動詞の原形
(2) get＋人＋to＋動詞の原形
(3) have＋物＋過去分詞＋(by＋人)
(4) get＋物＋過去分詞＋(by＋人)

## 12 受動態について

このパターンを使って次のような意味を表すことができます。

　have　〜させる、〜してもらう、〜される
　get　説得して〜させる、〜してもらう、〜される

(1) 私はトニー君に私の家を建ててもらった。
　　I had Tony build my house.
　　I got Tony to build my house.
　　I had my house built by Tony.
　　I got my house built by Tony.

(2) 私は家を建てた。
　　① I [had, got] my house built.
　　② I built my house.

日常会話では、②の英語をよく使いますが、文法的には<u>〜してもらう</u>を使って大工さんに建ててもらったことをはっきり表す方がよいでしょう。もし自分で建てたのであれば、②だけが答えになります。

(1) 私たちの家は建設中です。
　We are getting our house built.
　Our house is being built.

(2) 私は電車で私のバッグを盗まれた。
　I [had, got] my bag stolen on the train.

　発音　built [ビオトゥ]　　stolen [ストーゥルンヌ]

### ここが大切

**〜させる、〜してもらう**の意味の場合には**get**、**〜される**の場合には**have**の方がよく使われているようです。

### ここが知りたい

**(質問)** haveとgetの使い方で、〈〜してもらう〉、〈〜される〉、のように意味がまったく違う場合がありますが、英文の読み方に注意する点はないのでしょうか。

(**答え**) するどい質問ですね。〈〜させる〉、〈〜してもらう〉を表している場合は have、または get、〈〜される〉を表している場合は過去分詞形を強く読むのが一般的です。

(1) 私は髪を切ってもらった。

　　I <u>had</u>　my　hair　cut.

(2) 私はカバンを盗まれた。

　　I　had　my　bag　<u>stolen</u>.

(**質問**) 〈〜させる〉と〈〜してもらう〉はどのように使い分ければよいのですか。

(**答え**) 英語を日本語に訳さなければならない場合には、その時と場合によって、適当に使い分けてください。

(**質問**) Would you 〜?（〜していただけますか。）と have を使う構文の使い分けはあるのですか。

(**答え**) have や get を使う構文の方は、何かを職業としている人に頼む場合に使うとぴったりです。

　　それに対して、Would you 〜? はだれにでも使えます。

(例) 私の写真を撮っていただけますか。

　　Would　you　take　my　pictures?

　　私の写真を撮っていただきたいのですが。（写真屋さんで）

　　I'd　like　to　have　my　pictures　taken.

### ここを間違える

　　私は父に私の宿題を手伝ってくれるように頼んだ。

　　I　asked　my　father　to　help　me　with　my　homework.

この構文は、尊敬している人を ask と to の間に入れて使う構文で、have や get をこのような場面では使わない方がよいでしょう。

## これだけは覚えましょう

### 命令文を受け身にするパターン

(1) この本を読みなさい。

　［能動態］Read this book. ［話・書］

　［受動態］Let this book be read. ［書］

(2) この本を読んではいけない。

　［能動態］Don't read this book. ［話・書］

　［受動態］Let this book not be read. ［使われていません］

　［受動態］Don't let this book be read. ［書］

## ここが知りたい

**(質問)** なぜ命令文の時は、Letから始めなければいけないのですか。

**(答え)** Read this book.（この本を読みなさい。）の場合、次のように考えることができます。

　　You must <u>read</u> this book.（あなたはこの本を読まなければならない。）
　　This book must <u>be read</u> (by you).

このパターンでもよいのですが、Letを文頭に置くことによって、

　　<u>Let</u> this book be read.
　　させる　この本が読まれる状態に

この本が読まれる状態にさせなさい。＝ この本を読みなさい。

となり、同じ意味を表すことができるのです。

**(質問)** 否定命令文には2種類の言い方があるのですか。

**(答え)** はい。Let this book not be read. から始まる言い方はかたい言い方で、くだけた言い方では、Don't let this book be read. を使います。

#### ここが知りたい

**(質問)** なぜ意味がほとんど同じなのに、have＋人＋動詞の原形、get＋人＋to＋動詞の原形のようにtoが入る動詞と入らない動詞があるのですか。

**(答え)** よい質問ですね。絶対こうですと言い切る自信はありませんが、多分、こうだろうという解説はできます。

次のように考えることができます。

  have Tony clean this room
  （トニー君がこの部屋をきれいにするのを手に入れる）

のように考えると、cleanとhaveがほぼ同時に起こっていると考えることができます。

  get Tony to clean this room
  （トニー君を動かす、そして　この部屋をそうじさせる）

のように考えると、getとcleanの間に時間差があることがわかります。getにはB へ A を動かす、という意味があります。B へ が to B となるわけです。このように考えると、トニー君の気持ちを動かして、この部屋をそうじさせる。という意味になるのもうなずけると思います。

　前置詞のtoとto不定詞のtoは同じように考えてもよいので、名詞の代わりに動詞がきたとしても何も不思議なことではないのです。このような考え方を利用すると、make＋人＋動詞の原形で、無理やり人を〜させるの場合のmakeもtoが必要ないことがわかります。

  make Tony clean this room
  （トニー君がこの部屋をきれいにするような場面を作る）

このように考えると、makeとcleanがほぼ同時に起こっていると考えることができるので、toを必要としないことがわかります。

## 12 受動態について

受動態の特徴は、**～された、～される**を表すことから、過去分詞形を使いますが、この場合、動詞の意味が強く残っているものと、そうでないものがあります。

動詞の意味が強く残っているものは、**動作**から**状態**に移る変化を表します。それに対して、過去分詞形と形は同じですが、状態を表す**形容詞**として、**状態**のみを表しているものもあります。

☐ break［ブゥレーィク］〜を壊す、〜が壊れる
☐ broken［ブゥローゥクンヌ］壊された、breakの過去分詞形
☐ broken［ブゥローゥクンヌ］壊れている、という意味の形容詞

(1) この戸はトニー君によって壊された。

This door was broken by Tony.

(2) この戸は壊れています。

This door is broken.

### これだけは覚えましょう

(1) 動作から状態に移る変化を表している場合はbyをともなうことが多く、byがない場合は状態を表していることが多いようです。
(2) 〈状態〉を表している表現を〈動作〉を表す言い方に書き換えたい場合は、次のような動詞をbe動詞の代わりに使います。

☐ 〜になる　get, become, lie［ラーィ］

(1) 私はテレビを見るのに飽きています。

I'm tired of watching TV.

(2) 私はテレビを見るのに飽き始めています。

I'm getting tired of watching TV.

(1) トニー君はジュディーさんと結婚しています。

Tony is married to Judy.

(2) トニー君はジュディーさんと結婚した。

Tony got married to Judy. ／ Tony married Judy.

発音　married［メァゥリィドゥ］

## ● 受動態にすることができないもの

### これだけは覚えましょう

主語＋動詞＋目的語、のようになっていても、受動態にすることができない場合があります。
(1) 状態を表す動詞
(2) 意志が働かない動詞
(3) 主語＋動詞＋目的語を目的語＋動詞＋主語のように並べ換えても成り立つ場合

[状態を表す動詞]

　　私は長い髪をしています。

　　I have long hair.

　　私は佐知子さんが好きです。

　　I like Sachiko.

[意志が働かない動詞]

　　このホールは20人収容ができます。

　　This hall holds twenty people.

　　このホテルは20人泊まれます。

　　This hotel sleeps twenty people.

[主語＋動詞＋目的語を目的語＋動詞＋主語にしても意味が変わらない動詞]

　　私はトニー君に出会った。＝トニー君は私に出会った。

　　I met Tony.＝Tony met me.

　　私はトニー君と結婚した。＝トニー君は私と結婚した。

　　I married Tony.＝Tony married me.

　　発音　holds [ホーゥオヅ]　　hotel [ホーゥテオ]
　　married [メァゥリドゥ]

## コミュニケーションのための英語表現

(1) そんなことぐらい知ってますよ。

I wasn't born yesterday.

(2) 私たちは道に迷ったも同然です。

We're almost lost.

(3) 私の願いは叶えられた。

My wish was answered.

(4) 私の自転車は壊れているよ。

My bike is broken.

(5) トーストが丸こげになっちゃった。

The toast is burned.

(6) 電球が切れたよ。

The light bulb was burned out.

(7)「この席はふさがっていますか。」「いいえ、ふさがっていませんよ。」

"Is this seat taken?"　"No, it's not."

(8) それは仕方がないですね。

It can't be helped.

(9) 笑われますよ。[普通の人はそんなことはしませんよ。]

It can't be done.

(10) トニー君はお金でどうにでもなるんですよ。

Tony can be bought.

(11) 私は首になった。

I was fired.

発音　born [ボーンヌ]　lost [ロードゥ]
answered [エァンサァドゥ]　burned [バ〜ンドゥ]
toast [トーゥストゥ]　light [ラーィトゥ]
bulb [バオブ]　seat [スィートゥ]　fired [ファーィアァドゥ]

# 13 副詞について

● **副詞、副詞節、副詞句、疑問副詞**

ここからは、副詞について説明したいと思います。

副詞とは、形容詞、動詞、副詞、文などをくわしく説明する時に使う言葉です。働きとしては、なくても差しつかえがないことが多く、**おまけ**または**付け加え**と考えると、わかりやすいと思います。

(1) 私はゆっくり歩く。

| 基本文 | 私は歩く。<br>I walk. |
|---|---|
| 副詞の<br>ある文 | 私は<u>ゆっくり</u>歩く。<br>I walk <u>slowly</u>.<br>　　　　　　副詞 |

(2) この本はとても小さい。

| 基本文 | この本は小さい。<br>This book is small. |
|---|---|
| 副詞の<br>ある文 | この本は<u>とても</u>小さい。<br>This book is <u>very</u> small.<br>　　　　　　　　副詞 |

(3) あなたはいつ東京へ行きましたか。

| 基本文 | あなたは東京へ行きましたか。<br>Did you go to Tokyo? |
|---|---|
| 副詞の<br>ある文 | あなたは<u>いつ</u>東京へ行きましたか。<br><u>When</u> did you go to Tokyo? |

(4) 私は昨日東京へ行きました。

|基本文| 私は東京へ行きました。
I went to Tokyo.
|副詞の ある文| 私は昨日東京へ行きました。
I went to Tokyo yesterday.

### ここが大切

副詞は、**おまけ、付け加え**の働きをしていることから、文の最後にくることが多いのです。

(1) 私は昨日東京へ行った。

<u>私は東京へ行った</u> 〈いつ〉 <u>昨日</u>
I went to Tokyo  yesterday.

(2) トニー君はとてもじょうずに泳ぐ。

<u>トニー君は泳ぐ</u>〈どのように〉<u>とてもじょうずに</u>
Tony swims   very well.

yesterday と well はどちらも**副詞**です。

**とてもじょうずに**はとても (very) とじょうずに (well) の両方が**副詞**なので、**副詞＋副詞**となっています。

well (じょうずに) をどれくらいじょうずに泳ぐのかを説明しているので、**very＋well** となっているのです。

次のように very を使った例もあります。

  This book is <u>small</u>. (この本は小さい。)

small (小さい) は〈この本〉の状態を表している**形容詞**です。<u>small</u> がどのように<u>小さい</u>かを表したい時にも **very＋形容詞**を使って表すことができます。

  This book is very small. (この本は<u>とても小さい</u>。)

very well (<u>とてもじょうずに</u>) の very や very small (<u>とても小さい</u>) の very はなくても意味がはっきりわかるので、**おまけ、付け加え**の働きをしていると考えられるので、**副詞**であることがわかります。

**[疑問副詞]**

疑問副詞とは、疑問を表す副詞のことで、when（いつ）、where（どこで）、why（なぜ）、how（どういう風にして、どれぐらい）の4種類があります。

<u>When</u> did you go to Tokyo?（<u>いつ</u>あなたは東京へ行きましたか。）
<u>Where</u> does Tony live?（<u>どこに</u>トニー君は住んでいますか。）
<u>Why</u> do you study?（<u>なぜ</u>あなたは勉強するのですか。）
<u>How</u> do you go to school?
（<u>どういう風にして</u>あなたは学校へ行きますか。）
<u>How</u> long is this rope?（このロープは<u>どれぐらい</u>長いのですか。）

### ここが知りたい

**(質問)** なぜwhere, when, why, howが副詞だということがわかるのですか。

**(答え)** よい質問ですね。たとえば、次のような英文があるとします。

"<u>Where</u> does Tony live?"「トニー君は<u>どこに</u>住んでいますか。」

この質問に対して、次のように答えたとします。

"He lives <u>here</u>."「彼は<u>ここに</u>住んでいます。」

Where（どこに）⟷ here（ここに）

英語では、**副詞**を使って尋ねると、答えは**前置詞＋名詞**、または**副詞**で答えることになっています。

つまり、もし here（ここに）が<u>副詞</u>ならば、Where（どこに）も<u>副詞</u>のはずなのです。

"<u>When</u> did you go to Tokyo?"「あなたは<u>いつ</u>東京へ行きましたか。」
"I went to Tokyo <u>yesterday</u>."「私は<u>昨日</u>東京へ行きました。」

When ⟷ yesterday（昨日）

この場合も、yesterday（昨日）が**副詞**なので、When（いつ）も**副詞**なのです。

**13** 副詞について

## [副詞句]

　副詞句とは、副詞の働きをする2つ以上の単語が集まった語句のことです。

(1) 不定詞を用いた副詞句

　<u>To tell the truth</u>, I'm not a teacher.

　（<u>本当のことを言うと</u>、私は先生ではありません。）

(2) 分詞を用いた副詞句

　<u>Feeling sick</u>, I went to bed early.

　（<u>気分が悪かったので</u>、私は早く寝ました。）

(3) 前置詞句（前置詞＋名詞）を使った副詞句

　I run <u>in the park</u>.

　（私は<u>公園で</u>走ります。）

### ここが知りたい

**(質問)** なぜこの3つのパターンが副詞の働きをしていることがわかるのですか。

**(答え)** 副詞の働きは、**付け加え**、または**おまけ**と考えることができるので、**副詞句**がなくても英文の意味がわかるようになっているのです。

　この場合、このルールに当てはまっていて、To tell the truth, Feeling sick, in the park を英文から消しても、残りの英文だけで意味が完全にわかるので、To tell the truth, Feeling sick, in the park が**副詞句**であることがわかります。

## [副詞節]

　副詞節とは、副詞の働きをする**主語＋動詞**の入った文のことです。副詞節を導くものには、従位接続詞があります。

#### ここが知りたい

**(質問)** 中学校では接続詞としてしか習いませんでしたが、接続詞には色々な種類があるのですか。
**(答え)** 等位接続詞と従位接続詞の2種類があります。

**(質問)** 接続詞とはどのような働きをするのですか。
**(答え)** 語と語、句と句、節と節を結ぶ接着剤の働きをする単語を接続詞と言います。

**(質問)** 等位接続詞と従位接続詞の働きについて簡単に教えてください。
**(答え)** 2つの英文があるとしてください。仮に、一方の英文をA、もう一方をBとすると、AとBがどちらも同じように大切な英文の場合、このAとBをつなぐのに等位接続詞を使います。
(例) I get up at 6 and eat breakfast.

　AとBがあって、**BよりもAの方が大切である**と考えられる時、**A が主で、Bが従**であると考えることができます。簡単に言うと、Aという〈主人〉にBという人が〈従〉っているようなものです。このBという英文の頭に従位接続詞をつけて英文を作ることができます。
　(1) I'll go to Tokyo <u>if it's a nice day tomorrow</u>.
　(2) <u>If it's a nice day tomorrow</u>, I'll go to Tokyo.
(1)と(2)は、どちらも (もし明日天気なら、私は東京へ行くつもりです。) この下線の部分を消しても、I'll go to Tokyoだけで完全に意味がわかるので、下線の部分は**副詞**の働きをしていることがわかります。そして、この副詞の働きをしているところに、**主語＋動詞**があるので、**副詞節**と呼ぶのです。<u>副詞節</u>では、未来のことを表すときでも<u>現在形</u>しか使えません。

## 13 副詞について

### ここが知りたい

**(質問)** ifが従位接続詞であることがわかりましたが、その他の単語で従位接続詞の働きをするものがあるのですか。

**(答え)** かなりの数の従位接続詞があります。

中学校で習うもので言うと、after（〜した後で）、before（〜する前に）、when（〜する時）、as（〜なので）などがあります。くわしいことは接続詞のところをごらんください。

**(質問)** 接続詞以外にも副詞節を導くものはあるのですか。

**(答え)** あります。接続詞以外にも、複合関係代名詞、複合関係副詞があります。複合関係代名詞には次のようなものがあります。

☐ whoever［フー**エ**ヴァ］だれが〜しても
☐ whomever［フー**メ**ヴァ］だれを〜しても
☐ whatever［ワッ**テ**ヴァ］何が〜しても
☐ whichever［ウィッ**チェ**ヴァ］どれが〜しても
　Whoever says so, it's a lie.
　（たとえだれがそう言っても、それはうそですよ。）

複合関係副詞には次のようなものがあります。

☐ wherever［ウェァゥ**レ**ヴァ］
　①たとえどこへ〜しようとも　②〜するところならどこへでも
☐ whenever［ウェ**ネ**ヴァ］
　①たとえいつ〜しようとも　②〜する時はいつでも
☐ however［ハーゥ**エ**ヴァ］
　①たとえどんなに〜しようとも　②どのような方法でも
　Wherever you go, I'll follow you.
　（たとえあなたがどこへ行こうとも、私はあなたについて行きますよ。）
　I'll follow you wherever you go.
　（私はあなたが行くところならどこへでもあなたについて行きますよ。）

くわしいことは関係詞のところをごらんください。

# 14 接続詞について

## ● 文の構造と接続詞の種類、働き

**単文**—ひとつの一番単純な英文で接続詞が入っていないもの。
　　〈英文〉は最低、〈主語＋動詞〉がなくては文になりません。
**重文**—〈文＋接続詞＋文.〉というスタイルをとり、接続詞のところに、等位接続詞と呼ばれる接続詞がきているもの。
**複文**—〈接続詞＋文, 文.〉または〈文＋接続詞＋文.〉のようなスタイルをとっていて、接続詞のところに、従位接続詞がきているもの。

　次は接続詞の種類について説明しておきます。
**等位接続詞**(とうい)—Aという文とBという文があって〈A＋接続詞＋B.〉のスタイルの英文がある時、AもBも同じぐらい言いたいことである場合、どちらも対等であると考えられるので、ここで使う接続詞を**等位接続詞**と言います。
**従位接続詞**(じゅうい)—1つの英文の中に〈主語＋動詞〉の関係を表す文が2つあるとします。仮に、Aという文とBという文があるとしてください。このAとBのうち、どちらかが〈主〉になっていて、もう一方が**付け加えの文**になっていることがあります。このようになっている時に使われている**接続詞**のことを**従位接続詞**と言います。

## ● ,＋等位接続詞のパターン

### ここが知りたい

**(質問)** 等位接続詞は、いつも文と文をつなぐのですか。

**(答え)** 説明不足だったのかもしれません。文と文だけではなく、単語と単語や語句と語句とが対等な関係にある時は、等位接続詞を使ってくっつけることができます。

それでは、ここまでに勉強した文法用語を使って、文の構造を説明していこうと思います。

(1) トニー君はかしこい。　　　　　　　トニー君はやさしくない。

<u>Tony is smart.</u>　　　　　　　　　<u>Tony is not kind.</u>
単文（主語＋動詞 [is＋形容詞]）　　単文（主語＋動詞 [is＋形容詞]）

この２つの英文は、英文の一部分として使われているわけではないので、どちらの英文も節とは言えません。２つとも単文です。

(2) トニー君はかしこい。しかし、彼は親切ではない。

<u>Tony is smart</u>, but <u>he is not kind.</u>
　等位節　　　　等位接続詞　　等位節

このように**文**がbutという等位接続詞の前後にきている英文を対等な関係にある２つの**文**が重なっていることから、**重文**と言います。

(3) トニー君はかしこいけれども、彼は親切ではない。

<u>Though Tony is smart,</u> <u>he is not kind.</u>
従属節（付け加えの文）　　主節（一番言いたいことを表している文）

このパターンが文の構造上から言って、一番複雑なので、**複文**と呼ばれています。

#### ここが知りたい

(質問) ほとんど同じ意味の内容を、単文、重文、複文で言い換えることができるということなのですか。

(答え) その通りです。言い換えることができるので、英語のテストに書き換え問題として出題されるのです。

次の英文を (1) 重文 (2) 複文に書き換えてみましょう。

| Tony is rich. | He isn't happy. |
| (トニーさんは金持ちです。) | (彼は幸せではない。) |

(1) 重文に書き換えるということは、接続詞を使って書き換えるということを意味しています。重文で使われるのは等位接続詞です。この場合はbut（しかし）を使って書き換えることができます。

Tony is rich, but he isn't happy.

(トニーさんは金持ちです。しかし、彼は幸せではない。)

(2) 複文に書き換えるということは、接続詞を使って書き換えるということを意味しています。複文で使われるのは、従位接続詞です。この場合は、though（けれども）を使って書き換えることができます。

Though Tony is rich, he isn't happy.

次の英文を単文で書き換えてみましょう。

Though Tony is rich, he isn't happy.

単文に書き換えるということは、butやthoughを使わないで表さなければならないのです。

Though Tony is rich, he isn't happy.
従属節（付け加え節）　　　主節（一番言いたいことを表している）

従属節は付け加えの節なので、副詞節であることがわかります。**副詞節**があると**複文**ですが、**副詞句**にすると**単文**になるということをこの際覚えてください。

**副詞節を副詞句に変えるためには、主語＋動詞を使わずに同じ意味を**

表す方法を考えなければならないのです。

### これだけは覚えましょう

「トニーさんは金持ちだけれども、彼は幸せではない。」
①Though Tony is rich, he isn't happy.
②Though Tony is wealthy, he isn't happy.
　Though Tony is [rich／wealthy], は、従属節で、言い換えると副詞節です。
　この副詞節を副詞句に書き換えることができれば、節がなくなるので、単文になるのです。

単語　though [ぞーゥ] けれども

(1) in spite of [スパーィトゥ] ＝〜にもかかわらず
(2) despite [ディスパーィトゥ] ＝〜にもかかわらず
(3) with all ＝〜にもかかわらず
(4) for all ＝〜にもかかわらず

　この(1)から(4)の語句を使うと**副詞節**を**副詞句**に書き換えることができます。

　　Tony is [rich／wealthy] トニーさんは金持ちです
　　Tony's [riches／wealth] トニーさんの富（財産）
[副詞節] Though he is [rich／wealthy]
　　　　（トニーさんは金持ちにもかかわらず）
[副詞句] In spite of Tony's [riches／wealth]
[副詞句] Despite Tony's [riches／wealth]
[副詞句] With all Tony's [riches／wealth]
[副詞句] For all Tony's [riches／wealth]
　　　　（トニーさんの富（財産）にもかかわらず）

### ここが大切

　**副詞句**はしばしば日本語にそのまま訳すと、不自然な日本語になるので、適当な日本語を補って意味がよくわかるように訳してください。

[副詞節] Though Tony is [rich／wealthy]
　　　　トニーさんは [金持ち、裕福] だけれども
[副詞句] In spite of Tony's [riches／wealth]
　　　　トニーさんの富（財産）にもかかわらず [不自然]
　　　　トニーさんには富（財産）があるにもかかわらず [自然]

### ここが知りたい

**(質問)** rich と wealthy はまったく同じ意味なのですか。

**(答え)** rich は一時的に金持ちなという意味を表しますが、wealthy は、ずっと金持ちであるという意味で使われます。rich よりも wealthy の方がより金持ちであるイメージがあります。

**(質問)** riches と wealth は rich（金持ちの）、wealthy（裕福な）の名詞形と考えればよいのですか。

**(答え)** その通りです。

　　Though Tony is <u>rich</u> = In spite of Tony's <u>riches</u>
　　　　　　　　　形容詞　　　　　　　　　　　　　　名詞

　　Though Tony is <u>wealthy</u> = In spite of Tony's <u>wealth</u>
　　　　　　　　　形容詞　　　　　　　　　　　　　　名詞

節を句に直す時は、**形容詞**から**名詞**に書き換える必要があるということです。

## 14 接続詞について

　ここでは、副詞節を色々な接続詞や接続語句、分詞構文、関係詞などを使って書き換えながら、一気に英語力を身につけましょう。

### これだけは覚えましょう

「トニーさんは金持ちだけど、幸せではない。」
(1) Though Tony's rich, he isn't happy.
(2) Although Tony's wealthy, he isn't happy.
(3) Though Tony's a rich man, he isn't happy.
(4) Rich as Tony is, he isn't happy.
(5) Rich though Tony is, he isn't happy.
(6) Being rich, Tony isn't happy.
(7) Tony is well off, but he isn't happy.
(8) Tony is well-to-do, but he isn't happy.

単語　けれども ①though [ぞーゥ] ②although [オーオぞーゥ]
金持ちの、裕福な ①rich [ゥリッチ] ②wealthy [ウェオスィ]
　③well off [ウェローフ] ④well-to-do [ウェオトゥドゥー]　しかし but
トニーさんは金持ちだけれども　①Though Tony's rich
　②Although Tony's rich　③Rich as Tony is
　④Rich though Tony is　⑤Being rich

（解説）
(ポイント1) ⑤のBeing richだけは、Tonyを表す単語が入っていませんが、(6)でTony isn't happy.という英文が主節のところにあるので、Tonyがなくても意味は通じます。
(ポイント2) Though Tony is rich,の意味を(4) Rich as Tony isの時のasはthough（けれども）の意味を表します。ただし、まれにではありますが、本来の意味のas（〜なので）を表すこともあります。
(ポイント3) Being richだけは、書き言葉で使われますが、その他の構文は話し言葉でも書き言葉でも使われます。

### これだけは覚えましょう

「トニーさんは金持ちだけれども、幸せではない。」
① Despite Tony's wealth, he isn't happy.
② With all Tony's wealth, he isn't happy.
③ For all Tony's wealth, he isn't happy.
④ After all Tony's wealth, he isn't happy.
⑤ In spite of Tony's wealth, he isn't happy.
⑥ Notwithstanding Tony's wealth, he isn't happy.

単語 ～にもかかわらず ①despite ②with all ③for all
④in spite of ⑤notwithstanding [**ナットゥウィずステァンディン・**]

**(解説)**

**(ポイント1)** Despiteは話し言葉と書き言葉で使われます。

**(ポイント2)** In spite ofとNotwithstandingは書き言葉で使われます。

**(ポイント3)** After allは、辞典には載っていますが、実際にはまず使われることはありません。

### 暗記の仕方のコツ

<u>For</u> + all Tony's wealth（トニーさんのすべての富がある<u>わりには</u>）
<u>With</u> + all Tony's wealth（トニーさんのすべての富を<u>持っていても</u>）
<u>After</u> + all Tony's wealth（トニーさんのすべての富を手に入れた<u>後でも</u>）
ということから、（彼は富を持っている<u>にもかかわらず</u>）となったと考えれば覚えやすいのではないでしょうか。

### ここが知りたい

**(質問)** Rich as Tony is, he isn't happy.という英文のasがthoughを表していると覚えればよいということはよくわかったのですが、どのような時に、asの本来の意味の**～なので**という意味で使われるのですか。

**(答え)** よい質問ですね。正確には文脈によりますが、次のように考えるとよいと思います。常識で考えて、その通りのことが書いてあると**〜なので**、常識の反対のことが書いてあると**〜だけど**と訳すとよいでしょう。

(1) トニーさんは金持ちだけど、幸せではない。
　　Though Tony is rich, he isn't happy.
　　Rich though Tony is, he isn't happy.
　　Rich as Tony is, he isn't happy.
(2) トニーさんは金持ちなので、幸せです。
　　As Tony is rich, he is happy.
　　Rich as Tony is, he is happy.

**(質問)** **形容詞**＋as he is、**形容詞**＋though he isのようになるということはわかりましたが、もし名詞を前に置きたい場合はどうすればよいのですか。

たとえば、次のような英文はどうなるのですか。
　　Though Rika is a child, she cooks well.

**(答え)** これもよい質問ですね。a childのようにaがついている場合、aを必ず消してください。
　　Child though Rika is, she cooks well.
　　（里香さんは子供だけど、料理がじょうずです。）

ただし、名詞から始まっている表現は、実際にはまず使われることはありません。

### これだけは覚えましょう

「たとえトニーさんが金持ちであっても、幸せではない。」
① Even though Tony is rich, he is unhappy. [話・書]
② Tony is unhappy, even though he is rich. [話・書]
③ Even if Tony is rich, he is unhappy. [話]

|単語| even if ［イーヴニフ］ たとえ〜でも

even though ［イーヴンぞーゥ］ たとえ〜でも

**(解説)**

**(ポイント1)** even thoughは文頭と，（コンマ）の後で使うことができます。

**(ポイント2)** even ifは文頭で使うことが普通です。

**(ポイント3)** even thoughは、文にもよりますが、**〜にもかかわらず**のように訳した方がよくわかる場合もあります。

(例) Even though I studied very hard, I failed the bar exam.

（一生懸命勉強したにもかかわらず、私は司法試験に失敗した。）

### ここが知りたい

**(質問)** thoughとalthoughが同じ意味であるということを習いましたが、even thoughと同じようにeven althoughと言うことはできないのでしょうか。

**(答え)** 残念ながら言えません。

**(質問)** even ifとeven thoughのevenがなくても、たとえ〜でもを表す時もあるのでしょうか。

**(答え)** たまにあります。thoughの場合は、even thoughで使うと、覚えておいた方がよいと思います。

　ifの場合もeven ifで覚えておいてください。

　ただし、次のような言い方もできないわけではありません。

(例) たとえ10年かかっても、私は司法試験に受かりたい。

　Even if it takes ten years, I want to pass the bar exam.

　If it takes ten years, I want to pass the bar exam.

## 14 接続詞について

**これだけは覚えましょう**

「たとえトニーさんがどんな金持ちであっても、幸せではない。」
① No matter how rich Tony may be, he isn't happy.
② No matter how rich Tony is, he isn't happy.
③ However rich Tony may be, he isn't happy.
④ However rich Tony is, he isn't happy.

発音　matter [メァタァ]　however [ハーゥエヴァ]

**(解説)**

① No matter how rich Tony may be,
　あらたまった話し方の場合に使われます。
② No matter how rich Tony is,
　日常会話で一番よく使われる言い方です。
③ However rich Tony may be,
　あらたまった話し言葉と書き言葉で使われます。
④ However rich Tony is,
　話し言葉と書き言葉で使われます。

　ここで使われているhoweverがno matter howと書き換えることができます。

　　たとえトニーさんがどんなに金持ちであっても
　　No matter how rich Tony [may be／is],
　　However rich Tony [may be／is],

　ここで使われているhoweverは、複合関係副詞と呼ばれているので、副詞節を導く接続詞の一種と考えることができます。

#### ここが知りたい

**(質問)** なぜ、however rich Tony may be が〈たとえどんなにトニーさんが金持ちであっても〉という意味になるのですか。

**(答え)** 辞典にそう書いてあるから仕方がないですね。と言いたいところですが、それでは能がないので、一応私なりの考えを述べておきます。

　　however rich Tony may be が感嘆文のパターンとよく似ているので、次のように考えることにします。

　　How rich Tony may be!

これでは、意味がわかりにくいので、普通の文に書き換えてみます。

　　Tony may be very rich.
　　(トニーさんはとても金持ちかもしれません。)

次に英語ではとてもをeverで強めるというやり方があるので、それを利用します。

(例)　Thank you so much. (とてもありがとうございます。)
　　　Thank you ever so much. (とても本当にありがとうございます。)
　　　Tony may be very very rich.
　　　　　　　　　ever　how

　　(トニーさんはとてもとても金持ちかもしれません。)

　　=however rich Tony may be,
　　(トニーさんはとてもとても金持ちかもしれません。)

このように考えて行くと、次のような英文にたどりつくのです。

　　Tony may be very very rich, but he isn't happy.
　　(トニーさんはとてもとても金持ちかもしれませんが、幸せではない。)

このことから、(彼はとてもとても金持ちかもしれませんが、)たとえ彼がどんなに金持ちであってもという意味で出てきたのではないかと思います。

　　However rich Tony may be, he isn't happy.
　　(たとえトニーさんがどんなに金持ちであっても、彼は幸せではない。)

## 14 接続詞について

### ここが知りたい

**(質問)** なぜ、no matter how rich Tony may be が、たとえトニーさんがどんなに金持ちであってもという意味になるのですか。

**(答え)** これもあまり参考書などには載っていないようなので、一応私の考えを述べておきます。

It's no matter. (それは［重要なこと、たいしたこと］ではありません。) という英語があります。

この英語に how rich Tony may be をくっつけたと考えると、How rich Tony may be は Tony may be very rich (トニーさんはとても金持ちかもしれない) という意味だと考えて話を進めます。

It's no matter how rich Tony may be.
このItがhow rich Tony may beを指していると考えると、

| How rich Tony may be | is no matter. |
|---|---|
| トニーさんがとても金持ちであるかもしれないということは | たいしたことではありません |

このことから、たとえトニーさんがどんなに金持ちであっても、という意味が出てきたのではないかと思います。

It is no matter how rich Tony may be. の It is を省略した言い方が、現在、実際に使われている英語なのです。

No matter how rich Tony may be, he isn't happy.
(たとえトニーさんがどんなに金持ちであっても、彼は幸せではない。)

### これだけは覚えましょう

(1) トニーさんは金持ちです。しかしながら、彼は幸せではない。
　　Tony is rich; however, he isn't happy.
(2) トニーさんは金持ちです。それにもかかわらず、彼は幸せではない。
　　Tony is rich; nevertheless, he isn't happy.
　　発音　nevertheless ［ネヴァざレス］
(3) トニーさんは金持ちです。それでもなお、彼は幸せではない。
　　Tony is rich, but still he isn't happy. ［話・書］
　　Tony is rich, still he isn't happy. ［書］
　　Tony is rich, and yet he isn't happy. ［話・書］
　　Tony is rich, yet he isn't happy. ［書］
　　発音　still ［スティオ］

**(解説)** nevertheless, still, yetなどの例の , (コンマ) や ; (セミコロン) をつけるつけないは人によって違うようです。

### ここを間違える

　however は but と違って、接続詞ではないので、2つの英文を接続することはできません。however は、接続詞の働きをする接続副詞なのです。
　　[○] Tony is rich, but he isn't happy.
　　[○] Tony is rich but he isn't happy.
　　[×] Tony is rich, however he isn't happy.
　　[○] Tony is rich; however, he isn't happy.

**14 接続詞について**

ここからは、特別な意味を表すために、等位接続詞（andまたはor）の前に , （コンマ）をつけるパターンを紹介します。

### これだけは覚えましょう

一生懸命勉強しなさい。そうすれば、試験に受かるでしょう。
① Study hard, and you will pass the test. [話・書]
② Study earnestly, and you'll succeed in the test. [書]
③ Study eagerly, and you'll pass the examination. [書]
④ Study seriously, and you'll get through the exam. [話]
⑤ Study in earnest, and you'll be successful in the exam. [書]
⑥ Study with might and main, and you'll pass the test. [書]
⑦ Study with all your might, and you'll pass the test. [話]
⑧ Put your heart and soul into studying, and you'll pass the test. [話]

発音　you'll [ユーオ]　earnestly [ア〜ニストゥリィ]
eagerly [イーガァリィ]　seriously [スィゥリアスリィ]
earnest [ア〜ニストゥ]　might [マーィトゥ]　main [メーィンヌ]
heart [ハートゥ]　soul [ソーゥオ]　succeed [サクスィードゥ]
the examination [ずィ イグゼァミネーィシュンヌ]　exam [イグゼァム]
through [すゥルー]　successful [サクセスフォー]

### [語句の整理]

(1) 一生懸命に、まじめに本当に
　① hard　　② eagerly　　③ earnestly
　④ seriously　⑤ in earnest

(2) 全力を尽くして
　① with might and main　② with all one's might
　mightは<u>力</u>、mainは<u>すべて尽くした、最大限の</u>

421

(3) あなたの心と魂を勉強につぎこむ＝一生懸命勉強する
   put your heart and soul into studying
   AをBするためにつぎこむ　put A into B
(4) その試験に受かる
   ① pass the test
   ② succeed in the test
   ③ pass the examination [exam]
   ④ get through the exam
   ⑤ be successful in the exam
   examinationの口語表現がexamです。

**(解説)** 文法についての解説をします。

<u>Study hard,</u> <u>and</u> you'll pass the test.
　　命令文　　　等位接続詞のand

<u>勉強しなさい</u>、<u>そうすれば</u>あなたはそのテストに受かるでしょう。

### これだけは覚えましょう

(1) できるだけ一生懸命勉強しなさい。そうすれば、そのテストに受かるでしょう。
   Study as hard as possible, and you'll pass the test. [話・書]
   Study as hard as you can, and you'll pass the test. [書]
   発音　possible [パスィボー]
(2) 一生懸命勉強しなさい。そうすれば、そのテストに受かりますよ。
   Study hard, and you'll pass the test.
(3) もしあなたが一生懸命勉強すれば、あなたはそのテストに受かるでしょう。
   If you study hard, you'll pass the test. [話]
   Studying hard, you'll pass the test. [書]

(**解説**) as ～ as one can と as ～ as possible の使い方は one のところに主語を入れてください。命令文なので、you が one のところに入ります。

(1) 一生懸命勉強しなさい。

　　Study hard.

(2) できるだけ一生懸命勉強しなさい。

　　Study as hard as you can.
　　Study as hard as possible.
　　Study hard, and＝If you study hard,＝Studying hard,
　　をひとまとめにして覚えてください。

　Studying hardは、分詞構文というパターンで、ifから始まる副詞節（従属節）、かんたんに言うとおまけの節の部分を**～ing**から始めることで同じ意味を表すことができるのです。

### これだけは覚えましょう

(1) 急ぎなさい。そうじゃないと、そのバスに遅れますよ。

　　Hurry up, or you'll miss the bus. [話・書]
　　Hurry along, or else you won't catch the bus. [話・書]
　　Make haste, otherwise you won't make the bus. [書]
　　発音　hurry [ハ～ゥリィ]　　along [アローン・]
　　else [エオス]　haste [ヘーィストゥ]　otherwise [アざァワーィズ]

(2) もしあなたが急がなければ、あなたはそのバスに間に合いませんよ。

　　If you don't hurry up, you won't be in time for the bus. [話]
　　Unless you hurry up, you'll be late for the bus. [話]
　　Not hurrying up, you won't make it to the bus. [まれ]
　　Without hurrying up, you will miss the bus. [まれ]

(**解説**)

□ 急ぎなさい。

　①Hurry up.　②Hurry along.　③Make haste.

□ さもないと、
　①or　②or else　③otherwise
□ そのバスに乗り遅れるでしょう。
　①will miss the bus　②won't catch the bus
　③won't make the bus　④won't make it to the bus
□ そのバスに間に合わないでしょう。［そのバスに遅れるでしょう。］
　①won't be in time for the bus
　②will be late for the bus
□ もしあなたが急がなければ
　①If you don't hurry up　②Unless you hurry up
　③Not hurrying up　④Without hurrying up

● 従位接続詞 that の使い方

　ここからは、従位接続詞のthatの使い方について考えてみたいと思います。従位接続詞はいつも副詞節（従位節）だけを導くわけではなく、**名詞節**を導くこともあるのです。

### ここが知りたい

**(質問)** 副詞の働きは、おまけの働きをすると習いましたが、名詞の働きをするというのはどういうことなのですか。

**(答え)** 何をという疑問が生まれる時は、すべて**名詞、名詞句、名詞節**のどれかがきていると考えることができます。

### ここが大切

「私はあなたが東京に住んでいるということを知っています。」
　この日本語を英語に訳してみることにします。

　　私は知っています〈何を〉あなたが東京に住んでいるということを
　　　I know
　　あなたが東京に住んでいるということ
　　　　　　　　　　　　　　　　that

英語では、1番意味がはっきりしない言葉を先に置くと、次に疑問が生まれるので、ということ (that) をまず置きます。

<u>that</u>　　　　　<u>you live in Tokyo</u>
ということ〈どんなこと〉　あなたが東京に住んでいる

このことから、次のような英文ができあがります。

<u>I know</u>　　　<u>that you live in Tokyo.</u>
私は知っています〈何を〉　あなたが東京に住んでいるということ

〈何を〉という疑問が生まれているので、<u>that you live in Tokyo</u>が<u>名詞節</u>であるということがわかります。

thatを使った名詞節は、英文の色々なところの一部として使われます。

| that Tony is still alive（トニーさんがまだ生きているということ）|

[A is B. のAのところで主語として使われた例]

<u>That Tony is still alive</u> is certain.
トニーさんがまだ生きているということは　確かです。

[I know A. という文でknowの目的語として使われた例]

<u>I know</u>　　　<u>that Tony is still alive.</u>
私は知っています〈何を〉　トニーさんがまだ生きているということを

[A is B. のBのところにAの補語として使われた例]

<u>The fact</u>　　is <u>that Tony is still alive.</u>
実(際)は　　〈何を〉　トニーさんがまだ生きているということですよ。

[同格として使われてる例]

<u>I know</u>　　　<u>the fact that Tony is still alive.</u>
私は知っています〈何を〉　トニーさんがまだ生きているその事実を

#### ここが知りたい

〈ここが知りたい〉

**(質問)** 同格とはどういう意味ですか。

**(答え)** 簡単に言うと、次のようなことです。

<u>I know</u>　　　　　　<u>the fact.</u>
私は知っています 〈何を〉 その事実

<u>I know</u>　　　　　　<u>that Tony is still alive</u>
私は知っています 〈何を〉 トニーさんがまだ生きているということ

この2つの例文をよくみると〈何を〉という疑問に対して、the factとthat Tony is still aliveが同じところにきていることがわかります。

knowの目的語として、the factとthat Tony is still aliveが2ついっしょに使われている時、**同格**と呼ぶのです。

## ● 長沢式　Tony seems to 〜. のパターンの覚え方のコツ

次の日本語を英語に訳す方法を考えてみたいと思います。

〈ホップ〉

下線の日本語が現在を表している時は、seems 過去を表している時は、seemedをTonyの後に置きます。

(1) トニーさんは先生のように<u>見えます</u>。

　　Tony seems

(2) トニーさんは先生のように<u>見えました</u>。

　　Tony seemed

(3) トニーさんは先生だったように<u>見えます</u>。

　　Tony seems

(4) トニーさんは先生だったように<u>見えました</u>。

　　Tony seemed

〈ステップ〉

seemsまたはseemedの次にtoを入れます。

## 〈ジャンプ〉

～のようにであれば、be a teacher、だったようにであれば have been a teacherをtoの次に書きます。

(1) トニーさんは先生のように見えます。
  Tony seems to be a teacher.
(2) トニーさんは先生のように見えました。
  Tony seemed to be a teacher.
(3) トニーさんは先生だったように見えます。
  Tony seems to have been a teacher.
(4) トニーさんは先生だったように見えました。
  Tony seemed to have been a teacher.

## [長沢式 Tony seems to ～. を It seems that Tony ～. に書き換えるコツ]

〈ホップ〉

seems to ならば It seems that、seemed to ならば It seemed that にしてください。

(1) トニーさんは先生のように見えます。
  Tony seems to be a teacher.
  It seems that Tony＿＿＿＿＿＿＿＿＿＿.
(2) トニーさんは先生のように見えました。
  Tony seemed to be a teacher.
  It seemed that Tony＿＿＿＿＿＿＿＿＿＿.
(3) トニーさんは先生だったように見えます。
  Tony seems to have been a teacher.
  It seems that Tony＿＿＿＿＿＿＿＿＿＿.
(4) トニーさんは先生だったように見えました。
  Tony seemed to have been a teacher.
  It seemed that Tony＿＿＿＿＿＿＿＿＿＿.

〈ステップ〉

　seemsを(+)、seemedを(−)、beを(+)、have beenを(−)と考えて、掛け算を利用して、is、was、had been のどれがTonyの次にくるかを決めることができます。

　(　)に(+)がくるか(−)がくるかを決めてください。中1で習ったプラス、マイナスの掛け算を思い出してください。

(1) seems to be
　　(+) × (　) = (+)　　　(+) × (+) = (+)

(2) seemed to be
　　(−) × (　) = (+)　　　(−) × (−) = (+)

(3) seems to have been
　　(+) × (　) = (−)　　　(+) × (−) = (−)

(4) seemed to have been
　　(−) × (　) = (−)　　　(−) × (+) = (−)

〈ジャンプ〉

　toの下にきているものが答えなので、(+)ならばis、またはhad been、(−)ならば was が Tony の次にきます。

(1) トニーさんは先生のように見えます。

　Tony seems to be a teacher.
　　　(+)×(+)=(+)

　It seems that Tony is a teacher.

(2) トニーさんは先生のように見えました。

　Tony seemed to be a teacher.
　　　(−)×(−)=(+)

　It seemed that Tony was a teacher.

(3) トニーさんは先生だったように見えます。

　　Tony seems to have been a teacher.
　　　　　　(＋)×(−)=(−)

　　It seems that Tony was a teacher.

(4) トニーさんは先生だったように見えました。

　　Tony seemed to have been a teacher.
　　　　　　(−)×(＋)=(−)

　　It seemed that Tony had been a teacher.

### ここが大切

(×) It seemed that Tony is a teacher.
　　　　　　　　　　　　　(＋)

(○) It seemed that Tony had been a teacher.
　　　　　　　　　　　　　(＋)

　1つめの動詞が過去形になっている時は、2つめの動詞が現在形になることはあり得ないので、had beenが答えになります。

### ここが知りたい

**(質問)** なぜ (＋) がisとhad beenになるのですか。

**(答え)** 現在形の場合は、isになるというのは、覚えていただくしかないのですが、had beenの方は、次のように理解してください。hadは過去形なので (−)、beenは過去分詞形なので (−) と考えて掛け算をします。

　　had been = (−) × (−) = (＋) ということになります。

**(質問)** It seemed that Tony had been a teacher.となっている理由を文法的に説明してください。

**(答え)**「トニーさんは先生だったように見えた。」

　この日本語をよく読むと、トニーさんは先生だったという事実が、

見えたよりも前にはっきりした事実としてあったはずなので、seemed よりも前を表すために had＋過去分詞形、この場合は、had been を使ってあるのです。英語では１つの英文に新しい過去と古い過去がある場合、新しい過去の方を過去形で表し、古い過去を had＋過去分詞形を使って表すことになっています。

（質問）英語では、１つの英文に動詞が2つある時、１つめの動詞が過去形の場合は、２つめの動詞は過去形か had＋過去分詞形のどちらかになるということですか。

（答え）そういうことになります。英文を日本文に訳す時は、次の点に注意をしてください。

 It seemed that Tony was a teacher.
   (−)     (−)

(−) = (−) = (＋) と考えて (＋) となる時は、that 節のところを訳す時は、現在のことを表しているような訳し方をしてください。

 （日本語訳）トニーさんは先生のように見えました。

 It seemed that Tony had been a teacher.
   (−)     (−) × (−)

(−) × (−) × (−) = (−) になる時は、過去のことを表しているような訳し方をしてください。

（日本語訳）トニーさんは先生だったように見えました。

### これだけは覚えましょう

## (1) ～のように見える　　(2) ～だそうです

この2つの表現は、同時に覚えると便利です。

①トニーさんは先生のように見えます。

Tony seems to be a teacher.

$(+) \times (+) = (+)$

It seemes that Tony is a teacher.

②トニーさんは先生だそうです。

Tony is said to be a teacher.

$(+) \times (+) = (+)$

It is said that Tony is a teacher.

③トニーさんは先生だったように見えます。

Tony seems to have been a teacher.

$(+) \times (-) = (-)$

It seemes that Tony was a teacher.

④トニーさんは先生だったそうです。

Tony is said to have been a teacher.

$(+) \times (-) = (-)$

It is said that Tony was a teacher.

**(解説)** (1)は**外見**、(2)は**うわさ**を表しています。

toの下のところが(−)になる時はwas、(+)になる時はisになります。〈～だそうです〉は**～と言われている**という意味なので、**be動詞＋過去分詞形**になっています。

that節をto+動詞で書き換えることができることがわかっていただけたと思います。ここでは、どうしても覚えておいていただきたいパターンを紹介しておきます。

## ● that 節を to 不定詞で書き換えられる動詞

### これだけは覚えましょう

(1) 私はトニーさんはよい先生であると思っています。
　 I think that Tony is a good teacher. [話・書]
　 I think Tony to be a good teacher. [まれ]
(2) 私はトニーさんはよい先生だったと思っています。
　 I think that Tony was a good teacher. [話・書]
　 I think Tony to have been a good teacher. [まれ]
このパターンも、seemの時と同じように考えてください。
　現在：that節の時is, toの時be
　過去：that節の時was, toの時have been
このパターンをとる動詞を紹介しておきます。
□ know [ノーゥ] 〜だということを知っています
□ believe [ビリーヴ] 〜だということを信じています
□ understand [アンダァステァンドゥ] 〜だと理解しています
□ find [ファーィンドゥ] 〜だとわかる
□ expect [イクスペクトゥ] 〜に期待する

### ここを間違える

「トニーさんはよい先生だそうです。」
(1) They say that Tony is a good teacher.
(2) It's said that Tony is a good teacher.
(3) Tony is said to be a good teacher.

この英文は、〈よい先生だ〉ということと、〈〜だそうだ〉がどちらも現在のことを表しているので正しい英文ですが、次のような場合に

は注意が必要です。

「トニーさんは来年アメリカへ行くそうです。」

[○] They say that Tony will go to America next year.
[○] It's said that Tony will go to America next year.
[×] Tony is said to go to America next year.

Tony is saidが現在のことを表しているので、next yearという未来のことといっしょに使うことができないのです。

次のように考えることができます。

Tony will go to America next year.

(トニーさんは来年アメリカへ行くでしょう。)

Tony goes to America next year.

(トニーさんは来年アメリカへ行きます。)

Tony will go to America next year.は未来の予定に過ぎませんが、Tony goes to America next year.という英文は来年アメリカへ行くということが決まっているということなので、Tony is said (トニーさんは〜だそうです。) というあいまいな表現とはいっしょに使うことができないと考えることもできます。まとめると次のようになります。

Tony is said to〜.という構文は、toの後ろに未来を表す表現や過去を表す表現といっしょに使うことができないのです。

次にthatを省略しないのが普通の動詞とthat節をとらない動詞を紹介します。

● **that を省略しないのが普通の動詞と that 節をとらない動詞**

[**thatを省略しないのが普通の動詞**]

agree [アグゥリー] 〜ということで同意見である
assert [アサ〜トゥ] 〜ということを主張する
maintain [メーィンテーィンヌ] 〜を〜だと主張する

learn [ラ〜ンヌ] 〜だということを学ぶ、〜だということを聞いて知る
write [ゥラーィトゥ] 〜ということを本などの中で書く
conceive [カンスィーヴ] 〜であると思う
(注意) [〜と、〜かと] 想像する、という意味の場合は、thatを省略することができます。
hold [ホーゥオドゥ] 〜と思う、〜と信じる、〜と考える
judge [ヂャッヂ] 〜だと思う、〜だと判断する
assume [アスューム] 当然〜だと思う、〜と仮定する
explain [イクスプレーィンヌ] (人に) 〜ということを説明 [弁明] する
provide [プゥラヴァーィドゥ] (法律、条件などが) 〜と規定する
recollect [ゥリカレクトゥ] 〜だと思い出す、〜だと回想する
advise [アドゥヴァーィズ] (人に) 〜ということを助言する
boast [ボーゥストゥ] 〜ということを自慢する
state [ステーィトゥ] 〜ということを述べる
suggest [サグヂェストゥ、サヂェストゥ] 〜してはどうかと言う
reckon [ゥレカンヌ] 〜をざっと数える
(注意) reckon が〜と思う、〜と推測する、を表す場合は、口語表現なので、thatを省略することができます。

### [that 節をとらない動詞]
love [ラヴ] 〜が大好きです
like [ラーィク] 〜が好きです
dislike [ディスラーィク] 〜を嫌う、〜が好きではない
(例) I dislike studying. (私は勉強することが嫌いです。)
hate [ヘーィトゥ] 〜を憎む、〜をひどく嫌う
abhor [アブホー] 〜をひどく嫌う
admire [アドゥマーィア] 〜に感嘆する、〜を感心する、〜を尊敬する
respect [ゥリスペクトゥ] 〜を尊敬する
esteem [イスティーム] 〜を尊重する、〜を尊敬する

attempt [アテンプトゥ] 〜を試みる、〜を企てる
try [チュラーィ] 〜しようと努力する、試しに〜をしてみる
(例) Try to speak English. (英語を話そうと努力しなさい。)
　　　Try speaking English. (英語を試しに話してみなさい。)
want [ワントゥ] 〜をほしいと思う、[人に]〜してもらいたいと思う
(例) [○] I want you to cook. (私はあなたに料理を作ってもらいたい。)
　　　[×] I want you that you cook.
decline [ディクラーィンヌ] 〜を丁重に断る、〜を辞退する
refuse [ゥリフューズ] 〜をすることをこばむ、〜を断る
(例) I refuse to answer such questions.
　　（私はそんな質問に答えられません。）
offer [オーファ] 〜を申し出る、〜を差し出す
(例) I offered help out of kindness.
　　（私は親切心から援助を申し出た。）

　ここで私のthatに対する考え方を述べておきます。
　　I wish I could speak English.
　（英語が話せたらいいのになあ。）
　英文で使われている動詞のwishの次に本来はthatがくるのですが、wishの場合は〜であればいいのにと思う、という意味では、thatをともなうことはまずありません。〜ということを望む、という場合には、たまにはthatを使うことがあるかもしれませんが、なぜthatを省略しているのかということがとても大切なことです。もともとthatは**あれ**、**それ**という**指示代名詞**であったと考えられます。そうすると、I wish that + I could speak English.のように考えることができます。
　次のように考えればわかりやすいのではないでしょうか。

<u>I wish that</u>　　　　　　<u>I could speak English.</u>
私はそれを望む ＋〈それって何〉　私は英語を話せる

このように考えると、thatが入ると、I wishと思ってから、しばらくしてI could speak English.と言うと、時間的に間があき自分の感情を強く表せないので、I wish I could speak English.と一気に言って、英語が話せたらいいのになあ、を表す必要があるのだと思います。このことは色々な動詞の場合においても同じことだと思います。

　　Do you know that　　+　　Tony is a teacher?
　　あなたはそれを知っていますか。〈それって何〉　トニーさんが先生であるということ

　こういうパターンがもしあるとすれば、よほど時間的に余裕がある時で、ゆっくりていねいに話をしたい時か、書き言葉ではないかと思います。日常会話なら、あなた知ってる？　トニーさんは先生だよ。のようにいうこともあります。これと同じことがDo you know Tony is a teacher?なのです。

　それから次のようにも考えられると思います。
　thatはもともと**指示代名詞**であったものが、**接続詞**に変わったと考えるとすれば、何かを指す言葉がないと、不自然であるということも考えることができます。
　(1) The TV says that it will snow tonight.
　(2) The TV says it will snow tonight.
　(訳)テレビによると今夜は雪になるらしい。

　このように2つの英文がある場合、thatを使っている場合は、thatが指している言葉が必要になるので、「今日は天気はどうなりそう。」のような話をしている時に、thatを使った表現を使えば、ぴったりであると考えられます。
　それに対して、thatのない方は、何も天気の話をしていないのに、思い出したように、天気の話を言い始める時に使うとぴったりだと考えることができるのではないかと思います。

このように考えると、少しでも英語の接続詞のthatが身近に感じてくるのです。ただし、学校などでは、このようなことは教えてもらうことがないと思うので、学校の先生のおっしゃる通りに覚えておいてください。

［私の考え方］

Do you know that + Tony is a teacher?

［学校の先生の考え方］

Do you know + that Tony is a teacher?

### ここを間違える

動詞+that節がくる動詞が多いのですが、動詞の中にはthat節の前に代名詞、または名詞がくるものがあります。

このパターンはできるだけ意識をして覚えてください。

[×] I told that Tony should study harder.

[○] I told Tony that he should study harder.

(私はトニー君にもっと一生懸命勉強しなさいと言った。)

不定詞を使って言い換えることもできます。

[○] I told Tony to study harder.

### これだけは覚えましょう

(1) 私はあなたのために何でもやるということを保証します。

I assure you that I'll do anything for you.

(2) 私はトニー君に彼が間違っているということを納得させた。

I convinced Tony that he was wrong.

I persuaded Tony that he was wrong.

(3) 佐々木さんは私に司法試験を合格したと知らせてきた。

Ms. Sasaki informed me that she had passed the bar exam.

(4) それで思い出したんですけど、もうおいとましなければなりません。
That reminds me that I must leave now.
That reminds me, I must go now.
発音　assure [アシュア]　convinced [カンヴィンストゥ]
persuaded [パァスウェーィディドゥ]　informed [インフォームドゥ]
exam [イグゼァム]　reminds [ゥリマーィンヅ]

### これだけは覚えましょう

(1) 私はあなたにトニー君の潔白を保証しますよ。
I assure you that Tony is innocent.
I assure you of Tony's innocence.

(2) 私はトニー君に私の潔白を納得させた。
I convinced Tony that I was innocent.
I convinced Tony of my innocence.
I persuaded Tony that I was innocent.
I persuaded Tony of my innocence.

(3) 私は自分が潔白であることを確信しています。
I am convinced that I am innocent.
I am convinced of my innocence.

(4) 恵さんは私に無事に着いたと知らせてきた。
Megumi informed me that she had arrived safe.
Megumi informed me of her safe arrival.
発音　innocent [イナスントゥ]　innocence [イナスンス]
arrived [アゥラーィヴドゥ]　arrival [アゥラーィヴァオ]
safe [セーィフ]

**(解説)** 動詞+[名詞／代名詞]+that節のパターンは、動詞+[名詞／代名詞]+of 〜で書き換えることができると覚えておいてください。

ここで紹介してあるのは、ofの次に**名詞**がくるものばかりを集めてあります。

## ● that 節をともなう形容詞

ここからは、that節をともなう形容詞について紹介しておきます。

### ここを間違える

(1) 私は聖子さんが東大に受かることを確信しています。

I'm sure that Seiko will pass the exams for Tokyo University.

Seiko is sure to pass the exams for Tokyo University.

(2) 聖子さんは東大に受かることを確信しています。

Seiko is sure that she will pass the exams for Tokyo University.

発音　sure [シュアァ]　　University [ユニヴァ〜スィティ]

### ここが大切

(1) 私は司法試験に受かることを確信しています。

① I'm sure that I'll pass the bar exam.
② I'm certain that I'll pass the bar exam.
③ I'm positive that I'll pass the bar exam.

発音　certain [サートゥン]　　positive [パズィティヴ]

①②③の順番に確信の度合いが高くなります。

(2) あなたはきっと司法試験に受かりますよ。
　① You are sure to pass the bar exam.
　② You are certain to pass the bar exam.
　③ You are bound to pass the bar exam.
　発音　bound［バーゥンドゥ］
　①②③の順番に確信の度合いが高くなります。

#### ここを間違える

　　You must be busy.（きっとおいそがしいですよね。）
　must beは、**きっと〜に違いない**という意味を表しますが、must beが使えるのは、現在の推量を表す場合で、未来のことを表すことはできません。次のような日本語を英語で言いたい時は、be bound toを使ってください。
　「私たちはきっと遅刻ですよね。」
　[×] We must be late.
　[○] We are bound to be late.
　発音　bound［バーゥンドゥ］　　late［レーィトゥ］

#### ここを間違える

「私は静香さんが金メダルを取ると確信しています。」
[○] I'm certain that Shizuka will win the gold medal.
[○] I'm sure that Shizuka will win the gold medal.
「静香さんが金メダルを取るのは確実ですよ。」
[○] It's certain that Shizuka will win the gold medal.
[×] It's sure that Shizuka will win the gold medal.
[○] It's a sure thing that Shizuka will win the gold medal.
　発音　win［ウィン］　gold medal［ゴーゥオドゥ　メドー］

### これだけは覚えましょう

「私は恵さんが成功すると確信しています。」
I'm sure that Megumi will succeed.
I'm certain that Megumi will succeed.
I'm sure of Megumi's success.
I'm certain of Megumi's success.

単語 succeed [サク**スィ**ードゥ] 成功する　success [サク**セ**ス] 成功

ここからは、形容詞とthat節の関係について考えていきたいと思います。

### [感情の原因や理由を表す場合]

(1) 私は君が私に電話をくれなかったので怒っています。
　　I'm angry that you didn't call me.
(2) 私はあなたが電話を私にかけてくれたのでうれしい。
　　I'm glad that you called me.
　　I'm happy that you called me.
(3) 私はあなたを助けられなくて悪いなあと思っています。
　　I'm sorry that I can't help you.
(4) 私は司法試験に失敗して悲しい。
　　I'm sad that I failed the bar exam.
　　It's sad that I failed the bar exam.
(5) 私が司法試験に受かったのは、幸運です。
　　I'm lucky that I passed the bar exam.
　　It's lucky that I passed the bar exam.

発音 angry [エァングゥリィ]　failed [フェーィオドゥ]
lucky [ラッキー]

(解説) このパターンで使われているthatは原因や理由を表しているので、because（～なので）の意味に近いと考えられます。

### ここが大切

I'm surprised that Ms. Hayashi is kind.

この英文を日本語に訳すと、次のようになります。

私は林さんが親切なのには驚いています。

このように訳すと、理由を表す副詞節と考えることもできますが、

I'm surprised at Ms. Hayashi's kindness.

のようにも書き換えることができるので、名詞節と考えて、私は林さんが親切にしてくださるということに驚いています。と訳すこともできます。

発音 surprised [サプゥラーィズドゥ]　kindness [カーィンドゥニス]

### これだけは覚えましょう

**[that節を名詞節と考えることができる場合]**

この場合のthat節を前置詞を使って書き換えることができるのがこのパターンの特徴です。

私はあなたが私の息子であることを誇りに思っています。

① I'm proud that you are my son.
② I'm proud of your being my son.

proudの場合は次のようにも書き換えることができます。

→ I'm proud to be my son.

(1) 私はミスをしないか心配です。

　I'm afraid that I will make mistakes.
　I'm afraid of making mistakes.

(2) 佐々木さんは恵さんがいることに気がついた。

　Ms. Sasaki became aware that Megumi was present.
　Ms. Sasaki became aware of Megumi's presence.

(3) 私は聖子さんに見つめられているのを意識していた。

I was conscious that I was stared at by Seiko.

I was conscious of being stared at by Seiko.

(4) 私は恵さんがいることに気がつかなかった。（知らなかった。）

I was ignorant that Megumi was present.

I was ignorant of Megumi's presence.

発音 proud [プゥラーゥドゥ]　afraid [アフゥレーィドゥ]

mistakes [ミステーィクス]　became [ビケーィム]

aware [アウェア]　conscious [カンシァス]

present [プゥレズントゥ]　presence [プゥレズンス]

stared [ステアドゥ]　ignorant [イグナゥラントゥ]

### これだけは覚えましょう

**[It is＋形容詞＋that＋主語＋should～. の構文]**

(1) トニー君がそう言うのも当然です。

It's natural that Tony should say so.

It's natural that Tony says so.

It's natural for Tony to say so.

(2) トニー君がそういうとは驚きですね。

It's surprising that Tony should say so.

It's surprising that Tony says so.

(3) 君がトニー君の悪口を言うことは間違っている。

It's wrong that you should say bad things about Tony.

It's wrong that you say bad things about Tony.

It's wrong of you to say bad things about Tony.
You are wrong to say bad things about Tony.

発音 natural [ネァチュゥラオ]　surprising [サプゥラーィズィン・]
important [インポータントゥ]　should [シュッドゥ]

(解説) このパターンでは、shouldが入ることがよくあるのですが、shouldを省略する時は、動詞の現在形を置いてください。

### これだけは覚えましょう

**[感情を込められる形容詞]**

strange [スチュレーインヂ] 不思議な、おかしい
deplorable [ディプローラボー] 嘆かわしい、悲しむべき
regrettable [ゥリグゥレタボー]
　　　　(行為、出来事などが) 遺憾な、残念な、悲しむべき
sad [セァッドゥ] 悲しむべき
ridiculous [ゥリディキュラス] 馬鹿げた、滑稽な
annoying [アノーィイン・] うるさい、いらだたせる

(解説)

このタイプの形容詞は、surprisingと同じ使い方をすることができます。

「トニー君がそう言うとは驚くべきことです。」
It's surprising that Tony should say so.
It's surprising that Tony says so.

### ここが知りたい

(質問) なぜshouldを入れたり、入れなかったりするのですか。何か理由があるのでしょうか。

(答え) 理由はあります。例をあげて説明しておきます。

(1) It's strange that Aoi is so late.
(2) It's strange that Aoi should be so late.

(1)は単に事実を述べているだけなので、次のような日本語に訳せばよいでしょう。

　　あおいさんがこんなに遅いのはおかしい。

(2)は感情を強く表したい時にshouldを使います。次のように訳すと、よく感じが出ると思います。

　　あおいさんがこんなに遅いとはおかしいですよ。

#### ここを間違える

[○] It's strange that Aoi should be so late.
[×] It's strange that Aoi be so late.
[○] It's strange that Aoi is so late.

発音　strange［スチュレーィンヂ］

　形容詞によって、shouldを省略した時に、beになったり、isになったりするので、どのパターンにあてはまっているのかをよく理解してから、覚えるようにしてください。

### [話し手の要求や願望を間接的に伝える形容詞]

このパターンで使われている形容詞は、次のように使います。

(1)トニー君は勉強する必要があります。

　It's necessary that Tony should study.
　It's necessary that Tony study.
　It's necessary for Tony to study.

(2)トニー君は勉強することが望ましい。

　It's desirable that Tony should study.
　It's desirable that Tony study.
　It's desirable for Tony to study.

(3) トニー君にとって勉強することは絶対必要です。
　　It's essential that Tony should study.
　　It's essential that Tony study.
　　It's essential for Tony to study.
(4) トニー君にとって勉強することは重要です。
　　It's important that Tony should study.
　　It's important that Tony study.
　　It's important for Tony to study.

#### ここが知りたい

(質問) 話し手の感情が込められた形容詞の場合はshouldを省略すると現在形がくるのに対し、要求や願望を表す形容詞は、原形を用いるということが大切なことなのですか。

(答え) その通りです。イギリス英語では、shouldが使われることが多く、アメリカ英語では省略されることが多いようです。ただしnecessaryにおいてはshouldを省略した時、アメリカ英語では原形、イギリス英語では現在形を使うことが多いようです。

(質問) よく似た意味の単語は、同じようなパターンで使われると思っていればよいのでしょうか。

(答え) その通りです。もしたくさんの形容詞を覚えるのが大変ならば、1つだけしっかりパターンを覚えておいて、後は応用してください。

(質問) It's wrong of you to say bad things about Tony.
　　　　（トニー君の悪口をいうことは間違っていますよ。）
　　　　It's necessary for you to study.
　　　　（あなたにとって勉強することは必要ですよ。）
　　上の2つを比べると、of you になる場合と for you になる場合とがあるようですが、何か使い分けはあるのでしょうか。

**(答え)** よい質問です。はっきりとした使い分けがあります。

次のように書き換えて、もとの意味と変わらない時はofになります。

　　[○] wrong of you → you are wrong（あなたは間違っています）

　　[×] necessary of you → you are necessary（あなたは必要です）

勉強することが必要なのであって、あなたが必要だ。ということではないので、necessaryの場合はfor youを使うのです。

## ● 接続詞の総整理

ここでは、接続詞の総整理と［remind＋人＋of］の使い方について紹介しておきます。

### これだけは覚えましょう

「私は君を見るたびに、君のお父さんを思い出します。」
(1) When I see you, I always recall your father.
(2) Whenever I see you, I remember your father.
(3) Every time I see you, I recollect your father.
(4) Each time I see you, I think of your father.
(5) As often as I see you, I'm reminded of your father.
(6) You always make me think of your father.
(7) You always remind me of your father.
(8) You always put me in mind of your father.

**(解説)**

〜するといつも　① when, always　② whenever

〜するたびに　① every time　② each time　③ as often as

私に〜を思い出させる　① make me think of　② remind me of
　③ put me in mind of

〜を思い出す　① recall [ゥリコーオ]　② remember [ゥリメンバァ]
　③ recollect [ゥリカレクトゥ]　④ think of
　⑤ be reminded of [ゥリマーィンディドゥ]

when、every time、recall、recollectはくだけた感じの言葉。
wheneverとeach timeはかたい感じの言葉。

ここで紹介した英文の(1)～(7)は話し言葉、書き言葉で使われています。(8)だけはあまり使われません。

### これだけは覚えましょう

「私は君を見るたびに、君のお父さんを思い出す。」
(1) I never see you but I think of your father. [話・書]
(2) I can't see you but I am reminded of your father. [話・書]
(3) I can't see you without being reminded of your father. [話・書]
(4) I never see you without thinking of your father. [話・書]
(5) At(the) sight of you, I always think of your father. [話・書]
(6) The sight of you puts me in mind of your father. [話・書]

発音　without［ウィざーゥトゥ］

**(解説)**

never ～ butまたはcan't ～ but
never ～ without ～ingまたはcan't ～ without ～ing
のようにペアーで使われている時は、両方の単語がないものとして考えるとわかりやすいのです。

(例) I never see you but I think of your father.
　　　I see you　 I think of your father
　　　私はあなたを見る　私はあなたのお父さんを思い出す

これでは日本語として不自然なので、次のように訳してください。
　私は君を見ると、必ず君のお父さんを思い出す。

最後にsightの使い方を紹介しておきます。
　at (the) sight of (君を見ると)
　Let's see the sights of Tokyo. (東京見物をしましょう。)
　I hate the sight of Tony. (トニー君の顔を見るのも嫌だ。)

「翔子さんも、彼女の両親も、大阪に住んでいます。」
(1) Shoko lives in Osaka, and her parents live in Osaka, too. [書]
(2) Shoko lives in Osaka, and her parents also live in Osaka. [話・書]
(3) Shoko lives in Osaka, and her parents live in Osaka as well. [話]
(4) Shoko lives in Osaka, and so do her parents. [話]
(5) Shoko's parents live in Osaka, and so does she. [話・書]
(6) Both Shoko and her parents live in Osaka. [話・書]

発音　parents [ペアゥレンツ]

**(解説)**

both Shoko and her parents（翔子さんと彼女の両親の両方）
〜も　①too　②also　③as well

[「〜も」を表すパターンを覚えましょう]
"I like English."（私は英語が好きです。）　"So do I."（私も。）
"I am a teacher."（私は先生です。）　"So am I."（私も。）
"I don't like English."（私は英語が好きではありません。）
"Neither do I." ／ "Nor do I."（私も好きではありません。）

　次のパターンもいっしょに覚えましょう。

　　私は有名ではないし、有名にもなりたくない。

　　I'm not famous, and nor do I wish to be.
　　I'm not famous, and neither do I wish to be.

　　発音　famous [フェーィマス]　neither [ニーざァ]　nor [ノア]

## ● 等位接続詞 and の使い方

等位接続詞の and の使い方をしっかり理解しましょう。

(1) and は、単語と単語、語句と語句、文章と文章を対等な関係で結ぶ時に使うことができます。

Tony is big and tall.
(トニー君は体が大きくて、背も高い。)

I'm a teacher and student.
(私は先生でもあり、学生でもある。)

I work by day and by night.
(私は昼も夜も働いています。)

(2) 動作を時間的な順序にしたがって表す時や、結果を and を使って表すことができます。

I came home and took a bath.
(私は帰宅して、お風呂に入った。)

I hailed a cab and the cab stopped.
(私はタクシーに止まるように合図をしたらそのタクシーは止まった。)

発音 hailed a cab [ヘーィオダ キャブ]

(3) 命令文, and ~ . で「~しなさい、そうすれば~」を表すことができます。

Go straight on, and you'll come to the bridge.
(まっすぐ行きなさい、そうすればその橋に行けますよ。)

(4) 同じ語を重ねることによって、反復、強意、多種多様、多数などの意味を表すことができます。

It's getting warmer and warmer.
(だんだん暖かくなってきています。)

I walked and walked.
(私は歩きに歩いた。)
I waited for Judy for hours and hours.
(私はジュディーさんを何時間も待った。)
There are cars and cars.
(車にもぴんからきりまでありますよ。[色々な車がありますよ。])

(5) A and B のように、AとBをつないで、BがAの説明をした1つのかたまりを表すことができます。
bread and butter (バターがぬられたパン、バターつきのパン)
ham and eggs (ハム・エッグ)
発音　bread and butter [ブゥレッドゥン　バタァ]
ham and eggs [ヘァマネッグズ]

(6) good and で、とても、ひどく、まったく、を表します
nice and で、とても、十分に、ほどよい、を表します。
and の後ろには形容詞、または副詞がきます。

### ここを間違える

　good and は、よい意味の形容詞だけではなく、悪い意味の形容詞も and の次に置くことができますが、nice and は、よい意味の形容詞しか and の次に置くことはできません。
　I'm good and angry.
（私はとても怒っています。）
　It's nice and warm in this classroom.
（この教室はほどよい暖かさです。）
発音にも注意が必要です。
　good and [グドゥン]　　nice and [ナーィスン]

次のように〈名詞〉がくる場合にはandを使うことはできません。
[×] a nice and warm classroom
[○] a nice warm classroom
発音　warm [ウォーム]　classroom [クレァスゥルーム]

(7) come and 〜（〜するために来る）、go and 〜（〜するために行く）
try and 〜（〜するために努力する）、write and 〜（〜するために書く）
stay and 〜（〜するために滞在する）、stop and 〜（〜するためにしていることを止める）のような動詞といっしょに使って、副詞的な働きをするto不定詞のto（〜するために）の代わりにandを使うことがあります。come and 〜などの、andを省略することも話し言葉ではよくあります。動詞が2つ続いたらandの省略だと考えてください。

　Come and see me. ＝ Come to see me. ＝ Come see me.
（私に会いにきてよ。遊びにきてよ。）

Come to see me. よりも Come and see me. の方が会話ではよく使われます。
くだけた会話では Come see me. が使われます。

　Try and get better marks at school. ＝ Try to get better marks at school.（頑張ってもっとよい成績を取りなさいよ。）
発音　better [ベタァ]　marks [マークス]

### ここを間違える

[○] Try and get　　　　　　　[○] Try to get
[×] Tony tries and gets　　　 [○] Tony tries to get
[×] Tony tried and got　　　　[○] Tony tried to get
[×] Tony's trying and getting　[○] Tony's trying to get

## 14 接続詞について

### これだけは覚えましょう

次の決まり文句はよく使われます。

　　　Let's wait and see.（ことの成り行きを見守りましょう。）

### ここが大切

toとandは、A to B.もA and B.も、どちらも**Bへ向かって、そしてBのように**考えることができます。このことから、**Aよりも後から**起こる動作をBが表すのです。

　　Let's stop to talk.
　　Let's stop and talk.

この考えを踏まえて、日本語に訳すと、

　(1)立ち止まって、話をしましょう。
　(2)していることを止めて、話をしましょう。

のように訳すことができます。

これをto（〜するために）を使って訳すと、

　(1)話をするために、立ち止まりましょう。
　(2)話をするために、していることを止めましょう。

のように訳すことができます。

### これだけは覚えましょう

stop and thinkで、(1)よく考える (2)反省する、を表すことがあります。stop to thinkも同じような意味を表します。

Did you ever stop to think 〜? でよく使われます。

　Did you ever stop to think about anyone else?
　（他の人のことをよく考えたことはありますか。）

　　発音　ever [**エヴァ**] 今までに　anyone else [**エニワネオス**] 他の人

Let's stop talking.にすると意味がまったく違ってきます。talkingはすでに〈話をしていること〉を表しているので、次のような意

味になります。

　　話をするのを止めましょう。

## ● 相関接続詞、接続副詞

　ここでは、相関接続詞（一対(いっつい)になって接続詞の働きをするもの）や接続副詞（副詞であるものが接続詞の働きをするもの）などを総整理します。

### これだけは覚えましょう

「私は英語だけでなく、フランス語も話せます。」
I can speak French as well as English. [話・書]
I can speak not only English but also French. [話・書]
発音　French [フゥレンチ]　well [ウェオ]　also [オーオソゥ]
(解説)

　　AだけでなくBも　①B as well as A
　　　　　　　　　　②not only A but also B

　A、Bには名詞だけでなく代名詞や形容詞、動詞などがくることもあります。

　AとBの関係についてよく理解してください。たとえば、次のような日本語があるとします。

　　「私も先生です。」　または　「私は先生でもあります。」

　これらの日本語を英語に訳すと次のようになります。

　　(1) I'm a teacher, too.　(2) I'm also a teacher.
　　(3) I'm a teacher also.　(4) I'm a teacher as well.

　(4)番目のa teacher as wellが先生でもを表すことができることがわかります。つまり、**AだけでなくBも**を英語に訳したい場合には、**Bも**が**B as well**になることから、**B as well as A**にすればよいことがわかります。次に、**not A but B**について考えてみたいと思います。**not**

**A** は **Aではない**という意味なので、**but B** で**Bだ**といっていると考えれば、**not A but B** を **AでなくBだ**と訳せばよいことがわかります。

このことから、only（～だけ）とalso（～もまた）を **not A but B** の中に入れれば、**not only A but also B** という英語ができ、**Aだけでなく Bでもある** という意味を表すのです。

#### これだけは覚えましょう

「私は英語とフランス語の両方を話せます。」
I can speak both English and French. [話・書]
「私は英語の他にフランス語も話せます。」
I can speak French besides English. [話・書]
I can speak French in addition to English. [話・書]
I can speak French on top of English. [話・書]
発音 both [ボーゥす]　besides [ビサーィヅ]
in addition to [イナディシュン　トゥ]　on top of [オンタッパヴ]

**（解説）**

I can speak English and French.
(私は英語とフランス語を話せます。)

I can speak both English and French.
(私は英語とフランス語の両方を話せます。)

English and Frenchを強調した言い方がboth English and Frenchなのです。

次の表現も接続詞と同じような働きをする接続副詞と前置詞句です。

　～の他に、～に加えて　①besides
　　②in addition to　③on top of

## ● 接続詞としてのneitherとnorの使い方

(1) neither A nor B （AもBも～ない）
(2) 否定文＋either A or B （AもBも～ない）

## ● 接続詞としてのneitherとnorの使い方

(1) neither A nor B (AもBも〜ない)
(2) 否定文 + either A or B (AもBも〜ない)
(3) 否定文 + A nor B (AもBも〜ない)
(4) 否定文 + A or B (AもBも〜ない)

AとBには、同じ種類の単語または語句がきます。もしAに名詞がくればBにも名詞がくるということです。

「私はお酒もたばこもやりません。」

(1) I neither drink nor smoke.
(2) I don't either drink or smoke.
(3) I don't drink nor smoke.
(4) I don't drink or smoke.

話し言葉では、I don't either drink or smoke.がよく使われます。

発音　either [イーざァ／アーィざァ]　neither [ニーざァ／ナーィざァ]
nor [ノア]　smoke [スモーゥク]

### ここを間違える

neitherとnorは接続詞なのですが、次のような使い方の場合には、**neither**は副詞、**nor**は接続詞になります。

「あなたは仕事が好きではないが、私もそうですよ。」

You don't like working and <u>neither</u> do I.
　　　　　　　　　　　　　　　副詞

You don't like working and <u>nor</u> do I.
　　　　　　　　　　　　　　接続詞

norよりもneitherの方がかたい言い方です。

「あなたが行きたくないのなら、私も行きません。」

[○] If you won't go, I won't either.
[△] If you won't go, I won't neither.

456

「私は泳げません。」「私もですよ。」
"I can't swim." "Neither can I."
"Nor can I."
"I can't either."
"Me neither."
"Me either."

くだけた言い方では、Me neither. や Me either. が使われます。受験生はMe either.の方のみを覚えてください。

「中井さんも行かないし、佐々木さんも行かない。」
Ms. Nakai won't go, and Ms. Sasaki won't (go) either.
Ms. Nakai won't go, and neither will Ms. Sasaki.

## ● 選択を表す等位接続詞 or の使い方

(1) 疑問文といっしょに使うA or B

A or B (AまたはB)

"Which do you like better, tea or coffee?"
「お茶とコーヒーとどちらが好きですか。」
"I like tea better."「お茶の方が好きです。」
"Would you like tea or coffee?"
「お茶かコーヒーでもお飲みになりますか。」
"Yes, I'd like coffee."
「はい、飲みます。コーヒーをいただきます。」

### ここを間違える

　　　Which do you like better, tea（↗） or coffee？（↘）
　　　Would you like tea（↗） or coffee？（↗）
　A or B（↗or↘）のように発音すると<u>AかBのどちらかを選ばな</u>ければならないのですが、A or B（↗or↗）のように発音すると、<u>AやBのようなもの</u>という意味になります。

(2) 否定文といっしょに使うA or B
　　I don't drink or smoke.
　　(私はお酒もたばこもやりません。)
　　［A or BのBを強調した言い方が、A nor B］
　　I don't drink nor smoke.
　　(私はお酒もやりませんが、たばこはなおさらやりません。)
　　［A or Bを強調した言い方が、either A or B］
　　I don't drink either drink or smoke.
　　(私はお酒もたばこもどちらもやりません。)

(3) orで〈つまり〉〈すなわち〉を表すことができる場合
　　This is *kamaboko,* or fish cake.
　　(これは「かまぼこ」つまり「魚のケーキ」です。)

(4) ［命令文, or 〜.］で「…しなさい、さもないと〜になるよ。」を表す場合

「急ぎなさい、さもないと学校に遅れますよ。」

Hurry up, or you'll be late for school.
Hurry up, or else you'll be late for school.
Hurry up, otherwise you'll be late for school.
If you don't hurry up, you'll be late for school.
Not hurrying up, you'll be late for school.

### ここが大切

or よりも or else の方が強い言い方になります。

話し言葉では、or else の後を省略することがあります。省略すると、強迫や警告を表す表現になります。

  Do as I tell you or else.

（私の言う通りにしろよ。さもないと、ひどい目にあうぞ。）

(5) either A or B で、〈AかBのどちらか一方〉という意味を表します。

  AとBには同じ関係の言葉がきます。

  私の父か私のどちらか行く予定です。

  Either <u>my father</u> or <u>I</u> am going.
     名詞   名詞

  Either <u>my father is going</u> or <u>I am (going)</u>.
      文      文

## ● 反対の意味を表す等位接続詞の but

(1) A, but B (AしかしB)

AとBには同じ種類の単語または語句などが入ります。

トニー君は小さい、しかし、彼は強い。

Tony is small, but he is strong.

トニー君は小さいが、強い。

Tony is small, but strong.

次のように書き換えることができます。

Though Tony is small, he is strong.

Although Tony is small, he is strong.

(2) It's true A, but B. (確かにAだがBです。)

確かに私はあなたのことが好きだが、私はあなたとデートをすることはできません。

It's true that I like you, but I can't date you.

Indeed I like you, but I can't date you.

I like you, to be sure, but I can't date you.

I like you, no doubt, but I can't date you.

発音 indeed [インディードゥ]　sure [シュア]
doubt [ダーゥトゥ] date [デーィトゥ]

(3) not A but B (AではなくてB)

私は佐知子さんが好きなのは、美しいからではなくて、優しいからです。

I like Sachiko, not because she's beautiful but because she's nice.

(4) not A but B (Aすれば必ずBする)

私はあなたを見れば必ずあなたのお父さんを思い出す。

I can't see you but I think of your father.

I never see you but I think of your father.

I never see you without thinking of your father.
［without thinkingの方がよく使われます。］

## ● 判断の理由を表す等位接続詞の for

forはかたい文章で使われますが、話し言葉では使われません。**～というのは～だから**という意味なので、前に述べられたことの理由や判断の根拠を表すのに使われます。

forは等位接続詞なので、forで始めることはできません。それに対して、because, as, sinceなどは従位接続詞なので、文頭と文の途中に置くこともできます。

It's going to rain, for it's getting dark.
（雨が降るでしょう。暗くなってきているから。）

It must be very cold, for the road is frozen over.
（とても寒いに違いない。道路が一面に凍っているから。）

### ここが知りたい

**(質問)** It's going to rain, for it's getting dark.という英文のforの代わりにbecauseを使うことができるのですか。

**(答え)** 残念ながら、使うとはできません。

It's going to rain, for it's getting dark.
（雨が降るでしょう。暗くなってきているから。）

この英文は、雨が降るでしょう、と言っておいて、その根拠を述べています。

becauseの場合は、強い理由や原因を表す言葉なので、この英文の場合、暗くなることが原因で雨が降るわけではないので、becauseを使うことができないのです。

## ● 時の副詞節を導く接続詞の総整理

　ここからは、時の副詞節を導く接続詞を中心に総整理をしたいと思います。

### これだけは覚えましょう

「里香さんは私を見るとすぐに逃げた。」
(1) Rika saw me and immediately she ran away. ［話・書］
(2) As soon as Rika saw me, she ran away. ［話・書］
(3) The moment (that) Rika saw me, she ran away. ［話・書］
(4) The minute (that) Rika saw me, she ran away. ［話・書］
(5) The second (that) Rika saw me, she ran away. ［話・書］
(6) The instant (that) Rika saw me, she ran away. ［話・書］
(7) Instantly Rika saw me, she ran away. ［話・書］
(8) Directly Rika saw me, she ran away. ［話・書］
(9) Immediately Rika caught sight of me, she fled. ［話・書］
(10) On seeing me, Rika ran away. ［話・書］
(11) At the sight of me, Rika ran away. ［話・書］

発音　immediately［イミーディエッ・リィ］　saw［ソー］　minute［ミニットゥ］
moment［モーゥメントゥ］　second［セカンドゥ］　instant［インスタントゥ］
instantly［インスタン・リィ］　directly［ディゥレク・リィ］

発音　caught sight of［コートゥ　サーィタヴ］〜に気づいた
fled［フレッドゥ］逃げた

**（解説）**

　(1) 里香さんは私を見た。そして、すぐに彼女は逃げた。
　(2)〜(10) 里香さんは私を見るとすぐに逃げた。
　(11) 私を見ると、里香さんは逃げた。

### これだけは覚えましょう

「里香さんは私を見るとすぐに逃げた。」
(1) Rika had no sooner seen me than she ran away. [話・書]
(2) Rika had scarcely seen me when she ran away. [話・書]
(3) Rika had scarcely seen me before she ran away. [話・書]
(4) Rika had hardly seen me when she ran away. [話・書]
(5) Rika had hardly seen me before she ran away. [話・書]
(6) No sooner had Rika seen me than she ran away. [話・書]
(7) Scarcely had Rika seen me when she ran away. [まれ]
(8) Scarcely had Rika seen me before she ran away. [まれ]
(9) Hardly had Rika seen me when she ran away. [まれ]
(10) Hardly had Rika seen me before she ran away. [まれ]

発音　sooner [スーナァ]　scarcely [スケアスリィ]
hardly [ハードゥリィ]

**(解説)** A than B. A when B. A before B.のように考えて、動詞の時制を考えてみると次のようなことがわかります。

特に、A before B. で考えるとわかりやすいのですが、Bのところに過去がくるとすれば、<u>A　before　B.</u> ＝ <u>Bの前のA</u> となるので、過去の前には<u>had＋過去分詞</u>となるのです。
B　　　　　　　　　　A

新しい過去と古い過去があるとすれば、新しい過去を<u>過去形</u>で表し、古い過去を<u>had＋過去分詞形</u>で表すのです。


### コミュニケーションのための英語情報

ひとつの英文に名詞と代名詞がくるときは、名詞を先に、あとから代名詞を使うのが一般的です。

ただし文法的には、主節に名詞、接続詞の入った節に代名詞を使うのが正しいと言う人もあります。

## [場所の副詞節を導く接続詞]

where（〜するところ［に、〜で］〜する場合には必ず）

火のないところに煙は立たぬ。

There is no smoke without fire.

Where there is smoke, there is fire.
　　煙があるところに　　　　　火がある

### ここが知りたい

**(質問)** 〈〜するとすぐに〉を表す表現をたくさん習いましたが、意味の違いはあるのでしょうか。

**(答え)** どれぐらい同時に起こったかという点では少しずつ意味が違ってきます。

同時性の意味が強いと思われるものと弱いものがあります。

[同時性の意味が強いもの]

① the moment, the minute

　同時性が1番強い表現です。

②(1) instantly　(2) immediately　(3) directly

　1単語で使われるのは、イギリス英語に多いようです。

　同時性の強い順番に並べてあります。directlyはくだけた言い方です。

③ as soon as

　話し言葉で1番よく使われます。

[同時性の意味が弱いもの]

　(1) no sooner〜than

　(2) hardly〜when［before］

　(3) scarcely〜when［before］

(質問) hardly 〜 when [before]，scarcely 〜 when [before] は whenとbeforeとどちらも言い換えができるということですか。
(答え) そういうことです。

ここから、従位接続詞について考えてみることにします。

## ● 原因・理由の副詞節を導く従位接続詞

**because** [ビコーズ]（〜なので）

　直接的な原因、理由を表す接続詞で、従属節（, から始まる文）で使われることが多い。英語では、すでに知っている情報が頭にくるのが一般的なので、becauseのように新しい情報を提供するのに使われる接続詞は文頭にこないのが一般的です。

　ただし、実際には文頭にくることもあります。

　I stayed at home yesterday,
　because it was snowing.
　(雪が降っていたから、私は昨日は家にいました。)

### これだけは覚えましょう

(1) I didn't stay home because it was raining.
　(雨が降っていたから、私は家にいたというわけではない。)
　次の英文を否定文にしたものが (1) の英文です。
　I stayed home because it was raining.
　(私は雨が降っていたから、家にいました。)

(2) I didn't stay home, because it was raining.
　Because it was raining, I didn't stay home.
　(私は家にいなかった。雨が降っていたから。)

　becauseは、原因と理由を表すことができますが、直接の原因を表している場合のみ、強調構文で使うことができます。

強調構文を使って(1)と(2)を書き換えると次のようになります。

(1) It was not because it was raining that I stayed home.

(私が家にいたのは、雨が降っていたからではありません。)

(2) It was because it was raining that I didn't stay home.

(私が家にいなかったのは、雨が降っていたからです。)

強めたいところをIt is A thatの構文のAのところに単語、語句または文章を入れることで、Aのところに入れたものを強調した英文ができあがります。

これを、強調構文と言います。

becauseの直前にjust入れると、(1)の意味とほぼ同じ意味を表すことができます。

(1) I didn't stay home just because it was raining.

(私はただ雨が降っていたので、家にいたというわけではない。)

発音　only [オーゥンリィ]　just [ヂァストゥ]
simply [スィンプリィ]

### ここを間違える

否定文 + because + 文.

このパターンに当てはまっていても、notが何を否定しているかによって、意味が違うようになることがあります。

## [文全体を否定している場合]

　　I'm buying this bike because it's cheap.
　　(私はこのバイクが安いから買おうとしています。)
という英文を否定文にした英文が、

　　I'm not buying this bike because it's cheap.
であると考えると、私はこのバイクが安いから買おうとしているのではなく他に理由があるのです。のような意味になります。

## [動詞を否定している場合]

　　You mustn't despise Tony because he can't speak Japanese well.

　この英文の場合は、You mustn't A because B. でBだからといってあなたはAしてはいけない。という構文だと考えてください。

　notが文章全体を否定しているのではなく、動詞を否定しているからです。

　このように考えると、次のような意味になります。

　あなたはトニー君が日本語をじょうずに話せないからといって、彼を軽べつしてはいけない。

　発音　despise [ディスパーィズ] ～を軽べつする

#### ここを間違える

次の表現をしっかり区別しておきましょう。
- That's because 〜. (それは〜だからです。)
- That's why 〜. (そんなわけで[だから]〜なのです。)

That's because I was very tired.
(それは私がとても疲れていたからです。)
That's why I was very tired.
(そういうわけで[だから]私はとても疲れていたのです。)

#### これだけは覚えましょう

「私が休んだ理由は、とても疲れていたからです。」
(1) I was very tired. That's the reason why I was absent.
(2) I was very tired. That's why I was absent.
(3) I was very tired. For that reason I was absent.
(4) For the reason that I was very tired, I was absent.
(5) The reason for my absence is that I was very tired.
(6) The reason why I was absent is that I was very tired.
(7) The reason why I was absent is because I was very tired.

発音 absence [エァブスンス] 欠席　absent [エァブスントゥ] 欠席の
reason [ゥリーズン] 理由　tired [ターィアドゥ] 疲れた

(解説)

(1)(2)(3)は、私はとても疲れていた。そういう理由で私は休んだ。

(4)は、私はとても疲れていたという理由で、私は休んだ。

(5)(6)は、私が休んだ理由は、とても疲れていたということです。

(7)は、私が休んだ理由は、とても疲れていたからです。

(7)は、話し言葉でよく使われますが、文法的には正しくないという人もあります。

## [理由を述べる時に使うsince]

since［スィンス］話し手と聞き手がお互いにすでに知っている理由を述べる時に使います。英語では文の最初にはすでに知っている情報が出てくるのが一般的なので、文頭にsinceがくることが多いのです。現在完了形といっしょに使うsince（〜から今までという意味）の時は、文の最後にくることが多いのです。

次の例文で覚えておいてください。

（あなたも御存知でしょうが、）

雨が降っているので、私は外出しないことにします。

Since it is raining, I won't go out.

## [間接的な原因や理由を表すas]

as［アズ］話し手と聞き手がお互いにすでに知っている時に使います。sinceの時と同じように、文頭に使われることが多いようです。

（あなたも御存知でしょうが、）

雨が降っているので、私が外出しないことにします。

As it is raining, I won't go out.

### ここが知りたい

**(質問)** sinceとasはどちらがよく使われるのですか。

**(答え)** よい質問ですね。asには色々な意味があるので、理由を表す意味ではsinceほどは使われません。ただし、どちらの単語も少し堅苦しさを感じさせる単語なので、話し言葉では、次のように言うことが多いようです。

It is raining, so I won't go out.

（雨が降っています。だから、私は外出しないことにします。）

#### ここを間違える

(1) because, since, as は従位接続詞ですが、for は等位接続詞です。
(2) because, since, as の中では because が1番意味が強く、次に since、そして as が1番弱いのです。
(3) 文, for + 文. の for の代わりに、話し言葉では because を使うことがあります。for はかたい言い方なので、話し言葉では使えないからです。

　ただし、because が for の意味で使われる時は、<u>なぜそのようなことを言うかというと</u>のような意味を表して、前に述べた文の理由を補足説明する時に使われます。

　ただし、話し言葉では、接続詞を使わずに表すこともあります。
　まとめると次のようになります。
　(1) 文, for + 文. [書き言葉]
　(2) 文, because + 文. [話し言葉]
　(3) 文. 文. [話し言葉]

[○] It's going to rain, for it's getting dark.
[○] It's going to rain, because it's getting dark.
[○] It's going to rain. It's getting dark.
[×] It's going to rain because it's getting dark.

　暗くなるというのが直接の原因ではないので、コンマなしで because を使うことはできません。

## [that, seeing that, now thatで原因、理由を表す場合]

### (1) that

I'm glad (that) you liked it.
(それが気に入ってくださってうれしいです。)

　うれしい　glad、happy
　残念な　申し訳ない　sorry
　驚いた　surprised [サァプゥラーィズドゥ]

のような形容詞の次にきているthat節は、原因や理由を表している副詞節（おまけの働きをする節）と考えることができますが、名詞節（何をという疑問に対する答えとして使える節）と考えることもできます。

　　私はうれしい〈なぜ〉<u>あなたがそれを気に入ってくれたから</u>
　　　　　　　　　　　　　　　副詞節

　　私はうれしい〈何が〉<u>あなたがそれを気に入ってくれたということ</u>
　　　　　　　　　　　　　　　名詞節

### (2) Seeing (that) （～だから、～の点から見ると、～の割には）

Seeing (that) you're tired, you should take a good rest.
(お疲れのようなので、十分に休んだ方がいいですよ。)

### (3) Now (that) （今はもう～だから、～である以上は）

Now (that) you're tired, you must take a good rest.
(今はもうあなたは疲れているから、十分に休みなさいよ。)

ここで使われているthatは、話し言葉では省略されることが多いようです。

　発音　tired [ターィアドゥ]　rest [ゥレストゥ]

## ● 目的・結果を導く副詞節

ここからは、目的、結果の副詞節を紹介したいと思います。

### [目的を表すthat, in order that, so that]

that節の中には、かたい表現ではmay [might]、くだけた表現ではcan [could] が使われます。その他にも、will [would] が使われることがあります。

かたい表現ではshould を使うこともありますが、shallを使うことはまずありません。

(1) that はとてもかたい表現で形式張った書き言葉で使われます。
(2) in order that はかたい表現なので、ほとんど使われません。
(3) so that は話し言葉やくだけた書き言葉で使われます。特に話し言葉ではthat を省略してso だけで使うことがアメリカでは多いようです。

　　Please turn off the light so I can sleep.
　　（私が眠れるように明かりを消してください。）

so that の場合は will [would] または can [could]、soだけの場合はcan [could]を使うのが普通です。

### ここが知りたい

**(質問)** can [could], may [might], will [would] のように現在形と過去形が書いてありますが、どのように使い分けるのですか。

**(答え)** よい質問です。一般的には、過去のことを表している英文の場合には、thatの次の助動詞も過去形を使うということです。

　Ms. Sasaki went to New Zealand in order that I might study English.
　（佐々木さんはニュージーランドへ英語を勉強するために行きました。）
　発音　New Zealand［ニュー　ズィーランドゥ］

#### これだけは覚えましょう

私は英語を勉強するためにアメリカへ行った。

(1) I went to America to study English. [話・書]
(2) I went to America so as to study English. [書]
(3) I went to America in order to study English. [話・書]
(4) I went to America so that I might study English. [書]
(5) I went to America in order that I might study English. [まれ]
(6) I went to America for the purpose of studying English. [話・書]
(7) I went to America with a view to studying English. [話・書]
(8) I went to America with the view of studying English. [まれ]
(9) I went to America with the intention of studying English. [話・書]

発音　order［オーダァ］　might［マーィトゥ］　purpose［パ〜パス］
view［ヴュー］　intention［インテンシュンヌ］　America［アメゥリカ］

**(解説)**

(1)〜(8)までは〈すべて〜するために〉を表しています。

mightを使うと、かたい言い方になり、couldを使うと、くだけた言い方になります。so that の部分をsoだけにするととてもくだけた言い方になり、thatだけにするととてもかたい言い方になります。

(9)だけは、私は英語を勉強するつもりでアメリカへ行った。toには、to＋動詞の原形になる場合と、toが前置詞である場合があります。

to＋〜ingになる時は、名詞の働きをしている〜ingの前にtoという前置詞がきていると覚えておきましょう。

## [否定の目的を表すlest, for fear, in case]

(1) lest [レストゥ]（〜しないように）
(2) for fear [フィア]（〜しないように）
(3) ① in case [ケーィス]（〜するといけないから、もし〜ならば、〜の場合には）
　　② just in case（万一に備えて）
　　③ in case of（もし〜の場合には）この意味では、文頭にきます。

**(解説)**

(1) lest 〜 shouldはとてもかたい表現なので、話し言葉ではほとんど使われません。shouldを省略することもできます。lest 〜 should の代わりに、so that 〜 can't [may not, won't] を使うのが一般的です。この他に、イギリス英語では、in caseも使います。

(2) for fear 〜 mightはよく使われますが、for fear 〜 shouldはあまり使われません。

(3) in case 〜 shouldにするとかたい表現になり in case 〜現在形にするとくだけた言い方になります。イギリス英語では、<u>〜するといけないので</u>を表すことが多く、アメリカ英語では<u>もし〜なら</u>という意味で使うことが多いようです。just in caseは英文の最後に付け加えるように使います。

①雨が降るといけないから、かさを持って行きなさい。

Take an umbrella with you in case it should rain.
Take an umbrella with you in case it rains.

②万一に備えてかさを持って行きなさい。

Take an umbrella with you just in case.

③火事の場合には、このボタンを押しなさい。

In case of fire, press this button.

## 14 接続詞について

#### これだけは覚えましょう

「風邪をひかないように気をつけなさいよ。」
(1) Take care not to catch a cold. [話・書]
(2) Take care so as not to catch a cold. [話・書]
(3) Take care in order not to catch a cold. [まれ]
(4) Take care so that you won't catch a cold. [話・書]
(5) Take care in order that you won't catch a cold. [話・書]
(6) Take care for fear of catching a cold. [話・書]
(7) Take care for fear that you should catch a cold. [書]
(8) Take care for fear that you might catch a cold. [話・書]
(9) Take care lest you (should) catch a cold. [書]
(10) Take care in case you (should) catch a cold. [話・書]

発音　care [ケア]　cold [コーゥオドゥ]

(解説) ～しないようにを表す時に、not to を使うのは、be careful、または take care から始まっている時です。


### [結果を表す副詞節を導く so～that, such～that]

(1) so ～ that（非常に～なので）
(2) shch ～ that（非常に～なので）
(3) ～ such that（～がとてもたいしたものなので、～が程度のはなはだしいものなので）
(4) Such ～ that（～がとてもたいしたものなので、～が程度のはなはだしいものなので）
(5) , so that（それで、その結果）
(6) , so（それで、その結果）

(解説) (4)の Such that の Such は So great（非常なものなので）という意味で使われています。

　～ such that が Such ～ that になることもあります。

　(5)の, so that は**接続詞**ですが、話し言葉の時に that を省略して、so とする時の, so は**接続副詞**と考えることができます。

475

### ここが知りたい

**(質問)** 英語では、非常に、とても、本当になどを表す言い方が色々あるのですか。

**(答え)** いくつもあります。いくつかを紹介しておきます。

very（とても）

so（とても）

too（〜すぎる、とても）

quite［クワーィトゥ］（まったく、とても）

such［サッチ］（とても、そんな）

really［ゥリァリィ］（本当に）

how（veryの意味で使われるhow）

what（veryの意味で使われるwhat）

### ここが大切

「翔子さんはとてもかわいい少女です。」

Shoko is a very pretty girl.

Shoko is a really pretty girl.

この英文を次のような単語を使って書き換えることができます。

［形容詞とくっつきやすい単語］：so, too, how

Shoko is so pretty a girl.

Shoko is too pretty a girl.

How pretty a girl Shoko is!

［aとくっつきやすい単語］：such, quite, what

Shoko is such a pretty girl.

Shoko is quite a pretty girl.

What a pretty girl Shoko is!

## ここを間違える

「恵さんと翔子さんはとてもかわいい少女です。」
[○] Megumi and Shoko are very pretty girls.
[○] Megumi and Shoko are such pretty girls.
[×] Megumi and Shoko are so pretty girls.
[○] What pretty girls Megumi and Shoko are!
[×] How pretty girls Megumi and Shoko are!

**(解説)** 感嘆文のHowと名詞の複数形や数えられない名詞、soと名詞の複数形や数えられない名詞をいっしょに使うことはできません。

[○] such cold water　　[×] so cold water
[○] this very old book
[×] this so old book　　[×] this such old book

　目的、結果の副詞節を導く接続詞と不定詞、分詞構文、感嘆文などを一気に書き換えて覚えてください。

## これだけは覚えましょう

「彼はとても親切な人だったので、私を助けてくれた。」
(1) He was such a kind person that he helped me. [話・書]
(2) He was so kind a person that he helped me. [話・書]
(3) His kindness was so great that he helped me. [まれ]
(4) His kindness was such that he helped me. [話・書]
(5) So great was his kindness that he helped me. [まれ]
(6) Such was his kindness that he helped me. [話・書]

発音　great [グゥレーィトゥ]　　kindness [カーィンドゥニス]

**(解説)**

　「彼の親切さはとてもたいしたものだったので=彼はとても親切だったので」

　his kindness was so great that（おおげさな表現）

his kindness was such that
so great was his kindness that（おおげさな表現）
such was his kindness that

(1)(2)がよく使われます。

(5)(6)は倒置構文と呼ばれる構文で、so greatとsuchを文頭に置いて〈たいしたものだ〉ということを強調しているのです。

### これだけは覚えましょう

「彼はとても親切だったので、私を助けてくれた。」
(1) Being very kind, he helped me. [話・書]
(2) Since he was very kind, he helped me. [話・書]
(3) As he was very kind, he helped me. [話・書]
(4) Because he was very kind, he helped me. [話・書]
(5) Seeing that he was very kind, he helped me. [話・書]
(6) He was very kind, so that he helped me. [話・書]
(7) He was very kind, so he helped me. [話・書]
(8) He helped me, for he was very kind. [話・書]
(9) He helped me, because he was very kind. [話・書]
(10) He helped me, since he was very kind. [話・書]
(11) He helped me, as he was very kind. [話・書]
(12) He helped me because of his great kindness. [話・書]

**(解説)** (1)は分詞構文と呼ばれる構文です。Since he was very kindの部分をBeing kindにして同じ意味を表しています。

　　□ 〜なので　since, as, because, seeing that
　　□ それで、その結果　so that, so
　　□ 〜のために　because of ＋名詞

## ● 条件を表す副詞節を導く接続詞

(1) **if** (もし〜ならば)

「もし明日晴れたら、私たちはピクニックに行きます。」
If it's a nice day tomorrow, we'll go on a picnic.
We'll go on a picnic if it's a nice day tomorrow.

　注意していただきたいことは、未来のことを表していても、副詞節のif節のところは現在時制になります。

　ただしwill が want to (〜したい)、または won't が don't want to (〜したくない) の意味を表しているときは、will や won't がくることがあります。

If you will go, so will I.
(もしあなたが行きたいのなら、私も行きます。)

(2) **unless** [アンレス] (もしも〜しなければ)

「もしあなたが急がなければ、そのバスに乗り遅れますよ。」
Unless you hurry up, you'll miss the bus.
If you don't hurry up, you'll miss the bus.

　どちらの英文も、話し言葉で使われます。unlessの方が少しかたい感じの言葉です。

(3) **in case** [ケイス] (もしも〜の場合には)

「もし私の帰りが遅いような場合には、起きて私を待たなくてもよいよ。」
In case I'm late, don't wait up for me.

(4) **suppose** [サポーゥズ] (もし〜であるとすれば)
supposing [サポーゥズィン・] (もし〜ならば、もし〜としたら)
provided [プゥラヴァーィディドゥ]
[もし〜ならば、もし〜という条件ならば]

「もし司法試験に落ちたら、どうするの？」
Suppose you fail the bar exam, what then?
「もしそれが本当なら、どうなるだろう？」
Supposing it is true, what would happen?

「もし6時までに帰ってくるという条件なら、出かけてもいいですよ。」
You may go provided (that) you come back by six.
You may go only if you come back by six.
You may go on condition that you come back by six.
  発音  condition [カンディシュン]

## ● 時の副詞節を導く接続詞

(1) **when** [ウェンヌ] (〜する時、〜したらその時)
  ①私が家に帰った時、母が料理をしていました。
    When I came home, my mother was cooking.
    My mother was cooking when I came home.
  ②授業が終わったら、私はまっすぐ家に帰ります。
    When school is over, I'm going straight home.
      未来のことを表していても、when節が副詞の働きをしているので、現在形を使います。
  ③私が青山通りに沿って歩いていると、その時、突然だれかが私を呼んだ。
    When I was walking along Aoyama Street, suddenly someone called me.
    発音  along [アローン・]   street [スチュリートゥ]
    suddenly [サ・ンリィ]   someone [サムワン]

(2) **while** [ワーィオ] (〜する間は、〜する間に)
  私はロサンゼルスにいる間に、トニー君を尋ねた。
  While I was staying in LA, I went to see Tony.
  I went to see Tony while I was staying in LA.
  During my stay in LA, I visited Tony.
  During my staying in LA, I called on Tony.
    発音  during [デュアゥリン・]   stay [ステーィ]
    staying [ステーィイン・]   LA [エオエーィ]

while+文をduring+名詞相当語句、で言い換えることができます。〈～を訪問する〉という意味では、go to seeが話し言葉では一番よく使われます。visitは、比較的長時間滞在する時に使います。call onは、(正式に)人を訪問する時に使います。ただし、call onは短時間の訪問になります。

## ここが大切

whenやwhileの節が、主節(whenやwhileの節ではない方の節)の主語と同じ場合に**主語＋be動詞**が省略されることがよくあります。

While (you are) in Tokyo, you should go to see Tokyo Tower.
(東京にいる間に、東京タワーを見に行くべきですよ。)

When (I was) a child, I used to go fishing.
(子供の頃、私はつりによく行ったものです。)

## ここを間違える

「私が子供の頃、私はつりによく行ったものです。」
[○] When I was a child, I used to go fishing.
[○] When a child, I used to go fishing.
[×] As I was a child, I used to go fishing.
[○] As a child, I used to go fishing.
[○] I used to go fishing in my childhood.

発音 child [**チァー**ィオドゥ]　childhood [**チァー**ィオドゥフッドゥ]
used to [ユース・トゥ]

whenとasに〈～する時〉という意味があるために、As I was a childのようにしてしまうことがありますが、このようにすると、私は子供だったのでという理由を表す意味になるので注意が必要です。As a childのようにI wasを省略した表現ならば、子供の時を表すことができます。

この場合のasは接続詞のところに載っていますが、前置詞と考えることもできます。

(3) **as**［アズ］（～の時に、～するにつれて、～しながら）
　2つの動作がほぼ同時に行なわれることを表し、whenやwhileよりも同時性が高い接続詞です。
　①私が家に着くと同時に雨が降り始めた。
　　Just as I reached home, it began raining.
　～の時にというasの前にjustを置くことによって、ちょうど、～の時にを表すことができます。
　②歩きながら話をしましょう。
　　Let's talk as we walk along.

### ここを間違える

　「歩きながら話をしましょう。」
　Let's talk as we walk along.
　Let's talk while we're walking along.
　Let's talk while walking along.
　asの場合は、進行形にしなくてもいいのですが、whileの場合は、必ず進行形にしなければなりません。
　walk alongのalongは前に、先にという意味を表すためにあります。

(4) **before**［ビフォア］（～する前に、～しないうちに）
　①話す前に考えなさい。
　　Think before you speak.
　②雨が降らないうちに帰りましょう。
　　Let's go home before it starts raining.
　before節が副詞（付け加え）の働きの節なので、未来のことも現在形で表します。

**14 接続詞について**

(5) **after** [エァフタァ]（～した後で）

宿題をしてからテレビを見なさい。

① Watch TV after you do your homework.

② Watch TV after you have done your homework.

after 節の中では、未来のことを表す時は、**現在形**を使うか **have＋過去分詞形**を使うか、どちらかにしてください。

### ここが知りたい

**(質問)** ① after you do your homework と ② after you have done your homework では何か違いがあるのでしょうか。

**(答え)** あります。本来は、未来のことを表しているので、

　① after you will do your homework

　② after you will have done your homework

なのですが、after の節の中では、will を使うことができないために、

　① after you do your homework

　② after you have done your homework

になっているのです。①と②の意味の違いについては will を入れて考えるとよくわかります。

① after you will do your homework は、あなたの宿題をしてからという意味を表します。

② after you will have done your homework のように will have＋過去分詞形を使うと、未来において動作が完了していることを表せるので、あなたの宿題をしてしまってからという意味になります。つまり①を強調したのが②の表現なのです。

(6) **once** [ワンス]（1度～したら）

1度この歌を聞いたら、あなたは決して忘れないでしょう。

Once you've heard this song, you'll never forget it.

発音　heard [ハ～ドゥ]　forget [ファゲットゥ]

(7) **since** ［スィンス］（〜して以来、〜してから今まで）

昨日から雨が降っています。

It has been raining since yesterday.

It has been raining from yesterday until now.

(8) **until** ［アンティオ］（〜するまで）　　**till** ［ティオ］（〜するまで）

　会話では till の方がよく使われます。until は改まった言い方です。ただし文のリズム関係で until が使われることがあります。特に、文頭ではその傾向が強いようです。

① 私が帰ってくるまで、ここでお待ちください。

Please wait here till I come back.

Please wait here until I come back.

② じゃまた。

Until then. = Until next time. = Until we meet again.

### ここが大切

①, until または、till の場合には、and at last（そしてついに）のように訳してください。

私は5年間一生懸命勉強した、そしてついに司法試験に受かった。

I studied hard for five years, till ［until］ I passed the bar exam.

② not 〜 until ［till］（〜するまで〜しない、〜して初めて〜する）

私は仕事が終わるまでは帰れません。

I can't leave till ［until］ my work is finished.

I can't leave before my work is finished.

### ここを間違える

till と until は前置詞で使われることが多いので、その用法もしっかり覚えておきましょう。

I'll be here till [until] noon. （私は12時まではここにいます。）
I'll be here by noon. （私は12時までにはここに来ます。）

### これだけは覚えましょう

前置詞の意味で使われている until の例です。
「昨日初めて私はあなたの名前を知ったのです。」
①I didn't know your name until yesterday.
②Not until yesterday did I know your name.
③It was not until yesterday that I knew your name.

**(解説)**

①私は昨日まであなたの名前を知りませんでした。
②は①の文の倒置構文で、not until yesterday を強調した言い方です。
③も not until yesterday を強調した、強調構文です。強調したい語句を It was 〜 that の〜の部分に置くと、強調構文になります。

(9) **if**（〜の時は必ず、〜の時はいつでも）

私は外出する時は、いつもめがねをかけます。
If I go out, I always wear glasses.
When I go out, I always wear glasses.
Whenever I go out, I wear glasses.

(10) **every time 〜, each time 〜,**（〜する時はいつも）

私は外出する時は、いつもめがねをかけます。
Every time I go out, I always wear glasses.
Each time I go out, I always wear glasses.

# 15 感嘆文について

ここからは、感嘆文について勉強したいと思います。

感嘆文は、強い感嘆の気持ちを表す時に使う文で、How、またはWhatから始めて、文の最後に、！（感嘆符）をつけます。英語の最後は、必ず下げて読みます。

### ここが大切

感嘆文と同じ内容をvery, reallyなどを使った肯定文（普通の文）で表すこともできます。

言い換えると、感嘆文はveryやreallyが入った英文を変形したパターンと考えることができます。

**[基本型 1]**

How + 形容詞! = Very + 形容詞. = Really + 形容詞.

How + 副詞! = Very + 副詞. = Really + 副詞.

**[基本型 2]**

What a + 名詞!

What an + 名詞!

What + 名詞s!

**[基本型 3]**

What a + 形容詞 + 名詞! = A very + 形容詞 + 名詞.

What an + 形容詞 + 名詞! = A very + 形容詞 + 名詞.

What + 形容詞 + 名詞s! = Very + 形容詞 + 名詞s.

感嘆文は、以上のような基本型に当てはめて使われます。これらの基本型には、主語+動詞がありません。つまり、実際に会話をしている時には、主語+動詞を言わなくても、意味がお互いに通じることが多いので、上のような基本型だけで感嘆文が使われることが多いのです。

感嘆文は、**なんて〜なんだろう!** のような意味を表すことが多いのですが、How+形容詞!のパターンを使って**あいづち**として使われることもよくあります。

## ● 主語がある感嘆文とveryの意味の入った肯定文の関係について

#### ここが大切

(1) How big!　　　　　　Very big.

　(なんて大きいのだろう！)　(とても大きい。)

　How big + <u>this pen is!</u> = <u>This pen is</u> very big.
　　　　　　　主語+動詞　　　　主語+動詞

　(このペンはなんて大きいのだろう！)　(このペンはとても大きい。)

(2) What a big pen!　　　A very big pen.

　(なんて大きいペンなんだろう！)　(とても大きいペン。)

　What a big pen <u>this is!</u> = <u>This is</u> a very big pen.
　　　　　　　　　主語+動詞　　　主語+動詞

　(これはなんて大きなペンなんだろう！)　(これはとても大きいペンです。)

このように考えると、主語と動詞が共通していることがよくわかります。

#### ここを間違える

(1) <u>なんと小さいのだろう</u> + <u>このペンは</u>

　How small this pen is!

(2) <u>なんと小さいペンなんだろう</u> + <u>これは</u>

　What a small pen this is!

感嘆文では、日本語で考えた時に**主語しかない時は、必ず主語の次にbe動詞（is, am , are）**などを補ってください。

### コミュニケーションのための英語情報
　私たちは中学や高校で感嘆文を習いますが、英米人は私たちが思っているほど感嘆文を使いません。特にアメリカ人は、感嘆文の多くをどちらかというと、不自然な英語のように感じるようです。
　ということは、感嘆文を使うよりもvery（とても）やreally（本当に）を使った肯定文（普通の文）を使って表した方がよいのです。ただし、感嘆文が文法的におかしいわけでもないので、使っても間違いではありませんが、使う人が少ないということです。

　　トニー君はなんて高いんだろう。
　　[△] How tall Tony is!
　　[○] Tony is very tall.
　　[○] Tony is really tall.
もしどうしても感嘆文のパターンを使いたいのであれば、
　　It's amazing how tall Tony is.
　　（トニー君は背が高いのには驚きですよ。）
　　I can't believe how tall Tony is.
　　（私が信じられないほどトニー君は背が高いのです。）
　how tall Tony isを<u>トニー君の背の高さ</u>という意味だと考えると、わかりやすいのです。

　　<u>I can't believe</u>　　<u>how tall Tony is.</u>
　　私は信じられません〈何を〉　トニー君の背の高さ

|発音|　amazing［アメーィディン・］

## ● 感嘆文を上手に使う方法

> (1)佐知子さんの美しさ　(2)アメリカの大きさ

この2つの日本語を驚いた気持ちを込めて感嘆文を使って英語に訳してみたいと思います。

　　佐知子さんはなんて美しいのだろう。
　　<u>How  beautiful</u> + <u>Sachiko  (is)</u>!
　　　　　　　　　　　　　主語＋動詞

動詞がないので、(　　)に is を入れます。

　　アメリカはなんて大きいのだろう。
　　<u>How   large</u> + <u>America  (is)</u>!
　　　　　　　　　　　主語＋動詞

動詞がないので、(　　)に is を入れます。

　　私は佐知子さんの美しさが信じられません。
　　I can't believe how beautiful Sachiko is.
　　私はアメリカの大きさがわかりません。
　　I don't know how large America is.


もう1問やってみましょう。
　　あなたはこの<u>数学の問題の難しさ</u>を知っていますか。
　　Do you know how difficult this math problem is?
ひとつだけ注意をしていただきたいことがあります。ここで使っている**感嘆文**は**間接疑問文**を使ってもまったく同じ英語になります。つまり、**感嘆文**を使っているのか**間接疑問文**を使って英語に訳しているのかを区別することはできません。

感嘆文と間接疑問文の成り立ちについて考えみることにします。

アメリカの大きさ＝アメリカがどれぐらい大きいのか

[感嘆文]

(1) アメリカはなんて大きいのだろう！

　　How large America is!

[疑問詞のついた疑問文]

(2) アメリカはどれぐらい大きいのですか。

　　How large is America?

(1) I know ＋ How large America is!

　　I know how large America is.
　　　　　　　感嘆文

(2) I know ＋ How large is America?

　　I know how large America is.
　　　　　　　間接疑問文


佐知子さんの美しさ＝佐知子さんがどれぐらい美しいのか

[感嘆文]

(1) 佐知子さんはなんて美しいのだろう！

　　How beautiful Sachiko is!

[疑問詞のついた疑問文]

(2) 佐知子さんはどれぐらい美しいのですか。

　　How beautiful is Sachiko?

(1) I know how beautiful Sachiko is.
　　　　　　感嘆文

(2) I know how beautiful Sachiko is.
　　　　　　間接疑問文

## ここが大切

　間接疑問文は、必ず肯定文（主語＋動詞）の並べ方にしなければならないので、結果的には、感嘆文と同じ並べ方になるのです。

　ところがよく考えてみると、<u>アメリカがどれぐらい大きいのかと佐知子さんがどれぐらい美しいのかの両方とも驚いている気持ち</u>が含まれているので、感嘆文と考えてもよいと思います。

## これだけは覚えましょう

　veryやreallyを使って感嘆文と同じ内容を表すことができるということを勉強しました。

　ここでは、もう少しくわしく勉強したいと思います。

(1) この本はとても退屈です。

　This　book　is　very　boring.

(2) この本はとても退屈です。

　This　book　is　too　boring.

(3) この本はとても退屈です。

　This　book　is　so　boring.

(4) この本は実に退屈です。

　This　book　is　really　boring.

(5) この本は［かなり、とても］退屈です。

　This　book　is　quite　boring.

(6) この本はかなり退屈です。

　This　book　is　pretty　boring.

発音　boring［ボアゥリン・］退屈な　really［ゥリアリィ］実に
quite［クワーィトゥ］かなり、とても　pretty［プゥリティ］かなり

**(解説)** quiteには<u>かなり</u>と<u>とても</u>の２つの意味があります。アメリカ英語では、<u>とても</u>の意味で使います。<u>かなり</u>の意味をアメリカ英語では、pretty，イギリス英語ではquiteを使うことが多いようです。

### ここを間違える

とてもを表す too の次にくる単語は、悪いイメージの形容詞がきます。その他のとてもを表す単語の次には、よい意味と悪い意味の両方の形容詞がきます。

### ここが大切

This is an old book.（これは古い本です。）

この英文の中に次のような単語を入れて古いを強める文を作ってください。

(1) very　とても
(2) so　とても
(3) too　とても、〜すぎる
(4) really　とても
(5) quite　とても、かなりの
(6) such　なんて
(7) what　なんて
(8) how　なんて

[考え方のルール]

quite、such、what は a、または an とくっつけると発音がしやすいので、

　quite an old book
　such an old book
　what an old book

very、so、too、really、how は形容詞とくっつきやすいのです。これらのことから次のような並べ方になります。

(1) This is a very old book.
(2) This is so old a book.
(3) This is too old a book.
(4) This is a really old book.
(5) This is quite an old book.

(6) This is such an old book.
(7) What an old book this is!
(8) How old a book this is! ＊ほとんど使われません。

**(注意)** really だけは、This is really an old book. のように使われることもあります。

### ここが知りたい

**(質問)** なぜ感嘆文はあまり使われないのですか。

**(答え)** 簡単に言うと、必要のないことまで言わないといけないからです。最近の英語の教科書では、感嘆文はほとんど教えられていません。感嘆文はあまり教えられていませんが、感嘆表現はかなり出てきます。感嘆文というのは、

(1) How + 形容詞 + 主語 + 動詞！
(2) What a + 形容詞 + 名詞 + 主語 + 動詞！

のような感嘆を表している完全な文のことを指します。

これに対して、How old! What an old book! は**感嘆表現**と考えて区別しておいた方がよいと思います。現在英語でも、**主語＋動詞**のついていない感嘆表現は普通に使われているのです。つまり、よほど**主語＋動詞**を言わなければいけない時は、What an old book this is! のような感嘆文を使わずに This is a very old book. のような普通の英語を使う人が多いということなのです。注意していただきたいことは、感嘆表現の場合、How や What から始まっているとは限りません。Wonderful!(すばらしい!)のように単語に！(感嘆符)がついているだけの時もあれば、Isn't it something?(すごいじゃない!)のような**否定疑問文**や Am I hungry!(おなかすいたあ!)のような疑問文になっていて？(疑問符)の代わりに！(感嘆符)をつけてあるものもあります。

## ● 疑問文と同じパターンの感嘆文

ここでは、how や what を使わない感嘆表現について考えてみたいと思います。

### [疑問文と同じパターンの感嘆表現]

Is it hot in this room?（↗）（この部屋暑いですか。）
Is it hot in this room!（↘）（この部屋暑いですね！）

### [疑問否定文と同じパターンの感嘆表現]

Isn't it hot in this room?（↗）（この部屋暑くないですか。）
Isn't it hot in this room!（↘）（この部屋暑いですね！）

### [肯定文と同じパターンの感嘆表現]

It IS hot in this room!（この部屋、本当に暑いですね！）

**(解説)** この3つのパターンがあります。大切なことは、最後を必ず下げて発音することです。肯定文のパターンの場合は、助動詞の働きをしている単語を強く発音することで、本当に、～なのは本当ですよ。のような意味を表すことができるのです。助動詞の働きとは not を入れた時に not の前にきている単語のことです。

上の例文の例だと、It isn't hot in this room. のようになることから、is が助動詞の働きをしている単語であることがわかります。

### コミュニケーションのための英語情報

よく日本人が5月か6月頃に「今日は暑いね。」ということがありますが、英語では It's warm today. がぴったりです。うなるような暑さでない限り、It's hot today. とは言わないのです。

---

#### これだけは覚えましょう

☐ I am very hungry.（私はとてもおなかがすいています。）
☐ How hungry I am!（おなかがすいたなあ！）
☐ I AM hungry!（本当におなかがすいたなあ！）
☐ Am I hungry!（本当におなかがすいたなあ！）

**15 感嘆文について**

### ここが知りたい

**(質問)** なぜI AM hungry!とAm I hungry!が同じ意味になるのですか。

**(答え)** 英語では強調したい単語を前に出す傾向にあるからです。

次のような例があります。

I have never seen a tiger.
(私は一度もトラを見たことはありません。)

Never have I seen a tiger.
(一度も私はトラを見たことはありません。)

Neverが強調したい言葉で、次にきているのが have I という疑問文と同じパターンの並べ方になっています。

**(質問)** "Isn't it hot in this room!"がなぜ「この部屋は暑いですね!」という意味になるのですか。

**(答え)** 次のように考えるとよくわかります。

It's hot in this room, isn't it? (↘) (この部屋は暑いですね。)

このように念を押す時にisn't itを肯定文の後ろにつけるやり方があるのです。このisn't itから始めた英文がIsn't it hot in this room! (↘) だと考えれば、成り立ちがよくわかると思います。

### ここが大切

「佐知子さんはなんて美しいのだろう!」

Sachiko is so beautiful!

のようにsoをつけて感嘆符をつけると、感嘆文と同じ意味を表せます。

## ● 感嘆文のhowとwhatの両方を使って同じ意味を表す方法

次のパターンを覚えてください。

(1) Tony runs. = Tony is a runner.
　　　　　走る　　　　　　　　　　走る人
(2) Tony runs fast. = Tony is a fast runner.
　　　　　　　速く　　　　　　　　　速い
(3) Tony runs very fast. = Tony is a very fast runner.
(4) How fast Tony runs! = What a fast runner Tony is!

(1) Tony swims. = Tony is a swimmer.
　　　　　泳ぐ　　　　　　　　　　泳ぐ人
(2) Tony swims well. = Tony is a good swimmer.
　　　　　　　じょうずに　　　　　　じょうずな
(3) Tony swims very well. = Tony is a very good swimmer.
(4) How well Tony swims! = What a good swimmer Tony is!


上のパターンを使って次の日本語を英語に訳してみましょう。

(1) トニー君は早く起きる。＝トニー君は早起きです。

　　Tony rises early. = Tony is an early riser.
　　　　起きる　早く　　　　　　　　　早い　起きる人

(2) トニー君は遅く起きる。＝トニー君は起きるのが遅い人です。

　　Tony rises late. = Tony is a late riser.
　　　　起きる　遅く　　　　　　　　　遅い　起きる人

(3) トニー君はとても早く起きる。＝トニーはとても早く起きる人です。

　　Tony rises very early. = Tony is a very early riser.

(4) なんと早くトニー君は起きるのだろう！

　　＝トニー君はなんと早く起きる人なんだろう！

　　How early Tony rises! = What an early riser Tony is!

発音　rise〔ゥラーィズ〕　riser〔ゥラーィザァ〕　early〔ア～ゥリィ〕

**15 感嘆文について**

#### ここが知りたい

**(質問)** 動詞に er をつけると〈〜する人〉になるということがわかりましたが、このような表現の仕方はよく使うのですか。

**(答え)** よく使います。

I watch TV. → I am a TV watcher.
(私はテレビを見ます。) (私はテレビを見ます。)

I love cats. → I am a cat lover.
(私はネコが大好きです。) (私はネコ愛好家です。)

**(質問)** fast や early、late には意味が2つあるのですか。

**(答え)** その通りです。

動詞といっしょに使う副詞と、名詞といっしょに使う形容詞が各々の単語にあるのです。

[単　語] fast　　early　　late
[形容詞] 速い　　早い　　おそい
[副　詞] 速く　　早く　　おそく

注意をしていただきたいことは、

Tony swims well. Tony is a good swimmer.
　　　　　じょうずに　　　　　　じょうずな

のように違う単語を使わなければならない時があるということです。

**(質問)** runner や swimmer には、走る人や泳ぐ人の他にもランナーやスウィマーのような意味もあるのですか。

**(答え)** おっしゃる通りです。その時の状況や話の流れによって意味が変わってくるので注意が必要です。

(例) singer [ス ィンガァ] 歌う人、歌手
　　 tennis player [テニス プレーィアァ] テニスをする人、テニスの選手

### ここを間違える

　How tall？

　How tall！

まったく同じ英語であっても、？にするか！にするかによって意味が違ってきます。

　How tall？（どれぐらいの背の高さがあるの？）

　How tall！（なんと背が高いの！）

　Very tall！（なんて背が高いの！）

**(解説)**

　How tall？の意味を表したい時は、tallを強く長く言ってください。How tall！はHowとtallのどちらも強く長く言ってください。

　Howのところで声を高く、tallのところで声を落とすと、いかにも背が高いという感嘆の気持ちを表すことができます。

　How tall！をVery tall！と言っても、同じ意味を表すことができます。veryのところで声を高く、tallのところで声を落とすと、いかにも背が高いという気持ちを表すことができます。

### ここが知りたい

**(質問)** なぜ、How tall？とHow tall！の2つの意味ができるのですか。

**(答え)** よい質問です。**形容詞**によっては、大きく2つの意味に分けられるものがあるのです。そしてHowにも2つの**意味**があるので、お互いに相性のよい意味がひとつになってHow tall？とHow tall！ができたのです。

　how　(1)なんと　　(2)どれぐらい

　tall　(1)背が高い　(2)ある背の高さがある

(1) How＋tall！（なんて背が高いの！）

(2) How＋tall？（どれぐらいの背の高さがあるのですか。）

# 16 比較について

ここからは、比較の勉強について考えてみることにします。

物と物を比較したり、人と人を比較したりするのが人の常というものですが、そのような時に使えるのが比較という文法です。実際にはよく使われるのは中学校で習う比較の表現です。中学校では、次のような表現を学びました。

(1) 私は背が高い。

　I'm tall.

(2) 私の方が背が高い。

　I'm taller.

(3) 私はトニー君よりも背が高い。

　I'm taller than Tony is.

(4) 私は1番背が高い。

　I'm the tallest.

(5) 私は私たちの家族の中で1番背が高い。

　I'm the tallest in our family.

(6) 私は私の父と同じぐらい背が高い。

　I'm as tall as my father is.

**(解説)**

□ tall [トーオ] 背が高い　□ taller [トーラァ] ～の方が背が高い

□ the tallest [ザ トーリストゥ] 1番背が高い

□ as tall as [アズ トーラズ] ～と同じぐらい背が高い

これだけは必ず覚えてしまってください。

### これだけは覚えましょう

～の中で、を表す時にofとinを使い分けなければなりません。

(1) ひとつのかたまりの中で　of

(2) たくさんの中で　in

(例) 日本で　in Japan

すべての花の中で　of all (the) flowers

3人の中で　of the three (people)

### ここを間違える

(1) 私は3人の中で1番背が高い。

I'm the tallest of the three.

(2) トニー君は2人の中の背の高い方です。

[○] Tony is the taller of the two.

[△] Tony is the tallest of the two.

**(解説)** 基本的には、〈3人以上の中で1番背が高い〉という意味を表す時にthe tallestのようにtheをつけます。そして2人の間で背を比べる時にtallerを使います。

ところが、of the twoという言葉がきた時は、the tallerのようにtheをつける必要があるのです。

学校英文法的には、Tony is the taller of the two. が正しいのですが、実際には、アメリカなどでは、Tony is the tallest of the two. も使われています。

## 16 比較について

### これだけは覚えましょう

「私はあなたほど若くはありません。」
I'm not as young as you are.
I'm not younger than you are.
I'm less young than you are.
I'm older than you are.
You are younger than I am.

発音　less [レス]

(解説) not 〜erを1語で表すと less になります。

### ここを間違える

(1) トニー君の車は私の車の2倍の大きさがあります。
　[○] Tony's car is two times as big as mine.
　[○] Tony's car is two times bigger than mine.
　[×] Tony's car is twice bigger than mine.
　[○] Tony's car is twice as big as mine.
　[○] Tony's car is twice the size of mine.

発音　twice [トゥワーィス]　　size [サーィズ]

(2) 私の車はトニー君の車の1/3の大きさがあります。
　My car is one-third as big as Tony's.
　My car is one-third the size of Tony's.

発音　one-third [ワン さ〜ドゥ]

### ここが大切

比較の文では、is・am・areが文の最後に省略されている場合もあります。

### これだけは覚えましょう

- □生まれてから〜経った old
- □大きさがある big
- □広さがある wide [ワーィドゥ]
- □深さがある deep [ディープ]
- □長さがある long [ローン・]
- □高さがある high [ハーィ]
- □多くの many [メニィ]
- □多量の much [マッチ]

- □年齢 age [エーィヂ]
- □大きさ size [サーィズ]
- □広さ width [ウィドゥす]
- □深さ depth [デプす]
- □長さ length [レンクす]
- □高さ height [ハーィトゥ]
- □数 number [ナンバァ]
- □量 amount [アマーゥントゥ]

### ここが知りたい

**(質問)** なぜMy car is three times as big as Tony's. が、私の車はトニー君の車の3倍の大きさがあります。という意味になるのですか。

**(答え)**

Three times two is six.
　3倍　　　　2　なる　6に

Six is three times two.
　6　です　3倍　　　2の

My car is three times as big as Tony's.
　私の車　です　　3倍　　　　　　　　トニー君の車の

My car is three times as big as Tony's.
　私の車　です　　3倍　　同じぐらいの大きさ　トニー君の車の

(直訳) 私の車はトニー君の車の3倍で同じぐらいの大きさになる。
(意訳) 私の車はトニー君の車の3倍の大きさがあります。

**(質問)** なぜMy car is three times bigger than Tony's. が「私の車はトニー君の車の3倍の大きさがあります。」という意味になるのですか。

**(答え)**「私の車はトニー君の車よりも大きい。」どれだけ大きいかという

と、3倍ということで、「私の車はトニー君の車の3倍の大きさがあります。」という意味になるわけです。ただし、この表現は、学校英語では、文法的には正しくないと言われています。ところが、実際には使われているので、英和辞典にも載っています。

### ここが大切

この木はあの木ほど高くない。
This tree isn't taller than that one is.
This tree isn't as tall as that one is.

もともとtaller than〜 (〜よりも高い)、as tall as〜 (〜と同じぐらい高い)のように意味が違うのに、なぜnotが入ると同じ意味になるのかを知りたい人が多いのではないかと思います。

This tree isn't taller than that one is. は、

この木はあの木より高くない。→ この木はあの木ほど高くない。

This tree isn't as tall as that one is. は、次のように考えるとわかりやすいと思います。

as tall as〜 には、〜と同じぐらい背が高いという意味の他に、〜のように高いという意味があります。

たとえば、とても有名な高い木があるとします。

This tree is as tall as that one is.
(この木はあの木のように高い。)

This tree isn't as tall as that one is.
(この木はあの木のように高くない。)

このように考えると、

この木はあの木のように高くない。→この木はあの木ほど高くない。

### ここが知りたい

**(質問)** ひとつの比較を表す英文の中に同じ名前が2回出てくる時は、2つめの名詞の代わりに one を使わなければならないのですか。

**(答え)** そのように覚えておいてください。ただし tree を2回使っても、間違いであるというわけではありませんが、英語では1つの英文の中で同じ名詞をくり返して使うのを嫌うので、名詞のかわりに one を使うのです。

### これだけは覚えましょう

- good よい
  good―better― best
- well 元気な、よく、じょうずに
  well―better―best
- bad 悪い　ill [イオ] 病気の　badly [ベァッ・リィ] ひどく
  bad, ill, badly―worse [ワ〜ス]―worst [ワ〜ストゥ]
- much 多量の、とても
  much―more [モア]―most [モーゥストゥ]

### ここを間違える

little [リトー] 少量の、少し
little―less [レス]―least [リーストゥ]
little [リトー] 小さい
little―smaller―smallest

<u>小さい</u>という意味の場合は、話し言葉では、littler、littlest を使う人もいますが、smaller、smallest を使う方がよいでしょう。

## ● late, later, latter, latest, last
### ここを間違える

ここでは、比較級、最上級の他にも覚えておくと便利な表現を特集しておきました。

(1) 私はあおいさんよりも遅く着いた。

I arrived later than Aoi.

(2) 私は3人の中で1番遅く着いた。

I arrived (the) latest of the three.

(3) 私は1番最後に着いた。

I arrived last.

**later、latestは時間に、latter、lastは順序に用います。**

トニーさんの晩年の作品　Tony's later works

トニーさんの最新の作品　Tony's latest work

トニーさんの最後の作品　Tony's last work

その試合の前半　the first half of the game

その試合の後半　the latter half of the game

前者　the former

後者　the latter

故寺本氏　the late Mr. Teramoto

寺本君の最近亡くなったおじいさん

Mr. Teramoto's late grandfather

前の土曜日　last Sunday

始発電車　the first train

最終電車　the last train

またね。　See you later.

その話はまた後でね。　Catch you later.

発音 late [レーィトゥ]　later [レーィタァ]　latter [レァタァ]
latest [レーィティストゥ]　last [レァストゥ]

## ● older, elder, oldest, eldest

**ここを間違える**

(1) トニー君は私よりも年上です。

　　[○] Tony is older than I am.

　　[×] Tony is elder than I am.

(2) トニー君は3人の中で1番年上です。

　　[○] Tony is the oldest of the three.

　　[×] Tony is the eldest of the three.

　名詞といっしょに使わない場合は、older や oldest しか使えません。

　　私の長男

　　my oldest son

　　my eldest son

　　どちらがお兄さんですか。

　　Who is the older brother?

　　Who is the elder brother?

　　発音　elder [エオダァ]　son [サンヌ]

older、oldest はアメリカ英語で、elder、eldest はイギリス英語です。

　私は佐々木さんよりも5才年上です。

　　①I'm older than Ms. Sasaki by five years.

　　②I'm five years older than Ms. Sasaki.

by five years は〈5年の差〉でという意味を表しています。

### コミュニケーションのための英語情報

　日本語では、姉、妹、兄、弟のように4つの単語を区別して使い分けるのが普通ですが、英語では、brother と sister の2つの単語を使って性別を表すだけなので、よほど特別な場合以外は、兄、弟、姉、妹、長男、次男、長女、次女ら当たる英語を使うことはありません。

## ● more, less, fewer

moreは、量と数のどちらにも使うことができます。less は量について、fewer は数について使うのが原則ですが、実際にはfewer の代わりに less を話し言葉では使われることがあります。

(1) トニー君は私よりもたくさん[本、お金]を持っています。

　Tony has more [books, money] than I do.

(2) トニー君は私よりも少ししかお金を持っていません。

　Tony has less money than I do.

(3) トニー君は私よりも少ししか本を持っていません。

　Tony has fewer books than I do.

(4) 肉を食べるのをもっと少なくして、野菜をもっと食べなさい。

　Eat less meat and more vegetables.

　発音　meat [ミートゥ]　vegetables [ヴェヂタボーズ]

### ここを間違える

(1) いつもよりもお客さんが少ない。

　[○] There are fewer customers than usual.

　[△] There are less customers than usual.

　発音　customers [カスタマァズ]

(2) 今日では、野球をする少年は以前ほど多くない。

　[○] Fewer boys play baseball today.

　[△] Less boys play baseball today.

fewerの代わりに使うlessの用法を認めない人もあるので、テストなどでは避けてください。

## ● farther, further

far（遠い、遠く）の変化は次の2つがあります。

　　farther [ファーざァ]　　farthest [ファーずィストゥ]

　　further [ファ〜ざァ]　　furthest [ファ〜ずィストゥ]

**farther**は距離を表して**もっと遠い**、**furher**は程度を表して**さらに、その上に、**のように使うのが原則ですが、**furher をもっと遠い**、という意味で使うことの方が多いようです。

● ～ er than ～ をとらない比較級

普通の比較級とまったく違った比較級があります。

普通は ～er than ～ （～よりももっと～）というパターンをとりますが、次の単語は than の代わりに to を使います。

#### これだけは覚えましょう

次のような語は、ラテン語からきた単語なので、～er than の代わりに to を使います。

senior [スィニヤァ] 年上の　　superior [スピゥリア] 優れた
junior [ヂュニヤァ] 年下の　　inferior [インフィゥリア] 劣った
major [メーィヂア] 大きい方の、重要な　prior [プゥラーィア] 前の
minor [マーィナァ] 小さい方の、重要ではない　posterior [パステゥリア] 後ろの

(1) 私はあなたよりも2才年上です。

I'm senior to you by two years.
I'm two years senior to you.

(2) あなたは私よりも2才年下です。

You are junior to me by two years.
You are two years junior to me.

(3) これはあれよりも優れています。

This is superior to that.

(4) あれはこれよりも劣っています。

That is inferior to this.

☐ 多数意見　the major opinion
☐ 小数意見　the minor opinion
☐ この出来事よりも前に　prior to this incident

16 比較について

□この出来事の後に　posterior to this incident
□この出来事より前の5年間
　for five years prior to this incident
□この出来事の後の5年間
　for five years posterior to this incident

発音　opinion [アピニャンヌ]　incident [インスィドゥントゥ]

### これだけは覚えましょう

(1) 私は彼よりも2才年上です。
　① I'm two years older than he is. [話・書]
　② I'm two years senior to him. [話・書]
　③ I'm older than he is by two years. [話・書]
　④ I'm senior to him by two years. [話・書]
　⑤ I'm two years his senior. [話・書]
　⑥ I'm his senior by two years. [話・書]

(2) 彼は私よりも2才年下です。
　① He is two years younger than I am. [話・書]
　② He is two years junior to me. [話・書]
　③ He is younger than I am by two years. [話・書]
　④ He is junior to me by two years. [書]
　⑤ He is two years my junior. [話・書]
　⑥ He is my junior by two years. [話・書]

**(解説)** by は差を表す時に使う前置詞です。
　senior [スィニャァ] 年上の、先輩
　junior [ヂュニャァ] 年下の、後輩

#### ここが知りたい

**(質問)** ラテン語の比較級の表現を普通の比較級で言い換えることはできるのですか。

**(答え)** できます。先ほどの例文を普通の比較級で言い換えると次のようになります。

(1) I'm two years senior to you.
  = I'm two years older than you are.
(2) You're two years junior to me.
  = You're two years younger than I am.
(3) This is superior to that.
  = This is better than that.
(4) That is inferior to this
  = That is worse than this.
(5) prior to this incident = before this incident
  posterior to this incident = after this incident
(6) for five years prior to this incident
  = for five years before this incident
(7) for five years posterior to this incident
  = for five years after this incident

### ● 比較級や最上級を作る時に間違いやすい単語

比較級や最上級を作る時に、間違いやすい単語について紹介しておきます。

#### ここを間違える

- □ かわいい　pretty—prettier—prettiest
- □ 大きい　　big—bigger—biggest
- □ 薄い　　　thin [スィンヌ]—thinner [スィナァ]—thinnest [スィニストゥ]
- □ 少量の　　little [リトー]—less [レス]—least [リーストゥ]

## 16 比較について

- □ よい　　　good—better—best
- □ 悪い　　　bad—worse [ワ〜ス]—worst [ワ〜ストゥ]
- □ 大好きな　favorite [フェーィヴァゥリットゥ]—×—×
- □ すばらしい wonderful—more wonderful—most wonderful
- □ ゆっくり　slowly [スローゥリィ]—more slowly—most slowly

**(解説)**

(1) prettyのようにyで終わっている時はyをiに変えて、erやestをつけてください。

(2) bigのように最後の文字の前にアクセントがあって、母音（ア、イ、ウ、エ、オ）が1つだけある時は、最後の文字を重ねてからerやestをつけてください。

(3) favoriteは、〈1番好きな〉という意味が含まれているので、比較級や最上級はありません。

この他にも、次のような単語は比較級や最上級はありません。
- □ ちょうどの　round [ゥラーゥンドゥ]
- □ 〜が望ましい　preferable [プゥレファゥラボー] 比較の意味が含まれている
- □ 一般的な　universal [ユニヴァ〜ソー]
- □ 最高の　supreme [スプゥリーム] 最上級の意味が含まれている
- □ 独特の　unique [ユニーク]
- □ 完全な　perfect [パァ〜フィクトゥ]

(4) wondefulのように長い単語の場合には、erやestの代わりにmoreやmostを使います。

(5) lyで終わっている副詞の場合は、moreやmostを使います。

### コミュニケーションのための英語情報

　very muchは、better, bestまたはmore, mostと変化します。

I like English　　｜　very much（とても）
（私は英語が好きです。）　｜　better（〜の方がもっと）
　　　　　　　　　　｜　the best（1番）
　　　　　　　　　　｜　as much as（〜と同じぐらい）

I like English　　｜　very much（とても）
　　　　　　　　　　｜　more（〜の方がもっと）
　　　　　　　　　　｜　the most（1番）
　　　　　　　　　　｜　as much as（〜と同じぐらい）

　likeの場合は、中学校ではvery much, better, bestを教えていますが、実際にはmore, mostも同じくらいよく使われています。

　loveはvery muchの意味を含んでいます。

　loveの方は、betterやbestはほとんど使われません。

　　I love English.
（私は英語がとても好きです。）

　　I love English more than French.
（私はフランス語よりも英語の方がもっと好きです。）

　　I love English most of all the languages.
（私はすべての言語の中で1番英語が好きです。）

## 16 比較について

### これだけは覚えましょう

「私は食べるよりも寝る方が好きです。」
① I prefer sleeping to eating. [話・書]
② I prefer to sleep rather than to eat. [書]
③ I'd rather sleep than eat. [話・書]
④ My preference is for sleeping rather than eating. [書]
⑤ I'd choose sleeping in preference to eating. [話・書]
⑥ I think (that) sleeping is preferable to eating. [話・書]
⑦ I like to sleep better than to eat. [話・書]
⑧ I like to sleep more than to eat. [話・書]
⑨ I like sleeping better than eating. [話・書]
⑩ I like sleeping more than eating. [話・書]

**(解説)**

prefer [プゥリ**ファ**〜] 〜の方が好きです
preferable [プゥ**レ**ファゥラボー] 〜の方が望ましい
preference [プゥ**レ**ファゥランス] 好み
choose [**チューズ**] 〜を選ぶ
in preference to〜　〜よりもむしろ
A rather than B　BよりもむしろA

発音　rather [ゥ**レァ**ざァ]

I'd は I would の省略だと考えてください。

### これだけは覚えましょう

「私はこのクラスの中で一番背が高い少年です。」
(1) I'm the tallest boy in this class. [話・書]
(2) I'm the tallest of all (the) boys in this class. [話・書]
(3) I'm taller than any other boy in this class. [話・書]
(4) I'm taller than (all) the other boys in this class. [話・書]
(5) I'm as tall as any (other) boy in this class. [話・書]
(6) I'm as tall a boy as any in this class. [まれ]
(7) No (other) boy in this class is taller than I. [話・書]
(8) No (other) boy in this class is as tall as I. [話・書]
(9) No other boy in this class is so tall as I. [まれ]

発音 other [アざァ]

**(解説)**

(1) 私はこのクラスの中で1番背が高い少年です。
(2) 私はこのクラスの中の少年たちの中で1番背が高い。
(3) 私はこのクラスの中のどんな他の少年たちよりも背が高い。
(4) 私はこのクラスの中の(すべての)他の少年たちよりも背が高い。
(5) 私はこのクラスのどんな(他の)少年とも同じ背の高さです。
(6) 私はこのクラスのどんな少年とも同じ背の高さです。
(7)(8)(9) このクラスの中のどんな他の少年たちも私ほど背が高くない。

(5)はあいまいな表現なので、使わない方がよいと思います。

(6)も使われていません。実際には、(8)のsoは使われていません。
テストでは、(1)〜(9)のすべてがねらわれる可能性があります。


### コミュニケーションのための英語情報

学校英語では教えませんが、次のように言うこともできます。

I'm the talllest of any boy in this class.

514

## 16 比較について

**ここが知りたい**

**(質問)** any other boy の boy には s は必要ないのですか。

**(答え)** any other boy はどんな他の少年、という意味で使ってあります。ひとりひとりについて言っているので、s をつけることはできません。ただし、実際には、s をつける人もいます。

**(質問)** なぜ No other boy in this class is taller than I. が I'm the tallest boy in this class. と同じ意味になるのですか。

**(答え)** 説明します。

　　He is not [as tall as／taller than] I (am).

　　（彼は私ほど背が高くない。）

この構文を思いだしてください。

　　<u>Any</u> other boy is <u>not</u> taller than I.

　　<u>Any</u> other boy is <u>not</u> as tall as I.

　　（どんな他の少年も私ほどは背が高くない。）

any と not を no で書き換えることができるので、

　　No other boy is taller than I.

　　No other boy is as tall as I.

英語では、Any から始まる文に not を入れると、文法的に間違いなので、No から始めてあるのです。

**(質問)** I'm as tall as any (other) boy in this class. が I'm the tallest boy in this class. という意味になるのですか。

**(答え)** <u>私はこのクラスのどんな他の少年とも同じ背の高さです。</u>と言っているので、もしこのクラスに 3 m の少年がいたとしても、私はその少年と同じ背の高さであるということから、<u>1 番背が高い</u>ということを表しているのです。

## ● 比較級、最上級の強め方、弱め方
### これだけは覚えましょう

比較級の直前に次のような単語を置くと、比較級を強めることができます。

①私はトニー君よりも背が高い。

I'm taller than Tony is.

②私はトニー君よりもずっと背が高い。

I'm [much / a lot / lots] taller than Tony is.

話し言葉では、a lotやlotsが使われることもあります。

①昨日は寒かった。しかし今日はさらに寒い。

It was cold yesterday, but it's [still / even] colder today.

②今日は寒い。しかし明日はずっと寒くなるでしょう。

It's cold today, but it will be [far / by far] colder tomorrow.

farをもっと強めた言い方がby farになり、by farをもっと強めた言い方がfar and away（断然）になります。比較級を強めるときはmuchよりもby farがよく使われます。far and awayは最上級を強める時に使います。その他にも〈まったく〉という意味のquite [クワーィトゥ], absolutely [エァブサルートゥリィ], altogether [オーオトゥゲィア]、〈本当に〉〈まったく〉という意味のthe very も最上級を強めるのに使えます。

「この自転車は断然よい。」

This bike is by far the best.

This bike is far and away the best.

### ここを間違える

「この自転車はずば抜けてよい。」

This bike is the very best.

This bike is much the best.

This bike is by far the best.

by farはよく使われますが、veryとmuchはあまり使われません。

### ここが知りたい

**(質問)** 比較級や最上級を強めることができるということは、よく理解ができたのですが、反対に弱めることはできないのでしょうか。

**(答え)** もちろん、弱めることもできます。

[比較級を弱めたい時]

① 私はあなたよりも背が高い。

I'm taller than you are.

② 私はあなたよりも少しは背が高い。

I'm a little taller than you are.

tallerの前にsomewhat (幾分)、a little (少し)、a bit (少し)、no (少しも〜ない) を入れて弱めることができます。疑問文ではany (少し) を使うことができます。

発音 somewhat [サムワットゥ]

① 私はあなたよりも少しも背が高くない。

I'm no taller than you are.

I'm not any taller than you are.

② あなたは今日は少しは気分がいいですか。

Do you feel any better today?

[最上級を弱めたい時]

① 私はこのクラスで1番背が高い。

I'm the tallest in this class.

② 私はこのクラスでほとんど1番背が高い。

I'm about the tallest in this class.

I'm nearly the tallest in this class.

I'm almost the tallest in this class.

### ここが知りたい

**(質問)** No other boy の other が（　）になっているのはなぜですか。
**(答え)** 省略できるからです。ただし、正確には次のような使い分けがあります。

(1) 日本の山で富士山ほど高い山はありません。

　No other mountain in Japan is higher than Mt. Fuji.
　No other mountain in Japan is as high as Mt. Fuji.

この2つの例文のように、同じ種類の物の中で、比較している時は、other を入れる必要がありますが、違う種類のものと比較している場合は、other を入れる必要はありません。

(2) 日本には富士山ほど高い建物はありません。

　No building in Japan is higher than Mt. Fuji.
　No building in Japan is as high as Mt. Fuji.

ただし、どちらも other を省略して使われることがあります。

発音 building [ビオディン・]　Mt. [マーゥントゥ]
mountain [マーゥントゥンヌ]

### これだけは覚えましょう

「これは考えられる最高の手段です。」

① This is the best conceivable means. [書]
② This is the best possible means. [話・書]
③ This is the best imaginable means. [書]
④ This is the best means conceivable. [書]
⑤ This is the best means possible. [話・書]
⑥ This is the best means imaginable. [書]

**(解説)**

　conceivable [カンスィーヴァボー] 考えられる、想像できる
　possible [パスィボー] できる限り
　imaginable [イメァヂナボー] 想像できる、考えられる

のような単語は形容詞の最上級＋名詞のパターンに当てはまり、しかも
  method［メ**サッドゥ**］方法　plan［プ**レァ**ン］計画
  means［**ミー**ンズ］手段　way［**ウェー**ィ］方法
のような単語が使われている時、最上級を強めるのに使います。
最上級以外にも、every や all と上で紹介した名詞がいっしょに使われている場合、強調として使います。
(例) すべてのできる限りの手段
　　every means possible
　　every possible means.
　　all possible means
　　あらゆる手段が試された。
　　Every possible means has been tried.
　　All possible means have been tried.

● **最上級の便利な使い方**
これだけは覚えましょう

(1) 東京は日本で1番大きい都市です。
　　Tokyo is the largest city in Japan.
(2) 横浜は日本で2番目に大きい都市です。
　　Yokohama is the second largest city in Japan.
(3) 横浜は東京につぐ大きい都市です。
　　Yokohama is the largest city next to Tokyo.
(4) 大阪は1番大きい都市のうちの1つです。
　　Osaka is one of the largest cities in Japan.
　　Osaka is among the largest cities in Japan.
　　発音　among［ア**マ**ン・］largest［**ラー**ヂストゥ］cities［**スィ**ティーズ］

### ここを間違える

(1) この池はこのあたりで1番深い。

This pond is the deepest around here.

(2) この池はこのあたりが1番深い。

This pond is deepest around here.

(1)の英文は、他の池と比べているので、the がついていますが、(2)の英文は、この池の中でどこが1番深いかについて述べているので、the がついていません。

### これだけは覚えましょう

(1) 他の人と比べていないときは、原則としてはtheがつきません。
(2) most にtheがついていないときは、veryの意味を表します。
(例)

① 私はひとりでいる時が1番幸せです。

I'm happiest when I'm alone.

② 佐知子さんはもっとも心の美しい人です。

Sachiko is the most beautiful person.

③ 佐知子さんはとても心の美しい人です。

Sachiko is a most beautiful person.

④ あなたはこれまでとてもよく手伝ってくださいました。

You have been most helpful.

発音 person [パ～スンヌ]　　helpful [ヘオプフォー]

### これだけは覚えましょう

「健康は何よりも大切です。」

(1) Health is the most precious thing. [話・書]
(2) Health is the most precious of all things. [話・書]
(3) Health is more precious than anything else. [話・書]

(4) Health is as precious as anything else. [話・書]
(5) Nothing is more precious than health. [話・書]
(6) Nothing is as precious as health. [話・書]
(7) Nothing is so precious as health. [まれ]
(8) There is nothing more precious than health. [書]

発音　precious [プゥレシァス]　else [エオス]
nothing [ナッスィン・]　health [ヘオす]

**(解説)**
(1) 健康はもっとも大切なものです。
(2) 健康はすべてのもの中で1番大切です。
(3) 健康は他のどんなものよりももっと大切です。
(4) 健康は他のどんなものよりも劣らず大切です。
(5)(6)(7)(8) 健康ほど大切なものはない。

(5)をThere is 構文を使って言い換えた英文が(8)の英文です。

## ● 否定語＋比較級で最上級を表す

### これだけは覚えましょう

［否定語＋比較級］で最上級を表すことができます。

"How are you?"「お元気ですか。」
"Couldn't be better."「最高の気分ですよ。」
"Never been better."「最高の気分ですよ。」

Couldn't be better.は、I couldn't be better.を、Never been better.は、I've never been better.を省略した言い方です。

「最高に嬉しいですよ！」

(1) Nothing could make me happier!
　　（これ以上幸せな状態に私をするものは何もないでしょう。）
(2) Nothing makes me happier!
　　（これ以上幸せな状態に私をするものはない。）

「野球ほどすばらしいものはない。」
(1) Nothing is better than beseball. [話・書]
(2) There is nothing better than baseball. [書]
There is ＋ 否定語 ＋ like 〜. で最上級を表すことができます。
① 野球にまさるものはない。
   There is nothing like baseball.
② 家にまさるところはない。
   There is no place like home.
  発音  place [プレーィス]   baseball [ベーィスボー]

ここからは、比較に関する構文を丸暗記するのではなく、理解をすることによって、長い間忘れないようにするためのレッスンです。私の言う通り勉強してみてください。

## ● no more 〜 than, no less 〜 than
これだけは覚えましょう

次の3段階で理解しながら、ジャンプのところの英文を暗記してください。

〈ホップ〉

単語には、（＋）の意味を持つ単語と（－）の意味を持つ単語があります。
[（＋）の意味を持つ単語]
   more（もっと多い）  tall（背が高い）  taller（もっと背が高い）
[（－）の意味を持つ単語]
   less（もっと少ない）  short（背が低い）
   shorter（もっと背が低い）  no（決して〜ない）
[more と less の使い方について]
   形容詞 er ＝ more 形容詞   not 形容詞 er ＝ less 形容詞

522

## 16 比較について

〈ステップ〉

$$\underset{(+)}{\text{taller}} = \underset{(-)}{\text{no}} \times \underset{(-)}{\text{shorter}}$$

$$\underset{(-)}{\text{shorter}} = \underset{(+)}{\text{more}} \times \underset{(-)}{\text{short}}$$

$$\underset{(-)}{\text{shorter}} = \underset{(-)}{\text{less}} \times \underset{(+)}{\text{tall}}$$

〈ジャンプ〉

（＋）（－）のかけ算をすることで、左と右の関係がよくわかるのです。

(1) $\underset{(+)}{\text{taller}}$ than ≒ as $\underset{(+)}{\text{tall}}$ as

(2) $\underset{(-)}{\text{no}} \times \underset{(-)}{\text{shorter}}$ than ≒ as $\underset{(+)}{\text{tall}}$ as

(3) $\underset{(-)}{\text{no}} \times \underset{(+)}{\text{more}} \underset{(-)}{\text{short}}$ ≒ as $\underset{(+)}{\text{tall}}$ as

(4) $\underset{(-)}{\text{no}} \times \underset{(-)}{\text{less}} \times \underset{(+)}{\text{tall}}$ ≒ just as $\underset{(+)}{\text{tall}}$ as

(**注意**) no less のように（－）×（－）になっている時は、（＋）の意味が強くなるので、as tall as を just で強めてあるのです。

ここまでのことを理解しておくと次のような英文に出会っても意味がすぐにわかります。

$$\underset{\text{くじら}}{\text{A whale}} \text{ is } \underset{(-)\times(+)}{\text{no more}} \underset{\text{魚}}{\text{a fish}} \text{ than } \underset{\text{馬}}{\text{a horse}} \text{ is.}$$

no more short＝shortではない＝as tall asと考えることができます。

as tall は<u>同じだけ背が高い</u>、2つめのas 〜は<u>〜のように</u>という意味なので、

(1) <u>A whale</u> is <u>no more a fish</u> than <u>a horse</u> is.
　　くじら　　　　魚ではない　　　　　　馬

(2) <u>A whale</u> is as　魚ではない　as <u>a horse is</u>.
　　くじらは　　同じだけ魚ではない　　馬のように

となり、次のような意味に訳せます。
 (1) くじらは馬と同じように魚ではない。
 (2) くじらが魚ではないのは、馬が魚ではないのと同じです。

A whale is no more a fish than a horse is. を no = not any であるということを考えに入れて書き換えると、次のように言い換えることができます。

　A whale is not a fish any more than a horse is.

ここでは、 <u>no more</u> 〜 than = as <u>〜ではない</u> as を使った英文を
　　　　　(−)×(+)　　　　　　　(−)

理解することができました。次はmoreをlessにした英文を理解しましょう。

　no less 〜 than = just as 〜 as

　<u>no</u> <u>less</u> <u>tall</u> than = just as <u>tall</u> as
　(−)×(−)×(+)　　　　　　　　(+)

このルールにしたがって次の英文を別の英語に書き換えてみましょう。

　A bat is no less a mammal than a rat is.
　<u>A bat</u> is just as <u>a mammal</u> as a <u>rat</u> is.
　コウモリ　　　　　哺乳類　　　　　ネズミ

どちらの日本語訳でもかまいません。
 (1) コウモリが哺乳類なのは、ネズミが哺乳類なのとまったく同じです。
 (2) コウモリはネズミとまったく同様に哺乳類です。

　発音　bat [ベァットゥ]　mammal [メァモー]　rat [ゥレァットゥ]

16 比較について

## ● no more than, no less than

no more 〜 than, no less 〜 thanを理解することができました。

次は、no more than, no less thanについて考えてみたいと思います。noから始まる時は、as〜asで書き換えられるということを忘れないでください。

### これだけは覚えましょう

- no more than = as 〜 as
- no less than = as 〜 as
- little — less — least
- few — fewer — fewest
- many — more — most
- much — more — most
- as〜asのところに何が入るのかを考えてみましょう。

$$\underset{(-)\times(+)}{\underline{\text{no more than}}} = \underset{(-)}{\text{as [little / few] as}}$$

$$\underset{(-)\times(-)}{\underline{\text{no less than}}} = \underset{(+)}{\text{as [many / much] as}}$$

それでは、これらの英語がどのような意味になるかを考えることにします。as 〜 asの基本になる意味は何だったのかもう1度思い出してみると、as 〜 〈は同じだけ〜〉、2つめのas 〜は〈〜のように〉なので、as little as 10 yenという英文を日本語にすると、10円のように同じだけ少ないということから、〈少ない〉ということを強調した言い方で訳せばよいことがわかります。as much as 10,000 yenは、10,000円のように同じだけたくさんということから、〈たくさんである〉ということを強調した言い方で、訳せばよいことがわかります。

### これだけは覚えましょう

□ no more than 10 yen = as little as 10 yen = only 10 yen = 10円しか
□ no less than 10,000 yen = as much as 10,000 yen = 10,000円も

## ● not more than, not less than
### これだけは覚えましょう

no more than 〜 と、no less than 〜 が理解できたと思います。

次は、not more than と not less than について考えてみたいと思います。

more ではないは、less, less ではないは、more と考えることにします。

　　not more than 30 = less than 30 = 29以下

　　not less than 30 = more than 30 = 31以上

英語では日本語の30以上は、31から上を表し、30以下は、29より下を表します。

このことがとても大切なので、しっかり覚えてください。


それではいよいよ、本題に入ります。

　　not more than 30 = less than 30 = 29以下

30を中心に考えて、30と29を比べると、30の方が29よりも1多いことから、多くてせいぜい30、少なかったら29と考えることができます。

　　not less than 30 = more than 30 = 31以上

30を中心に考えて、30と31を比べると30の方が31よりも1少ないことから、少なくても30、多かったら、31と考えることができます。

これらのことをまとめると次のようになります。

　　not more than 1,000 yen = at (the) most 1,000 yen
　　（多くてもせいぜい1,000円）

　　not less than 1,000 yen = at (the) least 1,000 yen
　　（少なくても1,000円）

## ここが知りたい

**(質問)** なぜat (the) mostやat (the) leastのようにatがくるのですか。
**(答え)** 最上級は、1つのことしか表していないので、1つのことしか表さない the といっしょに使います。
　そして、1つの点しか表さない at といっしょに使っているのです。

## ● not more ～ than, not less ～ than

今までに no more ～ than, no less ～ than を勉強しました。
ここでは、not more ～ than, not less ～ than について理解をしてください。

## これだけは覚えましょう

「安紀子さんは佐知子さんとまったく同様に美しい。」
[no less beautiful than = just as beautuful as]
　① Akiko is no less beautiful than Sachiko.
　② Akiko is just as beautiful as Sachiko.

ここからは、not less than を導くための説明です。
　安紀子さんは佐知子さんほど美しくない。
　(a) Akiko is less beautiful than Sachiko.
　(b) Akiko is not as beautiful as Sachiko.
　(c) Akiko is not more beautiful than Sachiko.
この英文に not を入れます。
　(a′) Akiko is not less beautiful than Sachiko.
　(b′) Akiko is not not as beautiful as Sachiko.
　(c′) Akiko is not not more beautiful than Sachiko.
(a) (b) (c) が同じ意味なので、(a) (b) (c) の英文に not を入れても同じ意味になるはずです。ただし、not not は不自然なので、美しくないことはない＝美しい、と考えることにします。そうすると、(b′) (c′) の意味が少

し違ってきます。そこで (a′) = (b′) むしろ (c′) と考えることにします。

つまり、Akiko is not less beautiful than Sachiko. は、Akiko is as beautiful as, or probably more beautiful than Sachiko.と言い換えられることがわかります。これを日本語に訳すと、

　　安紀子さんは、佐知子さんにまさるとも劣らず美しい。

先ほどの英語をもっと簡単な英語で表すと、次のようになります。

　　Akiko is probably more beautiful than Sachiko.

単語　probably [プゥラバブリィ] たぶん

● as ～ as の使い方

ここでは、as ～ asの2つの使い方を覚えることにしましょう。

### これだけは覚えましょう

#### [as～as が「意外にも」を表す場合]

as fast as fifty miles （50マイルもの速さで）
as deep as twenty meters （深さが20mも）
as high as forty meters （高さが40mも）
as many as thirty dictionaries （辞典を30冊も）
as much as one thousand dollars （1,000ドルも）
as early as 1450 （早くも1450年に）
as late as 1999 （つい最近のことで1999年に）
as long as ten years （10年間も）
as often as six times （6回も）

#### [A is as ～ as B. で「A は B のように～です。」を表す場合]

as easy as [ABC／pie] （とても簡単な）
as busy as a [beaver／bee] （目が回るくらい忙しい）
as hungry as a [bear／lion／wolf] （とてもおなかがすいた）
as like as two peas （とてもよく似ている）

as happy as a [king／lark] (とても幸せな)
as poor as a church mouse (とても貧乏な)
as big as a house (とても大きい)
as tall as a tree (とても背が高い)

発音 miles [マーィオズ]　meters [ミータァズ]　thousand [さーゥズンドゥ]
1450 [フォーティーンフィフティ]　dollar [ダラァズ]　early [ア〜リィ]
1999 [ナーィンティーンナーィンティナーィンヌ]　pie [パーィ]
単語 beaver [ビーヴァ] ビーバー　bee [ビー] ハチ
bear [ベァァ] クマ　wolf [ウォフ] オオカミ　peas [ピーズ] マメ
lark [ラーク] ヒバリ　church [チァ〜チ] 教会　mouse [マーゥス] ネズミ

## ● the＋比較級

ここでは、the＋〜erの使い方を覚えたいと思います。

### これだけは覚えましょう

**[the＋比較級が〜の方の人、〜の方の物を表すパターン]**
恵さんは2人の少女のうちの背が高い方の少女です。
Megumi is the taller of the two girls.

**[the＋比較級でそれだけますますを表すパターン]**
私は彼女に欠点があるからますますジュディーさんが好きです。
I like Judy (all) the more because she has faults.
I like Judy (all) the better because she has faults.

**[the＋比較級〜、the＋比較級.を表すパターン]**
(1) 私たちは勉強すればするほどますます頭がよくなります。
　　The more we study, the brighter we become.
　　As we study more, we become brighter.

(2) 私は彼女に欠点があるからと言って、ジュディーさんが嫌いというわけではない。＝彼女には欠点があるが、それでもやはり私はジュディーさんが好きです。

I like Judy none the less | because she has faults.
| because of her faults.
| for her faults.

I don't like Judy (any) the less because she has faults.
Judy has faults, but I like her none the less.

none the lessを1語で表すとneverthelessになります。

発音 because [ビコーズ]　faults [フォーオツ]
brighter [ブゥラーィタァ]　none [ナン]　nevertheless [ネヴァざレス]

● **more と most の特別用法**

ここでは、moreとmostの特別用法について考えてみたいと思います。ここで扱うmoreとmostは1つの単語として考えてください。

#### ここを間違える

「洋子さんは美しいというよりむしろかわいい。」

Yoko is more pretty than beautiful.

ある人の異なる性質を比較する時にはmore A than B（BというよりはむしろA）というパターンを使います。

#### これだけは覚えましょう

「あおいさんはお医者さんというよりはむしろダンサーです。」

Aoi is more a dancer than a doctor. [話・書]
Aoi is more of a dancer than a doctor. [話・書]
Aoi is a dancer rather than a doctor. [話・書]
Aoi is not a doctor so much as a dancer. [書]
Aoi is less a doctor than a dancer. [書]

Aoi is <u>less of</u> a doctor <u>than</u> a dancer. [書]
Aoi is <u>not so much</u> a doctor <u>as</u> a dancer. [話・書]

発音　rather [ゥレァザァ]

　notまたはlessのような否定を表す言葉の次にくる名詞ではない<u>名詞</u>の方を強調しています。

　「東後先生は先生というよりも友だちみたいです。」
　Mr. Togo is more like a friend than a teacher.
likeは〈～のような〉という意味で使われています。

### ここが知りたい

(質問) more of ～, less of ～のような表現がでてきましたが、なぜofがついているのですか。またこのようなタイプの表現は他にもあるのでしょうか。

(答え) ofに<u>～の性質を持つ</u>という意味があるのです。よく似た使い方に次のようなものがあります。

　(1) あおいさんはちょっとした美人です。
　　Aoi is something of a beauty.
　(2) 慎太郎さんは大した学者です。
　　Shintaro is much of a scholar.

　次の表現もついでに覚えておきましょう。
　(1) 私はかおるさんによく会う。
　　I see much of Kaoru.
　　I see a lot of Kaoru.
　(2) 私はかおるさんにほとんど会わない。
　　I see little of Kaoru.
　(3) 私はかおるさんにめったに会わない。
　　I see nothing of Kaoru.

(4) 慎太郎君は彼のお母さんの色のセンスを多少受け継いでいます。

Shintaro has something of his mother's sense of color.

**(質問)** Yoko is more pretty than beautiful.のように同じ人の性格について使うmore 〜 thanがありましたが、as 〜 asの構文ではこのような使い方はできないのですか。

**(答え)** よい質問です。同じような使い方があります。

(1) あおいさんは、かしこくて同時に正直です。

Aoi is as honest as (she is) wise.

(2) 私の父は勤勉であるのにひきかえ、私はなまけ者です。

I am as idle as my father is diligent.

この2つの表現は、I am as tall as Tony.とまったく同じ考え方で理解をすることができます。

「トニー君のように、私は同じだけ背が高い。」

(1) あおいさんはかしこいように、同じだけ正直です。

(2) 私の父が勤勉であるように、私は同じだけなまけ者です。

# 17 関係詞について

 ここからは、関係詞について勉強したいと思います。
関係詞には、関係代名詞、関係形容詞、関係副詞の3つがあり、接続詞と代名詞［形容詞、副詞］の働きを兼ねます。
 まずは中学校で習った関係代名詞について考えてみることにします。

● **関係代名詞 who, whose, whom の使い方**
**[whoの使い方について]**
 「英語を話しているあの少年はトニー君です。」
 この日本語は「英語を〜です」。までが1つの完全な文になっています。英語を話しているあの少年はひとつの**かたまり**です。

 **大きいかたまりと小さいかたまりと動詞、またはbe動詞が集まってひとつの文になります。**

 <u>英語を話しているあの少年は</u> トニー君 です。
 　　大きいかたまり　　　　　+小さいかたまり+be動詞=文

 ここで**関係代名詞**が関わってくるのは、大きいかたまりの部分なのです。
 大きいかたまりは、文にしても意味が変わらない場合があります。
 　英語を話しているあの少年［大きいかたまり］
 　あの少年は英語を話しています。［文］
 この［文］の中に関係詞を入れると［文］が［大きなかたまり］になるのです。
 主語以外のところに下線を引いてから、日本語に訳します。

```
    That  boy  is speaking  English.
                 ‾‾‾‾‾‾‾‾‾‾‾‾‾‾‾‾‾‾
                 英語を話しています
```

ここで、〈だれが〉という疑問が生まれます。〈だれが〉という疑問が生まれたら、that boy の次に who を入れます。

```
    that  boy  who  is  speaking  English
```

この場合の who は<u>どんな少年</u>という意味を表しています。

このように<u>どんな少年</u>のような疑問が生まれる時の who を**関係代名詞**と呼びます。英文法用語では、who の前にきている名詞を<u>先行詞</u>と言っています。

```
    that  boy  who  is  speaking  English
    ‾‾‾‾‾‾‾‾‾
    あの少年 〈どんな少年〉  英語を話している＝英語を話しているあの少年
```

## [whoseの使い方について]

「大きい目のあの少年はトニー君です。」

　　<u>大きい目のあの少年は</u> ［大きいかたまり］

大きいかたまりは、文にしても意味が変わらない場合があります。

　　<u>大きい目のあの少年</u> ［大きいかたまり］

　　あの少年の目は大きい。［文］

主語以外のところに下線を引いてから、日本語に訳します。

```
    That  boy's  eyes  are  big. ［文］
          ‾‾‾‾‾‾‾‾‾‾‾
          の目は大きい
```

ここで、〈だれの〉という疑問が生まれます。〈だれの〉という疑問が生まれたら、主語の次に whose を入れます。's の代わりに **whose** を置いてください。

　　that  boy  whose  eyes  are  big

この場合の whose は〈どんな少年〉という意味を表しています。〈どんな少年〉を表す whose を**関係代名詞**と呼びます。

```
    that boy    whose   eyes are big
    ‾‾‾‾‾‾‾‾
    あの少年   〈どんな少年〉  目が大きい＝大きい目のあの少年
```

## [whomの使い方について]

「私が知っているあの少年はトニー君です。」

　　私が知っているあの少年 ［大きいかたまり］

　whoとwhoseの場合は、あの少年から始まる日本文を作ることができましたが、whomの場合には、あの少年から始まる同じ意味の日本文を作ることができません。このような時は次のようにしてください。

　　あの少年＋私が知っている ［大きいかたまり］

主語以外のところに下線を引いて、日本語に訳します。

　　that　boy＋I　know
　　　　　　　　　私が知っている

　ここで、〈だれを〉という疑問が生まれます。〈だれを〉という疑問が生まれたら、主語の次にwhomを入れてください。

　　that boy　　whom　I know
　　あの少年　〈どんな少年〉　私が知っている＝私が知っているあの少年


(1) 英語を話しているあの少年はトニー君です。
(2) 大きい目のあの少年はトニー君です。
(3) 私が知っているあの少年はトニー君です。

　大きいかたまりのところを仮にAとしておきます。すると「Aはトニー君です。」となります。英語に訳すと、A is Tony.
最後に先ほど英語にした大きいかたまりをAのところに入れます。

(1) That boy who is speaking English is Tony.
(2) That boy whose eyes are big is Tony.
(3) That boy whom I know is Tony.

　いつでも同じように考えます。大きいかたまりをAと置くのです。
試しに次の日本文を英語に訳してみましょう。

「あなたは<u>私が知っているあの少年</u>を知っていますか。」
　　　　　大きいかたまり（A）

あなたはAを知っていますか。
Do you know A?
<u>Do you know that boy whom I know</u>?

「<u>私が知っているあの少年</u>はあなたを好きです。」
　　　　　　A

Aはあなたを好きです。
A likes you.
<u>That boy whom I know</u> likes you.

### これだけは覚えましょう

（大きい目をしている）あの少年　[大きいかたまり]
あの少年は（大きい目をしている）[文]
That boy <u>has big eyes.</u> [文]
　　　　　大きい目をしている

ここで〈だれが〉という疑問が生まれるので、主語の次にwhoを入れます。

<u>that boy who has big eyes</u> [大きいかたまり]
あの少年　〈どんな少年〉　大きい目をしている＝大きい目をしているあの少年

who hasをwithという前置詞を使って表すこともできます。

that boy with big eyes＝that boy who has big eyes
（大きい目の）あの少年　[大きいかたまり]
あの少年の目は大きい。[文]
That boy's <u>eyes are big.</u> [文]
　　　　　の目は大きい

ここで、〈だれの〉という疑問が生まれるので、'sの代わりにwhoseを入れます。

<u>that boy whose eyes are big</u> [大きいかたまり]
あの少年　〈どんな少年〉　目が大きい＝大きい目のあの少年

関係代名詞以外の方法でかたまりを表すこともできます。

big eyesのように**形容詞＋名詞**になっている場合、複数のsがついている時は、sを消してからdをつけます。

eで終わっている時は、dをつけ、eで終わっていない時は、edをつけます。

次に**形容詞‐名詞ed**のようにします。このようにすると、新しい形容詞を作ることができます。

　big-eyed（大きい目の）
　あの大きい目の少年＝that big-eyed boy

### これだけは覚えましょう

　that (1) boy　(2)

大きなかたまりの中に～している、～されたのような意味の言葉が名詞を説明している場合、説明している部分の単語が<u>1単語</u>の場合は、(1)のところに<u>2単語以上</u>の場合は、(2)のところに英語を置いてください。

(例)
(1)(話している) あの少年＝that (speaking) boy
(2)(英語を話している) あの少年＝that boy (speaking English)
(3)(救助された) あの少年＝that (saved) boy
(4)(私によって救助された) あの少年＝that boy (saved by me)
　(1)～(4)は関係代名詞を使って英語に訳せます。

(1)′話しているあの少年 [大きいかたまり]
　　that boy who is speaking [大きいかたまり]
(2)′英語を話しているあの少年 [大きいかたまり]
　　that boy who is speaking English [大きいかたまり]
(3)′救助されたあの少年 [大きいかたまり]
　　that boy who was saved [大きいかたまり]
(4)′私によって救助されたあの少年 [大きいかたまり]
　　that boy who was saved by me [大きいかたまり]
　　who was, who isを省略した言い方が、(1)〜(4)の表現です。

● 関係代名詞の省略
　ここが知りたい
**(質問)** 関係代名詞の省略について教えてください。
**(答え)** 大きいかたまり（名詞相当語句）の中に関係代名詞がある時に、関係代名詞を省略するとかたまりが文になる場合は省略できません。

[パターン１]

　that boy who can swim [大きいかたまり]
　（泳ぐことができるあの少年）
　That boy can swim. [文]
　（あの少年は泳ぐことができます。）


[パターン２]

　that boy who is swimming over there [大きいかたまり]
　（あそこで泳いでいるあの少年）
　That boy is swimming over there. [文]
　（あの少年はあそこで泳いでいます。）
　　この英文の場合、whoの省略はできませんが、who isを省略することはできます。who isを省略しても意味が変わらないからです。

[○] that boy swimming over there [大きいかたまり]
(あそこで泳いでいるあの少年)

**[パターン3]**

that boy whom I know [大きいかたまり]
(私が知っているあの少年)
[○] that boy I know (私が知っているあの少年)
　この場合、かたまりが文にならないので〈だれを〉という疑問が生まれている場合のwhomを省略することができます。
I know (私は知っています)〈だれを〉

**[パターン4]**

〈だれの〉という疑問が生まれた場合に使われているwhoseは省略することはできません。

that boy whose eyes are big [大きいかたまり]
[×] That boy's eyes are big. [文]

### これだけは覚えましょう

　関係代名詞は、人と物のどちらがきているかによって、関係代名詞も変化します。

| 主格 | 所有格 | 目的格 | 先行詞 |
|---|---|---|---|
| who | whose | whom | 人 |
| which | whose of which | which | 人以外 |
| that | × | that | 何でもOK |

〈だれが〉〈何が〉という疑問が生まれたら、**主格**
〈だれの〉〈何の〉という疑問が生まれたら、**所有格**
〈だれを〉〈何を〉という疑問が生まれたら、**目的格**

上の関係代名詞以外に、whatがあります。これは特別な使い方なので、後でくわしく説明します。

**(問題)** 次の（　）に適当な関係代名詞を入れてください。

下線のところを日本語に訳してどんな疑問が生まれるかを考えてください。〈だれが〉ならばwho、〈だれの〉ならばwhose、〈だれを〉ならばwhomを入れます。

(1) that boy (　) <u>I know</u>
(2) that boy (　) <u>can swim</u>
(3) that boy (　) <u>is swimming</u>
(4) that boy (　) <u>name is Tony</u>

**(解説)**

(1) 私は知っている〈だれを〉 whom
(2) 泳ぐことができる〈だれが〉 who
(3) 泳いでいます〈だれが〉 who
(4) 名前がトニー〈だれの〉 whose

**(問題)** 次の英文の意味が変わらないように書き換えてください。

(1) that boy whom I know

_____

(2) that boy who is swimming over there

_____

(3) that boy who is swimming

_____

**(解説)**

(1) that boy I know
(2) that boy swimming over there
　that boyの説明しているところが2単語以上なのでthat boy (2)のパターンに当てはめて書き換えます。

(3) that swimming boy

that boy の説明しているところが1単語なので、that (1) boy の パターンに当てはめて書き換えます。

## ● who と whom の使い分け
### ここを間違える

(1) (私を知っている) あの少年　that boy who knows me
(2) (私が知っている) あの少年　that boy whom I know

あの少年から始めて、同じ意味の内容を表す日本文を作ることができる時はwho、そうでない時はwhomを使います。

(1) あの少年は私を知っています。[文]

　That boy knows me.
　　　〈だれが〉私を知っている

　that boy who knows me

(2) あの少年は私が知っている [このような文は不自然]

　あの少年は知っている〈だれを〉私が、となり、〈だれを〉という疑問に対して私がという答え方をしているので不自然な文であるということがわかります。

　that boy whom I know

(3) (私が住んでいる) この家

この家は私が住んでいる [不自然な文]
私はこの家に住んでいる。[文]

I live in this house.

　この家の説明が私が住んでいるなので、この家から始めなければならないのです。

[○] this house which I live in

　このように考えると、inが最後にくる理由がよくわかります。

[×] this house which I live

● **関係代名詞と関係副詞の関係**

ここでは、関係代名詞と関係副詞の関係について、考えてみることにします。

**これだけは覚えましょう**

(1) 関係代名詞は（代）名詞と関係が深いのです。
(2) 関係副詞は副詞と深い関係にあります。
(3) 副詞＝前置詞＋（代）名詞と考えてください。

次のような例で考えるとよくわかります。

　　I know that boy. → (a) that boy whom I know
　　I live in Tokyo. → (b) Tokyo which I live in

この2つの英文は、（代）名詞と深い関係にあるので、whomやwhichという関係代名詞が使われています。

ところが、(b)の例文は関係副詞を使って書き換えることができるのです。

「私が住んでいる東京」

　　(1) Tokyo which I live in （関係代名詞）
　　(2) Tokyo in which I live （関係代名詞）
　　(3) Tokyo where I live （関係副詞）

(1)と(2)にはinが入っていることに気がつくと思います。この英文をIから始まる英文にするとI live in Tokyo.となります。Tokyoは名詞なので関係代名詞を使って英語に訳さなければならないのです。

ところが、(3)の例文では、whereという関係副詞を使ったためin whichが消えているのです。

つまり、先ほど説明した**副詞＝前置詞＋(代)名詞**に当てはまっているのです。もともと、**where**はどこにという**疑問副詞**で**which**はどちらという**疑問代名詞**なのです。

## 17 関係詞について

### これだけは覚えましょう

前置詞+which=whenまたはwhereを使うと、in the year(その年に)、on the day(その日に)、at the time(その時に)、in this house(この家に)、on the street(その通りに)、at the place(その場所に)などのin, on, atを使う必要がなくなるのです。

時を表している時はwhen、場所を表している時はwhereを使ってください。

〈理解度チェック〉

(1) 今日は私が生まれたその日です。
   ① Today is the day ＿＿ I was born ＿＿.
   ② Today is the day ＿＿ ＿＿ I was born.
   ③ Today is the day ＿＿ I was born.

(2) 私は私が生まれた丹波篠山が好きです。
   ① I like Tamba Sasayama ＿＿ I was born ＿＿.
   ② I like Tamba Sasayama ＿＿ ＿＿ I was born.
   ③ I like Tamba Sasayama ＿＿ I was born.

(1) ① which on  ② on which  ③ when
(2) ① which in  ② in which  ③ where

### ここを間違える

先行詞に場所がきていても、いつもwhereとは限りません。

私が訪ねた丹波篠山 [大きなかたまり]

私は丹波篠山を訪ねた。[文]

I visited <u>Tamba Sasayama</u>.
　　　　　　　名詞

[○] Tamba Sasayama which I visited
[×] Tamba Sasayama where I visited

発音　visited [**ヴィズィッティドゥ**]

### これだけは覚えましょう

(1) そんなわけで、私は遅れました。

For that reason, I was late.
That's the reason for which I was late.
That's the reason why I was late.
Such being the case, I was late.

発音　such [サッチ]　case [ケーィス]
　　　late [レーィトゥ]　reason [ゥリーズンヌ]

(2) このようにして、私はここに来たのです。

In this way, I came here.
This is the way in which I came here.
This is the way I came here.
This is the way that I came here.
This is how I came here.

### ここを間違える

(1) the wayとhowをいっしょに使うことはできません。どちらか一方だけを使うようにしてください。

(2) 私が君を大好きな理由は君がチャーミングだからです。

The reason why I love you is that you're charming.

発音　because [ビコーズ]　charming [チャーミン・]

thatの代わりにbecauseを使うのは文法的には正しくありませんが、英米人の中には、becauseを使う人が多いようです。

## ● 関係代名詞を使って2つの文を1つにする方法
### これだけは覚えましょう

2つの英文を1つにする方法をマスターしてください。

次の公式を使うと簡単に1つの英文にすることができます。

| はじめから　セン　から　セン　へ右(の文)　左(の文) |

この公式の使い方について説明します。

まず、1つめの文の名詞と、同じ意味を表している代名詞に＿＿を引いてから上の公式を使って1つの英文にします。最後にhimをwhom, sheをwho, herをwhoseに書き換えると完成です。

(1) The doctor is my father. You know him.

<u>The doctor</u> <u>him</u> <u>you know</u> <u>is my father.</u>
　はじめからセン　セン　　　右の文　　　　左の文

The doctor whom you know is my father.
(あなたが知っているその医者は私の父です。)

(2) The girl is Sachiko. She is enjoying music.

<u>The girl</u> <u>she</u> <u>is enjoying music</u> <u>is Sachiko.</u>
はじめからセン セン　　　右の文　　　　　左の文

The girl who is enjoying music is Sachiko.
(音楽を楽しんでいるその少女は佐知子さんです。)

(3) I know a girl. Her name is Sachiko Kawabata.

<u>I know</u> <u>a girl</u> <u>her</u> <u>name is Sachiko Kawabata.</u>
はじめから　　セン　　セン　　　　右の文

I know a girl whose name is Sachiko Kawabata.
(私は川端佐知子さんという名前の少女を知っています。)

#### ここを間違える

「私が私の友だちだと思っていたその少年は私をだました。」

(1) The boy who I thought was my friend deceived me.
(2) The boy whom I thought to be my friend deceived me.

この2つの例文は成り立ちをよく理解してから丸暗記してください。

〈左の文〉　　　　　　　　〈右の文〉

(1) The boy deceived me.　　I thought <u>he</u> was my friend.
(2) The boy deceived me.　　I thought <u>him</u> to be my friend.

次の公式を使って1つにします。

> はじめから　<u>セン</u>　から　<u>セン</u>　へ右（の文）左（の文）

(1) <u>The boy</u> <u>he</u> I thought was my friend deceived me.
(2) <u>The boy</u> <u>him</u> I thought to be my friend deceived me.

最後に he を who に、him を whom に書き換えると、(1)と(2)の暗記すべき例文になります。

**(解説)** think の使い方に次の2種類のパターンがあります。

　　I think (that) Tony is a good teacher.

　　I think Tony to be a good teacher.

think と同じパターンで使われる動詞に know, believe, understand, find などがあります。これらのような動詞が関係代名詞とからんでいるときはこのパターンではないかと疑ってください。

## ● 関係代名詞 what の用法

ここでは、関係代名詞の what を用法について学びたいと思います。

### これだけは覚えましょう

(1) **what＋不完全な文で、物、ことを表します。**

これが私がほしい物です。

This is what I want.

それが私の知りたいことです。

That's what I want to know.

(2) **what＋is 〜 で、〜である物、〜であることを表します。**

私の物はあなたの物、あなたの物は私の物。

What's mine is yours and what's yours is mine.

あなたが正しいと思うことをしなさい。

Do what you think is right.

**(注意)** you thinkはないものとして考えるとわかりやすい。

(3) **what I am で私の姿を表します。**

私は20年前の私ではありません。

I'm not what I was twenty years ago.

私が今日あるのは渡辺先生のおかげです。

I owe Mr. Watanabe what I am.

I owe what I am to Mr. Watanabe.

(4) **what が all that 〜のすべてまたは anything that 〜のどんな物でもを表します。**

私が持っている物はすべてあなたの物です。

What I have is yours.

私が持っている物はどんな物でもあなたの物です。

Whatever I have is yours.

### これだけは覚えましょう

[テストによく出る書き換え問題]

(1) 私が持っている物はすべてあなたの物です。

All (that) I have is yours.
What I have is yours.

(2) 私が持っている物はどんな物でもあなたの物です。

Anything (that) I have is yours.
What I have is yours.
Whatever I have is yours.

(3) 渡辺先生のおかげで、現在の私があります。

Mr. Watanabe has made me what I am.
I owe Mr. Watanabe what I am.
I owe what I am to Mr. Watanabe.

(4) 私は昔の私ではありませんよ。

I'm not what I was.
I'm not what I used to be.

発音 owe [オーゥ] used [ユーストゥ]

(5) これは恵さんが昨日言ったことです。

This is the thing (which) Megumi said yesterday.
This is what Megumi said yesterday.

### ここが知りたい

**(質問)** thatが〜ということを表す場合がありましたが、whatとどこが違うのですか。

**(質問)** よい質問ですね。次のように覚えておきましょう。

☐ that + 完全な文
☐ what + 不完全な文

I know that boy. [完全な文]
(私はあの少年を知っています。)
that I know that boy
(私があの少年を知っているということ)
I said [不完全な文]
(私は言った)
what I said
(私が言ったこと)

**(解説)** I saidの次に〈何を〉という疑問が生まれるので、不完全な文であるということがわかります。このような時にwhatをI saidの前に置くと、私が言ったことを表せるのです。

**(質問)** what I saidを他の言い方で言い換えることはできるのですか。
**(答え)** できます。次のように考えてください。
I said the thing. → the thing which I said = what I said
(私はそのことを言った。)　　　(私が言ったこと)　　　(私が言ったこと)
発音　said [セッドゥ]

## ● 関係代名詞 that の使い方
### これだけは覚えましょう

(1) that は the と兄弟だと考えてください。つまり、ひとつしかないを表す時に使う the を伴う表現が先行詞になっている時は、who, whom, whichの代わりにthatを使うことができます。
(2) 先行詞がall, anything, everything, much, littleなどの場合は、thatを使うことになっています。
(2) who, whom, whichの代わりにthatを使うことができます。

### ここが大切

　昔は、中学校や高校で、the only money that（唯一のお金）, the first man that（最初の人）, the very man that（まさにその人）のようなものが先行詞にきている場合には必ずthatを使うようにと教えていましたが、現在では、先行詞が人の場合はwhoを、物の場合にはwhichをthatの代わりに使う人も増えています。ここで紹介した例は、ひとつしかないを表しているパターンです。

　　the first man（最初の人）は1人しかいない

　　the very man（まさにその人）も、その人しかいない

　同じように考えると、the hottest month（一番暑い月）のような最上級が入っている表現も、ひとつしかないので、thatを使うのが原則なのです。

### ここが知りたい

**(質問)** 先行詞が人の場合はwho、人以外の場合はwhichを使うということですが、人と物がきている場合は、thatを使えばよいのでしょうか。

**(答え)** その通りです。

**(質問)** that boy who is swimmingという英文でwho isを省略した時は、that swimming boyのようにするのがルールであるということですが、例外はないのでしょうか。

**(答え)** that boyを説明している部分に〜ing形（〜している）または過去分詞形（〜された）のような意味を表している単語が1単語だけきている時は、that (1) boyのように (1) のところに入れるのがルールであると説明しましたが、これはあくまでも大学受験や資格試験においての話です。

　実際には、that boy swimmingのようなパターンもありうるのです。その理由は、英語は動詞＋目的語のような並べ方をするので、

もしも I know that boy swimming. のように言ってしまったら、<u>私は知っているよ、あの少年をね、泳いでいるだろ。</u>のような感じで言ったことになり、このような言い方をすることもよくあるのです。

**(質問)**「あそこで泳いでいるあの少年はだれですか。」を英語で言いたい時に、Who is that boy who is swimming over there? のように言うことはできるのでしょうか。who が 2 回きているのですがいいのでしょうか。

**(答え)** 先生によっては、Who is that boy that is swimming over there? のように言うのが正しいと教えていらっしゃる場合があるかもしれませんが、that ではなくて、who を使っても正しい英文なので、心配ありません。

### ここが知りたい

**(質問)** 関係代名詞の that を使うと、学校で習ったものでも、最近では、who や which を使うことが多いということですが、必ず that を使わなければならない場合と、that を使うことができない場合がありましたら教えてください。

**(答え)** 鋭い質問ですね。

### [thatを使わなければならない場合]

「正直な人ならだれがそんなことをしようか。」
Who that is honest will do such a thing?
「ジュディーさんは昔のようなすばらしいダンサーではない。」
Judy isn't the good dancer that she was.
Judy isn't the good dancer that she used to be.
Judy isn't the good dancer she was.

**[thatを使うことができる場合]**

(前置詞＋thatのパターンはありません。)

「これは私が住んでいる家です。」

[×] This is the house in that I live.
[○] This is the house in which I live.
[○] This is the house which I live in.
[○] This is the house that I live in.
[○] This is the house I live in.
[○] This is the house where I live.

**[thatを使うことができない場合]**

(コンマの後ろで、非制限的用法（継続用法）として使えません。)

「私はある男の人に出会った。そして彼は私に道を教えてくれた。」

[×] I met a man, that told me the way.
[○] I met a man, who told me the way.
[○] I met a man, and he told me the way.

## ●「〜する人」を表すwhoやwhom

### これだけは覚えましょう

先行詞がない場合があります。

ことわざなどの古い表現では、先行詞がなく、〈〜する人〉の意味をwhoやwhomだけで表していることがあります。

「知らぬが仏。」

<u>Who knows nothing</u>　<u>doubts nothing</u>.
　　何も知らない人　　　　　何も疑わない

「美人薄命。」

<u>Whom the gods love</u>　<u>die young</u>.
　　神様が愛する人　　　　　若く死ぬ

発音　doubts［ダーゥツ］　gods［ガッヅ］　die［ダーィ］

ことわざなどの古い表現では、a man who を he who（〜の人）、men who を those who（〜の人々）を使って表します。

「馬鹿につける薬はない。」

<u>He who is born a fool</u> <u>is never cured.</u>
　　生まれつき馬鹿な人　　　　　決して治されない

<u>Heaven helps</u> <u>those who help themselves.</u>
　天は助ける　　　　自分を助ける人たち

ことわざなどでは、次のように先行詞と関係代名詞が離れていることがよくあります。

輝くものはみな金（きん）とは限らない。

<u>All that glitters</u> <u>is not gold.</u>
　輝くすべての物　　　金とは限らない

<u>All is not gold</u> <u>that glitters.</u>
すべてのもの　金とは限らない　　輝く

発音　fool [フーオ]　cured [キュァァドゥ]　heaven [ヘヴン]
glitters [グリタァズ]

## ● 制限用法と非制限用法

**これだけは覚えましょう**

関係代名詞には、制限的用法と非制限的用法または継続的用法と呼ばれている用法があります。

非制限的用法では、書く場合は、コンマで区切りますが、話す場合は、ポーズ（休止）を置きます。

The book which you like was written by my father.
（あなたが気に入っているその本は、私の父によって書かれたものです。）
＝（あなたが気に入っているその本は、私の父が書いたものです。）

The book, which you like, was written by my father.
（その本は、あなたは気に入っているが、私の父によって書かれたものです。）

=(その本は、あなたは気に入っているが、私の父が書いたものです。)

　which, who, whom の関係代名詞には、制限的用法と非制限的用法があります。thatは制限的用法しかありません。

### ここを間違える

　**，＋関係代名詞**の部分を**接続詞＋代名詞**で書き換えることができますが、文の途中に挿入して、補足的説明をしているだけの場合は、接続詞に書き換えると不自然になることがあります。

(1) 私の父は私に本を買ってくれたが、おもしろい本だった。

　　My father bought me a book, which I found interesting.

　　My father bought me a book, and I found it interesting.

(2) 私の父は私に本を買ってくれたが、おもしろくなかった。

　　My father bought me a book, which I found uninteresting.

　　My father bought me a book, but I found it uninteresting.

(3) 私の父は英語の先生ですが、今は中国にいます。

　　My father, who is an English teacher, is in China.
　　　　　　　　補足的説明

　接続詞は文脈によって、理由を表す as, because などが使われることもあります。

**17** 関係詞について

### ここが知りたい

**(質問)** なぜ、制限的用法と非制限的用法があるのですか。

**(答え)** 次のように考えるとわかりやすいと思います。

　私がよく訪れるその町は篠山です。

　The town <u>which I often visit</u> is Sasayama.
　　　　　　私がよく訪れる

もし<u>私がよく訪れる</u>の部分がなければ、

　The town is Sasayama.

<u>その町は篠山です。</u>となって意味がわかりません。

　つまり、The townという名詞をくわしく説明することによって意味を制限し、意味がはっきりするように関係代名詞を使っているのです。このような場合に関係代名詞を制限的用法として使うとぴったりなのです。

　篠山は、城下町で多くの観光客が訪れます。

　Sasayama, <u>which is a castle town</u>, is visited by a lot of tourists.
　　　　　　　　　　　城下町で

　発音　tourists [**トゥ**ァゥリスツ]

　これに対して、非制限的用法の場合は、, (コンマ) から, (コンマ) までの城下町での部分がなくてもSasayama is visited by a lot of tourists. 篠山は多くの観光客が訪れます。となって意味が完全にわかるので、補足的説明として、, which is, を使っているのです。

　つまり、このように補足的説明をしたい時は、非制限的用法がぴったりなのです。

**(質問)** 制限的用法と非制限的用法の読み方に違いはないのですか。

**(答え)** 非制限的用法の時は、, which is 〜, のところを他のところよりも少し低い調子で読まれることがあります。

555

## ● 関係代名詞と疑問詞 what の区別の仕方

### ここが知りたい

**(質問)** 関係代名詞と疑問詞の what の区別ができない時はないのですか。

**(答え)** 区別ができないことがよくあります。

(1) それはあなたが昨日言ったことではない。

That's not  what  you  said  yesterday.
　　　　　　あなたが昨日言ったこと［関係代名詞］

(2) 私はトニー君があなたに何と言ったか知りたい。

I  want  to  know  what  Tony  said  to  you.
　　　　　　　　　トニー君があなたに何と言ったか［疑問詞］

(3) 私はあなたが昨日何と言ったか思い出せません。

I  don't  remember  what  you  said  yesterday.
　　　　　　　　　　あなたが昨日何と言ったか［疑問詞］

(4) 私はあなたが昨日言ったことを思い出せません。

I  don't  remember  what  you  said  yesterday.
　　　　　　　　　　あなたが昨日言ったこと［関係代名詞］

発音　remember［ゥリメンバァ］　said［セッドゥ］

**(質問)** 慣用的に who を省略する時はあるのですか。

**(答え)** あります。There is ～. 構文の中に who がくる場合は、who を省略するのが普通です。

あなたに会いたいという人がいらっしゃってますよ。

There  is  someone  who  wants  to  see  you.
[○] There  is  someone  wants  to  see  you.

## ● what を使った慣用表現

### これだけは覚えましょう

□ いわゆる
  what is called = so-called
  what you call = what we call = what they call
□ そして その上に、おまけに
  (and) what's more
  そして さらによいことに
  (and) what is better = (and) what is still better
□ そして さらに悪いことに
  (and) what is worse = to make matters worse
□ そして さらに重要なことに
  (and) what is more important
□ 雨やら風やらで、私たちはピクニックを楽しめませんでした。
  What with the rain and (what with) the wind, we didn't enjoy our picnic.
□ A：B = C：D
  A is to B what C is to D.

### ここが知りたい

**(質問)** what is worse のような決まり文句は、もし過去のことを表す英文の中で使う場合は、過去形に変化させなければならないのですか。

**(答え)** お考えの通りです。

（例）

寒かった。そしてさらに悪いことに雪が降りかけた。

It was cold, and what <u>was</u> worse, it began to snow.

### これだけは覚えましょう

(1) あなたはいわゆる「バイリンガル」です。
　　You're what we call a bilingual.
　　You're what's called a bilingual.
　　You're so-called a bilingual.
(2) トニー君は赤ちゃんが大人になったようなものです。
　　Tony is a grown-up baby, as it were.
　　Tony is, so to speak, a grown-up baby.

発音　grown-up [グゥローゥ**ナ**ップ]　baby [**ベ**ーィビィ]
bilingual [バーィ**リ**ングワオ]

**(解説)**

what we call＝what's called（いわゆる）
so to speak（いわば、ある意味では）
as it were（いわば～のようなもの）

### ここが知りたい

**(質問)** なぜ、what we call, what you call, what they call のように主語が違うのに同じ意味なのですか。

**(答え)** we も you も they も、同じような意味があるからです。次のように覚えておいてください。

- □ we （自分を含めた一般人の人をさして）人は、我々は
- □ you （一般的に）人は、だれでも、皆
- □ they （一般）の人々、（話し手、聞き手を除く）皆
- □ you と they は日本語に訳さないことが多いので注意が必要です。

　(1) だれにもわかりませんよ。
　　　You never can tell.
　(2) 恵さんはよい先生だそうですよ。
　　　They say that Megumi is a good teacher.

## ● 関係代名詞 as の使い方

### これだけは覚えましょう

such + 名詞 + as, as + 名詞 + as, the same + 名詞 + as のようなパターンで使われます。

あなたのためになるそのような本を読みなさい。

Read <u>such</u> books <u>as</u> will benefit you.

私はあなたがほしいだけリンゴをあげますよ。

I'll give you <u>as</u> many apples <u>as</u> you want.

発音　benefit［ベネフィットゥ］

### ここを間違える

これは私が失った時計とまったく同じ時計です。

This is <u>the same</u> watch <u>that</u> I lost.

これは私が失った時計と同じタイプの時計です。

This is <u>the same</u> watch <u>as</u> I lost.

学校英語では、the same watch that は<u>同じ時計</u>、the same watch as は<u>同じタイプの時計</u>のように意味が違ってくると教えていらっしゃる先生が多いようですが、実際には、どちらの意味も as と that の区別なく使われているようです。

恵さんは翔子さんと同い年です。

Megumi is the same age as Shoko.

私は私の父と同じような髪をしています。

I have the same hair as my father has.

### これだけは覚えましょう

[asの非制限的用法]

asの非制限的用法は、決まり文句のように使われることが多いので、必ず例文をそのまま覚えてください。

「恵さんにはよくあることだが、彼女はまた遅刻した。」

As is often the case with Megumi, she was late again.
As is usual with Megumi, she was late again.

このasの用法は、恵さんはまた遅刻したを受けて、同じようなことは彼女にはよくあることだがと言っているのです。

このようなことから考えると、次のように言うことができることがわかります。

Megumi was late again, as is often the case with her.
Megumi was late again, as is usual with her.

asの他にも、whichやwhatを使って、文の内容を受けて話を続けることができます。

① 恵さんはまた遅刻した、そのことがその先生をイライラさせた。

Megumi was late again, which irritated the teacher.

② 恵さんはまた遅刻した。そして、さらに悪いことには、彼女は勉強しながらうとうとした。

Megumi was late again, and what was worse, she nodded while studying.

発音　case [ケーィス]　usual [ユージュアオ]　again [アゲンヌ]
irritated [イゥリテーィティドゥ]　worse [ワ〜ス]
nodded [ナッディドゥ]　while [ワーィオ]

## ● 関係代名詞 but の使い方

### これだけは覚えましょう

but は that [who] 〜 not の意味で、否定語のついた語句を先行詞にするか、または修辞疑問文で使われます。

**17 関係詞について**

**コミュニケーションのための英語情報**
「自分の国を愛さない人はだれもいない。」
(1) There is no one but loves his own country.
(2) There is no one that doesn't love his or her own country.
(3) Who doesn't love their own country?
(4) Everyone loves their own country.

発音 country [カンチュリィ]

　本来は、（性別を特定しないので）その人の、という意味で loves his own country を使っていましたが、最近では、his or her または their を使うことが多くなってきています。

　もうひとつ注意していただきたいことは、関係代名詞として but を使うのはとても古い言い方で、現在ではまず使われないので、(2)(3)(4)を使ってください。

　ただし、大学入試などのテストを受ける人は、必ず覚えておいてください。もう少し解説しておきます。

　(3)は、〈自分の国を愛さない人はいるだろうか、だれもいない〉という意味の修辞疑問文です。(4)は、〈だれでも自分の国を愛します〉

　everyone を受ける代名詞も本来は his ですが、現在では、his or her または their を使うのが一般的です。ただし、今でも his を使う人もいます。

## ●「カバーの赤い私の本」を英語で表す方法
　これだけは覚えましょう

「カバーの赤い私の本」
① my book whose cover is red
② my book the cover of which is red
③ my book which has a red cover
④ my book with a red cover

⑤my red-covered book

発音　cover [カヴァ]

**(解説)**

〈ポイント1〉

　　A's B = the B of A
　　‾‾                ‾
　　whose           which

　　my book whose cover
　　　　　　‾‾‾‾‾ ‾‾‾‾‾
　　　　　　 A's    B

　　my book the cover of which
　　　　　　‾‾‾‾‾‾‾‾‾    ‾‾‾‾‾
　　　　　　  the B        A

〈ポイント2〉

　　which has = with（〜を持っている）

〈ポイント3〉

　形容詞と名詞を−（ハイフン）でつないで、名詞にedをつけると同じ意味を表す形容詞に言い換えることができます。

　　red cover（赤いカバー）→ red-covered（赤いカバーの）

　　発音　red-covered [ゥレッドゥカヴァドゥ]

## ● 1番複雑な関係代名詞の使い方

**ここを間違える**

　これは関係代名詞の中で1番複雑なものです。このパターンをしっかり覚えてください。

　「私の父は私が簡単に英語を話すようになってびっくりした。」

My father was surprised at the ease with which I learned to speak English.

　　I learned to speak English with ease.［文］
　　私は簡単に英語を話せるようになった
　　the ease with which I learned to speak English［かたまり］

562

このパターンに当てはまるのは次のようなものがあります。
- to ~ extent　~の程度まで
- the extent to which　~しているその程度
- in ~ way　~の方法で
- in ~ manner　~の方法で
- the way in which　~するその方法
- the manner in which　~するその方法
- at ~ speed　~の速さで
- the speed at which　~するその速さ

発音　surprised［サプゥラーィズドゥ］ ease［イーズ］
extent［イクステントゥ］ manner［メァナァ］
speed［スピードゥ］

## ● 関係形容詞

関係代名詞は中学校でも習いますが、関係形容詞は高校で初めて習います。学校によっては習わないかもしれません。

### これだけは覚えましょう

関係代名詞が名詞をくわしく説明する時に、接続詞と形容詞の働きを兼ねることがあります。これを関係形容詞と言います。

(1) 私たちは神戸駅まで歩いて行きました。そしてそこで別れました。

　We walked as far as Kobe Station
　　, at which place we parted.［関係形容詞］
　　, and there we parted.［接続詞＋副詞］
　　, where we parted.［関係副詞］

(2) これが私が持っているすべてのお金です。

　This is what money I have.［関係形容詞］
　This is all the money that I have.［関係代名詞］

(3) これが私が持っている少ないながらもすべてのお金です。
　　This is what little money I have. [関係形容詞]
　　This is all the little money that I have. [関係代名詞]

### ここが知りたい

**(質問)** We walked as far as Kobe Station. と We walked to Kobe Station. はどう違うのでしょうか。

**(答え)** to にすると、目的地が神戸駅であるということになります。as far as にすると、神戸駅が途中であることを意味します。

ここからは複合関係詞について勉強したいと思います。

この表現は中学校では習いませんが、基本的な考え方は中学校の関係代名詞や when, where, what の使い方が理解できていれば、それほどむずかしくはありません。

それではまず複合関係代名詞から勉強したいと思います。

### ここが大切

関係代名詞の who, whom, what に ever がついたものを複合関係代名詞と言います。

複合関係代名詞には2つのタイプがあります。

### これだけは覚えましょう

〈名詞タイプ〉

文章の一部として使われている場合は名詞タイプです。

☐ anyone who = whoever（〜するのはだれでも）
☐ anyone whom = whomever（〜はだれでも）
☐ anything that = whatever（〜というものは何でも）

## 17 関係詞について

**〈副詞タイプ〉**

, (コンマ) で文が 2 つに分かれている時は、副詞タイプです。

☐ no matter who = whoever (たとえだれが〜でも)
☐ no matter whom = whomever (たとえだれを〜でも)
☐ no matter what = whatever (たとえ何が〜でも)

発音　anyone [エニィワンヌ]　whoever [フーエヴァ]
whomever [フーメヴァ]　whatever [ワテヴァ]　matter [メァタァ]

**(問題)** (a)には anyone, anything, no matter を使って英語に訳してください。

(b)には、〜ever を使って英文にしてください。

**〈名詞タイプ〉**

(1) 私を好きな人はだれでも
　(a) _____　(b) _____

(2) 私が好きな人はだれでも
　(a) _____　(b) _____

(3) あなたがほしいというものは何でも
　(a) _____　(b) _____

(4) たとえだれがあなたを好きでも
　(a) _____　(b) _____

(5) たとえあなたがだれを好きでも
　(a) _____　(b) _____

(6) たとえ何が起ころうとも
　(a) _____　(b) _____

**(解答)**

(1) (a) anyone who likes me　(b) whoever likes me
(2) (a) anyone whom I like　(b) whomever I like
(3) (a) anything that you want　(b) whatever you want

(4) (a) no matter who likes you　(b) whoever likes you
(5) (a) no matter whom you like　(b) whomever you like
(6) (a) no matter what happens　(b) whatever happens

**(解説)**

(1) だれでも私を好きです。Anyone　likes　me.
　　　　　　　　　　　　　　　　私を好きです

〈だれが〉という疑問が生まれるので、who → whoever

(2) 私はだれでも好きです。I　like　anyone.
　　　　　　　　　　　　私は好きです

〈だれを〉という疑問が生まれるので、whom → whomever

## ● 複合関係副詞

ここでは、複合関係副詞について勉強します。

### ここが大切

複合という言葉がくると、everがつくのです。つまり、関係副詞にeverをつけると複合関係副詞ができあがるというわけです。

副詞＝前置詞＋(代)名詞

と覚えてください。この公式から次のようなことがわかります。

〈どこに〉と尋ねると〈東京に〉と答えます。同じように〈いつ〉と聞くと〈6時に〉〈どういうふうに(してここへ来たの？)〉〈車で〉のように考えると、where, when, howが副詞であることがわかります。

### これだけは覚えましょう

**[文章の一部となっている場合]**

□ whenever＝at any time when（〜する時はいつでも）
□ wherever＝[at, to] any place where（〜するところならどこでも）

## 17 関係詞について

□ however = by whatever means（どんな方法でも）

**[文が意味上2つに分かれていて、,（コンマ）がついている場合]**

□ whenever = no matter when（たとえいつ〜しようとも）
□ wherever = no matter where（たとえどこに〜しようとも）
□ however = no matter how

(1)（たとえどんなに〜しようとも）

However hard you study,

（たとえどんなにあなたが一生懸命勉強しても）

(2)（どんなふうに〜しても）

However you study,（どんなふうにあなたが勉強しても）

**(問題)** 理解ができているかチェックしてみることにします。

(1) 次の日本語を訳してください。

(a) I'll follow you wherever you go.

_____

(b) Wherever you go, I'll follow you.

_____

(2) 次の（　）に適語を入れてください。

(a) お好きなところにお座りください。

You can sit (　) you like.

(b) あなたを見るたびに、私はあなたのお父さんを思い出します。

(　) I see you, I think of your father.

(c) 私のネコは私の行くところならどこへでもついて来る。

My cat follows me (　) I go.

(d) あなたは好きな方法でそのステーキを食べることができますよ。

You can eat the steak (　) you like.

発音　follow [ファローゥ]　steak [ステーィク]

[解答と解説]

wherever you go が文の一部と考えることができる場合、あなたの行くところならどこへでも、wherever you go が、付け加えとして訳すとぴったりの場合には、たとえあなたがどこへ行こうともと考えることができるので、

(1) (a) 私はあなたが行くところならどこへでもついて行きますよ。
  (b) たとえあなたがどこへ行こうとも、私はあなたについて行きます。
(2) (a) wherever  (b) whenever
  (c) wherever  (d) however

## ● 複合関係代名詞と複合関係形容詞

複合関係代名詞と複合関係形容詞の比較をしてみましょう。

### ここが大切

whatには (1)**名詞の働きをする〈何〉** (2)**形容詞の働きをする〈どんな〉** という2つの意味があります。

whichには (1)**名詞の働きをする〈どちら〉** (2)**形容詞の働きをする〈どちらの〉** という2つの意味があります。

### これだけは覚えましょう

〈複合関係代名詞〉

(1) あなたが好きなものは何でも
   whatever you like = anything that you like
(2) あなたが好きなものはどちらでも
   whichever you like = either that you like
(3) たとえあなたが何を好きでも
   whatever you like = no matter what you like
(4) たとえあなたがどちらを好きでも
   whichever you like = no matter which you like

## 〈複合関係形容詞〉

(1) あなたが好きなどんなケーキでも
　　whatever cake you like = any cake that you like
(2) あなたが好きなどちらのケーキでも
　　whichever cake you like = either cake that you like
(3) たとえあなたがどんなケーキを好きでも
　　whatever cake you like = no matter what cake you like
(4) たとえあなたがどちらのケーキを好きでも
　　whichever cake you like = no matter which cake you like

**(問題)** 次の問題を日本語に訳してください。

(1) You can take whichever road you like.
　　〈ヒント〉road [ゥローゥドゥ] 道

___

(2) Whichever road you take, it will lead you to Osaka Station.
　　〈ヒント〉lead you to [リードゥ] 道などがあなたを〜に導く

___

(3) I believe what you say.

___

(4) I believe whatever you say.

___

(5) I believe you, whatever you say.

___

**(解答と解説)**

(1) あなたは通ってもいいですよ〈どこを〉あなたが好きなどちらの道でも
　　<u>あなたはあなたが好きなどちらの道を通ってもいいですよ。</u>
(2) ，(コンマ) があるので、Whichever road you takeを付け加え
　　のように訳してください。

(たとえ)あなたがどちらの道を通っても、大阪へ出ますよ。
(3) 私はあなたのおっしゃることを信じますよ。
(4) 私は信じます〈何を〉あなたのおっしゃることなら何でも
私はあなたのおっしゃることなら何でも信じますよ。
(5) ,(コンマ)があるので、whatever you sayを付け加えのように訳してください。
(たとえ)あなたが何とおっしゃっても、私はあなたのおっしゃることを信じますよ。

## コミュニケーションのための英語情報

「私は私が住める古い家を探しています。」

[I'm looking for + 私が住める古い家]を次の5種類の英語で訳すことができます。
(1) an old house to live in.
(2) an old house which I can live in.
(3) an old house in which I can live. [かたい表現]
(4) an old house where I can live.
(5) an old house in which to live. [とてもかたい表現]

**(注意)** (5)はとてもかたい表現なので、ほとんど使われません。

「私はあなたが話しかけたその少女を知らなかった。」

[I didn't know + あなたが話しかけたその少女]を次の5種類の英語で訳すことができます。
(1) the girl that you spoke to.
(2) the girl you spoke to.
(3) the girl whom you spoke to. [形式ばった言い方]
(4) the girl to whom you spoke. [1番形式ばった言い方]
(5) the girl who you spoke to. [形式ばらない言い方]

中学校や高校などでは、I spoke to the girl.(私はその少女に話し

かけた。)のようにその少女にの時に使うwhomという関係代名詞の代わりにwhoを使うと、形式ばらない言い方になります。ただし、テストでは、whomを使うかwhomの省略またはthatを使ってください。
　whoを使うのは文法的には間違っています。

# 18 仮定法について

ここからは、仮定法の勉強をしたいと思います。

## ● 仮定法現在と直接法現在
### これだけは覚えましょう

**[仮定法現在]**

可能性が五分五分である場合に使います。ただし、最近では、このパターンを使うことはまれで、仮定法現在の代わりに直接法現在（普通に現在のことを表す文）を使うパターンが一般的です。

「もし明日雨ならば、私は家にいます。」

［仮定法現在］

If it be rainy tomorrow, I will stay home.

［直接法現在］

If it is rainy tomorrow, I will stay home.

that節でshouldを伴う動詞の場合、shouldを省略した時、仮定法現在と直接法現在が使われることがあります。

「私たちはトニー君が東京へ行くことを提案した。」

(1) We proposed that Tony should go to Tokyo.
(2) We proposed that Tony go to Tokyo.
　　　　　　　　　　　　　　　仮定法現在

(3) We proposed that Tony goes to Tokyo.
　　　　　　　　　　　　　　　直接法現在

(1)は普通に使われる言い方、(2)は役所で使われるような言い方、(3)は形式ばらない言い方で使われます。ただしこのように使い分けられるのは、アメリカ英語に多いようです。

動詞だけではなく形容詞でも、shouldを省略した場合、形容詞によって直接法現在を好むものと、仮定法現在を好むものがあります。

トニー君は勉強する必要があります。
It's necessary that Tony should study.
It's necessary that Tony study.
　　　　　　　　　　　　　仮定法現在

恵さんがそう言うとは驚きですね。
It's surprising that Megumi should say so.
It's surprising that Megumi says so.
　　　　　　　　　　　　　直接法現在

発音　proposed［プゥラポーゥズドゥ］
surprising［サプゥラーィズィン・］

● 仮定法過去

これだけは覚えましょう

[仮定法過去]
(1) 現在の事実の反対を仮定する場合

もし私が1,000円持っていたら、私はこの本を買えるのになあ。
If I had 1,000 yen, I could buy this book.
As I don't have 1,000 yen, I can't buy this book.

(2) 起こる可能性が少ない未来の事柄を仮定する場合

もしあなたが熊に襲われたら、あなたはどうしますか。
What would you do if you were attacked by a bear?
　発音　attacked［アテァックトゥ］bear［ベアァ］

(3) **起こる可能性が極めて低い未来の事柄について仮定する場合**

万が一、明日雨なら、由紀ちゃんは来ないだろう。

If it should rain tomorrow, Yuki [won't ／ wouldn't] come.

(4) **起こる可能性がまったくない事柄について仮定する場合**

もし太陽が西から昇っても、私はあなたを裏切らないよ。

If the sun were to rise in the west, I wouldn't betray you.

発音　rise［ゥラーィズ］　betray［ビチュレーィ］


[仮定法過去完了]
**過去の事実の反対を仮定する場合**

もし私が1,000円持っていたら、私はこの本を買えたのになあ。

If I had had 1,000 yen, I could have bought this book.
As I didn't have 1,000 yen, I couldn't buy this book.

発音　bought［ボートゥ］


仮定法についてわかりやすく説明したいと思います。

### これだけは覚えましょう

仮定法では、**過去形**を使うことで、次の3つの使い方が新しく生まれます。

(1) 現在の事実の反対を表すことができます。
(2) 現在形の助動詞が表している可能性よりももっと低い可能性を表すことができます。
(3) 現在形の助動詞が表すていねいさよりも一層ていねいな意味を相手に伝えることができます。


① 私は背が高かった。＝今は背が高くない。
　I was tall. ＝ I'm not tall.

②これは君のペンかもしれない。

　This <u>may</u> be your pen.

③もしかしたらこれは君のペンかもしれない。

　This <u>might</u> be your pen.

④窓を開けてくれますか。

　<u>Can</u> you open the window?

⑤窓を開けていただけますか。

　<u>Could</u> you open the window?

日本語では、**た**という過去を表す言葉を使うと、可能性が低くなるか、ていねいな言い方になります。英語でもまったく同じです。

## ● 助動詞を使った可能性の表し方

### これだけは覚えましょう

トラである可能性が100%から0%までを表した表現です。上にきているものが可能性が高いのですが人によって可能性を表す助動詞に対する感覚が違うので、絶対この順番通りであるとは限りません。

①That is a tiger.（トラです）
②That must be a tiger.（違いない）
③That will be a tiger.（でしょう）
④That would be a tiger.（もしかしたら〜でしょう）
⑤That should be a tiger.（はずです）
⑥That may be a tiger.（かもしれない）
⑦That might be a tiger.（もしかしたら〜かもしれない）
⑧That can be a tiger.（理論上ありうる）
⑨That could be a tiger.（もしかしたら〜ありうる）
⑩That can't be a tiger.（はずがない）
⑪That isn't a tiger.（トラではない）

ここで理解していただきたいことは、現在形の助動詞よりも過去形の助動詞の方が低い可能性を表すということです。

仮定法過去や仮定法過去完了で使われるcould, would, might, shouldは、**たぶん〜でしょう**を表す時に使われていると考えてください。

## ● 仮定法過去と仮定法過去完了

ここでは、仮定法過去と仮定法過去完了の勉強をじっくりしたいと思います。

**[長沢式仮定法の理解の仕方]**

日本文の中にある「た」の数に合わせて（　　）を書きます。

（　　）が1つの場合は、**過去形**を、2つの場合には、**had**と**過去分詞形**をそれぞれ（　　）に書き入れてください。

(1) もし私が君の電話番号を知っていた**ら**、私は君に電話をかけられるのになあ。

　　If I (　　) your phone number, I (　　) you.

　　If I (knew) your phone number, I (called) you.

最後に、**もしかしたら〜できるかもしれない**のような意味が日本文にあったら、couldを, の後の主語の次に入れてください。

couldを入れる時に、動詞を原形に戻さなければなりません。

　If I knew your phone number, I could call you.

(2) もし私が君の電話番号を知っていた**ら**、私は君に電話をかけられ**た**のになあ。

　　If I (　　)(　　) your phone number, I (　　)(　　) you.

　　If I (had)(known) your phone number, I (had)(called) you.

最後に、couldを, の後の主語の次に入れます。couldを入れる時に、動詞を原形に戻さなければなりません。

　If I had known your phone number, I could have called you.

このようにすると、仮定法過去の公式と仮定法過去完了の公式を作ることができるのです。couldの代わりにwould, might, shouldなどを入れることもあります。

[仮定法過去]

　　If + 主語 + 過去形, I could + 原形.

[仮定法過去完了]

　　If + 主語 + had + 過去分詞形, I could have + 過去分詞形.

#### ここが知りたい

**(質問)** 仮定法のcouldとwouldの使い分け方を教えてください。

**(答え)** わかりました。

　　もし私が20,000円持っていたら、この自転車が買えるのになあ。
　　If I had 20,000 yen, I could buy this bike.

この場合、couldを使って訳してあります。

　ただしこの英文のcouldの代わりにwouldを使うこともできます。次のように考えて使い分けることができます。

　もし、家に20,000円のお金があるのであれば、あなたがお金を取りに帰ってくれば、自転車を買うことができるので、couldを使ってください。もし、家にもその自転車を買うだけの20,000円のお金がないのであればあなたはどうがんばってもその自転車を買うことができないので、そのような場合は、wouldを使ってください。

発音　20,000 [トゥウェンティさーゥズンドゥ]

## ● 条件と仮定を表す4つのパターン

#### ここが大切

「もし戦争が起こったら」を訳してみます。

〈条件がそろえば可能性がある場合〉

　　If war breaks out

〈現実的に不可能である場合〉

　　If war broke out

〈可能性はまずないと考えられる場合〉

　　If war should break out

〈太陽が西から昇る可能性と同じぐらいあり得ない場合〉

If war were to break out

発音　war [**ウオー**]　break [**ブゥレーィク**]　broke [**ブゥローゥク**]

#### ここを間違える

(1) [学校でもまじめな翔子さん]

　(a) もし翔子さんがもっと勉強すると、司法試験にパスするでしょう。

　　If Shoko studies more, she will pass the bar exam.

　[頭はすごくよいのだが、まったく勉強しない翔子さん]

　(b) もし翔子さんが勉強したら、司法試験にパスするでしょう。

　　If Shoko studied, she would pass the bar exam.

(2) [家に帰ったら、5万円ある場合]

　(a) 5万円あったらこのダイヤのリングが買えるのになあ。

　　If I had 50,000 yen, I could buy this diamond ring.

　　発音　diamond [**ダーィマンドゥ**]　ring [**ゥリン・**]

　[家に帰ってもお金がまったくない場合]

　(b) 5万円あったら、このダイヤのリングが買えるのになあ。

　　If I had 50,000 yen, I would buy this diamond ring.

(3) [条件がそろえば、可能になる場合]

　　明日、雨が降ると、恵さんは来ないでしょう。

　　If it rains tomorrow, Megumi won't come.

　[現実的には不可能だけれども、願望だけがある場合]

　　もし、明日雨が降ったら、恵さんは来ないでしょう。

　　If it rained tomorrow, Megumi wouldn't come.

　[万が一という日本語がぴったりの場合]

　　万が一、明日雨なら、恵さんは来ないでしょう。

　　If it should rain tomorrow, Megumi [won't／wouldn't] come.

Should it rain tomorrow, Megumi [won't／wouldn't] come.

If it were to rain tomorrow, Megumi wouldn't come.

## ● 仮定法の特別な英語表現
### これだけは覚えましょう

(1) この地図がなかったら、私は道に迷うでしょう。

① But for this map, I would lose my way. [まれ]
② Without this map, I would lose my way. [話・書]
③ If it were not for this map, I would lose my way. [話・書]
④ Were it not for this map, I would lose my way. [話・書]

**(解説)** If を省略すると、疑問文と同じ並べ方になります。

(2) この地図がなかったら、私は道に迷ったでしょう。

① But for this map, I would have lost my way. [まれ]
② Without this map, I would have lost my way. [話・書]
③ If it had not been for this map, I would have lost my way. [話・書]
④ Had it not been for this map, I would have lost my way. [話・書]

**(解説)** If を省略すると、疑問文と同じ並べ方になります。

発音 lose [ルーズ]　lost [ローストゥ]

(3) 私たちは寝る時間ですよ。

① It's time we went to bed. [話・書]
② It's time we should go to bed. [書]
③ It's time for us to go to bed. [話・書]

次のような表現も仮定法で使います。
□It's about time ～. (もうそろそろ～する時間ですよ。)
□It's high time ～. (もうとっくに～している時間ですよ。)

## ● as if の使い方

### これだけは覚えましょう

as ifの使い方と時制について理解してください。
(1) トニー君はそれについて何でも知っているような口ぶりです。
　　Tony talks as if he knew everything about it.
(2) トニー君はそれについて何でも知っているような口ぶりだった。
　　Tony talked as if he knew everything about it.
(3) トニー君はUFOでも見たかのような口ぶりです。
　　Tony talks as if he had seen a UFO.
(4) トニー君はUFOでも見たかのような口ぶりだった。
　　Tony talked as if he had seen a UFO.
(5) トニー君は幽霊でも見たかのような顔つきだった。
　　Tony looked as if he had seen a ghost.

(解説) 仮定法の場合は、as ifの次にくる時制が知っているなら過去形なのでknew、見たならばhad＋過去分詞形なのでhad seenになります。

as ifの代わりにas thoughを使うこともできます。

### ここを間違える

as ifの次にくる時制は、可能性があることには、現在形を使います。
「雨が降りそうです。」
　①It looks as if it's going to rain.
　②It looks as though it's going to rain.
　③It looks like it's going to rain.
　④It looks like rain.

## 18 仮定法について

### ● If を使わない仮定法とその書き換え表現

If を使わない仮定法と、その書き換え表現について勉強したいと思います。

(1) 佐知子さんがここにいたらよいのになあ。

〈た〉が1つなので、(　　)が1つで過去形を使います。

たまに、いたらの代わりにいるとになっている時があるので、だまされないようにしてください。

<u>I wish</u> ＋ <u>Sachiko (were) here.</u>
よいのになあ　　　佐知子さんがいたら（いると）

くだけた言い方では、were の代わりに was を使います。

この英文を、仮定法を使わずに言い換えると、次のようになります。

<u>I'm sorry</u> ＋ <u>Sachiko isn't here.</u>
残念ながら　　　佐知子さんはここにはいません

(2) 佐知子さんかここにいたらよかったのになあ。

〈た〉が2つなので、(　　)(　　)のように考えます。

<u>I wish</u> ＋ <u>Sachiko (had) (been) here.</u>
よかったのになあ　　　佐知子さんがいたら

この英文を仮定法を使わずに言い換えると次のようになります。

<u>I'm sorry</u> ＋ <u>Sachiko wasn't here.</u>
残念ながら　　　佐知子さんはここにいなかった。

#### これだけは覚えましょう

(1) 佐知子さんがここにいたらよいのになあ。

① How I wish Sachiko were here! [話・書]
② If only Sachiko were here! [話・書]
③ O that Sachiko were here! [話・書]
④ Would that Sachiko were here! [まれ]

(2) 残念ながら佐知子さんはここにはいない。
　　① It's a pity that Sachiko isn't here. [話・書]
　　② What a pity Sachiko isn't here! [話・書]

## ● ここを間違える仮定法
### ここを間違える

[未来の実現の可能性が**ほとんどない場合**]
　　If +主語+ should 〜　（万一〜ならば）
　　If +主語+ were to 〜　（万一〜ならば）
[未来の実現の可能性が**まったくない場合**]
　　If +主語+ were to 〜　（仮に〜ならば）
[現在の事実または**未来の事柄**の反対の仮定をする場合]
　　If +主語+過去形　　（もし〜ならば）

## ●「もしあなたなら」を英語でどう言うのか
### ここを間違える

(1) もし私があなたなら、
　　[○] If I were you,
　　[△] If I was you,
　　[○] Were I you,
　　[△] Was I you,
　　Were I と言うことはできますが、
　　Was I は使わない方がよいでしょう。
(2) もしあなたが、英語を知っているなら、あなたはよい仕事につけますよ。
　　[×] If you were to know English, you might get a good job.
　　were to の後ろに状態を表す動詞を置くことはできません。

18 仮定法について

(3) もう私は寝る時間なんですよ。
　　[○] It's time I were in bed. [話・書]
　　[△] It's time I was in bed. [話]
　　[○] It's time I went to bed. [話・書]
　　[○] It's time for me to go to bed. [話・書]
　　[○] It's time I should go to bed. [書]
**(解説)** It's time の時は I was にすることを避けた方がよいでしょう。
　この本では、学者によって意見が違う場合については、△を使って表しています。

### ここが知りたい

**(質問)** 仮定法の時の were のかわりに、くだけた言い方として was を使う人が多いということですが、必ず were を使って覚えておいた方がよいものはありますか。

**(答え)** あります。〈もし私があなたなら＝もし私があなたの立場なら〉と言う場合、was ではなく were を使うのが慣用になっているようです。ただしこの場合でも、話し言葉では was を使う人もあります。
「もし私が [あなたなら／あなたの立場なら]、私はそんなことはしません。」

　　If I were you, I wouldn't do such a thing.
　　If I were in your place, I wouldn't do such a thing.
　　If I were in your position, I wouldn't do such a thing.
　　If I were in your shoes, I wouldn't do a thing like that.

もし If を省略して言いたい時は次のように言ってください。

　　Were I you,
　　Were I in your place,
　　Were I in your position,
　　Were I in your shoes,

　発音　shoes [シューズ]　position [パズィシュンヌ]　place [プレーィス]

## ● If を使わずに仮定法を表す方法

**(質問)** Ifや過去形などを使わないで、仮定法を表す場合もあるのでしょうか。

**(答え)** If I wereの部分を省略した言い方でも仮定法として使われることがあります。

In your place, I wouldn't do such a thing.
In your position, I wouldn't do such a thing.
In your shoes, I wouldn't do a thing like that.

**(質問)** なぜ in your shoesであなたの立場ならを表すのですか。

**(答え)** あなたのクツを私がはいたとしてもと言っているので、私はあなたの立場ならという意味になるのです。

#### これだけは覚えましょう

主節の方に would, could, might, should などがある場合には、[If＋主語＋動詞]の代わりに、

(1) 不定詞
(2) 副詞または名詞句, and
(3) 副詞句
(4) 主語のところにきている名詞
(5) 分詞構文

だけを使って、仮定法を表すことがあるということを、しっかり覚えておいてください。

(1) もしあなたが彼が英語を話すのを聞いたら、あなたは彼をアメリカ人と間違えるでしょう。

①To hear him speak English, you would take him for an American.
②If you heard him speak English, ～.

(2) もし後5分遅かったら、私はそのバスに乗り遅れただろう。
　①<u>Five minutes later</u>, and I would have missed the bus.
　②If I had been five minutes later, ～.
(3) もう少し注意をしていたら、私はこんなミスはしなかっただろう。
　①<u>With a little more care</u>, I wouldn't have made such a mistake.
　②If I had taken a little more care, ～.
(4) かしこい人だったら、そんなことは言わないでしょう。
　①<u>A wise man</u> wouldn't say such a thing.
　②If he [were／was] a wise man, he wouldn't say such a thing.
(5) 少し離れて見ると、あなたは日本人として通りそうです。
　①<u>Seen at a distance</u>, you might pass for a Japanese.
　②If you were seen at a distance, ～.

発音　care [ケァァ]　　mistake [ミステーィク]　　wise [ワーィズ]
distance [ディスタンス]

## ● I wish と時制の関係

**ここを間違える**

次の時制に気をつけてください。仮定法では、時制の一致は起こりません。

(1) I wish I had a bike.
(自転車があったらよいのになあ。)

(2) I'm sorry I don't have a bike.
(自転車がないのが残念です。)

(3) I wish I had had a bike.
(自転車があったらよかったのになあ。)

(4) I'm sorry I didn't have a bike.
(自転車がなかったのが残念です。)

(5) I wished I had a bike.
(自転車があったらよいのになあと思った。)

(6) I was sorry I didn't have a bike.
(自転車がないのが残念だった。)

(7) I wished I had had a bike.
(自転車があったらよかったのになあと思った。)

(8) I was sorry I hadn't had a bike.
(自転車がなかったのが残念だった。)

発音 wished [ウィッシトゥ]　bike [バーィク]

# 19 分詞構文について

ここからは、分詞構文の勉強をしたいと思います。

## ● 分詞と分詞構文の違いについて

### ここが大切

分詞構文とは、現在分詞と過去分詞が接続詞の役割をしているので、接続詞を使って書き換えることができる構文のことを言います。

### ここを間違える

現在分詞と過去分詞は形容詞の働きをすることが多いのですが、分詞構文は副詞の働きをするのです。

〈形容詞の働き＝名詞をくわしく説明します〉

(1) a desk → a broken desk
　　机　　　　壊れている（壊れされた）

(2) a boy → a running boy
　　少年　　　走っている

〈副詞の働き＝下線の部分がなくても意味がわかります〉

(1) I'll go to Tokyo <u>tomorrow</u>. [副詞]
　　　　　　　　　　明日

→ I'll go to Tokyo. (私は東京へ行くつもりです。)

(2) <u>As I was tired</u>, I took a bath. [副詞節]
　　私は疲れていたので

→ I took a bath. (私はお風呂に入った。)

(3) Being tired, I took a bath. [副詞句]
　　疲れていたので

→I took a bath.（私はお風呂に入った。）
(1) 副詞の単語　　(2) 接続詞＋主語＋動詞の副詞節
(3) 接続詞と主語がないので、副詞句、このパターンが分詞構文

#### これだけは覚えましょう

　分詞構文は〜ingから始まっているか、beingまたはhaving beenの省略された場合には、形容詞または過去分詞から始まっていることがあります。〜ing、形容詞、過去分詞の部分が次のような意味を表しています。

(1) when（〜の時），while（〜の間）
(2) as, since, because（〜なので）
(3) after（〜した後で）
(4) and（そして）
(5) 〜して、〜しながら、〜しつつ
(6) even if（たとえ〜だとしても），though（〜だけれども）
(7) if（〜ならば）

## ● 分詞構文と接続詞の関係

#### ここを間違える

(1) 高校で分詞構文を接続詞で書き換える練習をするために、どんな分詞構文も接続詞を使って書き換えることができると思ってしまいがちですが、実際には分詞構文でよく使われる構文は、そのまま丸暗記しておいて、わざわざ書き換えをする必要はありません。
(2) if（〜ならば），though（〜だけれども）を表す分詞構文は現代英語ではあまり使われません。
(3) 分詞構文は文語的な表現なので、長文を読む時は必要ですが、自分で話をする時や英作文を書く時には使わない方がよいと思います。

## ● 2つの分詞構文のパターン

### ここが大切

(1) Living in America, I need a car.
　　　　　　　　　　　私は車が必要です

(2) Living in America, I met Megumi.
　　　　　　　　　　　私は恵さんに出会った

　このような同じ英文でも、下線の英語の意味によってLiving in Americaの部分の意味が違ってくることがあります。

　　私は車が必要です〈なぜ〉私はアメリカに住んでいるので
　　私は恵さんに出会った〈いつ〉私がアメリカに住んでいた時

(1) As I live in America, I need a car.
(2) When I lived in America, I met Megumi.

この英文をもう一度分詞構文に書き換えてみましょう。
まず、,（コンマ）の前と後ろの時制にずれがあるかを考えます。
どちらも時制が同じなので、〜ing形を使って書き換えればよいことがわかります。
このことから次のようになります。

　　Living in America, I need a car.
　　Living in America, I met Megumi.

発音　America［アメゥリカ］

### これだけは覚えましょう

(1) 私はいそがしいので、私は勉強する時間がありません。
　　As I am busy, I have no time to study.

接続詞を〜ingで書き換えると、分詞構文を作ることができます。,（コンマ）の前と後の主語が同じ場合は、接続詞と主語をいっしょに消して〜ingだけで書き換えても意味は変わりません。そして、Beingを省略することもできます。

Being busy, I have no time to study.
Busy, I have no time to study.

(2) 私はいそがしかったので、お風呂に入らなかった。

As I was busy, I didn't take a bath.

,(コンマ)の前と後の時制が同じ時は、動詞の〜ing形を使って書き換えることができます。Beingを省略することもできます。

Being busy, I didn't take a bath.
Busy, I didn't take a bath.

(3) 私は私の宿題を終えてから、私はテレビを見ました。

After I had finished my homework, I watched TV.

,(コンマ)の前と後の時制にずれがある場合には、Having+過去分詞形を使って書き換えてください。

Having finished my homework, I watched TV.

(4) 翔子さんはニュージーランドに住んでいたので、彼女は英語をじょうずに話す。

As Shoko lived in New Zealand, she speaks English well.

,(コンマ)の前と後の時制にずれがあるので、Having+過去分詞形で書き換えます。

Having lived in New Zealand, Shoko speaks English well.

発音 busy [ビズィ]　bath [ベァす]
New Zealand [ニュー ズィーランドゥ]

## ● Not を使った分詞構文と Being などの省略について
これだけは覚えましょう

,(コンマ)の前と後の英文の主語が違う場合は、〜ingで書き換えたところにも、主語を表す言葉が必要です。

〜ingで書き換えるところが否定文になっている時は、Not 〜ingのパターンを使って、書き換えてください。

(1) よい天気だったので、私は昨日つりに行った。
　　As it was a nice day, I went fishing yesterday.
　　It being a nice day, I went fishing yesterday.
(2) 私は十分お金がないので、私はこの本が買えません。
　　As I don't have enough money, I can't buy this book.
　　Not having enough money, I can't buy this book.
　　発音　fishing［フィッシン・］　enough［イナフ］
　　money［マニィ］

　現在分詞（動詞の～ing形）や過去分詞または形容詞の前にくるBeingやHaving beenは省略されることが多い。特に、Being readingのようになる時は、Readingだけを答えとした方がよいでしょう。
　「私はその犬が怖かったので、私は逃げた。」
　As I was afraid of the dog, I ran away.
　[○] Being afraid of the dog, I ran away.
　[○] Afraid of the dog, I ran away.
　「私はこの本を読んでいた時に、ミスプリントをいくつか見つけた。」
　When I was reading this book, I found some misprints.
　[△] Being reading this book, I found some misprints.
　[○] Reading this book, I found some misprints.
　　発音　afraid［アフゥレーィドゥ］　found［ファーゥンドゥ］
　　misprints［ミスプゥリンツ］

## ●「恵さんはそのニュースを聞いて驚いた。」を分詞構文でどう言うか

### ここを間違える

「恵さんはそのニュースを聞いて驚いた。」
Megumi was surprised at the news.
Megumi was surprised to hear the news.

The news made Megumi surprised.

この意味を接続詞を用いて書き換えると、

(a) Megumi was surprised after she heard the news.

(b) Megumi was surprised after she had heard the news.

のようになります。時間の流れから考えると、そのニュースを聞いたそして驚いたとなるわけなので、had heard the news そして was surprised とするのが文法的には正しいわけです。ところが、慣用的には、過去形を使うのが普通なのです。ここで注意していただきたいのは、(a)を分詞構文にすると、時制が同じなので、Hearing the news にしてしまいます。正しくは(b)の英文のように時制にずれがあるわけなので、Having heard the news としなければならないのです。この場合はわざわざ after を使わなくても意味がはっきりしているために after を使う必要はありません。

Megumi was surprised, having heard the news.

Having heard the news, Megumi was surprised.

ここで紹介した例文のように、起こった順番がはっきりしている時は、having+過去分詞を使うとよいのですが、ほとんど同時に起こっている場合は、次のように表すことができます。

「そのニュースを聞くとすぐに恵さんは彼女の部屋から飛んで行った。」

As soon as Megumi heard the news,

She stormed out of her room.

(a) On hearing the news, Megumi stormed out of her room.

(b) Megumi stormed out of her room, on hearing the news.

(a)の on を消しても大体同じ意味ですが、(b)の on を消すと間違った英文になります。聞くのが先に起こったことなので、後から hearing を置くことができないためです。

発音 heard [ハ〜ドゥ]　news [ニューズ]　stormed [ストームドゥ]

## コミュニケーションのための英語情報

「私はとなりに住んでいますが、私は恵さんを見かけたことは一度もありません。」

Though I live next door, I have never seen Megumi.

この英文を意味を変えずに書き換えたい時は、次のようになります。

Though living next door, I have never seen Megumi.

学校で教えている分詞構文で書き換えると、意味が違ってきます。

Living next door, I have never seen Megumi.

この分詞構文は次のような意味を表すことになります。

[×] Because I live next door, I have never seen Megumi.

（私はとなりに住んでいるので、私は一度も恵さんを見かけたことがありません。）

これでは、何のことかさっぱりわからないので、Living next doorから始める英文を書くのを避けて、Though I liveのように接続詞を使った文にするか、Though livingのようにして、Thoughの意味をはっきり言うようにしてください。これと同じようなことが、分詞構文ではよく起こるので、〜ingから始める分詞構文を避けて、**接続詞＋〜ing**のようにするか**接続詞＋主語＋動詞**を使って自分の気持ちを表すようにしてください。

「翔子さんは英語を勉強する時はめがねをかける。」

When Shoko studies English, she wears glasses.

Shoko wears glasses when she studies English.

[△] Studying English, Shoko wears glasses.

[○] When studying English, Shoko wears glasses.

[△] Shoko wears glasses, studying English.

[○] Shoko wears glasses when studying English.

発音　wears［ウェアズ］　glasses［グレァスィズ］

● **慣用的な独立分詞構文**

□ 一般に言うと　Generally speaking,
□ 熊元さんと言えば　①Speaking of Kumamoto,
　　　　　　　　　　②Talking about Kumamoto,
□ 厳密に言えば　Strictly speaking,
□ 素直に言えば　Frankly speaking,
□ 大ざっぱに言えば　Roughly speaking,
□ すべてを考慮に入れれば　①Taking all things into consideration,
　　　　　　　　　　　　②All things being considered,
□ 空模様から判断すると　Judging from the look(s) of the sky,

**ここを間違える**

独立分詞構文を if など使って書き換えると不自然になることが多いので避けてください。

独立分詞構文の中には、かなりかたい言い方のものも多いので、日常会話で話すような内容のことといっしょに使わない方がよい場合があります。
もし晴れれば、私はつりに行きます。

(a) [○] If it is a nice day, I'll go fishing.

これを分詞構文で書き換えると、次のようになります。

(b) [△] Weather permitting, I'll go fishing.

この独立構文を if で書き換えると次のようになります。

(c) [△] If the weather permits, I'll go fishing.

(b) と (c) は避けた方がよいでしょう。

ただし、(b) と (c) の書き換えはテストなどではよく出題されます。

(b) と (c) にはもうひとつ問題点があります。

weather permitting は文末に使うのが普通なのです。次のような例文で覚えておきましょう。

Today's tennis game is to be held, weather permitting.
(天気がよければ、今日のテニスゲームは、開かれる予定です。)

# 20 話法について

## ● 直接話法と間接話法について

### ここが大切

人の言ったことを伝える方法を話法と呼んでいます。

(1) 相手の言った言葉をそのまま使って他の人に伝える場合を、直接話法と呼んでいます。直接話法では、日本語の「　　　」、英語では" "がついていて、2つの部分から成り立っています。

(2) 相手の言った内容を理解して他の人に伝える場合を、間接話法と呼んでいます。2つの部分から成り立っている英文を1つの英文に言い換えたものが、間接話法です。

### これだけは覚えましょう

　英語では1つの英文の途中に疑問文が入ってくることはありません。次の公式をしっかり覚えてください。

(1) 主語+動詞+that（〜ということ）+主語+動詞
(2) 主語+動詞+if（〜かどうかということ）+主語+動詞
(3) 主語+動詞+疑問詞+主語+動詞

　次の3つの英文を上の公式に当てはめて文法的に正しい完全な英文にすると次のようになります。

(1) I know + Tony is a teacher.

　（答え） I know + that + Tony is a teacher.
　　　　　主語+動詞　 that　 主語+動詞

(2) I know + Is Tony a teacher?

　(答え) <u>I know</u> + <u>if</u> + <u>Tony is a teacher</u>.
　　　　主語＋動詞　if　　主語＋動詞

(3) I know + Where is Tony?

　(答え) <u>I know</u> + <u>where</u> + <u>Tony is</u>.
　　　　主語＋動詞　疑問詞　主語＋動詞

## ● 接続詞を使って文をかたまりに変える方法

**ここが大切**

　　I know

　　　私は知っている〈何を〉

〈何を〉という疑問が生まれるということは、名詞の働きをしている言葉をknowの次に置かなければならないということです。もしknowの次に**完全な英文**がきていると、このままでは英文の中にもうひとつの英文が入ることになり、不自然なのです。

　そこで、**完全な英文を名詞相当語句**（名詞の働きをするひとつのかたまり）に言い換える必要があるのです。

このように**文**を**かたまり**に変えたい時に、**接続詞＋完全な英文**のパターンに当てはめることによって、**文**を**かたまり**に変えることができるのです。

① トニーさんは先生です。

　Tony is a teacher.［文］

② トニーさんが先生である<u>ということ</u>

　<u>that</u> Tony is a teacher［かたまり］

③ トニーさんは先生ですか。

　Is Tony a teacher?［文］

④ トニーさんが先生である<u>かどうかということ</u>

　<u>if</u> Tony is a teacher［かたまり］

もし英文の中に疑問詞がある時は、**疑問詞＋主語＋動詞**にすること

で、**疑問詞のついた疑問文**をかたまりに変えることができるのです。

　トニーさんはどこにいますか。　　Where is Tony? [文]

　トニーさんがどこにいるかということ　where Tony is [かたまり]

　直接話法と間接話法の代名詞の変化について考えてみましょう。

### これだけは覚えましょう

〈直接話法〉Sachiko said to me, "I love you."
〈間接話法〉Sachiko told me that she loved me.
　この2つの英文は内容的には同じ意味を表しています。

## ●長沢式 話法の書き換え法

　ここでは、**代名詞**の変化について考えてみることにします。

### [直接話法を間接話法に書き換える時の代名詞の変化]

　話法では、私があなたに話しかけると考えるとわかりやすいのです。

　　　I⌐　　　　You⌐
Sachiko said to me, "I love you."
Sachiko told me that (　) loved (　).

IはSachikoのことなので、1つめの（　）にはshe、you は me のことなので2つめの（　）にはmeが入ることがわかります。

　　Sachiko told me that (she) loved (me).

### [間接話法を直接話法に書き換える時の代名詞の変化]

Sachiko told me that she loved me.
　　　└→I　　　└→you
Sachiko said to me, "(　) love (　)."

SachikoはIのことなので1つめの（　）にはI、me は you のことなので2つめの（　）にはyouが入ることがわかります。

　　Sachiko said to me, "(I) love (you)."

直接話法と間接話法の時制について考えてみましょう。

### これだけは覚えましょう

**[直接話法を間接話法に書き換える場合の時制について]**

　　Sachiko <u>said</u> to me, "I <u>love</u> you."
　　　　　（ ）　　＋　　　　０　　＝（ ）

　　Sachiko told me that she（　）me.

(解説)　動詞が<u>現在形の場合は０</u>、<u>過去形の場合は（　）</u>と考えます。そしてたし算をして答えを出します。<u>答えが（　）</u>ならば、（　）に<u>過去形</u>を入れればよいのです。つまり、Sachiko told me that she (loved) me. となるわけです。

　　Sachiko <u>said</u> to me, "I <u>loved</u> you."
　　　　　（ ）　　＋　　（ ）＝（ ）（ ）

　　Sachiko told me that she（　）（　）me.

(解説)　動詞が過去形の場合は（　）と考えてたし算をします。この場合、<u>答えが（　）（　）</u>なので過去の過去と考えて<u>(had)(過去分詞形)</u>を入れればよいのです。つまりSachiko told me that she (had) (loved) me. となるわけです。

**[間接話法を直接話法に書き換える場合の時制について]**

　　Sachiko <u>told</u> me that she <u>loved</u> me.
　　　　　（ ）　　－　　　（ ）＝０

　　Sachiko said to me, "I（　）you."

(解説)　<u>２つめの動詞から１つめの動詞を引くと０になる</u>ので（　）の中には現在形が入ります。

(答え)　Sachiko said to me, "I love you."

　　Sachiko <u>told</u> me that she <u>had loved</u> me.
　　　　　（ ）　　－　　（ ）（ ）＝（ ）

　　Sachiko said to me, "I（　）you."

598

2つめの動詞から1つめの動詞を引くと（　）になるので（　）の中には過去形が入ります。

**(答え)** Sachiko said to me, "I loved you."

## ● 直接話法と間接話法の語句の変化

直接話法と間接話法に書き換える場合の動詞の変化について考えてみましょう。

### これだけは覚えましょう

動詞の変化については、どういう意味を表しているかを考えて、時と場合に応じて動詞を使い分けてください。

(1) Sachiko said to me, "I love you."
  Sachiko told me that she loved me.
  said toをtoldに書き換えると、1つの完全な英文になります。

(2) Sachiko said to me, "Do you love me?"
  Sachiko asked me if I loved her.
  「あなたは私を大好きですか。」とasked（尋ねた）と考えます。

(3) My mother said to me, "Study."
  My mother told me to study.
  「勉強しなさい。」と言ったと考えられるのでtold
  ただし、「勉強しなさい。」と命令したならば、ordered
  「勉強しなさい。」とアドバイスしたと考えると、advised
  発音 ordered [オーダァドゥ]　advised [アドゥヴァーィズドゥ]

(4) Tony said to me, "Please play with me."
  Tony asked me to play with him.
  「私といっしょに遊んでください。」と頼んだと考えるとasked

(5) Kaoru said to me, "Let's play tennis."
  Kaoru suggested that we (should) play tennis.
  「テニスをしましょう。」と提案したと考えると、suggestedまた

は proposed

発音　suggested ［サグ**ヂェ**スティドゥ］　proposed ［プゥラ**ポー**ゥズドゥ］

　直接話法を間接話法に書き換える時に**これ、あれ**を表す**指示代名詞**や時、場所を表す副詞を書き換える必要があります。

### これだけは覚えましょう

| [間接話法] | [間接話法] |
|---|---|
| ① this | ① that |
| ② these | ② those |
| ③ here | ③ there |
| ④ now | ④ then |
| ⑤ ago | ⑤ before |
| ⑥ today | ⑥ that day |
| ⑦ yesterday | ⑦ the day before |
| ⑧ last night（昨日の夜） | ⑧ the night before |
| ⑨ tomorrow | ⑨ the next day |
| ⑩ last week（先週） | ⑩ the week before |
| ⑪ next week（来週） | ⑪ the next week |
| ⑫ the day before yesterday（おととい） | ⑫ two days before |
| ⑬ the day after tomorrow（あさって） | ⑬ two days ［after／later］ |

(1) 翔子さんは「私はこの自転車を昨日買った。」と言った。
　　Shoko said, "I bought this bike yesterday."
　　Shoko said that she had bought that bike the day before.
(2) 恵さんは「私は今ここに住んでいます。」と言った。
　　Megumi said, "I'm living here now."
　　Megumi said that she was living there then.

## 20 話法について

### ● 直接話法を間接話法に書き換える練習

直接話法を間接話法に書き換える練習をしましょう。

#### ここが大切

直接話法を間接話法に書き換える時は、次の5つのチェックポイントを処理しなければならないのです。

(1) " 　　　 " の中の**人称代名詞**を変化させましょう。
(2) " 　　　 " の中の**時制**を変化させましょう。
(3) **,（コンマ）の前の動詞**を変化させましょう。
(4) **接続詞**または**疑問詞＋主語＋動詞**のパターンに当てはめましょう。
(5) **指示代名詞**や**副詞**を変化させましょう。

**(例題)** 次の直接話法を上の手順にしたがって間接話法にしましょう。

　［直接話法］Tony said to me, "I bought this bike."

(1) I は Tony, you は me と考えて人称代名詞を変化させます。

　Tony said to me he bought this bike.

(2) said が（　　）、bought が（　　）なので、
　（　　）＋（　　）＝（　　）（　　）となります。

　Tony said to me he (had) (bought) this bike.

(3) " " の中が普通の文なので、said to を told にします。

　Tony told me he had bought this bike.

(4) He had bought this bike. が普通の文なので、that＋主語＋動詞

　Tony told me that he had bought this bike.

(5) 指示代名詞は this を that に変えます。

　Tony told me that he had bought that bike.

　［間接話法］Tony told me that he had bought that bike.

### これだけは覚えましょう

**[感嘆文の場合]**

「なんて幸せなの！」と翔子さんは言った。

Shoko said. "How happy I am !"

(1) Shoko said how happy she was.

(2) Shoko said that she was very happy.

**(解説)** How happy I am ! = I am very happy. なので、how happy she was = that she was very happy

**[願望を表す文の場合]**

「あなたがそのテストに受かりますように！」とトニー君は言った。

Tony said, "May you pass the test !"

Tony prayed that I might pass the test.

**(解説)** 祈ったということなので、prayedを使っています。Tonyがme（私に）言っているので、IがTonyでyouがmeのことになり、I mightとなっているのです。

**[直接話法の内容と同じ意味になるように変えることができる場合]**

(1) Tony said to me, "Hello."

　　Tony greeted me. （トニー君は私にあいさつをした。）

(2) Tony said to me, "Thank you."

　　Tony thanked me. （トニー君は私に感謝した。）

(3) Tony said to me, "Merry Christmas."

　　Tony wished me a merry Christmas.

　　（トニー君は私に楽しいクリスマスを送ることを祈ってくれた。）

(4) Tony said to me, "Congratulations."

　　Tony congratulated me.

　　（トニー君は私におめでとうと言ってくれた。）

## [重文の場合]

接続詞＋that＋主語＋動詞にしてください。

Tony said, "I am tired, but I must run."
Tony said that he was tired but that he must run.
「私は疲れているが、走らなければならない。」とトニー君は言った。

### ここを間違える

butやandの場合は、but that, and thatにしなければならないのですが、forの時だけはthatをつける必要がありません。

Judy said, "Tony must be ill, for he looks pale."
Judy said that Tony must be ill, for he looked pale.

発音　pale［ペーィオ］

## [命令文 ＋ or／and の場合]

(1) Tony said to me, "Study hard, or you'll fail."
　① Tony told me to study hard, or I should fail.
　　（トニー君は私に、一生懸命勉強しなさい。さもないと私は失敗するはずだ。と言った。）
　② Tony told me that if I didn't study hard I should fail.
　　（トニー君は私に、もし私が一生懸命しなければ私は失敗するはずだということを言った。）
(2) Tony said to me, "Study hard, and you'll succeed."
　① Tony told me to study hard, and I should succeed.
　　（トニー君は私に、一生懸命勉強しなさい、そうすれば私は成功するはずだ。と言った。）
　② Tony told me that if I studied hard I should succeed.
　　（トニー君は私に、もし私が一生懸命勉強したら私は成功するはずだ。ということを言った。）

**(解説)** Study hard, or は If you don't study hardと書き換えても意味が同じになります。同じように、Study hard, andは、If you study hardと書き換えることができます。

発音　fail［フェーィオ］　succeed［サクスィードゥ］

● **時制の一致の例外**

　ここでは、時制の一致の例外について考えたいと思います。

**コミュニケーションのための英語情報**
(1)今も昔もこれからも変わらないもの。
(2)歴史の本に載っているような昔起こった出来事。
(3)習慣として毎日行っていること。
(例)
(1)地球は丸いとガリレオは言った。

　　Galileo said, "The earth is round."

　　[学校] Galileo said that the earth is round. (時制の一致の例外)
　　Galileo said that the earth was round. (時制の一致)

　　発音　Galileo [ギャリ**リー**オーゥ]　　the earth [ずィ **ア**〜す]
　　round [ゥラ〜ゥンドゥ]

　　(解説) 地球が丸かったので、ガリレオが丸いと言ったわけなので、どちらも過去形を使っています。

(2)私たちはコロンブスがアメリカを発見したと教えられた。

　　[学校] We were taught that Columbus discovered America.
　　　　(時制の一致の例外)

　　We were taught that Columbus had discovered America.
　　(時制の一致)

　　(解説) コロンブスがアメリカを発見したことが古い過去で、教えられたは新しい過去なので、had discoveredとなっています。

　　発音　Columbus [カ**ラ**ンバス]　　discovered [ディス**カ**ヴァドゥ]
　　America [ア**メ**ゥリカ]

(3)あおいさんは毎日踊ると言っていた。

　　[学校] Aoi said that she dances every day. (時制の一致の例外)
　　Aoi said that she danced every day. (時制の一致)

　　(解説) あおいさんが毎日踊っていたので、踊っていると言ったわけ

604

なので、どちらも過去形を使っています。

#### ここを間違える

テストなどでは、[学校] と書いてある方を答えとしてください。実際には、どちらを使っても正しいのです。

## コミュニケーションのための英語情報
**(例外1)**

英語には色々な例外があります。だからすべてのことを機械的に考えると間違いを犯すことがあります。過去のことを話している時に、話に一生懸命になり過ぎて、まるで今のことのように話をすることが、日本語でもよくありますが、英語でもまったく同じことが言えます。

つまり、ただの過去形で話している時は、文法的に正しく話をしようとしていますが、感情が高ぶってくるとわからなくなり、思わず現在形で話をしてしまうことがあるのです。このことから、冷静に過去のことを話す時は、過去形、感情が入っている時は、現在形で話すことがあると覚えておきましょう。

**(例外2)**

学校英語ではいつも tomorrow は the next day に変えるように教えていますが、必ずしも変えなければならないとは限りません。

　　私たちの先生は私におっしゃった。「台風のために明日は授業がありません。」
　　Our teacher said to me, "We'll have no class tomorrow because of the typhoon."

この英文を間接話法に言い換える時は、次のような条件によって、tomorrow を色々な英語に言い換える必要が出てきます。

私たちの先生がおっしゃった同じ日にだれかに伝える場合、tomorrow は tomorrow のまま。私たちの先生がおっしゃった次の

日にだれかに伝える場合、tomorrowはtodayそれ以降の日にだれかに伝える場合は、the next day, つまり実際問題としては、the next dayと言うことはあり得ないことがわかります。

Our teacher told me that we would have no classes [tomorrow ／ today] because of the typhoon.

### (例外3)

時制の一致の例外と教えられている英文も、実際には、時制の一致をさせても正しい英文なので心配はいりませんが、テストなどでは×になるかもしれません。

著者略歴
## 長沢寿夫(ながさわとしお)

1980年 ブックスおがた書店のすすめで、川西、池田、伊丹地区の家庭教師をはじめる。
1981年～1984年 教え方の研究のために、塾・英会話学院・個人教授などで約30人の先生について英語を習う。その結果、やはり自分で教え方を開発しなければならないと思い、長沢式の勉強方法を考え出す。
1986年 旺文社『ハイトップ英和辞典』の執筆・校正の協力の依頼を受ける。
1992年 旺文社『ハイトップ和英辞典』の執筆・校正のほとんどを手がける。

[主な著書]『中学3年分の英語をマスターできる101の法則』『CD BOOK 音読で身につける英文法』『CD BOOK はじめての人の英語』『CD BOOK 英作文を話してみたら英会話ができる』『ゼロからわかる中学英語パーフェクトブック』『とことんわかりやすく解説した中学3年分の英語』『中学3年分の英語とことんおさらいできる問題集』『中学1・2・3年の英語やりなおし教科書』(以上、ベレ出版)
○校正協力　アップル英会話センター　丸橋一広　小前美香　熊元彩華

---

### とことんわかりやすく解説した高校3年分(かいせつ こうこう ねんぶん えいご)の英語

| | |
|---|---|
| 2006年8月25日　初版発行 | |
| 2011年4月17日　第6刷発行 | |
| 著者 | 長沢寿夫(ながさわとしお) |
| カバーデザイン | 竹内雄二 |

© Toshio Nagasawa 2006. Printed in Japan

| | |
|---|---|
| 発行者 | 内田眞吾 |
| 発行・発売 | ベレ出版<br>〒162-0832 東京都新宿区岩戸町12レベッカビル<br>TEL　03-5225-4790<br>FAX　03-5225-4795<br>ホームページ http://www.beret.co.jp/<br>振替 00180-7-104058 |
| 印刷 | 三松堂印刷株式会社 |
| 製本 | 根本製本株式会社 |

落丁本・乱丁本は小社編集部あてにお送りください。送料小社負担にてお取り替えします。

ISBN978-4-86064-126-9 C2082　　　　　編集担当　綿引ゆか

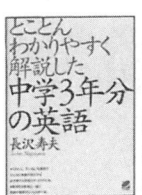

## とことんわかりやすく解説した
## 中学3年分の英語

長沢寿夫 著

四六並製／定価 1785 円（5% 税込） 本体 1700 円
ISBN4-86064-097-7 C2082　■ 512 頁

英語の基礎になる中学の文法項目を網羅し、豊富な例文と一緒にひとつひとつ詳しくていねいに解説していきます。文法は中学1年、2年、3年の順序ではなく、長沢式独自の解説方法で、英語が苦手な人でも、わかりやすく体系的に身につけられる構成になっています。じっくりと基礎を学びたい人、使える英語を身につけたい人にぴったりの本です。

---

## ゼロからわかる
## 中学英語パーフェクトブック

長沢寿夫 著

四六並製／定価 1470 円（5% 税込） 本体 1400 円
ISBN4-86064-036-5 C2082　■ 368 頁

すっかり忘れてしまった人はもちろん、英語をまったく知らない人でも中学3年分の英語を一人で学べる本です。英単語が読めない、英語の文の仕組みがまったくわからない人でも大丈夫。ABC、発音の仕方から、文法項目ひとつひとつを、長沢式独自の方法で噛み砕いて解説していきます。ゼロから中学英語のすべてを身につけられる決定版です。

---

## 中学3年分の英語を
## マスターできる101の法則

長沢寿夫 著

四六並製／定価 1260 円（5% 税込） 本体 1200 円
ISBN4-939076-00-8 C2082　■ 216 頁

中学で習う文法項目のすべてを法則化することにより、確実に効果をあげられる、目からウロコの長沢式勉強法です。文の組み立てがわかる「カム・ヒヤ（場所）・ナウ（時）の法則」など、一度読んだらなかなか忘れられません。これから英語を基礎からやり直そうという人、苦手意識をどうしてもなくせない人でも、英語の勉強が愉しみながらできるはずです。